Gudrun Gersmann

Im Schatten der Bastille

Die Welt der Schriftsteller,
Kolporteure und Buchhändler
am Vorabend der
Französischen Revolution

Klett-Cotta

Klett-Cotta

Printed in Germany
Schutzumschlag: Klett-Cotta-Design
Gesetzt aus der 10 Punkt Trump
von Steffen Hahn, Kornwestheim
Auf säure- und holzfreiem Werkdruckpapier gedruckt
und in Fadenheftung gebunden
von Gutmann, Heilbronn
Einbandstoff: Garant-Leinen

Die Deutsche Bibliothek – CIP-Einheitsaufnahme
Gersmann, Gudrun:
Im Schatten der Bastille : Die Welt der Schriftsteller, Kolporteure
und Buchhändler am Vorabend der Französischen Revolution /
Gudrun Gersmann. – Stuttgart : Klett-Cotta, 1993
ISBN 3-608-91623-7

Inhalt

4. Kapitel
Schreiben und Drucken im Verborgenen

5. Kapitel
Sanktionen

6. Kapitel
Literarischer Untergrund und Revolution

Danksagung

Die vorliegende Untersuchung wurde im Wintersemester 1991/92 von der Fakultät für Geschichtswissenschaft der Ruhr-Universität Bochum als Dissertation angenommen. Lag im ursprünglichen Manuskript der Schwerpunkt auf den ›Schriftstellern im Untergrund‹, so schien es für die Druckfassung sinnvoll, das vorhandene Quellenmaterial zum Einbau weiterer Kapitel zu nutzen, die die Welt des geheimen Buchhandels im Paris des 18. Jahrhunderts aus einer Fülle von Perspektiven beleuchten.

Dieses Buch wäre ohne die Mithilfe einer ganzen Reihe von Personen nicht zustande gekommen. Danken möchte ich an erster Stelle meinem akademischen Lehrer, Prof. Winfried Schulze, der die Beschäftigung mit dem Thema ›Literarischer Untergrund‹ vor einigen Jahren angeregt und den Fortschritt der Arbeit mit großem Interesse verfolgt hat. Für den Freiraum, den er mir bei der Erledigung meiner Assistentenpflichten gelassen hat, sei ihm ebenso herzlich gedankt wie den Institutionen, die längere Archivaufenthalte in Paris ermöglicht haben: Ein neunmonatiges Doktorandenstipendium des Deutschen Historischen Instituts in Paris gestattete mir, in der Bibliothèque de l'Arsenal eine Art zweiter Heimat zu finden. Auch die Deutsche Forschungsgemeinschaft finanzierte im Rahmen des Bochumer Projekts über »Verfolgte Schriftsteller und verbotene Bücher« mehrere Archiv-Aufenthalte, das Maison des Sciences de l'Homme sorgte durch die Gewährung eines Kurzzeitstipendiums dafür, daß die Archivrecherchen an Ort und Stelle beendet werden konnten. Prof. Jörn Rüsen danke ich für die kritische Lektüre des Textes, der er sich als Zweitgutachter unterzogen hat. Dr. Rolf Reichardt hat den Text des Manuskripts in einer ›Frühform‹ gelesen und wertvolle Hinweise für die Umgestaltung einzelner Passagen gegeben. Prof. Robert Darnton danke ich für seine Bereitschaft, wichtige Kapitel der Arbeit mit mir zu diskutieren. Zu danken habe ich auch den freundlichen Korrekturlesern und -leserinnen Ulli Wilke, Almut Franke, Anja Schwarz und Franz-Josef Kohle, die sich des Manuskripts in diversen Stadien der Fertigstellung angenommen und manche Fahrlässigkeit der Autorin bereinigt haben. Hubertus Kohle gilt mein Dank nicht nur für die Geduld, mit der er sich unzählige Geschichten aus dem

Bastille-Archiv angehört hat, sondern auch und gerade dafür, daß er mir in schwierigeren Arbeitsphasen den Rücken fürs Schreiben freigehalten hat. Last but not least möchte ich Thomas Bertram vom Klett-Cotta-Verlag für das Interesse danken, das er dieser Arbeit entgegengebracht hat. Gewidmet ist das Buch meinen Eltern, die mich liebevoll mit Rat und Tat unterstützt haben.

Bochum, den 3. März 1993 Gudrun Gersmann

Verbotene Bücher, verfolgte Schriftsteller: Ein Forschungsprojekt

Als der nach England geflohene Pamphletschreiber Charles Théveneau de Morande 1784 bittere Klage darüber führte, daß man im »Königreich der Lilien« schon beim geringsten Anlaß riskiere, »ins Verlies gesperrt«, »erdrosselt« und »gerädert« zu werden, gab er zweifellos einem Hang zu pathetischen Übertreibungen nach, benannte damit aber doch die Grundkonstellation, unter der sich das Schreiben und Publizieren in seinem Heimatland vollziehen mußte[1].*

Tatsächlich steht außer Frage, daß der gesamte Bereich der Buchproduktion, des Buchdrucks und Buchhandels in Frankreich bis zur Verkündigung der Pressefreiheit im Rahmen der revolutionären Menschenrechtserklärung einem strengen Katalog von Vorschriften und Regelungen unterworfen war. Kein Manuskript sollte ohne vorherige Prüfung durch einen königlichen Zensor gedruckt werden. Aber selbst die Erlangung eines Druckprivilegs bedeutete keine Garantie, weil das Parlament, der Erzbischof von Paris oder die theologische Fakultät der Sorbonne jederzeit einschreiten, das betreffende Werk verbieten und seinen Autor in die Bastille werfen lassen konnten. Die französischen Schriftsteller, Drucker, Buchhändler und Kolporteure lebten vor 1789 deshalb in dauernder Ungewißheit. Die Furcht vor einer unvorhergesehenen Razzia, Beschlagnahmung der Pressen und Verbannung aus Paris war ihr ständiger Begleiter: Daß Voltaire aus seinem zweimaligen Bastille-Aufenthalt eine Paranoia zurückbehielt, die ihn noch quälte, nachdem er für die europäische Intelligenz längst zum »König Voltaire« geworden war, gehört inzwischen ebenso zum populären Wissen über das Jahrhundert der Aufklärung wie Diderots Gefangenschaft im Festungsturm von Vincennes oder Rousseaus überstürzte Flucht vor den Schergen der Buchpolizei.

Die in Frankreich herrschende, von kritischen Publizisten mit zunehmender Verve attackierte »Inquisition des Geistes« schaffte es im Lauf der Zeit jedoch immer weniger, die in einer Fülle von königlichen Erlassen, Parlamentsdekreten und Poli-

* Die Anmerkungen finden sich auf den Seiten 259–337.

zeiordnungen festgelegten theoretischen Zensurbeschränkungen auch praktisch durchzusetzen. Unterhalb und neben der kontrollierten Buchproduktion hatte sich im 18. Jahrhundert eine illegale Druckindustrie etabliert, die das Publikum mit den von der Polizei als »schlecht« gebrandmarkten Schmähschriften, Flugblättern, pornographischen Romanen und satirischen Versen versorgte, die in der Provinz oder auf den Pressen ausländischer Verleger gedruckt und auf Umwegen an den Zollschranken vorbei nach Paris geschmuggelt wurden.

Die französische Hauptstadt war eines der Hauptzentren der Untergrundindustrie, Produktionsort und Umschlagplatz in einem. Hier lebte ein Heer von Schriftstellern, Druckern und Kolporteuren von der Nachfrage nach verbotenen Büchern. In Hinterzimmern und Kellerräumen wurden auf gestohlenen Pressen die Pamphlete und Broschüren gedruckt, die zum Verdruß der Polizei ein breites Publikum erreichten: In den städtischen Zentren des geheimen Buchhandels, in den Kaffeehäusern, Weinschenken und einschlägigen Buchläden des Palais-Royal war der Verkauf von »Drogen« an der Tagesordnung.[2]

Von der Existenz dieser Subkultur legen die Berichte zahlreicher Zeitgenossen Zeugnis ab: »Die Gelegenheitsbroschüren und neuen Romane, die giftigen Pamphlete einiger ausgehungerter Autoren sind diejenigen Objekte, die den wahren Gewinn der Händler des Palais-Royal ausmachen«, heißt es beispielsweise in einer Schrift aus dem Jahre 1788[3]. Die wissenschaftliche Erkundung jener ›im Schatten der Bastille‹ entstandenen Sphäre des geheimen Druckens und Publizierens begann jedoch mit erheblicher Verzögerung erst im frühen 20. Jahrhundert mit den Arbeiten Jean-Paul Belins. Trotz relativ schmaler Quellenbasis und fehlender systematischer Perspektive ist seine im Jahre 1913 veröffentlichte, knapp 130seitige Untersuchung *Le Commerce des livres prohibés à Paris de 1750 à 1789*[4] neben Nicole Herrmann-Mascards Studie *La Censure des livres à Paris à la fin de l'Ancien Régime*[5] und einigen kleineren Publikationen bis heute fast das einzige verbindliche Werk zum Thema geblieben. Die auffällige Zurückhaltung der Forschung hatte ihren Grund. In ihr spiegelte sich ein ästhetisches Verdikt wider, die Geringschätzung, die man Pamphletschreibern wie Pierre Manuel entgegenbrachte: Wenn es nicht gerade die Spuren der großen Aufklärer zu verfolgen galt, schien der Abstieg in die Gefilde der *Grub Street* allenfalls unter dem Aspekt einer Bereicherung der *Chronique scandaleuse* lohnend.

Das Verdienst, einen neuen Weg beschritten zu haben, gebührt dem Historiker Robert Darnton (Princeton), der die Beschäftigung mit dem »Low Life of Literature in Prerevolutionary France« gegen Ende der 60er Jahre zur vielleicht wichtigsten Aufgabe einer sozialhistorisch fundierten[6] Zensur- und Aufklärungsforschung erklärte[7]. Waren die »armen Teufel«, die mit dem Druck und Vertrieb »literarischer Drogen« ihr Dasein bestritten hatten, in der Vergangenheit höchstens als Komparsen der Aufklärung und »Satelliten der Großen« gewürdigt worden[8], rückte Darnton sie nun in den Mittelpunkt einer bestechend eingängigen Verschwörungstheorie: Es seien die literarischen Stiefkinder, die Verfasser von Schmähschriften und obszönen Werken gewesen, die als kulturelle Mittler gewirkt, den Keim des Aufruhrs gesät und das Establishment in der Revolution liquidiert hätten[9].

Umriß Darnton sein Plädoyer für eine Veränderung der Forschungsperspektiven mit den kämpferischen Worten, die »Gipfelansicht der Geistesgeschichte des achtzehnten Jahrhunderts« sei »so oft und so gut beschrieben worden«, daß man nun eine andere Richtung einschlagen müsse, »um den Boden der Aufklärung zu erreichen«[10], so wiederholte er damit zwar nur eine Forderung, die vor ihm bereits Daniel Mornet[11] und Werner Krauss[12] erhoben hatten, im Gegensatz zu ihnen beließ er es aber nicht bei der theoretischen Ankündigung: In bewußter Abgrenzung von einer Aufklärungshistoriographie, die in ihrem Bemühen um die Selektion des Schönen, Wahren und Guten die kulturelle Vielfalt des *Siècle des Lumières* auf das Erbe einiger weniger kanonisierter Philosophen reduzierte[13], hat Darnton seither in einer ganzen Reihe von Beiträgen bewiesen, wie tief es ihm gelungen ist, in die »Unterwelt« der Aufklärung einzudringen[14]. Fast alle seine Arbeiten zehren von dem Reichtum des Firmenarchivs der Société Typographique de Neuchâtel (S. T. N.)[15], einer großen Verlagsgesellschaft, die 1769 im schweizerisch-preußischen Neuenburg gegründet wurde und das Königreich Frankreich über Jahrzehnte hinweg mit allen Arten von »philosophischen Büchern«, mit Raubdrucken, pornographischen Bestsellern und aufrührerischen Pamphleten belieferte[16].

Aus den in der Bibliothèque publique de Neuchâtel versammelten Verlagspapieren und Korrespondenzen rekonstruierte Darnton die Konturen einer vergessenen Kultur, einer Kultur der Gosse, die nicht von Salongeselligkeit und hehren Ideen, sondern von Armut, Frustration und krudem Profitstreben geprägt war. Seine minutiös dokumentierten und brillant formulierten Fallstudien, die von ihm einfühlsam nachgezeichneten Porträts von Untergrundschriftstellern wie Brissot und Untergrundbuchhändlern wie Mauvelain vermittelten faszinierende Aufschlüsse über die Denkweisen und Geschäftsprinzipien der Individuen, denen der Handel mit verbotenen Büchern ein einträgliches Auskommen sicherte, ohne allerdings, wie er selbst einräumt, mehr leisten zu können als die »mikroskopische Analyse eines schmalen Ausschnitts aus dem illegalen Buchgewerbe«[17].

An diesem Punkt hakt die vorliegende Untersuchung ein. Sie knüpft da an, wo Belins Buch *Le Commerce des livres prohibés* endet. Wie Darnton folgt sie den Spuren der »barocken Gestalten«, die dem literarischen Untergrund des *Siècle des Lumières* sein charakteristisches Gesicht verliehen, aber sie will keine »Skizzen« entwerfen, sondern ein Panorama der Untergrundkultur – und speziell der Pariser Untergrundkultur – in der zweiten Hälfte des 18. Jahrhunderts. Während prominente Pamphletschreiber wie Théveneau de Morande[18] schon früh ihre Biographen gefunden haben, ist über die kleinen Mitläufer und Randfiguren, die die Masse der Untergrundakteure stellten, bisher wenig bekannt. Sie waren Teil eines Kommunikationszusammenhangs, den es mittels einer »dichten Beschreibung« erst sichtbar zu machen gilt: Wie verliefen ›typische‹ Untergrundkarrieren? Welche Motive bewegten die Untergrundbuchhändler? Wie gestaltete sich die schriftstellerische Tätigkeit unter dem Eindruck der Zensur? Welche Organisationsformen besaß der literarische Untergrund?

Zur Realisierung dieses Forschungsprogramms mußten Quellen herangezogen werden, die eine nachträgliche Analyse des komplexen und vitalen Ensembles von Untergrundbeziehungen erlaubten. In Anbetracht des fast symbiotischen Verhältnisses, das die Akteure des geheimen Buchhandels und die Agenten der Buchpolizei miteinander verband, lag es zunächst nahe, die einschlägigen Sammlungen der Bibliothèque Nationale zu konsultieren[19]: Die Relevanz der nach dem letzten Direktor der königlichen Druckerei benannten *Collection Anisson*[20] beruht auf den aus dem Besitz der *Direction de la librairie*[21] und vor allem auf den aus dem Besitz des langjährigen *Inspecteur de la librairie*, Joseph d'Hémery, stammenden Aufzeichnungen, die mittlerweile den Stoff für einige Fachartikel und Beiträge geliefert haben[22]. D'Hémerys Akribie und seine nahezu manische Schreibwut erheben ihn für die Nachwelt zu einem unentbehrlichen Chronisten: In seinen wöchentlichen Bulletins und biographischen Skizzen zu den Pariser Autoren, Buchhändlern und Kolporteuren beschrieb er das kulturelle Leben der Hauptstadt aus erster Hand, so wie es dem Polizeiinspektor, der für die Überwachung der Literaturproduktion und -distribution zuständig war, vor Augen kam. Niemand kannte besser als er die Welt der *Grub Street*, der illegalen Druckereien, armseligen Kaffeehäuser, hungerleidenden Schriftsteller und Buchhausierer, denen er mit seinen Steckbriefen unwissentlich ein Denkmal setzen sollte[23].

Da gerade die polizeilichen Verhör- und Razziaberichte eine überaus lohnende Quellengattung abgeben, erwies sich im zweiten Schritt der Rückgriff auf die in den Archives Nationales konservierten, chronologisch geordneten Dienstprotokolle der Pariser Polizeikommissare[24] als sinnvoll, die von den Historikern – und speziell den Buchhistorikern – trotz ihres außerordentlich hohen Informationswerts bislang viel zu wenig genutzt wurden[25]. Die systematische Durchsicht der Aktenbündel, die von den mit dem Ressort der Bastille betrauten Kommissaren de Rochebrune und Chenon, engen Mitarbeitern d'Hémerys, hinterlassen worden sind, konnte vielfach die bei der Sondierung der *Collection Anisson* offen gebliebenen Lücken füllen.

Den wichtigsten Quellenbestand lieferte aber das ursprünglich in der Bastille selbst und heute in der Pariser Bibliothèque de l'Arsenal gelagerte Bastille-Archiv, dessen Anfänge auf das Jahr 1660 zurückgehen und das bis 1782 auf mehr als 400 voluminöse Kartons angewachsen war[26]. Bereits der flüchtige Blick auf die partiell stark beschädigten Dokumente verrät dem Bibliotheksbesucher, daß das Archiv eine abenteuerliche Vergangenheit gehabt haben muß; tatsächlich wurde es am 14. Juli 1789 auf dramatische Weise in das historische Geschehen hineingerissen.

Unmittelbar nach der Erstürmung der Bastille brachten die Angreifer das Archiv in ihre Gewalt und reagierten an ihm ihre Aggressionen ab: Der Aussage eines Augenzeugen, des Schriftstellers Rétif de la Bretonne, zufolge wurden zahlreiche Archivalien von den Türmen hinab in die Gräben geworfen[27]. »Man ... plünderte alles, ... man warf die Papiere des Archivs aus dem Fenster«, erinnerte sich auch der Offizier Louis de Flue später an die Ereignisse, die er als Bastille-Verteidiger miterlebt hatte[28].

Der Vernichtungsakt des 14. Juli bildete nur das Fanal für die Diebstähle und Verwüstungen der nächsten zwei Tage, die den Umfang des Archivs beträchtlich dezimierten[29]. Während einige der Bastillestürmer die papierene Beute zur Siegestrophäe umfunktionierten, indem sie sie auf die Spitze ihrer Bajonette steckten, entzündeten andere damit Freudenfeuer, wieder andere nutzten die chaotische Situation aus, um sich an den Manuskripten zu bereichern[30]. Obwohl ein Dekret vom 24. Juli 1789 zur Rückgabe der entwendeten Akten aufforderte[31], sollte es geraume Zeit dauern, bis die Überreste des Archivs ihren endgültigen Bestimmungsort, die Bibliothèque de l'Arsenal, erreichten[32]. Und hier fielen sie erst einmal dem Vergessen anheim: Bis zum Jahre 1840 galten die *Archives de la Bastille* als in den Revolutionswirren verschollen - bis zu dem Zeitpunkt, als der Bibliothekar François Ravaisson bei Renovierungsarbeiten unter den Bodenplanken der Bibliothek zufällig auf ein Stück Papier stieß, das er als *Lettre de cachet*, mithin als Bestandteil des verloren geglaubten Archivs, identifizierte[33]. Fortan scheute Ravaisson keine Mühe, um die zu einem unordentlichen Haufen geschichteten, über 600 000 Einzelfragmente zu restaurieren und zu katalogisieren. Sein Lebenswerk gipfelte in der Herausgabe einer mehrbändigen Quellenedition mit dem Titel *Archives de la Bastille*[34].

Von den Zeitgenossen der Französischen Revolution ist die Frage nach dem Erkenntnispotential des Bastille-Archivs sehr entschieden und ganz im Horizont einer grundsätzlichen Bastille-Verdammung beantwortet worden. Für die unter dem Einfluß einer radikalen Anti-Bastille-Publizistik aufgewachsenen Revolutionäre bestand ebenso wie für die Historiker des 19. Jahrhunderts, die sich dem Erbe der Revolution verpflichtet fühlten, kein Zweifel daran, daß im Archiv der Bastille lediglich die schriftlichen Manifestationen des absolutistischen Schreckensregimes zu finden sein würden: »Da hatte die Tyrannei ihre Archive verscharrt, den umständlichen Bericht ihrer Frevel, die Aussagen ihrer Spione (sic!) und Häscher, die Liste ihrer Opfer, die unwiderleglichen, eigenhändigen Beweise der Barbarei ihrer Minister«, verkündeten die *Beytraege zur Geschichte der Französischen Revolution*[35]. Der Bastille-Stürmer Dusaulx artikulierte im Sommer 1789 zwar eine gewisse Enttäuschung darüber, daß sich am 14. Juli nicht die »Erde aufgetan« habe, um jene »widerwärtigen Papiere« zu verschlingen[36], begriff dies aber zugleich als moralischen Fingerzeig: »Die Vorsehung, die offenkundig unsere Revolution vorbereitet hat, wollte [das Archiv, G. G.] bewahren, weshalb sie ... in ihrer ewigen Weisheit die unbestreitbaren Beweise der unwürdigen Behandlung, die uns zuteil wurde, überliefert hat.«[37] Ähnlich hatte vor Dusaulx schon ein Redner der Wahlmännerversammlung vom 16. Juli argumentiert: »Beeilen wir uns, die Reste dieser alten Urkunden ... zusammenzutragen, damit wir die Furcht davor noch unseren letzten Nachkommen einimpfen können.«[38]

In Wahrheit sieht der Inhalt des Bastille-Archivs um einiges undramatischer und unspektakulärer aus. Das gerettete Quellencorpus gliedert sich in drei Hauptgruppen, in die Papiere der *Administration du lieutenant général de police*, in die Akten der *Administration de la Bastille, de la prison de Vincennes et de quelques autres prisons* und in die *Dossiers individuels des prisonniers*[39]. Die Tatsache, daß zwischen 1650 und 1789 ein paar hundert Schriftsteller, Kolporteure und Buchhändler in der Bastille einsaßen[40], verleiht dabei gerade letzteren einen unschätzbaren Wert für die Rekonstruktion der Geschichte des Pariser Untergrundmilieus[41]. Wie für jeden Bastille-Gefangenen wurde für den beim Druck oder Verkauf eines verbotenen Werkes ertappten Schriftsteller, Verleger oder Kolporteur von der Bastille-Verwaltung ein *Dossier* angelegt[42], in das die Spitzel- und Razziaberichte eingingen, die zur Verhaftung geführt hatten. Neben den Observierungs- und Verhörprotokollen umfassen die Dossiers zudem Schriftstücke privater Provenienz: zum Beispiel Tagebücher[43], Rechnungen, Korrespondenzen und Exzerpte[44], die von der Polizei im Moment der Festnahme konfisziert worden waren. Als dritter Bestandteil der Dossiers sind schließlich die Manuskripte, Briefe und Gnadengesuche zu erwähnen, die in der Bastille entstanden und von der Bastille-Obrigkeit unter Verschluß genommen wurden.

Bei den wegen eines Buchdelikts in die Bastille transportierten Frauen und Männern handelte es sich um einen äußerst heterogenen Personenkreis. Was sie verband, war der Verstoß gegen die Zensurvorschriften; ansonsten klaffte zwischen ihnen ein sozialer und interessensmäßiger Abgrund. Die feinen Unterschiede treten in den Bastille-Registern vor allem bei der Gruppe der Autoren zutage; hier steht der Regimekritiker gleich neben dem obskuren Lohnschriftsteller, der aus rein finanziellen Motiven politpornographische Werke am laufenden Band fabrizierte. Ähnlich verhält es sich mit den Buchhändlern: Zählte zu den Bastille-Insassen auf der einen Seite der kleine Kolporteur, der vielleicht auf einem der Seine-Quais reißerische Flugschriften angepriesen und verkauft hatte, so logierten nebenan Drahtzieher des geheimen Buchhandels wie die Witwe Salomé Stockdorff, die »Giftmischerin« aus Straßburg.

Der Vielfalt der Schriftsteller-, Kolporteur- und Buchhändlertypen, die den literarischen Untergrund bevölkerten, entspricht die Differenziertheit der aus ihrer Feder stammenden, während der Zeit des Bastille-Aufenthalts verfaßten (Selbst)zeugnisse. Der Reiz dieses Materials liegt in der Authentizität und Unmittelbarkeit der Dokumente, die einen weit intimeren Einblick in die geheime Welt der Pariser Subkultur des Ancien Régime erlauben, als dies bisher auf der Basis von Polizei- oder Zensorberichten überhaupt möglich war. Die eigens für die Zwecke der Obrigkeit verfertigten Verhörprotokolle und Kommissarberichte liefern zwar spannende Aufschlüsse über den Berufsalltag und die Wahrnehmungen der Buchpolizei, aber sie stecken voller Ressentiments: Hinter ihnen bleiben die Akteure des Untergrundes »wie unter einer Schneedecke verborgen«.

In den Briefen, Geschäftsnotizen und Tagebüchern der Bastille-Dossiers kommen die Vertreter des Milieus dagegen selbst zu Wort – auch und gerade diejenigen unter ihnen, die keine gedruckte Spur ihrer Existenz hinterlassen haben und die sonst nur über die Fremdzuweisungen der Polizeitexte greifbar würden. Aus ihren Selbstzeugnissen ist von den Betroffenen selbst zu erfahren, wie die internen Kommunikationsstrukturen und

Netzwerke des geheimen Buchhandels funktionierten, wie die am geheimen Buchhandel beteiligten Personen miteinander umgingen und von welchen Ängsten ihr Dasein überschattet wurde.

Die vorliegende Arbeit stützt sich auf die Analyse der Dossiers von 276 Bastille-Gefangenen, die zwischen 1750 und 1789 - also in der unter historiographischen Gesichtspunkten besonders interessanten Vorphase der Französischen Revolution - wegen des Drucks oder Vertriebs verbotener Literatur in die Bastille transportiert wurden. Zusammen mit den subsidiär herangezogenen Kommissar-Berichten der Archives Nationales wurden biographische Informationen zu insgesamt über 500 Personen ermittelt, die den groben Rahmen der Untersuchung abstecken: Die von der Pariser Polizei verfolgten Autoren, Buchhändler, Drucker und Kolporteure dürften für den genannten Zeitraum damit relativ komplett erfaßt sein[45]. Auf ihnen basiert die nun folgende Beschreibung jenes geheimnisvollen »Low Life of Literature«, das einen wichtigen Beitrag zum Prozeß der vorrevolutionären Politisierung in Frankreich leistete.

1. Kapitel
Handlungsspielräume – Handlungsgrenzen: Zensur im Ancien Régime

Vom Druckprivileg zur stillschweigenden Druckerlaubnis: Die Vorzensur

Ohne die Zensur hätte sich die Sphäre des Illegalen nicht behaupten können. Und die Zensur existierte in Frankreich bis 1789: Kein Schriftsteller oder Verleger des 18. Jahrhunderts kam umhin, sich mit den staatlichen Publikationsvorschriften auseinanderzusetzen[1], die einen Eckpfeiler der absolutistischen Herrschaftsausübung bildeten. In der Theorie als hehres Ideal formuliert – als Schutzmaßnahme zur Bewahrung der unmündigen und verführbaren[2] Untertanen vor schädlicher Indoktrination[3] – , diente die Überwachung des geschriebenen und gesprochenen Wortes in der Praxis naturgemäß stets auch einem anderen – und weit machiavellistischeren Zweck, nämlich der Ausschaltung jeglichen oppositionellen Gedankenguts, das den Souveränitätsanspruch des Monarchen (potentiell) gefährdete. Im Sinne der »guten Ordnung« galten Religion und Politik bis 1789 in Frankreich als ein Mysterium, an dem nur wenige Eingeweihte partizipieren durften[4]. Der amtierende Siegelbewahrer d'Argenson etwa verpflichtete im Jahre 1718 eine Delegation des Parlaments von Paris mit dem Verweis auf das geltende Arkangebot zu strikter Geheimhaltung; die Angelegenheiten der Deputation seien »Staatsaffären«, die größtes Stillschweigen erforderten[5].

Als das Postulat der Pressefreiheit im Zuge der sich seit ca. 1750 entwickelnden publizistischen Auseinandersetzung ins Bewußtsein einer breiten Öffentlichkeit gedrungen war, bedeutete es für die Verteidiger der alten Zensurauffassung eine schmerzliche Erfahrung, die bewährten Traditionen und Prinzipien allmählich bröckeln zu sehen[6]. Wie glücklich hätte das Land sein können, verkündete in nostalgischer Rückbesinnung und vorwurfsvoller Rhetorik ein Zensururteil des Parlaments aus dem Jahre 1775, »wenn die Probleme der Politik immer unter dem

Schleier verborgen geblieben wären, mit dem die Weisheit unserer Vorfahren alles verhüllt hat, was die Regierung und die Verwaltung betrifft...«[7]

Hatte es bereits seit dem Mittelalter – nicht zuletzt von seiten der theologischen Fakultät der Sorbonne – immer wieder Bestrebungen gegeben, die Pariser Buchhändler, Buchdrucker, Kolporteure und Schriftsteller einer strengen Aufsicht zu unterwerfen, sah sich die literarische Welt unter Ludwig XIV. und Colbert mit einer rigorosen Strategie der Härte konfrontiert[8]. Ausgerechnet im vermeintlich »Goldenen Zeitalter«[9] Ludwigs XIV. sollten viele Schriftsteller – und speziell diejenigen, die mit dem Jansenismus sympathisierten – die Unnachsichtigkeit der Zensurhüter am eigenen Leibe zu spüren bekommen[10]. Wie die Angst vor dem Zugriff der Zensurautoritäten das (Arbeits)Leben der Schriftsteller bis weit ins 18. Jahrhundert hinein prägte, illustriert vielleicht am eindrucksvollsten die Biographie Voltaires, den die Erinnerung an Flucht und Bastille-Haft bis zu seinem Tod begleitete[11].

Das bis zur Revolution in Frankreich existierende Zensursystem zeichnete sich durch ein konfliktreiches Nebeneinander verschiedener Zensurinstanzen aus, die entweder für die Vorzensur oder für die Nachzensur oder unter Umständen für beide Arten der Drucküberprüfung verantwortlich waren[12]. Als verbindlicher Vorschriftenkatalog für die Organisation des Pariser Buchgewerbes fungierte jenes umfangreiche *Arrêté du Conseil d'État du Roi* von 1723, das der Buchhändler Saugrain 1744 in gedruckter Form veröffentlichte und das seither unter dem Namen *Code de la librairie* bekannt ist. Hätten die Anordnungen des *Code de la librairie* nahtlos in die Tat umgesetzt werden können, wäre das Bourbonenkönigreich unter den europäischen Mächten zum Musterbeispiel eines Zensurstaates avanciert; die tatsächlichen Verhältnisse entsprachen der Theorie allerdings nur sehr bedingt.

Gerade die bei der Rekonstruktion der absolutistischen Zensurpraxis zu beobachtenden Widersprüche haben Literaturwissenschaftler wie Historiker seit dem 19. Jahrhundert zu einer intensiven Beschäftigung mit diesem Themenbereich angeregt: Mit den Arbeiten von Richard Frautschi[13], Françoise Weil, Christoph Hobohm[14], Cathérine Blangonnet[15] und Christiane Schroeder[16] entstanden in den letzten Jahren wichtige und richtungsweisende Studien, die dazu beitrugen, die ›weißen Flecken‹ auf der Landkarte der Zensurgeschichte Stück für Stück zu reduzieren.

Nach wie vor konzentriert sich das Interesse der Forschung auf den liberalen Zensurpolitiker Malesherbes, der von 1750 bis 1763 den Posten eines *Directeur de la librairie* bekleidete und in dieser Funktion paradoxerweise entscheidend an der Verbreitung aufklärerischer Literatur mitwirkte[17]. Unter den einschlägigen Monographien ist insbesondere Pierre Grosclaudes 1961 veröffentlichte Biographie hervorzuheben, die auf der Basis gründlicher und ausgedehnter Quellenrecherchen die Facetten der Persönlichkeit Malesherbes' beleuchtet[18], ohne in die Sackgasse einer allzu individualisierenden Perspektive zu geraten[19].

Gemessen an der Dominanz der personenorientierten Zensurforschung[20] wurden jedoch vergleichsweise selten Versuche unternommen, die Zensurpraktiken des Ancien Régime mit Hilfe eines strukturalistischen – oder besser holistischen – Ansatzes zu rekonstruieren. Zwar gebührt Madeleine Cerf[21] und William Hanley[22] das Verdienst einer übersichtlichen Gesamtdarstellung des institutionellen Rahmens und der einzelnen – zum Teil synchronen, zum Teil aufeinanderfolgenden – Zensurabläufe, doch bleibt ihr Diagramm der Zensur insofern unbefriedigend, als es die innerhalb des Zensursystems existierenden Spannungen und daraus resultierenden Entwicklungen nicht hinreichend verdeutlichen kann. Eine solche umfassende Analyse steht bislang noch aus.

Was hatte ein Autor bzw. Verleger zu tun, der ein Buch mit offiziellem Plazet drucken lassen wollte?[23] Zunächst mußte er eine Druckerlaubnis, ein sogenanntes Druckprivileg, beantragen[24] und das betreffende Manuskript zu diesem Zweck bei der ›Vorzensurbehörde‹ zur Prüfung einreichen. Die Begutachtung des Werkes oblag einem in der Regel vom Kanzler ausgewählten königlichen Zensor, wenngleich der Antragsteller zumindest ein Vorschlagsrecht besaß[25]: Maupertius etwa, zeitweiliger Präsident der Preußischen Akademie der Wissenschaften, bat von Berlin aus Malesherbes, ihm den Abbé Trublet als Zensor zuzuteilen, den er als Bewunderer seines Talents schätzte[26].

Wenn der Zensor seine Lektürearbeit absolviert[27] und der Kanzler den Antrag auf ein Druckprivileg abgesegnet hatte, konnte der Bewerber schließlich – nach der Zahlung einer entsprechenden Gebühr – eine Druckgenehmigung[28] sein eigen nennen, die er bei der Zunftaufsicht registrieren lassen mußte. Im ungünstigsten Falle waren zwischen dem Datum der Beantragung und der Ausstellung allerdings etliche Monate verstrichen.

Die Bewilligung des Druckprivilegs zeigte nicht nur die Authentizität eines Manuskriptes an, sondern fungierte zugleich als eine Art Urheberschutz, da sie dem Käufer für einen unbegrenzten Zeitraum die exklusiven Druckrechte zusicherte[29]. Diese Regelung trug den Keim für die Konflikte in sich, die in der zweiten Hälfte des 18. Jahrhunderts offen zutage traten. Vor allem die Tatsache, daß die Pariser Buchhändler und Verleger bei der Vergabe der Druckprivilegien in ungerechtfertigter Weise bevorzugt wurden, sorgte für Unruhe und Unzufriedenheit unter den Provinzbuchhändlern: Seit Colbert den Machtkampf zwischen Hauptstadt und Provinz aus taktischen Erwägungen zugunsten der Pariser Vertreter des Druckgewerbes beendet hatte, residierten die privilegierten 36 Pariser Druckermeister und etwa hundert bestallten Buchhändler »in Prunk und Wohlstand« im Quartier Latin, während die Provinzverleger, die sich im wesentlichen mit dem Druck lokaler Publikationen begnügen mußten, ihre Benachteiligung durch gesteigertes Engagement im Geschäft mit Raubdrucken und verbotenen Büchern ausglichen[30].

Das Druckprivileg-Modell, das auf der Parallelität von inhaltlichen und ökonomischen Selektionsverfahren beruhte, erwies sich im Zuge der Expansion des Buchmarktes als zunehmend anachronistisch, da es eine konservative Zensurauffassung und eine »traditionale Wirtschaftsweise« (Darnton) festschrieb, die weder den Informationsbedürfnissen des aufgeklärten Publikums noch dem Wunsch einer Belebung des Handels durch Konkurrenz entsprach. Die Unzulänglichkeit dieses Modells[31] führte schließlich zur Konjunktur der *Permissions tacites*, der »stillschweigenden Druckgenehmigungen«, die eine eigentümliche, für das Ancien Régime charakteristische Mischung aus Erlaubt und Verboten repräsentierten und in der zweiten Hälfte des 18. Jahrhunderts eine Blüte erlebten: Sie wurden – grob formuliert – für Werke erteilt, die aufgrund inhaltlicher Bedenken nicht mit offizieller Genehmigung veröffentlicht werden sollten, die man aber »stillschweigend« passieren lassen wollte. François Furets quantitative Studie hat die Expansion der *Permissions tacites* in konkrete Zahlen gefaßt; seiner Untersuchung zufolge wurden allein zwischen 1750 und 1760 714 *Permissions tacites* bewilligt, mehr als in dem ganzen Zeitraum zwischen 1718 und 1745[32].

Es charakterisiert die schizophrene Einstellung der Zensurautoritäten, daß sie sich nach außen hin von einem solchen Vorgehen, das den Zensurbestimmungen eigentlich zuwider lief[33], distanzierten, obwohl eine *Permission tacite* ähnlich wie ein Druckprivileg auf der Basis eines Zensorgutachtens ausgefertigt wurde[34]. Um den Eindruck zu vermeiden, die *Permissions tacites* seien ein Vehikel zur Beförderung heterodoxen Gedankenguts, täuschte das Impressum der so ausgestatteten Bücher einen ausländischen Druckort vor[35].

Ob Druckprivileg oder *Permission tacite* – in der Ausübung der Vorzensur hatte der Zensor eine zentrale Rolle inne, denn er war es, der die eingereichte Druckvorlage auf blasphemische, monarchiefeindliche oder pornographische Inhalte hin inspizierte, er war es, von dessen Plazet oft die Karriere eines Autors oder das Schicksal eines Verlegers abhing. Seine Redlichkeit gegenüber der obersten Zensurbehörde dokumentierte der Zensor durch das Paraphieren einer jeder geprüften Seite. Daß er die Verantwortung für das Erscheinen eines Buches mit zu übernehmen hatte, wurde durch den Abdruck seines Namens und seiner *Autorisation* in dem approbierten Buch selbst veranschaulicht[36].

Wer die Biographien der königlichen Zensoren Revue passieren läßt, wird bald auf die außerordentliche Heterogenität dieser Gruppe stoßen. Auf der jährlich seit 1742 im *Almanach royal* abgedruckten Liste der Amtsträger figurierten neben Doktoren der Pariser Universität Advokaten und Geographen, renommierte Naturwissenschaftler und Protégés des Hofes; der Romancier Crébillon der Jüngere beispielsweise verdankte seine Berufung zum Zensor Madame de Pompadour, die sich für ihn verwendet hatte[37].

Das Gremium der Zensoren war überdies ständigen Veränderungen unterworfen: Die Einrichtung einer staatlichen Vorzensurbehörde hatte im 17. Jahrhundert zu einer Zeit stattgefunden, in der wenige Zensoren eine überschaubare Menge von Druckanträgen hatten prüfen können. Die Expansion des Buchmarktes im 18. Jahrhundert machte jedoch die Ernennung zusätzlicher Zensoren notwendig. In einem Zeitraum von knapp 50 Jahren erhöhte sich ihre Zahl um mehr als das Doppelte, von 76 im Jahre 1742 auf 171 im Jahre 1790[38].

Der Zensorenposten besaß in gewissen Kreisen ein beträchtliches Sozialprestige, ohne zugleich eine lukrative Pfründe zu sein, da die Arbeit des Zensors, wenn überhaupt, nur gering entlohnt wurde: Im Jahre 1764 erhielten von insgesamt 128 Zensoren lediglich 33 eine finanzielle Entschädigung[39].

Der Beruf des Zensors verlangte einiges an Fingerspitzengefühl. Daß sich die Zensoren nur nach vagen und unterschiedlich interpretierbaren Zensurkriterien richten konnten, verwandelte ihre Arbeit häufig in einen Drahtseilakt[40]. Um selbst nicht in die Schußlinie der Kritik zu geraten, galt es mit Vorsicht zu agieren: In welchem Maße gerade das Interventionsrecht des Klerus und des Pariser Parlaments für die Zensoren einen Unsicherheitsfaktor bedeutete, illustriert exemplarisch ein von dem Zensor Claude Bourgelat an Malesherbes gerichteter Brief vom 14. März 1759. Bourgelat – ein enger Freund d'Alemberts – hatte dessen *Mélanges de littérature, d'histoire et de philosophie* positiv bewertet und keine provozierenden Äußerungen darin entdeckt. Aber der inhaltliche Aspekt interessierte ihn weit weniger als die Frage, auf welche Resonanz das Buch bei seinen Zensurkollegen stoßen würde. Zu den für Bourgelat relevanten Entscheidungskriterien gehörte die vorherige nüchterne Berechnung des Risikos. »Ich wage zu glauben, daß die Schrift trotz der Entrüstung unseres Jahrhunderts über die *Cacouacs* weder zu Anklagereden noch zu ... Hirtenbriefen herausfordern wird«[41], schrieb er an den Direktor der Zensurbehörde und verhehlte dabei nicht, daß sein professionelles Verhalten auf einer Konfliktvermeidungsstrategie gründete.

In einer Epoche, in der sich die bürgerliche Öffentlichkeit formierte, drohte den Zensoren, die in einer Grauzone zwischen Autor und Obrigkeit agierten, auch von seiten des Publikums Gefahr. Den Prototyp des ängstlichen Zensors, den der bloße Gedanke an ein möglicherweise negatives Echo erschreckte und verunsicherte, verkörperte François-Augustin Paradis de Moncrif, der die Begutachtung von Diderots Komödie *Le père de famille* im Oktober 1758 mit dem folgenden Argument ablehnte: Er habe bei der Lektüre zwar das »extreme Verlangen« verspürt, das Stück zu bewilligen, wolle aber nicht als Zensor nominiert werden, weil er den Zorn des Publikums fürchte: »Man könnte sehr ungerechten und bösartigen Gebrauch von einigen Stellen machen und den Zensor dafür zur Verantwortung ziehen.«[42]

Das öffentliche Bild des Zensors blieb ungeachtet solcher Verzagtheiten freilich über weite Strecken hinweg das eines Tyrannen. Schon 1685 hatte Pierre Bayle – in Anlehnung an Vergil – die Hoffnung des Schriftstellers auf ein positives Gutachten mit dem verzweifelten Warten der armen Seelen verglichen, die von Charon über den Styx gerudert werden wollten. Auf dieselbe pathetische Formel sollte Jahrzehnte später Diderot in seinem *Encylopédie*-Artikel über die Zensoren[43] zurückgreifen. Es lag in der Natur der Sache, daß insbesondere die vielfach von den Zensoren gewünschten Manuskriptänderungen und -kürzungen bei den äußerst sensiblen Schriftstellern auf heftige Ablehnung stießen. Der ihm zugewiesene Zensor sei ein »unerbittlicher Peiniger«, beklagte sich im Juli 1763 der Autor du Plessis bei Malesherbes. Zwei Wochen später hatte er sich mit seinem »Peiniger«, Jacob-Nicolas Moreau, freilich ausgesöhnt, was ihn dazu veranlaßte, fortan nur noch in den positivsten Wendungen von Moreau zu sprechen[44].

Das zwischen Zensor und Schriftsteller bestehende Machtverhältnis konnte sich unversehens ins Gegenteil verkehren, wenn die Autoren versuchten, den Zensor zu überlisten oder in ihrem Sinne zu manipulieren. Neben dem schlichten Ignorieren der vorgeschlagenen Korrekturen bestand ein anderer, ebenso simpler Trick darin, nach außen Gehorsam und Angepaßtheit zu demonstrieren, im Geheimen aber den vorschriftsmäßigen Verlauf der Vorzensur zu unterwandern. Ein Schriftsteller, der von vornherein die berechtigte Vermutung hegte, daß sein Buch an den Filtermechanismen der Zensur scheitern würde, aber trotzdem das offizielle Druckverfahren passieren wollte, reichte der Zensurbehörde eine unverfängliche Manuskriptversion ein, die mit der Approbation des Zensors zum Druck freigegeben wurde. Nach dem Erhalt der Druckgenehmigung schrieb er den Text dann einfach um, in der Hoffnung, daß der Betrug den Verantwortlichen verborgen bleiben möge[45].

Mit einer Variation dieser Methode gelang es u. a. dem Akademiemitglied Saurin im Jahre 1764, eine satirische Erzählung mit dem blumigen Titel *Mirza et Fatmé* auf legalem Wege zu publizieren. Saurin verschaffte sich Malesherbes' Plazet, indem er dem Direktor der Buchaufsicht in gezielter Naivität und ganz beiläufig von seiner Absicht erzählte, ein »kleines vergnügliches Werk« drucken zu lassen, für das man im Grunde gar nicht die Längen des regulären Beantragungsverfahrens in Kauf nehmen müsse. Da Malesherbes Saurin lediglich von einer Broschüre her kannte, in der es um mathematische Probleme ging, glaubte er, es handele sich bei dem »kleinen vergnüglichen Werk« um eine ähnlich unbedenkliche Angelegenheit und zögerte nicht, den Verfasser der Erzählung seiner Zustimmung zu versichern – kurz darauf erschien das Werk bei dem Pariser Verlagshaus Prault[46].

Wie der Fall des Schriftstellers Jean Sauri illustriert, reagierte die Zensurbehörde jedoch extrem gereizt auf die Täuschungsmanöver der Autoren, sobald staatsgefährdende – oder potentiell staatsgefährdende – Inhalte ins Spiel kamen. Sauri, der vor seiner Übersiedlung nach Paris Philosophieprofessor an der Universität von Montpellier gewesen war[47], hatte im Herbst 1774 eine 36seitige Broschüre mit dem Titel *Réflexions d'un citoyen sur le commerce des grains* verfaßt und dem Verleger Renault aus der Rue de la Harpe zur Drucklegung anvertraut. Renault wandte sich seinerseits umgehend an den Zensor Cadet de Saineville, der die Schrift im November 1774 approbierte. Entgegen dem Reglement wurde der Druck des Werkes allerdings zunächst aufgeschoben, was Sauri später mit finanziellen Erwägungen rechtfertigte, nämlich mit dem exorbitant hohen Preis, der für die Erteilung einer Druckgenehmigung im Herbst 1774 verlangt worden sei. Erst nach deren Verbilligung habe man – so Sauri – im Frühjahr 1775 das Projekt realisieren und die Schrift drucken können[48]. Diese Argumentation wäre akzeptabel und glaubhaft gewesen, hätte nicht der Text der fertigen Broschüre gegenüber dem von Cadet de Saineville gutgeheißenen Original drastische Unterschiede aufgewiesen. Sauri hatte unter dem Eindruck der Getreideunruhen also ganz offensichtlich seinen Entwurf aktualisiert und modisch gestylt, dabei wurde er zu seinem Pech von der Buchpolizei überrascht[49].

Eine weitere Publikationstechnik erprobte der Philosoph Claude-Adrién Helvétius im Jahre 1758, als er sein Traktat *De l'esprit* mit offizieller Drucklizenz zur Veröffentlichung bringen wollte[50]. Der Zeitpunkt war von ihm denkbar ungünstig gewählt, denn unter dem Schock des Mordanschlags auf Ludwig XV. hatte die Regierung die Zügel gestrafft und eine Reihe von repressiven Maßnahmen veranlaßt. Schon kurz nach dem Damiens-Attentat drohte eine königliche Proklamation oppositionellen und subversiven Geistern mit der Todesstrafe; Anfang September 1758 erlebte eine riesige Menschenmenge auf der Place de Grève die Hinrichtung eines Mannes, der des Verbrechens der Majestätsbeleidigung für schuldig befunden worden war[51].

Obwohl es in Anbetracht dieser gespannten Situation für jeden Schriftsteller Gründe genug gab, sich beim Schreiben besondere Zurückhaltung aufzuerlegen, obwohl Helvétius sein Werk ohne Probleme auf holländischen Pressen hätte drucken lassen können, insistierte er auf seinem Entschluß, ein Druckprivileg zu beantragen. Helvétius' Biographen erklärten dieses extrem leichtsinnige Verhalten, das sich im nachhinein kaum rational nachvollziehen läßt, später vor allem mit dem fatalen Einfluß des Helvétius-Intimus Leroy, der den Verfasser des *De l'esprit* in seinem Eigensinn bestärkte.

Wie der Verlauf der Publikationsgeschichte dokumentiert, bauten Leroy und Helvétius von Anfang an auf die Schwäche des Zensors Jean-Pierre Tercier[52], den sie wegen der Gewährung einer Drucklizenz konsultierten. Tercier genoß in politischen und literarischen Kreisen den Ruf eines distinguierten und kompetenten Mannes. Er hatte sich als Staatssekretär im Ressort der Außenpolitik einen guten Namen erworben, gehörte seit 1747 der Académie des Inscriptions et Belles Lettres an und war 1750 zum Zensor avanciert[53].

Die Einschaltung des Zensors läutete eine Posse ein, in der Tercier bald die Rolle des übertölpelten Opfers spielte. Zusammen mit dem Drucker Durand bediente sich Leroy unfairer Praktiken, um Tercier von den gefährlichen Inhalten der zu examinierenden Schrift abzulenken. Tercier bekam niemals die Endfassung des Manuskriptes zu Gesicht, sondern wurde von Leroy wieder und wieder mit einigen wenigen Seiten, zudem in falscher Reihenfolge, abgespeist. Helvétius persönlich unterstützte die Kabale, indem er zur Beschwichtigung des Zensors Tercier ausschließlich die harmlosesten Passagen zu Gehör brachte. Als dritter Verschwörer trug Durand mit ständigen Hinweisen auf die Eiligkeit der Sache zur Überrumpelung des königlichen Zensors bei. So approbierte Tercier die Schrift am 27. März 1758[54]; knapp sechs Wochen später, am 12. Mai, wurde dem Opus ein Druckprivileg zuerkannt.

Die Freude Leroys und Helvétius' über ihren Erfolg dauerte indessen nicht lange. Bereits wenige Wochen später, Ende Juni 1758, sah sich der Autor auf Anordnung von Malesherbes gezwungen, sein Buch einem zweiten Zensor zu präsentieren[55]. Erst nachdem dieser einige Korrekturen und Streichungen vorgenommen hatte, konnte Ende Juli/Anfang August der Verkauf des *De l'esprit* beginnen[56], dessen Publikation trotz der von Malesherbes sicherheitshalber veranlaßten Textpolituren zum Eklat führte. In kurzer Zeit weitete sich die Diskussion über den Traktat zu einem politischen Schaukampf aus, da das Parlament von Paris das Erscheinen des Werkes als Chance zur Demonstration seiner eigenen Herrschaftsansprüche begriff. Die Repräsentanten des obersten Gerichtshofs versuchten Tercier auf Umwegen[57] davon zu überzeugen, daß es das Beste für ihn sei, den Widerruf seiner Approbation direkt an das Parlament zu richten. Statt diesem Ansinnen nachzugeben, informierte der Zensor aber den Direktor der Zensurbehörde, der seinerseits rasch reagierte: In Briefen an den Außenminister Bernis und an den Generalanwalt Omer Joly de Fleury ließ Malesherbes keinen Zweifel daran, daß die Zensoren allein dem Siegelbewahrer gegenüber verantwortlich seien[58]. Um eventuellen Aktivitäten des Parlaments zuvorzukommen, annullierte der *Conseil d'État* schließlich auf Initiative Malesherbes' am 10. August die Druckerlaubnis, ein Schritt, der strategischem Kalkül entsprang[59].

Die Vorstöße des Parlaments bildeten nun den Auftakt zu einem Generalangriff gegen Helvétius, an dem die unterschiedlichsten weltlichen und kirchlichen Interessensgruppen partizipierten. Im Herbst des Jahres 1758 beriet u. a. die Generalversammlung des französischen Klerus über den Fall[60]; kurz darauf veröffentlichte der Pariser Erzbischof Christophe de Beaumont einen Hirtenbrief gegen Helvétius. Anfang 1759 meldete sich das Parlament erneut zu Wort: Im Januar erhob Jean Omer Joly de Fleury, zusammen mit seinem Bruder einer der führenden Köpfe der Parlamentsopposition, Anklage gegen Helvétius' Buch und mehrere andere Schriften, die heute zu den Klassikern der Aufklärungsliteratur gerechnet werden; im Februar wurden die Scheiterhaufen zur Bücherverbrennung aufgeschichtet[61].

Damit nicht genug, schlug die Zensuraffäre nun immer höhere Wellen. Der Vatikan setzte den Traktat auf den Index. Im März 1759 fällte die theologische Fakultät der Sorbonne ein vernichtendes Urteil über die Schrift[62]; geistliche Würdenträger riefen zum Kampf gegen die Aufklärungsphilosophen auf[63].

Wider Erwarten entwickelten sich die Dinge letztlich aber doch günstig für den Autor, dessen Buch soviel kollektive Entrüstung hervorgerufen hatte. Daß Helvétius – vom Verlust der Hofcharge abgesehen – den von ihm entfachten Sturm relativ unbeschadet überstehen konnte, verdankte er vermutlich dem Engagement seiner prominenten Beschützer[64]. Im Nachhinein sollten ihm die Querelen um die Publikation des *De l'esprit* sogar eine Art historischen Heiligenschein einbringen, denn im September 1792 beschloß die Stadt Paris, zur Erinnerung an den verfolgten Denker die Rue Sainte-Anne auf seinen Namen umzutaufen[65].

Weniger Nachsicht wurde dem Zensor Tercier zuteil, der Ende Februar 1759 von seiner Entlassung erfuhr. Selbst wenn dieser Hinauswurf mit internen Intrigen zusammenhing und nicht – wie von Choiseul behauptet – mit Terciers freundschaftlicher Beziehung zu Helvétius[66], war die Amtsenthebung für den Zensor die letzte einer Reihe von Demütigungen. Anders als etwa Crébillon oder Robert de Vaugondy war er ungewollt in einen Skandal verwickelt worden, der seiner Karriere schweren Schaden zufügte. Er hatte sein Gesicht verloren, seine Zensurentscheidung war coram publico attackiert worden, er hatte sich rechtfertigen und die Aufkündigung seines Zensorenpostens hinnehmen müssen[67].

Wenngleich Zeitgenossen und Nachwelt den königlichen Zensoren litaneihaft Schwäche[68] und Fahrlässigkeit[69] unterstellten, so überwog doch der Vorwurf eines diktatorischen Umgangs mit den Schriftstellern und ihren Texten. »Die von dem obersten Magistrat ernannten Zensoren ... überschritten oft ihre Kompetenzen. Tausendfach hat man gesehen, daß Familienväter

& -mütter in die Kerker geworfen wurden, & weshalb? Weil sie Broschüren verkauft haben, deren Erlös ihnen dazu diente, ihre Kinder zu ernähren & zu kleiden.«[70] Mit diesen Worten umriß der anonyme Verfasser der Revolutionsschrift *De l'abus de la liberté* ein populäres Klischee, das seither insbesondere von der marxistischen Aufklärungshistoriographie perpetuiert worden ist. Wenn Werner Krauss das Verhältnis von Autor und Zensor mit dem Satz umschrieb, es sei verständlich, »daß die Autoren in ihrem Zensor die verkörperte Willkür eines despotischen Regimes verabscheuten«[71], setzte er dabei einen grundsätzlichen Antagonismus zwischen Aufklärung und Ancien Régime voraus, der in dieser krassen Form sicher nicht existierte. Gerade weil die Zensoren innerhalb der absolutistischen Literaturpolitik eine Schlüsselposition behaupteten, gerade weil von ihrer Sorgfalt und Sensibilität der Erfolg der von oben verordneten Filtermechanismen abhing, konnten sie sich innerhalb des Zensursystems unter Umständen schnell zu einer Keimzelle der Subversion entwickeln.

Die tatsächliche Beziehung zwischen Zensor und Autor im Ancien Régime gestaltete sich komplexer und symbiotischer, als ein vorgefertigtes, dichotomisches Interpretationsschema zunächst ahnen läßt. Primär wurde die Beziehung zwischen dem Kontrolleur und dem Produzenten zwar durch eine hierarchische Struktur definiert, nämlich durch die Tatsache, daß der eine dem anderen seine Zustimmung verweigern oder gravierende Textänderungen aufoktroyieren konnte[72]. Andererseits lebten Zensoren und Autoren in dem gleichen intellektuellen Milieu und waren durch gemeinsame Interessen und eine gemeinsame kulturelle Sozialisation miteinander verbunden. Ein beträchtlicher Prozentsatz der Zensoren rekrutierte sich bekanntlich aus Akademiemitgliedern, Zeitschriftenredakteuren und Schriftstellern[73]. Unter den Zensoren der späten 50er und 60er Jahre befanden sich allein 13 Mitarbeiter des Enzyklopädie-Projekts[74]; als Zensoren agierten ferner Schriftsteller wie Pidansat de Mairobert, Trublet, Suard, Court de Gébelin[75], Condillac[76] und Toustain de Richebourg[77], die auch in amtlicher Funktion niemals ihre Verwurzelung im Lager der schreibenden Zunft vergaßen[78].

Einige stichhaltige Indizien sprechen dafür, daß Crébillon der Jüngere den von ihm betreuten Autoren nicht nur mit außerordentlicher Liebenswürdigkeit[79] begegnete, sondern daß er in Verkehrung seiner eigentlichen Mission gelegentlich aus eigenem Antrieb mit ›gefährlichen‹ Literaten zusammenarbeitete. Im Laufe seines Zensorenlebens wurde der Dichter, der sich 1734 mit der Veröffentlichung des Romans *L'Écumoire ou Tanzaï et Néadarné* einen Aufenthalt in Vincennes und 1742 mit *Le sopha* eine Verbannungsorder einhandelte[80], mehrere Male selbst zur Zielscheibe der Kritik. So im Winter 1770/71, nachdem das mit seiner Approbation aufgeführte Stück *Olinde et Sophronie* einen Skandal entfacht hatte. Die Umstände, unter denen man Merciers Heldendrama am 22. Januar 1771 auf der Bühne spielte, verliehen dem an sich harmlosen Text eine unerwartete politische Brisanz: Unter dem Schock des Maupeou-Putsches interpretierte das Theaterpublikum manche Szenen jetzt nicht mehr innerhalb ihres ursprünglichen Zusammenhangs, sondern direkt im Lichte der aktuellen Ereignisse, wofür von seiten der obersten Buchaufsicht nun Zensor und Bühnendichter zur Verantwortung gezogen wurden.

Gegenüber seinen Vorgesetzten gelang es Crébillon indessen, den Verfasser des Werkes zu verteidigen und sich selbst aus der Affäre zu ziehen, die Episode sollte diesmal für ihn keine Konsequenzen zeitigen[81]. Anders 1775, als er kurzfristig für einige Tage suspendiert wurde, weil er Imberts *Monsieur Pétau ou le gâteau des rois* zu oberflächlich examiniert und satirische Anspielungen auf Ludwig XV. nicht gründlich genug gestrichen hatte[82].

An der Bewertung von Crébillons Zensorentätigkeit scheiden sich nach wie vor die Geister: Während Victor Hallays-Dabot Crébillon 1862 als rechtschaffenen, aber willenlosen Zensor porträtierte, der sich den Forderungen der Autoren nicht zu entziehen vermochte[83], meinte der Crébillon-Biograph der Jahrhundertwende, Frédéric Loliée, hinter der Fassade der Schwäche einen »wahren intellektuellen Liberalismus« entdecken zu können. Mit der extrem laxen Handhabung des Zensorenamtes habe Crébillon, so Loliée, die Institution des Zensors als anachronistisch zu entlarven versucht[84].

Eine erheblich pointiertere These vertritt neuerdings die amerikanische Pressehistorikerin Nina Gelbart. Ausgehend von intensiven Materialrecherchen verweist sie auf die Existenz einer geheimen, von Journalisten, Schriftstellern und Zensoren in den 70er Jahren aufgebauten Selbsthilfeorganisation, der neben Louis-Sébastien Mercier, Linguet und Grimod de la Reynière u. a. auch Pidansat de Mairobert und Claude-Prosper Jolyot de Crébillon angehörten[85]. Diese Selbsthilfegruppe habe sich aus Schriftstellern rekrutiert, die alle in ähnlich frustrierender Weise mit den Härten des Kulturbetriebs in Berührung gekommen seien[86] und aufgrund ihrer negativen Erfahrungen Listen des Publizierens hätten entwickeln müssen. Als Köpfe der Schriftstellervereinigung hätten zeitweilig die Zensoren Crébillon und Pidansat de Mairobert fungiert, die darauf bedacht gewesen seien, ihre Literaten-Freunde mit hochoffiziellen Druckgenehmigungen zu versehen und vor etwaigen Repressionen zu bewahren[87].

Obwohl eine solche Deutung sicherlich der Untermauerung bedarf, war der von Gelbart beschriebene ›aufmüpfige‹ oder besser: ›engagierte Zensor‹ keineswegs eine Einzelerscheinung[88]. Gerade die folgenden Beispiele zeigen, daß die Zensoren nicht immer »Gefangene ihres Amtes« waren[89], sondern durchaus über Möglichkeiten verfügten, Zensurentscheidungen in ihrem Sinne zu manipulieren.

Ohne die Intervention des Abbé Trublet hätte zum Beispiel die Publikationsgeschichte der *Mémoires de Mme de Maintenon* Mitte der 50er Jahre einen ganz anderen Verlauf genommen. Da in Versailles indiskrete Enthüllungen über das Verhältnis des Sonnenkönigs zu seiner Hauptmätresse und späteren zweiten Ehefrau befürchtet wurden, war dem Autor der *Mémoires*, La Beaumelle, der Druck des Werkes in Frankreich strengstens untersagt worden. In dieser angespannten Situation solidarisierte sich mit ihm nun sein Schriftstellerkollege Nicolas-Charles-Joseph Trublet, der seit dem Ende der 30er Jahre das Amt eines Zensors ausübte[90] und in den intellektuellen Zirkeln der Hauptstadt hohes Ansehen genoß. Ohne als regulärer Zensor des Werkes nominiert worden zu sein, schaltete sich Trublet in die Affäre ein und antichambrierte wiederholt bei Malesherbes, damit dieser die »Augen schließe« und die Schrift wenigstens ungehindert in Frankreich zirkulieren lasse. Seine Kampagne zahlte sich letztlich zugunsten des Autors aus; der Erfolg des Unternehmens wäre perfekt gewesen, hätte Voltaire seinen Erzfeind nicht denunziert[91] und ihm dadurch zu einem dreizehnmonatigen Aufenthalt in der Bastille verholfen[92].

Wenn Trublet sein Insiderwissen anwendete, um La Beaumelles Sache zu fördern[93], war er sich des Risikos, das er einging, vollkommen bewußt, denn er achtete auf die Wahrung strikter Diskretion, um jedes Auffälligwerden zu vermeiden. »Ich schikke Ihnen Ihr Buch zurück, das niemand gesehen hat und von dem ich zu niemandem sprechen werde«, betonte er mit Nachdruck Mitte August 1754 in einem Brief an La Beaumelle[94].

Gerade der Fall Trublet vermittelt eine anschauliche Vorstellung von der Fähigkeit zur Differenzierung, zu der auch eine Zensorenseele in der Lage war: Das Verhalten Trublets im Fall der *Mémoires de Mme de Maintenon* spiegelt nur eine Facette einer Zensurauffassung wider, in der sich konservative und liberale Momente mischten. Während Trublet auf der einen Seite mit den verfolgten Schriftstellerkollegen La Beaumelle und Helvétius sympathisierte – und sich in dieser Hinsicht von seinem ›Auftraggeber‹ distanzierte –, plädierte er auf der anderen Seite vehement für die Unterdrückung satirischer Schriften, deren entschiedene Ablehnung er als die selbstverständliche Pflicht eines Zensors erachtete[95]. Trublet bestritt zwar keineswegs die grundsätzliche Legitimität der Vorzensur als staatlicher Einrichtung, betrachtete sich selbst deshalb aber nicht als Erfüllungsgehilfe einer von oben diktierten Zensurpolitik. Ohne daß ihn dies in Loyalitätskonflikte stürzte, versuchte er immer wieder von neuem, die Starrheit der Zensurmechanismen aufzubrechen und bewies damit nur, welche Handlungsspielräume sich den Zensoren des Ancien Régime in der Ausübung ihrer Tätigkeit boten.

Als Komplize eines ›ungeliebten‹ Schriftstellers entpuppte sich auch der Zensor Didier Robert de Vaugondy, der mehrere geographische Werke und Artikel für die *Encyclopédie* verfaßt hatte. Mitte der 80 er Jahre verursachte er beträchtliche Aufregung durch seine Bereitwilligkeit, den *Triomphe du nouveau monde* des Joseph-André Brun de La Combe zu approbieren, eine Schrift, die für die Abschaffung der Todesstrafe – sogar beim Königsmord – und für das Eherecht der Priester plädierte. Wenngleich die *Mémoires secrets* de Vaugondys erstaunliche Toleranz auf mangelnde Fachkompetenz zurückführten[96], legt die Auseinandersetzung mit seiner Biographie und Persönlichkeit doch die Vermutung nahe, daß die positive Bewertung des *Triomphe du nouveau monde* kein Versehen war, sondern einer bestimmten Geisteshaltung entsprang. Daß Robert de Vaugondy in seinen eigenen Publikationen explizit für religiöse Toleranz plädierte und zudem den Ausbruch der Amerikanischen Revolution mit Freude begrüßte, signalisiert zumindest, daß er in Brun einen ›liberalen‹ Gesinnungsgenossen sah, den er zu protegieren gedachte[97].

Der Blick auf die Arbeitswelt der königlichen Zensoren enthüllt partiell faszinierende Auflösungssymptome. Wie die angeführten Beispiele zeigen, sahen einige der Zensoren – offenbar unter dem Einfluß der allgemeinen Forderung nach Etablierung der Pressefreiheit und unter dem Einfluß der Aufklärungskultur – ihre Aufgabe eben nicht darin, den freien Austausch der Ideen zu hemmen. Vielmehr schlossen sie sich mit den Autoren zu einer Solidargemeinschaft zusammen und rüttelten damit am Fundament des absolutistischen Zensurgebäudes, selbst wenn sie die Tragweite ihres Tuns gar nicht begriffen.

In der revolutionären Parteinahme mancher Zensoren wird vielleicht am deutlichsten sichtbar, welche politischen Potentiale und Entwicklungsmöglichkeiten in den Köpfen der Zensurbeamten steckten, die zu Unrecht pauschal als erzkonservative Staatsbeamte verschrieen worden sind. Wie sein Kollege Edme Mentelle engagierte sich auch der Zensor de Kéralio in der revolutionären Diskussion über die Pressefreiheit, als deren Verteidiger er auftrat[98]. Andere Zensoren besiegelten mit symbolischen Handlungen ihre Absage an die Vergangenheit. Der Zensor Bérenger, der 1782 wegen der Publikation seines Gedichts *La poularde* zeitweilig vom Dienst suspendiert worden war, verkündete seinen Entschluß, vom Amt eines königlichen Zensors zurückzutreten, breitenwirksam im *Moniteur*, während der Zensor Densonnier im November 1789 die Zensurbehörde in aller Stille von seinem Wunsch in Kenntnis setzte, von der Liste der Zensoren, die im *Almanach royal* von 1790 erscheinen sollte, gestrichen zu werden. Als Begründung gab er an, daß er als Abgeordneter in die Nationalversammlung gewählt worden sei[99].

Zu einem vehementen Verfechter der Pressefreiheit avancierte der königliche Zensor Jean Roy, der mit der Pariser Polizei im

Zuge des Réveillon-Aufstandes vom Frühjahr 1789 in Konflikt geriet. Als ihn der Kommissar Chenon verhaftete, war der Gelehrte und Sekretär des Comte d'Artois 42 Jahre alt[100]. Daß er im Anschluß an seine Festnahme mehreren ausgedehnten Verhören unterzogen wurde, erweist sich im nachhinein als Glücksfall, zeigt das Protokoll der polizeilichen Befragung den Zensor doch in einer Rolle, die dem Historiker gewöhnlich verborgen bleibt: als Mensch aus Fleisch und Blut und nicht als schattenhafte Gestalt hinter dem Text.

Die Réveillon-Unruhen hatten in Paris Ende April 1789 kurz nach den Wahlen zu den Generalständen begonnen, als durch die unbedachten, aber in Anbetracht der gespannten Situation hochexplosiven Äußerungen des Tapetenfabrikanten Réveillon ein Tumult im Faubourg Saint-Antoine ausbrach[101]. Im Rahmen der umfangreichen Recherchen, die die Pariser Polizei nach der Niederschlagung des Aufstandes anstellte, wurde auch Roy, den ein Polizeispitzel als Rädelsführer denunziert hatte, in die Affäre verwickelt.[102] Im Faubourg Saint-Antoine sei der Zensor dabei beobachtet worden, wie er »den Mob aufgehetzt« und mit Geld bestochen habe, heißt es in einer Polizeinotiz vom 2. Mai 1789: Roy sei bereits bei anderen Gelegenheiten unangenehm aufgefallen, man habe ihn zum Beispiel oft im Gespräch mit Arbeitern und Tagelöhnern gesehen, die er »durch seine Worte aufwiegele«.

Gegen diese Anschuldigungen wehrte sich Roy mit der detaillierten Auflistung seiner Aktivitäten in den letzten Apriltagen, mit einem Bericht, der den Ablauf des Aufstandes aus der Sicht eines Augenzeugen schilderte und damit die Atmosphäre einfing, die in der Metropole kurz vor dem Zusammentritt der Generalstände in Versailles herrschte. Roys Aussagen dokumentieren die Geschäftigkeit eines politisierten Zeitgenossen, dem daran gelegen war, das Tagesgeschehen aus nächster Nähe zu verfolgen und der deshalb den Großteil seiner Zeit mit dem Besuch der Wahlmännerversammlung und der Pariser Kommunikationszentren verbrachte. An der Versammlung der Wahlmänner des Ersten Standes hatte er auch an jenem 26. April teilgenommen, an dem der Aufruhr in der Vorstadt Saint-Antoine begann und an dem er das erste Mal mit der bewaffneten und sich zusammenrottenden Menge konfrontiert wurde, die Beleidigungen gegen den Klerus ausstieß. Zwei Tage darauf, am 28. April, hatte sich Roy in Begleitung eines jungen Arztes aus seiner Heimatstadt Bourges erneut auf den Weg ins Faubourg Saint-Antoine gemacht, wo die Kämpfe zwischen Polizei und Aufständischen inzwischen ihrem blutigen Höhepunkt zustrebten. Bereits auf der Höhe des Pont au change war er den jüngsten Opfern der Unruhen begegnet, Verwundeten, die auf Bahren aus dem Getümmel herausgetragen wurden, und Männern mit geschwärzten, schmutzverschmierten Gesichtern, die von den Passanten Almosen forderten, indem sie den Spruch skandierten: »Habt Mitleid mit dem armen Dritten Stand!«[103]

Das Polizeiintermezzo des Zensors Roy nahm für den Festgenommenen alles in allem ein glimpfliches Ende, da ihn die verantwortlichen Kommissare nach intensiver Befragung als Mitläufer einstuften und schließlich in Gnaden ziehen ließen. Um so mehr erstaunt vor diesem Hintergrund die Version der Ereignisse, die Roy während der Revolution selbst publizierte: In einer unter dem programmatischen Titel *La Vérité dévoilée ou Mémoire d'une victime de l'aristocratie* veröffentlichten Schrift präsentierte er sich dem Publikum als Opfer einer despotischen Polizei und als Musterexemplar eines aufrechten Zensors, der in seiner Position lange vor 1789 der Gelehrtenrepublik nützlich gewesen sei. Mit dieser Selbststilisierung antwortete er auf eine Kampagne, die u. a. von den Journalisten der *Révolutions de Paris* mit dem Ziel angezettelt worden war, ihn als »Büttel der Aristokraten« zu diffamieren. Um die Attacken des Revolutionsblattes und des Autors Feydel zu parieren, rief der Zensor die einst von ihm ›betreuten‹ Schriftsteller als Bürgen an: »Wenn (Feydel) diejenigen Schriftsteller befragt hätte, die mir die Ehre erwiesen haben, mit ihnen über die verschiedenen Werke zu beraten, die mir zur Begutachtung vorlagen, hätte er aus ihrem Mund gehört, daß kein Zensor gefälliger oder hilfsbereiter war als ich.«[104]

Während Roy sein Bekenntnis zur Pressefreiheit in ebenso plakative wie pathetische Wendungen faßte, brachte der Zensor Toustain de Richebourg seine Billigung der revolutionären Ereignisse weit leiser zum Ausdruck: Charles-Gaspard Toustain de Richebourg hatte im Laufe seiner Zensorenkarriere zwar selbst die Härten der Zensur erfahren müssen – 1772 war seine vieldiskutierte Reformschrift *Projet sur la suppression de la mendicité* konfisziert und zur Einstampfung in die Bastille gebracht worden[105] –, andererseits aber durchaus von einer mit dem Zensorenposten verbundenen Pension in Höhe von 1000 Livres pro Jahr profitiert.

Der Verlust dieser Vergünstigung im Herbst 1789 stürzte das Oberhaupt einer vielköpfigen Familie in eine Katastrophe[106], aus der Toustain keinen Ausweg sah. Obwohl der Zusammenbruch des alten Zensurgebäudes für ihn die Vernichtung seiner Verdienstquelle bedeutete, begrüßte Toustain de Richebourg die Lockerung bzw. Aufhebung der Zensur dennoch als positive Maßnahme. Sein Einverständnis mit dieser Entwicklung formulierte er gegenüber dem Leiter der auf Abruf amtierenden Zensurbehörde in einer Art von Rechenschaftsbericht, in dem er auf seine eigene reformerische Leistung mit den Worten rekurrierte, er habe immer »seine Religion, sein Vaterland und seinen König geliebt«, er »habe immer für die Sache des Volkes plädiert« und »in den ganzen bewegten Diskussionen der letzten neun Monate nichts anderes gesagt, geschrieben, getan oder gedacht als das, was für alle Bürger und Stände ehrenhaft und versöhnlich war«[107].

So wichtig er war, besaß der Zensor letztlich nur eine Art Vorentscheidungsrecht; das endgültige Urteil über die Aushändigung einer Drucklizenz fällte der Kanzler oder der Siegelbewahrer selbst, der an das Votum des Zensors in keiner Weise gebunden war. Wenn ein Buch die Kontrollmaschinerie erfolgreich durchlaufen hatte, wurde dies in dem betreffenden Werk durch den Abdruck des Druckprivilegs indiziert[108]. Aber selbst diese hochoffizielle Bestätigung schützte den Schriftsteller keineswegs vor Repressionen, wie der Fall Helvétius beweist. Für die Autoren und Verleger hing die Freiheit des Schreibens, Drukkens und Bücherverkaufens ganz wesentlich von der jeweiligen Disposition der Zensurinstanzen ab, die an der Ausübung der Nachzensur beteiligt waren.

Buchverbot und Bücherverbrennung: Die Eingriffsmöglichkeiten der Nachzensur

Ihr Leiden unter dem Joch der Zensur haben die französischen Schriftsteller des 18. Jahrhunderts immer wieder ausführlich thematisiert. »Sobald ein kühnes Buch erscheint, dessen Autor man kennt oder zu kennen glaubt, wird er in die Bastille geworfen. Hat die Schrift einen gewissen literarischen Wert, tritt M. Séguier in Aktion; das Parlament erläßt ein Dekret, die Sorbonne zensiert, und der Henker fängt zu verbrennen an«[1], lamentierte etwa der Verfasser eines 1783 im *Journal des gens du monde* gedruckten Artikels, der es vorsichtshalber vermied, mit seinem vollen Namen an die Öffentlichkeit zu treten. Sechs Jahre später zog Marie-Joseph Chénier mit schärfer geschliffenen rhetorischen Waffen gegen die Unterdrückung des Geistes durch die Tyrannei der Zensur zu Felde. In einer Schrift mit dem programmatischen Titel *Dénonciation des inquisiteurs de la pensée* hielt er unerbittlich Gericht über all diejenigen, die vor 1789 in seinem Heimatland an der »Inquisition des Geistes« partizipiert hatten – von den königlichen Zensoren über den Pariser Polizeichef, den Direktor der Zensurbehörde, die Professoren der Sorbonne und Verfasser der Hirtenbriefe bis hin zu den Gouverneuren, den Provinzintendanten und schließlich zu »den Knechten von Versailles«[2].

Auch wenn die ›Inquisitionspolitik‹ Ludwigs XVI. de facto weit moderater war, als Chénier seinem von der politischen Diskussion der vergangenen Monate aufgepeitschten Lesepublikum suggerieren wollte, zeigt die von ihm vorgenommene Auflistung der einzelnen Nachzensurinstanzen doch eindrucksvoll, welcher Druck auf den Schriftstellern, Verlegern und Kolporteuren lastete, die stets vor einer Razzia, polizeilichen Befragung oder sogar Exilierung auf der Hut sein mußten.

Gefahr drohte der schreibenden Zunft vor allem von seiten des aus der Veröffentlichungsgeschichte des *De l'esprit* bereits hinlänglich bekannten Parlaments von Paris, das als oberster Gerichtshof weitgehende Zensurkompetenzen besaß und bis zum Ende seiner Existenz zahlreiche Zensururteile verhängte: Den quantitativen Erhebungen Félix Rocquains und Hippolyte Monins zufolge wurden zwischen 1715 und 1789 insgesamt 406 Titel vom Parlament verboten[3], 65 Schriften allein noch während der Regierungszeit Ludwigs XVI. Unter den als konträr zu den Staatsgesetzen, zum Gallikanismus und zur gültigen Moral eingestuften und auf die Verbotsliste des Parlaments gesetzten[4] Büchern finden sich Werke unterschiedlicher Qualität und Gewichtigkeit, Voltaires *Lettres philosophiques* ebenso wie die *Inconvénients des droits féodaux* des Juristen Boncerf oder der *Lettre de M. le Chevalier****** à M. Treilhard, avocat* eines unbekannten Verfassers.

Die Debatten des Parlaments über »gefährliche« Bücher und ihre Verfasser fanden gemäß einem standardisierten Verfahren statt, das gewöhnlich mit der »Denunziation« einer verdächtigen Publikation begann und mit dem Erlaß eines *Arrêt* endete[5]. Schwierige Zensurfälle beschäftigten das Parlament über Wochen hinweg. So tagte der »Geheime Rat« des Parlaments im Juli des Jahres 1780 mehrmals – am 11., 14. und 18. des Monats –, um über den Fall Linguet zu beraten[6]; von dem Geist, der diese Versammlungen beherrschte, legen die erhalten gebliebenen Sitzungsprotokolle beredtes Zeugnis ab.

Der wegen seiner Zusammenstöße mit den Zensurautoritäten ins Ausland emigrierte Publizist und Jurist Linguet erregte den Zorn des Parlaments durch die Gründung eines Journals mit dem Titel *Annales politiques, civiles, et littéraires du dix-huitième siècle,* das rasch nach dem Erscheinen der ersten Nummer im April 1777 zu einem der wichtigsten Organe des vorrevolutionären Politjournalismus in ganz Europa aufstieg[7]. Drei Jahre später, im Frühjahr 1780, erhielt Linguet die Quittung für soviel Respektlosigkeit, als sich sein alter Parlamentskontrahent, der Ankläger Antoine-Louis Séguier, mit der Forderung durchsetzen konnte, dem Spiritus Rector der *Annales* für seine verwerflichen Attacken gegen die Regierung und das Parlament endlich einen Denkzettel zu erteilen. Der Mensch Linguet verdiene ob seiner Charakterschwächen ebensoviel Tadel wie das von ihm produzierte »verlogene und verleumderische« Periodikum, lautete Séguiers Fazit. »Gegen diesen aus seinem Stand verstoßenen, durch ein *Arrêt* gebrandmarkten Deserteur, gegen diesen Mann, der meint, sich mit seiner Vermessenheit einen Titel verschafft zu haben ..., will ich die Macht der Gesetze anrufen«, proklamierte er in seinem mit zahlreichen Auszügen aus dem inkriminierten Journal gespickten Plädoyer[8].

Die Konsequenzen für den Autor ließen nicht lange auf sich warten: Als Linguet sein Brüsseler Exil im Herbst 1780 verließ, um dringende Geschäfte in Paris zu erledigen, stand die Polizei schon bereit, um ihn in die Bastille zu überführen. Die Erfahrung des Kerkers verarbeitete der Publizist später bekanntlich in einer weitverbreiteten Kampfschrift, die lange vor dem 14. Juli 1789 eine Art symbolische Bastille-Schleifung vollzog.

Wenn das Parlament im Zuge seines Meinungsbildungsprozesses eine Schrift als verdammungswürdig qualifiziert hatte[9], ordnete es zumeist deren ›Hinrichtung‹ an[10]: 1734 wurden Voltaires *Lettres philosophiques* auf den Scheiterhaufen geschickt, 1746 Diderots *Pensées philosophiques*, 1770 ging d'Holbachs *Système de la nature* in Flammen auf. Die feierliche Hinrichtungszeremonie, die sich vor der großen Treppe des Justizpalastes abzuspielen pflegte und eine Art Reinigungsritual in der Tradition der Ordalien darstellte[11], geriet im Laufe des Jahrhunderts allerdings mehr und mehr zu einer Farce. Nicht selten verbrannte der Henker lediglich alte und unwichtige Papiere, da die Herren des Parlaments, die sich selbst gerne mit dem begehrten verbotenen Lesestoff eindeckten, die fraglichen Bände zuvor für ihre eigenen Bedürfnisse konfisziert hatten[12]. »Glauben Sie ja nicht, der Herr Scharfrichter dürfe die Bücher ins Feuer werfen, deren Titel auf der Beschlagnahmeliste des Hofes stehen«, spottete Grimms *Literarische Korrespondenz* im Herbst 1770 anläßlich eines vom Parlament initiierten Autodafés: »Die Herren Parlementsräte wären sehr erbost, wenn ihre Bibliotheken ein Exemplar von jedem dieser Werke einbüßten, das ihnen von Rechts wegen zusteht, und der Gerichtsschreiber ersetzt die Bücher durch ein paar schäbige, rechtsverdreherische Zettel, an denen es ihm nicht mangelt.«[13]

Seit ca. 1750 verzichtete das Parlament zunehmend auf das archaisch anmutende Ritual der öffentlichen Bücherverbrennung, das zum einen auf seiten der Publizisten immer sarkastischere Kommentare erntete – wenn der Henker ebenso viele Bücher gelesen wie verbrannt hätte, müsse er wohl einer der gelehrtesten Männer des Königreiches sein, so Voltaire[14] – und zum anderen, in exakter Umkehrung seiner ursprünglichen Zielrichtung, einem »gefährlichen Buch« oft unerwünschte zusätzliche Popularität verlieh[15]. Den gleichen kontraproduktiven Effekt dürfte darüber hinaus die Tatsache gehabt haben, daß in den gedruckten, dem gebildeten Leser zugänglichen *Arrêts* lange Passagen aus den verbotenen Büchern selbst zitiert wurden, die ein Kaufinteresse womöglich erst auslösten.

Während die ›Hinrichtung‹ anonym erschienener Schriften für den schuldigen, aber nicht greifbaren Autor naturgemäß ohne Konsequenzen blieb, mußte ein identifizierter Verfasser um seine persönliche Sicherheit fürchten. Jean-Jacques Rousseau beispielsweise geriet in die Schußlinie des Parlaments, weil er sich als Verfasser des bei Jean Néaulme in Amsterdam gedruckten Erziehungsromans *Émile* öffentlich zu erkennen gegeben hatte. Damit avancierte er zu einem Skandalautor, der den Verfassern der *Mémoires secrets* immer wieder Anlaß zur Berichterstattung liefern sollte: Bereits wenige Wochen nach der Publikation des Werkes prophezeiten die Chronisten, daß ein Eklat unausweichlich sein würde, da sich, wie der Herausgeber Pidansat de Mairobert schrieb, »Schwert und Weihrauch« gegen den Philosophen verschworen hätten. Und tatsächlich: Nach polizeilichen Razzien wurde am 9. Juni 1760 ein Haftbefehl gegen Rousseau ausgestellt und zugleich von dem gerade aus den Pfingstferien zurückgekehrten Parlament die feierliche Verbrennung des fraglichen Buches verfügt[16]. Um den Philosophen wäre es geschehen gewesen, hätten ihn nicht im letzten Augenblick die eilends aus der Hauptstadt abgesandten Warnbriefe wohlmeinender Gönner erreicht[17]. Als die Gerichtsbüttel mit ihrem Festnahmebefehl in Montmorency eintrafen, fanden sie das Haus des Schriftstellers verlassen vor[18].

Mit Rousseaus Flucht war der Fall zwar zu einem verläufigen Ende gelangt, zwei Jahre später, im August 1762, wurde den Lesern der *Mémoires secrets* jedoch die Fortsetzung serviert: Inzwischen hatte der Pariser Erzbischof einen flammenden Hirtenbrief gegen den flüchtigen Schriftsteller zu Papier gebracht, der überall in den Pariser Straßen angeschlagen wurde. Rousseau seinerseits antwortete auf die Provokation mit einer Replik, die unter dem Titel *Lettre de J.-J. Rousseau, Citoyen de Genève, à Christophe de Beaumont, Archevêque de Paris* im Mai 1763 für erneutes Aufsehen sorgte und den Auftakt einer publizistischen Schlammschlacht zwischen Anklägern und Verteidigern bildete.

Ein ähnliches Schicksal wie Rousseaus *Émile* erlebte die *Histoire philosophique et politique des établissements et du com-*

merce des Européens dans les deux Indes des Abbé Raynal, die eine der berühmtesten Zensuraffären des 18. Jahrhunderts ins Rollen brachte. Die im Ausland gedruckte *Histoire* begann im Frühsommer 1772 als anonymes Werk in Paris zu zirkulieren und wurde am 19. Dezember 1772 durch ein *Arrêt du Conseil d'État* zum ersten Mal verboten. Ungeachtet dieser Strafmaßnahme wurde 1774 die zweite Auflage der *Histoire* von den Pariser Buchhändlern zunächst problemlos verkauft; als Raynal freilich so unklug war, die dritte Auflage des Buches mit seinem Namen und Porträt zu schmücken, spitzte sich der Konflikt zu: Hatten erzürnte Kleriker zuvor schon private Verbrennungsaktionen unternommen, löste die offizielle Verdammung des Buches durch die Herren des Parlaments im Mai 1781 eine Repressionswelle aus, die Raynal schnell gefährlich zu werden drohte. Sollte »besagter Guillaume-Thomas Raynal«, wie es in dem entsprechenden *Arrêt* heißt, nicht »ergriffen und dingfest gemacht werden können, soll(te) er nach Nachforschungen über seine Person binnen vierzehn Tagen vor Gericht geladen, sein Vermögen beschlagnahmt und registriert werden«[19].

Raynal, der anfangs den Standpunkt vertreten hatte, er sei ein Greis von bald 70 Jahren und man solle mit ihm tun, was man wolle, entschloß sich schließlich doch noch zur Flucht[20] und begründete damit seinen Ruhm als »Märtyrer der absolutistischen Inquisition«. In den folgenden Jahren wurde das unschuldige Opfer der Zensur mit Sympathiebezeugungen von seiten der aufgeklärten Intelligenz förmlich überschüttet, verbreitete sich der Ruhm des Werkes in ganz Europa: Brissot, der 1782 nach Neuchâtel reiste, will mit eigenen Augen gesehen haben, daß man dort an acht Auflagen der *Histoire* gleichzeitig arbeitete[21].

Als der Verhaftungsbefehl gegen Raynal im Jahre 1790 aufgehoben wurde, wartete das revolutionäre Frankreich mit Spannung auf den Heimkehrer, von dem man sich aufgrund der Ereignisse im Vorfeld ein leidenschaftliches Bekenntnis zu den Errungenschaften von 1789 erhoffte. Die Abgeordneten der Nationalversammlung, die am 31. Mai 1790 extra ihre Tagesordnung änderten, um der Verlesung einer Grußadresse Raynals zu lauschen, wurden statt dessen jedoch schockhaft mit einer dezidierten Revolutionskritik aus dem Munde des bewunderten Emigranten konfrontiert, der die aktuelle Eskalation der Gewalt geißelte und sich darüber hinaus ausgesprochen skeptisch über die Herrschaft der »öffentlichen Meinung« äußerte[22]. Raynals als Verrat empfundene ideologische Kehrtwendung löste daraufhin eine mit viel Polemik geführte Debatte aus, die schließlich in den Invektiven des deutschen Revolutionschronisten Konrad Engelbert Oelsner gipfelte. Oelsner münzte seine Enttäuschung über das Verhalten Raynals in eine Globalattacke um, die dem einst bewunderten Schriftsteller jede fachliche und menschliche Qualifikation absprach. »Dieser Plagiar trug nie ein Petschaft«, schrieb Oelsner, »er war in der Literatur, was die mit Ordensbändern, Schildern und Diplomen behangenen Abentheuer in der Ritterschaft sind. Dieser litterarische Bettler verfolgte die guten Schriftsteller wie der Holzschreier den Pfau.«[23]

Das Recht, die Internierung eines Schriftstellers zu veranlassen, hatte neben dem Parlament auch das sogenannte Châtelet, jener speziell für die Angelegenheiten der Stadt Paris zuständige Gerichtshof, der die Zünfte kontrollierte, Streitereien unter Stadtbürgern schlichtete[24] und über die Sicherheit der Hauptstadt wachte. Gemessen an den Aktivitäten des Parlaments blieben die Zensurinterventionen des Châtelet zwischen 1715 und 1789 zwar auf wenige Fälle beschränkt – Rocquain zählte lediglich 21 Zensururteile für den betreffenden Zeitraum –, einen prominenten Platz in der Zensurgeschichte des 18. Jahrhunderts erwarb sich der Polizeigerichtshof jedoch mit der Kampagne, die er 1775 gegen den bis dahin relativ unbekannten Schriftsteller Delisle de Sales entfachte[25]. Nach ersten Repressionen gegenüber dem Verfasser der *Philosophie de la nature* schien es 1776 zunächst zwar, als habe sich die Lage beruhigt[26]; als Delisle de Sales aber in falscher Einschätzung der politischen Verhältnisse im Frühjahr 1777 eine dritte Auflage seines Werkes lancierte, flackerten die Ressentiments seiner Feinde von neuem und nun um so vehementer auf. Am 21. März 1777 schlug – zeitgenössischen Kommentatoren zufolge – die Nachricht von der Verurteilung des Philosophen in der Hauptstadt »wie eine Bombe« ein[27]. Der vor den Pariser Gerichtshof geladene Schriftsteller hatte sich zur Verhandlung seiner Sache ahnungslos um sieben Uhr morgens im Châtelet gemeldet, wo er sofort von den Wachen umzingelt und zum Verhör in den Ratssaal gebracht worden war, ohne Gelegenheit gehabt zu haben, die von ihm selbst vorbereitete Verteidigungsrede vorzulesen. Seine Richter hatten kurzen Prozeß mit ihm gemacht und mit 14 : 7 Stimmen entschieden, den aufsässigen Autor zunächst mit einer Kerkerstrafe zu belegen und danach lebenslang aus Frankreich zu verbannen[28]. Delisle de Sales' Existenz wäre vernichtet gewesen, wenn nicht am 14. Mai 1777 ein *Arrêt* des mit dem Châtelet rivalisierenden Parlaments das erste Urteil zugunsten einer harmlosen Verwarnung des Unruhestifters aufgehoben hätte: So aber trat er im Triumph von der Stätte seiner Demütigung ab[29].

Anders als das Parlament von Paris oder das Châtelet konnte die theologische Fakultät der Sorbonne ihre Zensurautorität im 18. Jahrhundert nicht behaupten, obgleich von ihrer Seite aus heftige Anstrengungen unternommen wurden, um den Strom »irreligiöser Bücher« einzudämmen, der das Königreich überflutete[30].

Wie bei Raynals *Histoire des deux Indes* traten die Doktoren der Sorbonne in der Endphase des Ancien Régime mehr und mehr als Nachzügler auf, die sich erst dann zu Wort meldeten, wenn das Parlament die Initiative ergriffen und zur Jagd auf ein »gefährliches Buch« aufgerufen hatte. Im Gegensatz zu der Engstirnigkeit, die die Schriftsteller des 18. Jahrhunderts den universitären Zensurhütern vorzuwerfen pflegten, illustriert jedoch etwa der Text der aus dem Jahre 1784 stammenden *Determinatio Sacrae Facultatis Parisiensis, In Librum cui titulus: Principes de morale*, daß die Fakultät zur Anwendung erstaunlich differenzierter Bewertungskriterien durchaus in der Lage war. Obwohl die *Principes de Morale* des Abbé »Mabli« (!) zur Kategorie der schlimmsten religionsfeindlichen Publikationen gerechnet wurden, fiel der Autor keinem pauschalen Verdikt anheim: »Die Fakultät hat mit tiefem Schmerz zur Kenntnis nehmen müssen, daß die Prinzipien der falschen Philosophie unseres Jahrhunderts in einem Werk auftauchen, dessen Verfasser Hervorragendes für die Literatur geleistet und selbst exzellente moralische Maximen geliefert hat. Sie ist überzeugt davon, daß er sich über die Konsequenzen dessen, was er geschrieben hat, nicht im klaren gewesen ist«[31], heißt es in der Stellungnahme der Sorbonne zu dem erwähnten Werk.

An der zitierten *Determinatio Sacrae Facultatis* überrascht neben dem vorsichtig-abwägenden und durchaus schriftstellerfreundlichen Argumentationsstil der unverhohlen resignative Ton, der schon die Anfangspassagen durchzieht. Mit dem Eingeständnis, daß in einer Zeit, in der die antireligiöse Literatur kaum zu überschauen sei, die Fakultät nicht alles verbieten könne, brachten die universitären Zensurhüter das Wissen um ihre eigene Ohnmacht zum Ausdruck[32]. Tatsächlich hatten die Gutachten der theologischen Fakultät ihre Wirksamkeit in den letzten Jahrzehnten des Ancien Régime fast völlig eingebüßt[33]; im Gegensatz zu den bischöflichen *Mandements* wurden sie vom Publikum entweder gar nicht registriert[34] oder aber als irrelevanter Anachronismus interpretiert[35].

Wie im Fall der Vorzensur klafften auch im Fall der Nachzensur Anspruch und Praxis auseinander. Durch die zwischen ihnen bestehende Konkurrenzsituation blockierten sich die verschiedenen Zensurautoritäten oft gegenseitig[36]. Ohnehin gaben sich die Räte des Parlaments und des Châtelet nur mit einer relativ kleinen Zahl von »gefährlichen Büchern« ab; es wäre über ihre Kräfte gegangen, hätten sie sämtliche Schriften, deren Inhalte ihnen bedrohlich erschienen, mit gleicher Härte verfolgt[37].

Die alltägliche Bespitzelung und Disziplinierung der literarischen Welt leistete eine andere Institution, die von der Mitte des 17. Jahrhunderts bis zum Revolutionssommer 1789[38] alle Belange des städtischen Lebens kontrollierte: die Pariser (Buch-)Polizei. Ihre Geschichte ist über weite Strecken hinweg eng mit der Geschichte der Gelehrtenrepublik verknüpft.

Alltägliche Konfrontationen: Schriftsteller, Kolporteure und Buchhändler im Visier der Polizei

Die Polizei ist überhaupt vortrefflich, und so aufmerksam, als es in einer Stadt von so viel 100 000 Einwohnern seyn kann.[1]

Wenn der Henker vor der großen Treppe des Justizpalastes zur Verbrennung ›blasphemischer‹ Bücher schritt, wenn ein Buchhändler auf der Place de Grève am Pranger stand, wenn ein Schriftsteller in die Bastille eingeliefert wurde, dann war dies in der Regel der letzte und dramatischste Akt eines polizeilichen Observierungsprozesses, der manchmal schon Monate zuvor begonnen hatte. Spätestens seit 1667 gehörte die Überwachung des Völkchens der Autoren, Drucker, Buchhändler und Kolporteure zum Tätigkeitsbereich der Pariser Polizei: In diesem Jahr wurde von einer auf Anraten Colberts zusammengetretenen Kommission die Gründung der *Lieutenance générale de police* beschlossen[2]. Der erste Leiter der neuen Institution, der 1625 geborene Gabriel Nicolas Henri de La Reynie[3], ließ die literarische Welt nicht lange im Zweifel über das Regiment, das er zu führen gedachte. Während seiner Amtsperiode wurden Schriftsteller verbannt, verbrannt und gehängt, wurden Buchhändler und Kolporteure auf die Galeeren oder in die Gefängnisse gebracht, wurde der gesamte Bereich der Buchproduktion einer verschärften Kontrolle unterworfen[4].

La Reynies Nachfolger wußten die über den Sektor der Buchproduktion einmal erworbene Macht in den nächsten Jahrzehnten geschickt auszubauen[5]. Im 18. Jahrhundert begann ihr Interventionsrecht zunächst mit der Ausübung einer gewissen Art von Vorzensur, denn sie erteilten die Druckerlaubnis für ›fliegende Blättchen‹ und kleine Broschüren von begrenztem Umfang[6]. Nebenher entschieden sie, unterstützt von ein oder zwei Zensoren, über die Aufführung von Theaterstücken[7]. Welche Probleme diese Regelung einem betroffenen Theaterschreiber unter Umständen bereiten konnte, illustriert der Fall des Bühnendichters Beaumarchais, der nach eigener Auskunft bis zur Premiere des *Figaro* über 60 Gänge zum *Hôtel* des *Lieutenant de police* absolvieren mußte[8].

Da von seinem Wohlwollen vielfach ihr Schicksal abhing, wurde der Pariser Polizeichef für Autoren und Verleger schnell zu einer zentralen Figur im Spiel der Macht. An ihm erprobten sie deshalb immer wieder ihre Manipulationskünste: Voltaire frequentierte des öfteren die Büros der Buchpolizei, um gegen unliebsame Rivalen und Zeitgenossen zu polemisieren[9]. Sein Schriftstellerkollege Marquis de Ximenès versuchte dagegen mit devoten Briefen und einer gehörigen Portion Schmeichelei den Polizeikommandanten de Crosne auf seine Seite zu ziehen[10].

Der Pariser *Lieutenant général de police* selbst fungierte als Kopf der Organisation, das Alltagsgeschäft der Buchpolizei besorgten jedoch seine Untergebenen, die Polizeikommissare, und vor allem der speziell für die Angelegenheiten des Buchhandels zuständige Polizeiinspektor (*Inspecteur de la librairie*), der eng mit der Pariser Buchhändler- und Druckerzunft zusammenarbeitete. Sein Tätigkeitsspektrum umfaßte sechs Hauptbereiche: Erstens die Kontrolle der im Haus der *Chambre Syndicale* eingehenden Büchersendungen; zweitens die Überprüfung der verschiedenen Listen, auf denen die vom Zoll beschlagnahmten Bücher und die Anträge auf die Erteilung eines *Privilège* oder einer *Permission tacite* verzeichnet waren; drittens die Inspektion der Pariser Druckereien und Buchhandlungen; viertens die Überwachung der Kolporteure; fünftens die Fahndung nach verdächtigen Druckern, Autoren, Buchhändlern und Kolporteuren; und schließlich sechstens die Überwachung des *Dépôt légal*[11].

Wie im August 1765, als sich der Polizeiinspektor d'Hémery zu dem nordöstlich von Paris gelegenen Marktflecken Le Bourget begab, um dort einem suspekten Buchhausierer aufzulauern, führten ihn Sonderaufträge häufig in die Provinz[12], zu den großen Märkten von Beaurecaire und Montargis, nach Caen, Marseille, Toulon, Alençon, Avranches, Saint-Malo, Rennes und Straßburg. Im Unterschied zu früheren Expeditionen sollte die oben erwähnte Mission allerdings ein schnelles Ende finden. Kurz nach d'Hémery war der gesuchte Alexis Marais mit seinem schwerbeladenen Pferd in Le Bourget eingetroffen und just in dem Moment festgenommen worden, als er in der Herberge »Au cheval blanc« einkehren wollte. Daß sich der Ausflug gelohnt hatte, entdeckte der Polizeiagent spätestens dann, als die sorgfältige Inspektion der Habseligkeiten des Kolporteurs 40 Exemplare des berüchtigten sechsbändigen *Espion chinois*[13] zutage förderte.

Neben seinen offiziellen Gehilfen verfügte der Pariser Polizeichef mit den Polizeispitzeln über eine dritte Gruppe von »Untertanen«[14], die ihm bei der »Jagd auf Worte, Reden, Gemurre«[15] unschätzbare Dienste leisteten. Die in den Akten gewöhnlich mit kryptischen Kürzeln oder mit einem legeren »mein Gewährsmann« bezeichneten Individuen, die der Polizei präzise Informationen über das Verhalten verdächtiger Personen oder die Zahl der gerade in der Hauptstadt zirkulierenden Broschüren[16] verschafften[17], rekrutierten sich aus allen sozialen Schichten, aus Höflingen und Domestiken ebenso wie aus kleinen Gaunern und Vertretern der Gelehrtenrepublik[18]. So belieferte offenbar der berühmte Widersacher der Enzyklopädisten, Fréron, d'Hémery von 1750 an über einen Zeitraum von mindestens 20 Jahren mit vertraulichen Berichten über den hauptstädtischen Kulturbetrieb. Zwischen ihm und seinem »teuren Freund« von der Polizei scheint sich dabei eine seltsam symbiotische Beziehung entwickelt zu haben, die von beiderseitigem Kalkül ebenso geprägt war wie von aufrichtiger Sympathie[19].

Die Lektüre der Polizeiakten konfrontierte schon die Zeitgenossen der Französischen Revolution mit schockierenden Wahrheiten, enthüllte sie doch unmißverständlich die Tatsache, daß nicht zuletzt jene Literaten als Spitzel und Kollaborateure der Polizei gewirkt hatten, die durch ihre wiederholten Attacken gegen den absolutistischen Zensurstaat zu den Galionsfiguren der politischen Opposition geworden waren. Der untadelige Revolutionär Jacques-Pierre Brissot wurde ebenso als Ex-Informant des Pariser Polizeichefs[20] entlarvt wie sein Intimgegner Charles Théveneau de Morande[21] oder wie sein Kollege Pierre Manuel, der nach 1789 mit der Selbstgerechtigkeit des unermüdlichen Kombattanten und Bastille-Märtyrers argumentierte, ohne je einen Satz über seine Spitzelvergangenheit zu verlieren[22].

Ein solches, auf den ersten Blick überraschendes Verhalten kann mit Begriffen wie Betrug und Verrat nur unzulänglich erklärt werden. Daß ein Mann wie Morande die Devise »Um Euch den Krieg zu erklären, reicht mir die Feder« explizit an den Anfang eines seiner Pamphlete setzte[23], läßt eher auf einen Prozeß der Verdrängung schließen: Die ›Schuldigen‹, die häufig nicht aus freiem Willen, sondern unter dem Druck einer verzweifelten finanziellen Lage den Lockungen des Geldes erlegen waren, empfanden selbst wohl unterschwellig die Schizophrenie ihres Tuns, mit dem sie sich nicht zu identifizieren vermochten. So kompensierten sie ihr ›Versagen‹ durch militante Rhetorik nach außen – als ließe sich damit die ›Schmach‹ ungeschehen machen.

Als Lohn der Mühe erwarteten den Schriftsteller, der seine Seele verkaufte, allerdings nur geringe Reichtümer; mit den 1200 Livres, die der Chevalier de Mouhy jährlich von der Pariser Polizei erhielt[24], konnte er seiner Frau und seinen zahlreichen

Kindern kaum mehr als einen bescheidenen Lebensstandard bieten[25]. Als er 1784 starb, bedachte der *Mercure* den buckligen, hinkenden und »zum Fürchten häßlichen«[26] Literaten mit einem Nachruf, der ihn unter die Erfolglosen, allenfalls Durchschnittlichen einordnete: »Der Chevalier de Mouhy wird die Zahl unserer echten Romanautoren nicht erhöhen, aber man kann nicht leugnen, daß er mit Phantasie begabt ist & man liest ihn bisweilen mit Interesse, obwohl sein Stil sehr zu wünschen übrig laßt.«[27]

Ende der 40er Jahre war es der Buchpolizei sogar geglückt, eine Spionagezentrale mitten im Herzen der *Grub Street* aufzubauen. Nur zum Schein betrieb das Ehepaar Lamarche eine illegale Druckerei, in Wahrheit handelte es sich um ein Schwindelunternehmen, das mit Billigung der Polizei florierte. Lamarche und seine Frau waren engagiert, um ahnungslose Autoren und Druckergesellen auszuhorchen; der Pariser Polizeichef vergütete ihre Berichte über den Kolporteur Mérigot oder den Autor Dridot – gemeint war vielleicht Diderot[28] – mit großzügigen Geldzuwendungen[29] und ließ sich von ihnen von Zeit zu Zeit sogar geeignete neue Spionagekandidaten empfehlen[30].

Die beiden Vorzugsspione d'Hémerys lebten jedoch in permanenter Furcht vor einer Enttarnung und beschworen den Inspektor deshalb immer wieder, dafür zu sorgen, daß kein Verdacht gegen sie im ›Milieu‹ aufkomme, da das Spionieren ihre einzige Arbeit sei und sie »nichts anderes hätten, um zu existieren«[31]: »Monseigneur, ... da mein Mann immer noch nichts zu tun hat, wird er seine Bekannten und Freunde besuchen, um damit möglicherweise etwas in Erfahrung zu bringen und um zu hören, ob *La Vie de la supérieure de l'höpital* schon gedruckt ist ... Mein Mann hat auch den besagten Desauges danach gefragt, den Ladenjungen des Händlers Etienne in der Rue St. Jacques«, heißt es in einem der typischen Bulletins der Dame Lamarche, die weder auf stilistische noch orthographische Feinheiten viel Zeit verschwendete[32].

Die Polizeispitzel bildeten im Frankreich des 18. Jahrhunderts einen wichtigen – wenn nicht den wichtigsten – Bestandteil des ausgefeilten Präventiv- und Repressionssytems, das zur Kontrolle der literarischen Welt errichtet worden war und dem jeder Drucker, Buchhändler, Kolporteur oder Schriftsteller zwangsläufig begegnete, der ein Buch publizieren, drucken oder verkaufen wollte. Um das Funktionieren dieses Systems zu rekonstruieren, erweist sich die Beschäftigung mit dem schon mehrfach zitierten Joseph d'Hémery als außerordentlich fruchtbar. Alles andere als ein blinder Erfüllungsgehilfe orthodoxer Zensurpolitik war dieser Polizeibeamte ein kultivierter, gebildeter Mann mit eigenen literarischen Ambitionen.

Der 1722 als unehelicher Sohn eines Generalsteuerpächters geborene d'Hémery hatte sich im Alter von 19 Jahren für die Polizeilaufbahn entschieden und es in vergleichsweise kurzer Zeit zu einer beachtlichen Karriere gebracht[33]. Die Beförderung zum *Inspecteur de la librairie*[34] 1747 bildete den Höhepunkt einer Laufbahn, die unter Umständen, von denen später noch ausführlicher die Rede sein wird, erst in den 70er Jahren enden sollte.

Die Nachwelt verdankt dem gerne und viel schreibenden d'Hémery einen Aktenbestand von gewaltigen Dimensionen: Neben seiner *Historique des Auteurs*, einer Sammlung von gut 500 Schriftstellersteckbriefen, neben den von Woche zu Woche erneut fälligen Lageberichten, neben zahlreichen Briefen an ganz unterschiedliche Korrespondenzpartner verfaßte er eine Reihe von Denkschriften, die das Problem der Kontrolle des illegalen Buchhandels aus der Perspektive eines erfahrenen Praktikers analysierten. 1766 entstand ein Schriftstück mit dem Titel »Meine Gedanken zur Verhütung der Distribution schlechter Bücher«[35], 1765 überreichte d'Hémery Sartine ein *Mémoire* über die Druckergesellen[36]. D'Hémerys im Laufe von 25 Dienstjahren auf Tausende von Seiten angewachsenen Aufzeichnungen enthalten einerseits wertvolle Hintergrundinformationen über die Gepflogenheiten des Pariser Buchhandels und gewähren andererseits spannende Einblicke in den Denkhorizont eines Zensurpraktikers, der seine Notizen mit ironischen Kommentaren und bissigen Reflexionen anzureichern pflegte. »Er ist ein Schwätzer und stinkt so sehr aus dem Mund, daß er damit alle Welt in die Flucht schlägt«, notierte d'Hémery beispielsweise über den Autor Coquelay de Chaussepierre[37].

Sein Nachfolger Goupil hinterließ aus einer knapp fünfjährigen Dienstzeit[38] ebenfalls eine Vielzahl von Aufzeichnungen. Obgleich der neue Amtsinhaber längst nicht das literarische

Niveau seines Vorgängers erreichte, verfügte er doch über beträchtliche sprachliche Gewandtheit. Wie d'Hémery verstand es Goupil, seine Berichte dramaturgisch effektvoll zu inszenieren: Am 6. Dezember 1775 etwa schilderte er mit unüberhörbarer Selbstgefälligkeit, wie es ihm geglückt war, der Geliebten des Autors de la Chamoye ein Geständnis zu entreißen. »Dieses Mädchen liebt das Geld und fürchtet die Polizei«, konstatierte er am Schluß seines Rapports mit verächtlichem Unterton. »Ich tue das Unmögliche, um die Pflichten meines Amtes als ehrenhafter Mann zu erfüllen«, beteuerte er in einem späteren Brief[39].

Mit zynischen Bemerkungen attackierte Goupil auch die Buchhändlerin Louise Manichelle, genannt Lamarche, die durch ihr auffälliges Verhalten sein Mißtrauen geweckt hatte. Er sei sich ganz sicher, informierte er seinen Vorgesetzten am 14. Dezember 1774, daß die Händlerin ein gefährliches Spiel spiele: »Es ist nicht das erste Mal, daß sie Paris mit verbotenen Büchern überschwemmt. Alle Seigneurs, die den Neuigkeiten nachrennen, nehmen zu dieser Demoiselle ihre Zuflucht. Ihr fehlt nichts, sie verkauft alles und hat heute morgen sogar jemandem versprochen, für ihn die *Anecdotes nouvelles sur la Dame du B.* ausfindig zu machen.«

Da er allen Anlaß zu der Vermutung sah, daß »Madames« Magazin mit »schlechten« Büchern »tapeziert« sein müsse, ließ er die junge Frau in den folgenden Wochen bei jedem ihrer Schritte überwachen und hatte innerhalb eines Monats etliche Verdachtsmomente zusammengetragen. Die Lamarche verkaufe im Palais-Royal kontinuierlich den *Lettre de M. l'abbé Terray à M. Turgot*, resümierte Goupil in seinem auf den 16. Januar 1775 datierten Rapport. »Man läuft zu ihrem Laden wie zu einem neuen Theaterstück ... Obgleich (die Broschüre) recht schlecht geschrieben ist, begründet das darin verstreute Salz der Bosheit ihren Erfolg«, ergänzte er am 18. Januar, fünf Tage, bevor er die Händlerin in die Bastille[40] geleitete.

Wie im Fall der Manichelle reagierte die Buchpolizei im Grunde gegenüber jeder als suspekt betrachteten Person. Der Verlauf der Recherchen, der Weg vom Verdacht zur Gewißheit, von der allmählichen Einkreisung einer Person bis zur Bastille-Einlieferung wurde, wie der Fall des Schriftstellers François Génard zeigt, penibel dokumentiert. Wenn Génard anfangs als schattenhafte Gestalt durch d'Hémerys Bulletins geisterte, verwandelte sich das Phantom mit dem Fortschreiten der Untersuchung allmählich in ein berechenbares Objekt, in einen Menschen, über dessen Gewohnheiten der Polizeiinspektor bis in die intimsten Kleinigkeiten Auskunft zu geben vermochte. In den letzten Februartagen des Jahres 1752 war d'Hémery vom Verkauf eines verbotenen Buches mit dem Titel *L'École de l'homme* informiert worden, das er sogleich als »schlecht geschrieben, aber sehr gefährlich« qualifizierte[41], noch ohne den Verfasser und den genauen Druckort zu kennen. Eine Woche später hatte das Porträt des flüchtigen Autors allerdings klarere Züge gewonnen: »Bei der betreffenden Person ... handelt es sich um einen verkleideten Domestiken.«[42] Nach intensiven Recherchen konnte der Polizeiinspektor am 10. März 1752 schließlich das positive Resultat seiner Fahndung verkünden: »Ich habe nun denjenigen verhaftet, den ich bezüglich des Buches *L'École de l'homme* überwachte. Es ist der Sieur Génard, der Sohn eines Weinhändlers, den ich ... in die Bastille gebracht habe.«[43] In all seinen Äußerungen über Génard verhehlte d'Hémery nie das Ressentiment, mit dem er jenen Untergrundakteuren gegenübertrat, die für ihn das »üble Subjekt« par excellence repräsentierten. »Endlich ein Spitzbube weniger auf der Welt und ein um so gefährlicherer, als er zu allem fähig ist«, konstatierte er erleichtert, als der Schriftsteller im Frühjahr 1756 zum zweiten Mal in die Bastille eingeliefert wurde[44]. Ein ähnlich hartes Urteil fällte er über den Buchbinder und Kolporteur Jean-Baptiste Pasdeloup, den er 1767 per *Lettre de cachet* in die Bastille beförderte: »Ich kenne ... Pasdeloup ... als einen äußerst suspekten Mann, der seit dem Tod seines Vaters nicht nur die stärksten Bücher der jansenistischen Partei verkauft hat, sondern auch speziell solche, die gegen die Regierung und die guten Sitten (gerichtet) sind. Es handelt sich bei ihm um einen Ungehorsamen, der keine Unterordnung kennt und der seit langem einen Aufenthalt von einiger Dauer in St. Lazare verdient hat.«[45] »Bei solchen Leuten ahnt man, daß es egal ist, ob sie in Bicêtre landen oder anderswo.« Mit diesen Worten hatte Jahre zuvor der Polizeiinspektor Poussot die Verhaftung eines illegalen Ringes von *Nouvellistes* kommentiert[46]. Beide Polizeiinspektoren betrachteten die von Génard und seinesgleichen vertretene Spezies als außerordentlich bedrohlich für das Wohl des Staates. Individuen wie sie verkörperten in ihren Augen kriminelle Existenzen, bei denen Mittellosigkeit, soziale Unzufriedenheit und literarisches Engagement zu einem explosiven Amalgam verschmolzen und die es deshalb mit allen Mitteln unschädlich zu machen galt[47].

Zur Durchsetzung ihrer Ziele griffen die Kommissare und Inspektoren der Buchpolizei auf unterschiedliche Strategien zurück. Um den Kolporteuren, Autoren und Druckern Informationen zu entlocken, traten sie wechselweise in der Rolle des gütigen und verzeihenden Vaters oder des allmächtigen Herrn über die Bastille auf. So etwa gegenüber der Frau des Druckers Bocheron, die nach einer eigens für sie inszenierten Einschüchterungskomödie in einen derartigen Schockzustand geriet, daß sie die Polizeiagenten um Gnade anflehte: Wenn man sie vor der Schande einer Einlieferung bewahre, »werde sie angeben, wo man viele Exemplare des fraglichen Buches finden könne«[48]. Der Buchhändler Manoury sei so lange von ihm eingeschüchtert worden, bis er sich bequemt habe, die Wahrheit zu sagen, berichtete d'Hémery im Frühsommer 1771 im Zusammenhang mit der großangelegten Polizeiaktion, die er gegen Buchhändler in Caen, Avranches, St. Malo und Alençon initiiert hatte[49].

Bei der Observierung einzelner Personen deckte die Polizei nicht selten ganze Organisationen auf; die Bespitzelung eines suspekten Schriftstellers brachte sie oft ebenso direkt auf die Spur seines Druckers und Verlegers, wie umgekehrt die Überwachung der Buchhändler und Kolporteure zu den Untergrundautoren führte. Dies gelang zum Beispiel bei der Fahndung nach dem Autor des Buches *Les canevas de la Paris*, das die Polizei wegen seines satirischen Charakters im Sommer 1750 in höchste Aufregung versetzte[50]. Ende August 1750 hatte d'Hémery als Urheber des fraglichen Werkes den 20jährigen Schriftsteller Rochon de Chabannes identifiziert, der bei seiner Mutter auf der Pariser Ile St. Louis lebte. Man habe ihm versichert, daß ein junger Mann namens Mouffle Rochon de Chabannes bei der Komposition des Werkes behilflich gewesen sei, berichtete d'Hémery dem Polizeichef Berryer in einer ersten Notiz am 26. August 1750[51].

Als Berryer seinen Inspektor am 27. August mit der Order betraute, bei Rochon und Mouffle eine gewissenhafte Hausdurchsuchung vorzunehmen, nutzte d'Hémery die Gelegenheit. Schon zwei Tage später hatte er sowohl bei dem mutmaßlichen Autor als auch bei Mouffle genug belastende Papiere konfisziert, um die Schuld der beiden Verdächtigen beweisen zu können, und er hatte überdies von einem dritten Komplizen – dem Drucker Pecquet – erfahren, den er gleichfalls verhaften ließ.

In mehreren Verhören, denen er die drei Bastille-Gefangenen getrennt voneinander Anfang September 1750 unterzog, gelang es ihm, Schritt für Schritt die Entstehung des Buches zu rekonstruieren, das tatsächlich eine Gemeinschaftsproduktion gewesen und in einer Auflage von 1000 Exemplaren gedruckt worden war. Bei der Suche nach dem geeigneten Drucker für ihr Projekt hatten sich die beiden Verfasser von kühlen Überlegungen leiten lassen. Er habe gewußt, daß Pecquet im Augenblick ohne Beschäftigung sei und habe deshalb geglaubt, daß er den Verlokkungen des in Aussicht gestellten Honorars schnell erliegen werde, sagte Rochon de Chabannes am 8. September 1750 aus[52]. Zwei Tage zuvor hatte der 35jährige Charles Pecquet, der bei der Witwe David in der Rue de la Huchette arbeitete, d'Hémery bereits eine ausführliche Schilderung über das Zustandekommen des Arbeitsverhältnisses geliefert[53].

Pecquets Bastille-Haft dauerte nur einen Monat, aber schon im Juni 1751 lenkte er erneut d'Hémerys Aufmerksamkeit auf sich[54] und wurde nach einem weiteren Zensurverstoß 1752 schließlich durch ein *Arrêt du Conseil d'État* aus den Reihen der Buchhändler ausgestoßen[55].

Zu einer Massenverhaftung war d'Hémery wenige Jahre zuvor – 1749 – im Zusammenhang mit der Verbannung des Stuartprinzen Bonnie Prince Charlie geschritten, der nach der verlorenen Schlacht gegen die Engländer bei Culloden zunächst in Frankreich Asyl gefunden hatte, dann aber außer Landes gewiesen worden war. Die königliche Maßnahme hatte große Empörung vor allem auf seiten des Klerus ausgelöst und einen gewissen Esprit-Jean-Baptiste-Jacques Desforges zur Abfassung einer antimonarchische Satire in Versform inspiriert, die bald in Paris zirkulierte.

Der unmittelbar darauf eingeleiteten Fahndung fiel als erstes der 30jährige Hauslehrer François Bonis zum Opfer, der die fraglichen Verse jedoch nicht selbst verfaßt, sondern von einem

Geistlichen erhalten hatte. Anläßlich einer Unterhaltung über die aktuellen Tagesereignisse hätte dieser ein Stück Papier mit dem anstößigen Text aus der Tasche gezogen, berichtete Bonis in dem Verhör, dem er am 4. Juli 1749 unterzogen wurde. Schlag auf Schlag verhaftete d'Hémery in den folgenden Wochen 13 Personen, die an der Verbreitung der Satire beteiligt gewesen waren. Alle Betroffenen zahlten für ihre Verfehlung einen hohen Preis, da sie nach einem zum Teil längeren Bastille-Aufenthalt noch zusätzlich mit einer Verbannung aus Paris bestraft wurden[56].

Obwohl die Erkundungszüge der Polizei in der Regel erfolgreich endeten – wie am 2. Februar 1770, als d'Hémery bei der Durchsuchung eines Buchhändlerladens in der Rue Mâcon große Mengen von Druckbögen entdeckte, die er umgehend als Nachdruck der ersten drei Bände der *Encyclopédie* identifizieren konnte[57] –, kam der Polizeiinspektor manchmal jedoch nicht umhin, sich mit Fehlschlägen auseinanderzusetzen. Hatten etwa die Betreiber einer geheimen Druckerei vorausschauend für den Einbau von Notausgängen gesorgt, blieb d'Hémery oft nur das Nachsehen. Solche Mißerfolge frustrierten den Polizeiinspektor insbesondere in Situationen, in denen er unter starkem Leistungsdruck stand, dann etwa, wenn einflußreiche Persönlichkeiten zur Zielscheibe von Schmähschriften geworden waren und Depeschen seines Vorgesetzten ihn zur Eile antrieben: »Die *Histoire allégorique* ist abscheulich. M. d'Hémery soll alles tun, was er kann, um die Zirkulation (dieses Werkes) zu verhindern, und er soll mir morgen früh berichten, was er über den Autor und den Drucker erfahren hat«[58], hieß es beispielsweise in einer der vielen Anweisungen, die in d'Hémerys Büro landeten.

Fast alle Polizeiinspektoren des 18. Jahrhunderts fanden ein unrühmliches Berufsende. D'Hémery, der ein Vierteljahrhundert lang in den »allerdelikatesten Affären« konsultiert worden war[59], bat zwar offiziell wegen seines angegriffenen Gesundheitszustandes um Amtsentlastung, sah darin aber vielleicht die einzige Möglichkeit, sein Gesicht zu wahren, nachdem man ihn selbst beim Verkauf gefährlicher Bücher ertappt hatte[60].

Auch Goupil vermochte den Verlockungen des Untergrundbuchhandels nicht dauerhaft zu widerstehen. Als er 1778 die Entdeckung eines Pamphlets gegen die Königin ›nach oben‹ meldete und seinen Vorgesetzten vorschlug, man möge ihm gestatten, dem Autor das Manuskript für eine hohe Geldsumme abzukaufen, deutete zunächst nichts darauf hin, daß hier ein anderes als das sonst durchaus übliche Verfahren praktiziert wurde. Kurz darauf kamen jedoch Ungereimtheiten ans Licht: Als ein Spitzel der Polizei die Information zuspielte, daß der für die Angelegenheiten des Buchhandels zuständige Polizeiinspektor das angeblich von ihm konfiszierte Werk eigenhändig in erpresserischer Absicht verfaßt hatte, wurde Goupil verhaftet und ins Gefängnis von Vincennes eingeliefert[61], wo er zwei Jahre später starb. Die Wärter, die an einem Aprilmorgen des Jahres 1780 seinen Leichnam fanden, kamen zu dem Schluß, daß der Gefangene wenige Stunden zuvor mitten in seiner liebsten Gefängnisbeschäftigung vom Tod überrascht worden sein mußte[62]: Auf dem Tisch der Zelle waren noch die heruntergebrannten Kerzen zu sehen, in deren Schein Goupil nachts zu lesen und zu schreiben pflegte.

So endete ein Mann, dem die Nachwelt alles andere als ein rühmliches Andenken bewahrte. Mit dem Satz, Goupil sei einer dieser »Schurken« gewesen, die man allein schon hätte hängen sollen, um die Qualität des Stricks zu prüfen[63], formulierte der Pamphletschreiber Pierre Manuel einen Nachruf auf den Polizeiinspektor, wie er zynischer wohl nicht hätte ausfallen können.

Daß neben Goupil auch die Polizeiagenten Receveur und Jacquet de la Douay[64] ihre berufliche Karriere im Gefängnis beschlossen, bestätigt auf den ersten Blick den Vorwurf der Korruptheit, den schon die revolutionären Enthüllungspublizisten vom Schlage eines Pierre Manuel verbreiteten. Im Unterschied zu der alten These von der Verderbtheit der absolutistischen Machtträger könnte der ›Sündenfall‹ der Polizei allerdings auch anders interpretiert werden, nämlich als Ausdruck eines schleichenden institutionellen Auflösungsprozesses. Daß d'Hémery, Goupil, Receveur und Jacquet die Seiten wechselten, mag dann nur das Eingeständnis zunehmender eigener Orientierungslosigkeit in einer Zeit gewesen sein, in der die Stimme der Öffentlichkeit kaum noch zu überhören war.

Daß die Repräsentanten des Polizeiapparates in den letzten Jahrzehnten des Ancien Régime mehr und mehr in eine Identitätskrise gerieten, bedeutete indessen nicht den generellen Verzicht auf die Wahrnehmung des eigentlichen Auftrages: Bis 1789 war die Bastille von Schriftstellern, Kolporteuren, Druckern und Verlegern bevölkert, und bis 1789 ging die Polizei gegen diejenigen vor, die sie als ihre ärgsten Feinde betrachtete: die Akteure des Untergrundes und die verbotenen Bücher.

2. Kapitel
Zur Anatomie des literarischen Untergrundes

Ein europäisches Netzwerk: Das Geschäft mit »gefährlichen Büchern«

Welcher Art waren die Bücher, die in den Protokollen der Polizei »Drogen« hießen, während ein Schriftsteller wie Louis-Sébastien Mercier sie als die »besten Werke der Genies« feierte? Tätsächlich fielen unter den Begriff »Drogen« Druckerzeugnisse ganz unterschiedlicher Qualität und Beschaffenheit, die nur das gemeinsam hatten, daß sie in Frankreich verboten und verfolgt waren[1].

Selbst ein liberaler Zensurbeamter wie Malesherbes, dem später wiederholt ein zu hohes Maß an Toleranz gegenüber den Schriftstellern vorgeworfen wurde[2], hat immer wieder betont, daß die Zensur gegen vier Kategorien von Büchern in jedem Falle einschreiten müsse. In seinem dritten *Mémoire sur la librairie* aus dem Jahre 1759 präzisierte er diese Kategorien: Vorzugehen sei gegen religions-, staats- und sittenfeindliche Werke sowie gegen alle Schmähschriften *(Libelles)*[3], die die Ehre einer Person verletzten[4].

In dem »wunderbare(n) Jahrhundert, das man als das Jahrhundert der Philosophie bezeichnet«[5], brachte die verbotene Literatur eine beachtliche Reihe von Bestsellern hervor, ganz zu schweigen von den massenhaft gedruckten Broschüren und Schmähschriften, die das Tagesgeschehen kommentierten. Unter den beliebtesten verbotenen Büchern figurierten beispielsweise Merciers *L'an 2440*, Pidansat de Mairoberts *Anecdotes sur Mme la comtesse Dubarry*, Dulaurens' *Arétin* und Morandes *Gazetier cuirassé*: Neben den Machwerken der ›kleineren‹ Autoren dürfen hier allerdings auch die einschlägigen Publikationen der ›großen Aufklärer‹ nicht vergessen werden, von Voltaires *Pucelle d'Orléans*[6] bis hin zu d'Holbachs *Système de la nature*.

Daß der Untergrundbuchhandel mit allerlei Verschleierungstechniken arbeitete und die Untergrunddrucker manchmal nur ephemere Broschüren unter Phantasienamen produzierten, macht es bis heute unverändert schwierig, zum einen die Verfasser und Kolporteure der betreffenden Werke zu identifizieren und zum anderen die Reichweite der verbotenen Bücher festzustellen[7]. Einen ersten Zugriff erlauben neben den Firmenarchiven der S.T.N. und anderer Verlagshäuser jedoch die Razziaprotokolle und Beschlagnahmungsregister der Buchpolizei, die den bei der Verhaftung eines Buchhändlers entdeckten Buchbestand in der Regel minutiös auflisteten[8]. Bei dem 39jährigen Nicolas Guillaume Quandet de la Chénal beispielsweise, einem Agenten der S.T.N., stieß die Polizei am 8. Dezember 1782 auf eine Vielzahl von Büchern in diversen Stadien der Fertigung: Man konfiszierte bei ihm u. a. 14 Exemplare des *Lettre d'un ami à M. Necker en 1781*, 28 Exemplare der *Observations modestes d'un citoyen*, 5 Exemplare der *Lois civiles*, 6 Exemplare des *Lettre de M. l'Abbé Raynal à l'auteur de la Minerve de Spa* und weitere 6 Exemplare der *Moyens proposés pour prévenir l'infanticide*[9]. Ebenso reich war die Ausbeute bei der Verhaftung des Händlers Manoury in Caen. Man habe bei ihm »viele verbotene Bücher und solche, die gegen die guten Sitten sind«, aufspüren können, schrieb Goupil Ende Februar 1775 seinem Pariser Vorgesetzten. Unter diesen »verbotenen« und »sittenwidrigen« Werken notierte er 14 Exemplare der *Thérèse philosophe*, 65 Exemplare der *Étrennes au seigneur de Maupeou*, 3 Exemplare von *Margot la ravaudeuse*, 3 Exemplare des *Compère Mathieu* und 1 Exemplar der *Histoire secrète de Madame du Barry*[10].

Als weitere Quelle bieten sich die von der Zunftaufsicht oder der Polizei bei Razzien und Inspektionsgängen beschlagnahmten Bücher an, die in der Bastille selbst, im sogenannten *Pilon de la Bastille*, gelagert wurden. Obwohl ein Teil von ihnen der Vernichtung, das heißt der Verbrennung oder Einstampfung, anheimfiel, behielt die Bastille-Administration mindestens ein Exemplar eines jeden Buches zu Forschungs- und Studienzwekken im Depot zurück[11]. Insgesamt sind 23 Listen aus den Jahren 1749, 1765, 1770, 1777, 1781, 1783 und 1785 erhalten geblieben, die bemerkenswerte Aufschlüsse über das spezifische Sortiment einzelner Untergrundbuchhändler vermitteln. Die Liste vom Mai 1749 umfaßt 69 Titel, darunter die *Œuvres de Voltaire* und den *Portier des Chartreux*. Den *Portier* führt auch ein Beschlagnahmungskatalog vom November desselben Jahres auf, zu dessen 41 Titeln überdies Diderots *Bijoux indiscrets* und die *Thérèse philosophe* zählen. *Thérèse philosophe* wiederum taucht unter den bei dem Buchhändler Prault konfiszierten Büchern auf, unter denen sie hinter den *Souvenirs de Mme de Caylus* (mit 341 Exemplaren), dem *Esprit du judaisme* (mit 170 Exemplaren), der *Foutromanie* (mit 154 Exemplaren) und der *Morale universelle* (mit 148 Exemplaren) mit 97 Exemplaren auf einem guten fünften Platz vertreten ist[12].

Ungeachtet aller Schwierigkeiten, ein Gesamtinventar der verbotenen Bücher zu erstellen, steht außer Frage, daß die Untergrundliteratur ihre eigenen Klassiker hervorbrachte: Einen hohen Anteil unter den verbotenen Büchern nahmen die pornographischen Romane ein, denen die Buchpolizei gerade zwischen 1731 und 1789 besondere Aufmerksamkeit widmete. Daß sie sich an der Niederschrift, am Vertrieb oder Druck eines solchen ›sittenwidrigen‹ Werkes beteiligt hatten, mußten zahlreiche Autoren, Buchhändler und Druckergesellen mit einem Bastille-Aufenthalt büßen: 1716 wurde ein gewisser Canelle oder du Canel fesgenommen, weil er, so die Anklage, »unschickliche Figuren auf die Deckel von Schnupftabaksdosen« gemalt hätte. 1721 wanderte der Maler Jean Hubert wegen seiner »Kupferstiche gegen die Religion, den Staat und die guten Sitten« in die Bastille. 1729 folgte ihm ein Mann namens Martin Baudrier alias Deschaises, der in der Nähe von Rouen beim Schmuggel von Büchern »gegen die Religion und die guten Sitten« überrascht worden war. 1741 standen »von 40 *Lettres de cachet* wegen Delikten im Buchwesen 22 im Zusammenhang mit Pornographie«[13] – und zwar im Kontext der Fahndung nach den Druckern und Kolporteuren der *L'Art de foutre*[14].

Unter den »unzüchtigen Büchern«, die im Laufe des 18. Jahrhunderts immer wieder von der Polizei gesucht und von der Kanzel herab verdammt wurden, behauptete *Thérèse philosophe* einen Ehrenplatz[15]. Der dem Marquis d'Argens zugeschriebene, im Jahre 1748 in gedruckter Form erschienene Roman erzählt in leicht verschlüsselter Form eine wahre Begebenheit, die Geschichte der Jungfer Cathérine Cadière, die mit ihrem Beichtvater, dem Jesuiten Jean-Baptiste Girard, ein intimes Verhältnis eingeht und schwanger wird. Die Affäre beschwor 1731 einen

Skandalprozeß herauf, der das Ansehen der Jesuiten in der öffentlichen Meinung schwer erschütterte[16].

Schon bald nach seiner ersten Drucklegung entpuppte sich das Buch, das eine obszöne »Szenerie mit Versatzstücken aufgeklärter materialistischer Philosophie« verquickt[17], als Publikumsrenner: Zwischen 1748 und 1800 erschienen in Paris, Avignon und Neuchâtel mindestens zwölf verschiedene Editionen[18], 1796 wurde die *Thérèse philosophe* unter dem Titel *Terese als Filosof* ins Deutsche übertragen[19].

Den Reiz des Werkes, dem schon Paul Englisch eine »eminent kulturgeschichtliche Bedeutung« konzedierte, machte die Tatsache aus, daß es sich auf zwei Ebenen lesen ließ, zum einen als erotischer Enthüllungsroman, zum anderen als beißende Satire auf den Klerus. Wenn »Pater Dirrag« dabei geschildert wurde, wie er sein Beichtkind mit dem angeblichen »Strick des heiligen Franziskus« züchtigte (»Nachdem er fünf oder sechs Verse hergesagt und jedesmal auf die gleiche Art unterbrochen hatte, sah ich plötzlich zu meiner höchsten Überraschung den Pater Dirrag seine Hose aufknöpfen, und es schoß ein glühender Pfeil hervor, der jener verhängnisvollen Schlange glich, um welche mein früherer Beichtvater mich gescholten hatte.«[20]), befriedigten diese Passagen zunächst die voyeuristischen Neigungen des Lesers. Wenn darüber hinaus aber die geheime Beobachterin des Vorfalls, eben die »philosophische Therese«, das Geschehen mit den Worten kommentierte: »Wie werden die ehrbarsten Anschauungen unserer Gesellschaft mißbraucht! Wie kunstvoll benutzt dieser Kuttenbruder sein Beichtkind zu seinen unzüchtigen Zwecken!«[21], erhob sie den Sündenfall des einen verirrten Jesuiten zum Symbol der Entartung des Standes, den er repräsentierte, und schärfte damit vielleicht das Bewußtsein des Lesers für die herrschenden gesellschaftlichen Ungerechtigkeiten.

Eine Verunglimpfung des Klerus enthielt auch Charles Gervaise de Latouches 1741 veröffentlichte *Histoire de Dom B ... portier des Chartreux*, die ebenfalls zu einem Bestseller der Untergrundliteratur avancierte und sich im wesentlichen in einer genauen Beschreibung diverser kirchlicher Orgien und Exzesse erschöpfte[22].

Zeichnen sich die *Thérèse philosophe* und der *Portier des Chartreux* durch eine charakteristische Mischung verschiedener

Textelemente aus, durch ein Nebeneinander von pornographischen und philosophischen Passagen, so prägte diese Mehrschichtigkeit auch die anti-monarchischen *Libelles* vom Typ des *Vie privée de M. le Duc de Chartres*, die in den letzten Jahren des Ancien Régime auf den Buchmarkt drängten.

Gewiß wäre es zu einfach, von dem Inhalt der verbotenen Bücher unmittelbar auf ihre Wirkung zu schließen; zu Recht hat Jean Marie Goulemot kürzlich den Einwand formuliert, daß ein solches Verfahren Gefahr laufe, letztlich nur den »Glauben der Zensurhüter an die Macht des gedruckten Wortes« zu perpetuieren[23]. Andererseits deuten jedoch viele Indizien darauf hin, daß Werke wie die *Amours de Charlot et Toinette* einen Prozeß der Entsakralisierung des Königtums einleiteten, der zwar zunächst auf dem Papier stattfand, aber später den Weg zum politischen Umsturz ebnete.

Ungeachtet aller Polizeirazzien, feierlichen Verbrennungszeremonien und exemplarischen Strafaktionen gelang es den französischen Zensurautoritäten in der zweiten Hälfte des 18. Jahrhunderts zusehends weniger, das »Übel« der »schlechten Bücher« einzudämmen. Je stärker das sich emanzipierende Lesepublikum auf seinem Informationsrecht beharrte, desto mehr büßten die ›von oben‹ verhängten Restriktionen ihre Wirksamkeit ein. Da die verbotenen Bücher gerade bei denjenigen hoch im Kurs stünden, »die durch ihre Geburt, ihren Stand, ihre Frömmigkeit, ihre Kentnisse und ihre Verpflichtung gegenüber der Religion« eigentlich die erbittertsten Gegner solcher Lektüren sein müßten[24], werde es schwierig sein, dem geheimen Buchhandel Einhalt zu gebieten, prognostizierte schon der Kolporteur Guy anläßlich seiner Einweisung in die Bastille. Auch der Schriftsteller Pierre Manuel brachte mit dem Satz, ein Volk, »welches sich bilden« wolle, begnüge sich »nicht mit der *Gazette de France*«[25], eine Erkenntnis zum Ausdruck, die den Hütern der Zensurordnung schmerzlich bewußt war[26].

Während das Lamento über die unaufhörliche Zunahme der »gefährlichen Bücher« zu einem Topos der kirchlichen Literatur, der königlichen Dekrete und Zensururteile avancierte, griff die neue, unerlaubte Leselust offenbar nahezu epidemisch um sich. Daß »bis an die Pforten der Gotteshäuser« skandalöse *Libelles* veräußert würden, beklagte schon im Frühsommer 1735 eine *Ordonnance* des Pariser Polizeichefs[27]. Daß die Versailler Kolporteure und Buchhändler »unter den Augen Seiner Majestät« verbotene Bücher veräußerten, kritisierte eine Denkschrift aus den 50er Jahren[28].

Der Kausalzusammenhang, den die zeitgenössische Literatur mit besonderer Vorliebe zwischen der weiblichen Lektüre »verderblicher Bücher« und der Bereitschaft zu verbrecherischen Handlungen herstellte, sollte noch im Sommer 1793 den Umgang der Presse mit der Marat-Mörderin Charlotte Corday beeinflussen. Die revolutionären Journalisten charakterisierten die Attentäterin als »reizlos« wie »fast alle Philosophen- und Schöngeistfrauchen« und beanstandeten insbesondere die Belesenheit der Attentäterin. Ihr Kopf sei »vollgestopft mit hundert Büchern«, und sie gestehe ganz unverhohlen ein, sogar den *Portier des Chartreux* zu kennen, monierte ein Artikel, der sie in typisch revolutionärer Misogynie als das Musterbeispiel einer mißlungenen weiblichen Sozialisation anprangerte[29].

Die »schlechten Bücher«, die vor 1789 in Frankreich zirkulierten, kamen oft von weither. Ein Großteil der Buchsendungen, die an den Zollkontrolleuren vorbeigeschmuggelt wurden, stammte von jenen ausländischen Verlegern, die sich nahe der französischen Grenze, aber »außer Reichweite der Pariser Zensur- und Polizeibehörden«[30], angesiedelt hatten: Im Kern traf auch hier Pierre Manuels Behauptung zu, daß ohne »die Schweizer« und »die Holländer« das »Vaterland d'Alemberts« zur ausschließlichen Lektüre des Historiographen Moreau verdammt gewesen wäre[31], denn gerade auf ihren Pressen wurde zum Leidwesen der privilegierten französischen Verleger ein Großteil der Werke gedruckt, die in den Briefen der Untergrundbuchhändler unter so betont verharmlosenden Bezeichnungen wie »etwas Gutes«, »eine gute Sache« etc. auftauchten[32].

In der Hierarchie der einschlägigen Firmen bekleidete die Société Typographique de Neuchâtel eine der vordersten Positionen. Ihre Geschäftserfolge waren schon kurz nach der Gründung des Unternehmens durch Samuel-Frédéric Ostervald, Jean-Élie Bertrand und Samuel Fauche im Jahre 1769 der sichtbarste Beweis dafür, daß die Neuenburger »in ihren Unternehmungen vielen Eifer und in ihren Anordnungen viele Geschicklichkeit« zeigten[33]. Sprach Ostervald in einem Brief vom September 1769 an seinen in der französischen Hauptstadt lebenden Landsmann Thonnet von der verlockenden Aussicht, die privilegierte Pariser Konkurrenz durch das Anbieten »guter« und billiger Bücher auszustechen[34], so beließ er es nicht bei einem Lippenbekenntnis: »Ziemlich schnell« verfügte die S.T.N. über ein ausgedehntes Verkaufs-und Austauschnetz, »dessen Knotenpunkte Anfang der siebziger Jahre Den Haag, Brüssel, Lunéville und Nancy, Kleve, Mannheim und Dresden, Nîmes und Montpellier, sowie natürlich Genf und Lausanne, waren«; ihre Handelsverbindungen sollten später »von Moskau bis Lissabon und von Stockholm bis Neapel« reichen[35]. Das Verlagsprogramm, das bis 1775 auf 750 Titel angewachsen war[36], umfaßte ein breitgefächertes Sortiment von Romanen, Theaterstücken, Reisebeschreibungen und vor allem von »verbotenen Büchern«. Nach einer von Robert Darnton erstellten Statistik lassen sich aus den Papieren der S.T.N. 453 einschlägige Titel identifizieren, angeführt von Merciers *L'An 2440*, den *Anecdotes sur Mme la comtesse Dubarry* und d'Holbachs *Système de la nature*[37].

Ebenso wie die S.T.N. profitierten holländische Drucker und Verleger einerseits von den Absatzchancen, die sich in Frankreich auftaten und andererseits von ihren eigenen günstigen Produktionsbedingungen[38]. In Holland wurden beispielsweise Fougeret de Montbrons *Margot la ravaudeuse*[39], das gemeinschaftlich von Marc Grouber de Groubentall und dem Abbé Dulaurens geschaffene Poem *Le Balai*[40] und Montesquieus *Lettres Persanes*[41] gedruckt.

Einige wenige große Druck-Tycoone herrschten über die flandrischen und holländischen Produktionsstätten, Bassompierre in Lüttich, Jean Néaulme in Den Haag[42], Dufour in Maastricht[43] und Marc-Michel Rey schließlich in Amsterdam[44]. Letzterer ging als Verleger und Korrespondenzpartner Voltaires, Rousseaus, d'Holbachs und Diderots in die Annalen der Literaturgeschichte ein: 1720 in Genf in bescheidenen Verhältnissen geboren, erwarb Rey 1746 das Amsterdamer Bürgerrecht[45]. Verlegerisches Gespür bewies er mit der Entdeckung Voltaires; bis zu seinem Tod im Jahre 1780 brachte er unzählige Werke des französischen Philosophen im Original- und Nachdruck auf den Markt[46].

Den Ruf des einflußreichsten Druckers in Brüssel, wenn nicht in den gesamten habsburgischen Niederlanden, verteidigte zwischen 1775 und 1806 der aus Lüttich gebürtige Jean-Louis de Boubers, dessen Karriere in Dünkirchen begonnen hatte und der erst nach einer Zwischenstation in Lüttich in Brüssel ansässig geworden war. Dort betrieb er ab 1768 eine Druckerei mit vier oder fünf Pressen, aus der in den 70er Jahren sein Meisterstück, die *Collection complète des œuvres de J. J. Rousseau*, hervorging, die trotz des fingierten Druckorts London sofort die Aufmerksamkeit der Brüsseler Zensurhüter erregte[47]. In Brüssel entstand 1784 auch eine Ausgabe der *Introduction à l'histoire de la guerre en Allemagne* in mehreren hundert Bänden, die der dorthin emigrierte ehemalige Polizeispitzel Imbert de Boudeaux seinem Bruder nach Paris zum Verkauf schickte[48].

Literaturunternehmer wie Boubers und Rey, deren Erwerbsgeist Voltaire des öfteren zu bissigen Kommentaren herausforderte[49], wußten den Lektürebedarf des französischen Publikums in Profit umzuwandeln, indem sie Ghostwriter anheuerten, die serienmäßig Broschüren und Pamphlete für die französischen Käufer verfertigten. Diese ›Schreibsklaven‹ rekrutierten sich häufig aus den Reihen glückloser Pariser Literaten, die zur Bestreitung ihres Unterhalts nicht einmal die niedrigsten Brotarbeiten verschmähten. Einer der ihren war der als Sohn eines Generalsteuerpächters 1717 in Paris geborene Joseph-Marie Durey de Morsan, der sich zuerst im Studium der Rechte und dann im Metier des Schriftstellers versuchte. Anfang der 50er Jahre betreute Durey de Morsan unter dem Pseudonym Abbé Marc d'Harnonville[50] vier Monate lang das wöchentliche »kleine Journal« des Haager Verlegers Gosse[51], eine *Gazette galante, historique, littéraire, critique, morale, satirique, sérieuse et badine*, die unter dem Titel *La Bigarrure* die »kuriosesten und amüsantesten täglichen Ereignisse« dokumentieren wollte[52]. Zwischen 1768 und 1774 reiste er mehrmals für längere Zeit nach Ferney, wo er als Mitarbeiter Voltaires tätig wurde[53].

Wie die im Sommer und Herbst 1755 an seinen Vater, »Monsieur d'Harnancourt, Generalsteuerpächter, Rue de Vendôme, Paris« gerichteten Briefe veranschaulichen, litt der Sohn nicht zuletzt deshalb unter chronischem Geldmangel, weil er einen Teil seiner Barschaft auf verbotene Bücher zu verschwenden pflegte. Die Bitte um finanzielle Unterstützung geriet zum Leitmotiv der Korrespondenz: »Ich habe mir zwei Hüte gekauft, einen mit Silber- und einen mit Goldborte, dies hat mich 7 Livres gekostet, zusammen mit einem Hut für meinen Domestiken waren es 8 Livres. Durch all dies bin ich nun pleite. Außerdem hat mich ein Kolporteur in Versuchung geführt, ich habe mehr von ihm gekauft, als ich eigentlich wollte«, klagte er am 3. September 1755 und schloß mit einem Appell an die väterliche Großzügigkeit: »Ich wage es, teurer Vater, Euch um 10 Pistolen mehr in diesem Monat anzuflehen.«[54] Im Gegenzug gelobte er Besserung und künftige Tugendhaftigkeit: »Bei allem, was heilig und achtbar ist, bei meiner Ehre, versichere ich Euch, teurer Vater, daß Ihr allen Grund haben werdet, mit meinem Benehmen zufrieden zu sein. Ich liebe das Studieren, ich liebe die Zurückgezogenheit, und ich werde glücklich damit sein, Euch und meine teure Mutter zu verehren.«[55]

Daß es sich bei diesen frommen Worten um ein Lippenbekenntnis handelte, macht Durey de Morsans weiterer Lebenslauf nur allzu deutlich: Ein paar Jahre danach hatte er – den Aussagen Voltaires zufolge – einen Schuldenberg von über einer Million Livres angehäuft, die Misere begleitete ihn ein Leben lang[56].

Einen zusätzlichen Beleg dafür, daß das zwischen Durey de Morsan und Gosse vereinbarte Arbeitsverhältnis durchaus den im ›Kulturbetrieb‹ üblichen Gepflogenheiten entsprach, liefert das Kapitel, das Marmontel in seinen Memoiren der Begegnung mit dem Lütticher Drucker und Buchhändler Bassompierre widmete. Laut Marmontel war Bassompierre bei ihrem Zusammentreffen in Dankeshymnen ausgebrochen; er drucke alle Bücher des Schriftstellers und verkaufe sie bis ins Reich hinein. Der erboste Einwand des Neuankömmlings, daß man ihm mit solchen Raubdrucken die Früchte seines Wirkens stehle, hatte den Verleger nicht daran gehindert, den Pariser Autor für den Abend in sein Haus einzuladen. Als Marmontel dieser Aufforderung nachkam, fand er sich zur Essenszeit eingeklemmt zwischen den beiden Fräulein Bassompierre wieder, die sein Glas beständig mit Wein füllten und ihm heiteren Tones rieten, er möge doch in Lüttich bleiben, wo ihn die Pariser Polizei nicht behelligen könne. Hier in Lüttich werde er bei ihnen in einem schönen Zimmer wohnen und die allerbeste Pflege genießen; das, was er am Abend schreibe, werde gleich am nächsten Morgen gedruckt sein[57].

Zu den auf die Produktion ›philosophischer Werke‹ spezialisierten Druckereien und Verlagshäusern gehörten jenseits der französischen Grenzen Firmen in Genf[58], Lausanne, Yverdon und London. Von London aus publizierte Charles Théveneau de Morande seine *Gazette noire*[59], die von den Buchhändlern der englischen Metropole für eine Guinea pro Stück veräußert wurde und beim Publikum auf reißenden Absatz stieß[60].

Einen bedrohlichen Unruheherd – in ideologischer wie in wirtschaftlicher Hinsicht – repräsentierte in den Augen der Pariser Obrigkeit das päpstliche Avignon[61], das sich zum einen wegen seiner Niedrigpreispolitik und zum anderen aufgrund der nach Lyon, Marseille, Genf und Rouen führenden Land- und Wasserwege zu einem Zentrum des geheimen Drucks und Buchhandels[62] hatte entwickeln können. Daß die ›anarchischen‹ Verhältnisse in der südfranzösischen Stadt die Pariser Zensuradministration zusehends in Alarmbereitschaft versetzten, kam nirgends deutlicher zum Audruck als in dem Text der Dienstanweisung, die dem Pariser Kommissar Mutel am 19. Juni 1766 ausgehändigt wurde: »Seine Majestät weiß, daß in allen Provinzen des Königreiches ein umfangreicher Handel mit Büchern stattfindet, die ebenso religions- wie staats- und sittenfeindlich sind. Diese im Ausland gedruckten Bücher werden auf abgelegenen Pfaden in das Königreich geschmuggelt. Die französischen Buchhändler stehen mit ausländischen Buchhändlern nicht allein wegen solcher verderblicher Bücher in Kontakt, sondern auch, um Bücher nachzudrucken, die mit dem königlichen *Privilège* erschienen sind ... Hauptsächlich in Avignon druckt man die in jeder Hinsicht gefährlichen Bücher, dort profitiert man von den Möglichkeiten des Marktes von Beaurecaire, um diese Bücher in die Provinz Languedoc hineinzuschmuggeln und sie von Kolporteuren in die anderen Provinzen des Königreiches bringen zu lassen.«[63]

Das Problem Avignon konnte mit vereinzelten Strafexpeditionen keineswegs beseitigt werden. Bis zur Abschaffung des alten Zensurreglements blieb die Stadt nicht nur für die Polizei, sondern auch und vor allem für die Pariser Buchhändler ein Ärgernis, auf das sie in mehreren Petitionen an den Direktor der Buchaufsicht zurückkamen. An der Frage der in Avignon produzierten Raubdrucke brach der Konflikt zwischen den Provinzbuchhändlern und der Pariser Buchhändlerzunft in voller Schärfe auf; die Vertreter der Zunft zögerten nicht, die Verteidigung ihres Monopols zu einem wirtschaftlichen Anliegen des Staates zu erklären. Da die Stärkung der Zunft gleichbedeutend sei mit einem ökonomischen Aufschwung (»Wenn der Buchhandel in Paris ... weniger eingeschränkt wäre, hätte er einen höheren Absatz«), müsse das staatliche Interesse zwangsläufig in einer Unterdrückung der Kolportage in Avignon bestehen[64].

Eine weitere Einfallspforte für den geheimen Buchimport[65] bildete das Herzogtum Bouillon am Rande der Ardennen. In der gleichnamigen Stadt hatte der Gründer des *Journal encyclopédique*, Pierre Rousseau, nach desaströsen Erfahrungen in Lüttich und Brüssel im Winter 1759/60 eine neue Heimat für sein Periodikum gefunden[66]. Die Ansiedelung des *Journal encyclopédique* in Bouillon gereichte ihm ebenso zum Vorteil wie dem Herzog Charles Godefroy de La Tour d'Auvergne, denn der eine verfügte in Bouillon über einen beträchtlichen intellektuellen Freiraum[67], während der andere das Unternehmen nicht zuletzt im Hinblick auf den zu erwartenden Profit unterstützte[68]. Als Rousseaus drei Pressen in Bouillon zu arbeiten begannen, produzierten sie freilich nicht allein das *Journal encyclopédique*: Da er in seinem Exil von keiner Zunftkonkurrenz bedroht wurde, verlegte sich Rousseau rasch auch auf die Herstellung von Nachdrucken und verbotenen Büchern. »Wir schließen kein nützliches oder angenehmes Genre aus. Unsere Pressen, die dem Fortschritt der Wissenschaften, der Liebe der Tugend und der Beförderung der wahren Philosophie geweiht sind, werden allein die Werke zurückweisen, die (solchen Zielen) widersprechen.« Mit diesen Worten informierte die Société Typographique de Bouillon im April 1769 in einer Annonce über ihr künftiges Verlagsprogramm[69]. Zu den »nützlichen« und »angenehmen« Büchern, die in den folgenden Jahren von der Ardennenstadt aus nach Frankreich gelangten, figurierten so unterschiedliche Werke wie die *Œuvres complètes d'Helvétius* und Carras *Système de la Raison, ou le Prophète philosophe*, eine politische Streitschrift, die explizit die Einberufung der Generalstände forderte und wegen ihrer radikalen Inhalte unter der falschen Druckortangabe London herausgebracht wurde[70].

Für den Import der außerhalb Frankreichs gedruckten Bücher existierte offiziell ein strenges Reglement. Gemäß dem *Code de la librairie* von 1723 hatte jede ausländische Büchersendung[71] zunächst eine der zehn »Eintrittsstädte« Paris, Rouen, Nantes, Bordeaux, Marseille, Lyon, Straßburg, Metz, Amiens oder Lille zu passieren. Hier wurden die Bücherkisten von der lokalen Zunftaufsicht überprüft, mit Zollzetteln versehen und verplombt[72]; hier mußten sich die Fuhrleute verpflichten, das in ihrer Obhut befindliche Transportgut ungeöffnet den Zollbeamten des Zielortes auzuhändigen[73]. Damit nicht genug, unterzog man die für Paris bestimmte Ware in der Hauptstadt selbst noch einer zusätzlichen Inspektion, ehe die verplombten Kisten schließlich im Zunfthaus geöffnet wurden[74].

Die aus Gründen der Zensur, aber auch zum Schutz der einheimischen Industrie errichteten Importbarrieren liefen naturgemäß den Interessen der ausländischen Verleger zuwider, die 1771[75] und 1783 empfindliche Rückschläge hinnehmen mußten. Als der Außenminister Vergennes 1783 die Anordnung erließ, alle Buchimporte zunächst der Kontrolle der Pariser Zunft zu übergeben und erst danach an den eigentlichen Adressaten auszuliefern, hatten die Brüsseler, Maastrichter, Amsterdamer und Genfer Händer angesichts dieser Verschärfungen – laut Darnton – allen Anlaß, den Zusammenbruch ihrer Geschäfte zu fürchten[76]. Dennoch bedeutete Vergennes' Initiative nicht den endgültigen Niedergang der schweizerischen und holländischen Firmen: Die Razziaprotokolle der Buchpolizei beweisen schwarz auf weiß, daß der Bücherschmuggel noch bis 1789 funktionierte.

Verbotener Druck in der französischen Provinz

Das Geschäft mit Raubdrucken, erotischen Romanen und Schmähschriften radikalster Prägung teilten im Bourbonenfrankreich freilich nicht nur die Holländer und Schweizer unter sich auf. Im Kielwasser der restriktiven und monopolistischen Verlagsgesetzgebung des Ancien Régime prosperierte der Untergrundbuchhandel auch und gerade in der Provinz. Je stärker die dort ansässigen Buchhändler und -drucker unter der Ausblutung durch die Pariser Zunftmitglieder litten, desto eher waren sie bereit, ihre Energien in illegale Aktivitäten zu investieren, egal, ob sie sich dabei zum Alleingang oder zur Zusammenarbeit mit Firmen wie der Société Typographique de Neuchâtel entschlossen. Die überhöhten Preisforderungen der Pariser Händler führte etwa der Dijoner Händler François Desventes als Argument für die Geschäftsverbindungen an, die er Anfang der 50er Jahre zu Pariser Untergrundkolporteuren und ausländischen Verlagshäusern knüpfte[1].

Daß in Rouen[2] und Lyon[3], in Senlis[4] und Alençon[5], in Bordeaux[6] und Nancy[7] literarische »Drogen« in großen Mengen gedruckt und vertrieben wurden, lieferte der Pariser Zensurbehörde während des ganzen 18. Jahrhunderts immer wieder von neuem Anlaß zur Klage. Allein die Chronologie der Polizeiaktionen, die in dem bewegten Jahr 1771 – dem Jahr des Maupeou-Putsches – unternommen wurden, dokumentiert, mit welcher verzweifelten Energie man von Paris aus die Gefahrenherde einzudämmen versuchte. Die am 17. Januar bei einem Herbergswirt in Bourg-la-Reine veranstaltete Razzia bildete nur den Auftakt zu einer Reihe von Maßnahmen, die zahlreiche Druckergesellen, Kolporteure und Buchhändler aus Paris, Rouen und Villejuif während der nächsten Monate in die Bastille befördern sollte[8], darunter die Dame Stockdorff sowie die Herren Manoury, Hovius und Malassis, die unter den Akteuren des geheimen Buchhandels in der französischen Provinz eine herausragende Position bekleideten.

Da d'Hémery vor allem bei den Rouener Händlern Lucas, Le Boucher, Le Tourneur, Machuel und Ferrand das Zentrum der Gefahr vermutete, hatte er im Januar 1771 einen seiner Beobachter mit dem Auftrag dorthin geschickt, »mit größter Aufmerksamkeit« alle Buchhändler und Drucker zu überwachen, die ihm verdächtig vorkämen. Die Mission erwies sich zunächst jedoch als Fehlschlag, da die betreffenden Händler offenbar rechtzeitig genug gewarnt worden waren[9]. Erst eine in der Nacht vom 6. auf den 7. April durchgeführte Operation bescherte der Pariser Polizei das erwünschte Erfolgserlebnis: Bei Lucas, Le Boucher und Behouet konfiszierte man etliche der verbotenen *Remontrances* und *Arrêtés*, die im Zuge der Auseinandersetzung um die Parlamentsaffäre erschienen waren. »Diese Maßnahmen haben in Rouen einen erstaunlichen Aufruhr entfacht, am folgenden Tag war die ganze Stadt mit dieser Neuigkeit beschäftigt«, meldete d'Hémery wenig später nach Paris[10].

Welcher Typ von Buchhändler partizipierte am Untergrundgeschäft in der Provinz? Die seit der Jahrhundertwende und vor allem seit der Veröffentlichung der monumentalen *Gallia Typographica*[11] betriebene Erforschung der regionalen Druckgeschichte hat seit dem Beginn der 60er Jahre dank der Publikationen von Madeleine Ventre, Jean Quéniart, Frédéric Barbier, René Moulinas, Robert Darnton und Louis Trénard einen erheblichen Schritt vorwärts tun können. Dabei rückte verstärkt die Frage nach der *Mentalität* der Provinzbuchhändler in den Vordergrund: Wie entwickelten sich spezifische Händlerkarrieren? Und welche ideologischen oder pragmatischen Beweggründe veranlaßten den einzelnen Händler, verbotene Bücher in sein Sortiment aufzunehmen?

Zweifellos stellten die Vertreter des illegalen Provinzbuchhandels eine äußerst heterogene Gruppe dar; eine Gruppe, die sich aus etablierten Mitgliedern des lokalen Buchgewerbes ebenso rekrutierte wie aus marginalen Gestalten, aus seßhaften Händlern mit eigenem Geschäft ebenso wie aus Buchhausierern auf der Wanderschaft[12].

Zu den Vertretern des Untergrundestablishments gehörte zum Beispiel der reiche Rouener Händler Pierre Machuel[13]. Wie kein anderer verkörpert er die Tradition des französischen Druckgewerbes, behauptete seine Familie doch seit dem Beginn des 17. Jahrhunderts einen wichtigen Platz in der einheimischen Druck- und Buchhandelsindustrie[14]. Obwohl er zeitweise sogar das Amt eines Aufsichtsbeamten der Buchhändlerzunft bekleidete, geriet Machuel seit den 50er Jahren immer wieder in das Visier[15] der Pariser Polizei. Im Frühjahr 1764 handelte er sich eine Einlieferung in die Bastille ein, als die Polizei bei der Fahndung nach den Druckern und Verkäufern der Schrift *Le Secret des finances divulgué* auf seinen Namen stieß. Nachdem der 28jährige Pariser Kolporteur Charles François Personne d'Hémery gegenüber hatte verlauten lassen, daß die bei ihm konfiszierten Exemplare der fraglichen Schrift teils von dem Drucker Besongne aus Rouen, teils von Pierre Machuel stammten[16], war es bis zur Ergreifung der Schuldigen nur ein kleiner Schritt[17], wenngleich speziell die Verhaftung Besongnes für die

Polizei zu einer Geduldsprobe wurde. Das ganze Manöver habe von neun Uhr abends bis fünf morgens gedauert, da der Gesuchte, ein jugendlicher »Libertin«, erst um halb vier in der Früh nach Hause zurückgekehrt sei, berichtete d'Hémery am 13. April 1764[18].

Wie an der Vielzahl der diesbezüglichen Instruktionen und Strafandrohungen unschwer abzulesen ist[19], beschäftigte das Problem Straßburg die Pariser Polizei bis zum Ende der alten Druckprivilegregelung ebenso wie das Problem Rouen: Die elsässische Metropole, zu deren Buchindustrie im Jahre 1764 neben etlichen illegal arbeitenden Buchverkäufern[20] zehn offizielle Buchhändler, fünf Drucker mit insgesamt 13 Pressen und mehr als 20 Druckergesellen zählten[21], fungierte während des gesamten 18. Jahrhunderts als Einfallstor für verbotene Bücher. Daß auch unter den Straßburger Buchhändlern eine starke Rivalität herrschte, die das Abrutschen in den geheimen Buchhandel im nachhinein erklärt, tritt im Text jener ausführlichen Petition zutage, in der die Herren König, Petit, Le Roux, Bauer, Stein und Schmidt dem königlichen Prätor im November 1771 ihr Leid klagten. Als Anlaß ihrer Gravamina nannten die Unterzeichner eine Vielzahl von Mißbräuchen, die sich im Straßburger Buchhandel eingeschlichen hätten und die den ehrenwerten Vertretern des Gewerbes das Leben um so mehr erschwerten, als deren Existenz durch hohe Importzölle ohnehin bedroht sei[22].

Noch in der großen Enquête von 1764 attestierte der Straßburger Rat seinen Buchhändlern die hervorragendsten Gehorsamsqualitäten: »Nachdrücke kämen gar nicht vor, da alte, seit langem bewährte Ordonnanzen sie strenge untersagten.«[23] Doch schon wenige Jahre darauf machte der Fall der Buchhändlerin Stockdorff offenkundig, daß dieses Urteil revidiert werden mußte.

Der Weg, der die 36jährige Witwe in die Bastille führte, begann mit einem Brief aus Straßburg, der den Pariser Polizeichef Sartine am 15. November 1771 erreichte. In dem lediglich mit den Initialen des Autors signierten Schreiben wurden Punkt für Punkt die Zensurverstöße der Buchhändlerin aufgelistet, wurde sie als gerissene Geschäftsfrau porträtiert, die ihren Kunden alle pornographischen Bestseller zu beschaffen wisse[24] und es in der Vergangenheit stets geschafft hätte, die Polizei zu täuschen. Nun aber, so der Verfasser, sei der Moment günstig, um die Missetäterin zu erwischen[25]. Am 11. November sei die Witwe in einer gemieteten Kutsche aus Straßburg abgereist, um die Hauptstadt mit verbotenen Werken zu »überschwemmen«[26]. Die Fahrt werde ungefähr acht Tage dauern, nach der Ankunft könne die Polizei dann sofort zuschlagen: »Ich glaube, Monsieur, daß ich ausreichende Hinweise geliefert habe; es bleibt nichts anderes zu tun, als konsequent zu handeln.«[27]

Sartine zögerte nicht, diese Ratschläge zu beherzigen. Schon am 20. November wurden die Buchhändlerin und ihr Gehilfe, der Kurier Amet, in Paris verhaftet, vier Tage später holte der Kommissar Chenon die mittlerweile in die Bastille transportierte Verdächtige zum Verhör. Die Untersuchung erbrachte für die Polizei allerdings enttäuschend wenig brauchbare Ergebnisse, da statt detaillierter Informationen aus Salomé Stockdorff nur unpräzise Angaben herauszupressen waren. Sie habe die Reise in die Hauptstadt unternommen, um die Pariser Sehenswürdigkeiten zu besichtigen, von denen man überall soviel Positives höre, beteuerte sie und flüchtete sich in vage Auskünfte, als man sie zur Herkunft der in ihrem Laden konfiszierten Bücher befragte: Die entsprechenden Werke stammten keineswegs – wie sie betonte – aus Bouillon, Lausanne oder Lüttich, sondern teils von »deutschen Juden«, die »bisweilen« durch Straßburg zögen, teils von einem »Frankfurter Buchhändler«, der ihr die Ware mit der Postkutsche geschickt habe[28]. Ihre verbotenen Aktivitäten entschuldigte sie dem Kommissar Chenon gegenüber mit der demonstrativen Bekundung von Unwissenheit und Naivität: »Da sie kaum des Französischen mächtig sei, habe sie keine Ahnung von den Büchern, die man von ihr verlange.«[29] Auch schwor sie, die alten Fehler in Zukunft zu vermeiden und »sich in ihrem Handel einzuschränken«.

Die feierlichen Versprechungen waren jedoch rasch vergessen oder verdrängt. Als die Witwe am Neujahrstag 1772 nach Straßburg zurückkehrte, konnte man ihr die Strapazen der sechswöchigen ›Bastille-Therapie‹ zwar noch deutlich anmerken (»Sie ist ... derart betäubt von ihrer Reise nach Paris, daß es sie mehr als einen Tag kosten wird, sich wieder wohlzufühlen«[30], meldete Sartines Vertrauter am 16. Januar 1772), der erlittene Schrecken hinderte sie allerdings keineswegs daran, sofort in die gewohnten Geschäftspraktiken zurückzuverfallen und dem Publikum erneut die radikalsten und obszönsten Publikationen anzubieten, die zirkulierten – Werke vom Schlage des *Gazetier cuirassé* oder der *Putain parvenue*[31].

So verwundert es nicht, daß sich ein Jahr später erneut dunkle Wolken über ihrem Kopf zusammenballten. »Vorgestern geschah etwas Tragisches für die Witwe Stockdorff, die Giftmischerin von Straßburg«. Mit dieser dramatischen Einleitung eröffnete der Straßburger Diözesanbischof am 10. März 1773 einen Brief an den Kardinal de Rohan, in dem er die Ereignisse der vorausgegangenen 48 Stunden rekapitulierte[32]. Am 8. März waren gegen zehn Uhr morgens drei von Grenadieren begleitete Kommissare aus Paris bei der völlig überrumpelten Stockdorff erschienen, hatten bis zum Nachmittag ihr Lager genauestens inspiziert und etliche ihrer Bücher entweder zerrissen oder beschlagnahmt. Die Witwe, die beim Anblick des ihr vorgezeigten Haftbefehls ohnmächtig zusammengesunken war, hatte man mitsamt ihrem Kommis Daniel Riss in die städtische Arrestzelle gesteckt, wo sie nun auf den Abtransport nach Paris wartete[33]. Am 9. März 1773 setzte d'Hémery seinen Dienstherrn von der erfolgreichen Beendigung der Straßburg-Expedition in Kenntnis: Die »Operation« habe einen »Eklat verursacht« und allen Buchhändlern der Stadt als Warnung gedient, man werde sich für die Zukunft davon einen sehr heilsamen Effekt erhoffen dürfen[34].

Der weitere Verlauf der Dinge offenbarte schnell, daß die Buchhändlerin diesmal weniger glimpflich davonkommen sollte als im Herbst/Winter 1771, zumal aus einer von der Buchpolizei angefertigten Inventarliste unmißverständlich hervorging, in wie professionellem Stil sie mit verbotenen Büchern handelte. Unter ihren Geschäftspartnern figurierten Buchhändler, Drukker, Kupferstichhändler und Kolporteure in Lyon, Metz, Reims, Maastricht, Genf, Lausanne und Zweibrücken, die europäischen ›Tycoons‹ des geheimen Buchhandels ebenso wie namenlose Buchausträger, die in ihre Dienste getreten waren[35].

Die fünfmonatige Bastille-Einsperrung bedeutete für die Witwe zu guter Letzt noch das kleinere Übel[36] im Vergleich mit der Strafe, die der Pariser Châtelet-Gerichtshof Anfang Juli 1773 über sie verhängte. Nach seinem Urteil sollte die als Wiederholungstäterin gebrandmarkte »Giftmischerin von Straßburg« zwei Stunden lang auf der Place de Grève an den Pranger gestellt[37], außerdem zur

Zahlung einer Geldbuße verdammt und für einen Zeitraum von neun Jahren aus Paris und Straßburg verbannt werden[38]; damit wäre ihre professionelle Existenz zweifellos vernichtet gewesen, hätte nicht ein königlicher Gnadenerlaß von 1775 die Exilierungsorder aufgehoben[39].

Dem heutigen Betrachter gibt die Affäre Stockdorff eine Reihe von Rätseln auf: Welche Motive bewogen die Buchhändlerin zur Fortführung ihrer risikoreichen Untergrundunternehmungen, wenn gerade sie als ›gebranntes Kind‹ das damit verbundene Risiko hätte fürchten müssen? Aus der Perspektive ihrer Straßburger Feinde war dafür einzig und allein die Schlechtigkeit der Händlerin verantwortlich, ihr zügelloser »Appetit«: »Diese Frau vereint vollendete Verstellungskunst mit einem Hochmut, der nicht seinesgleichen findet. Da sie auf die Bekanntschaft mit einigen Personen von Rang stolz ist, denen sie feige ihre Tochter verkauft hat, hat sie nur Verachtung übrig für die Vorhaltungen, die ihr die gebildeten und vernünftigen Leute in bezug auf ihren Handel machen«[40], heißt es etwa in einem Denunziationsbrief vom 12. Dezember 1771.

Ganz anders argumentierten dagegen die Fürsprecher und Verwandten der Witwe, die das Verhalten der Händlerin immer wieder mit finanziellen Zwängen und dem Druck der Konkurrenz entschuldigten. Die einzige Erwerbsquelle für sie und ihren 13jährigen Bruder sei der Laden der Mutter, die man nun ohne Prozeß in Paris gefangen halte, klagte die Tochter Catarina Stockdorff in einem Brief vom 28. November 1771. Die Einsperrung der Ernährerin werde um so schrecklichere Folgen nach sich ziehen, als die Konkurrenz in Straßburg ohnehin schon gnadenlos sei; »zuviel Buchhändler« gebe es dort, gemessen an »der Zahl derjenigen, die lesen«[41]. Mit dem Verweis auf drückende Verpflichtungen und akuten Geldmangel versuchte auch die Witwe selbst, ihren Sündenfall zu rechtfertigen und die Obrigkeit gnädig zu stimmen: Wenn man sie nicht bald entlasse, seien sie und »zwei arme Waisen« »bis ans Ende aller Tage verloren«, appellierte sie an das Mitgefühl der Pariser Behörden[42].

Daß sich hinter soviel Pathos nicht allein rhetorisches Kalkül, sondern durchaus wahre Verzweiflung verbarg, läßt der Text des Bittschreibens ahnen, das ein intimer Kenner der Sachlage, der Buchhändler Malartie, im Dezember 1771 zugunsten seiner

Kollegin einreichte. Salomé Stockdorff gehöre für ihn zwar zu jener suspekten Gruppe von Individuen, die »um jeden Preis« hinter dem Profit herjagten, den sie sich vom Vertrieb verbotener Schriften versprächen, dennoch halte er es für opportun, ihr mit Milde zu begegnen. Als »einfache Frau« leite sie seit dem Tode ihres Mannes dessen Geschäfte, ohne sich über die möglichen Konsequenzen ihres Tuns im klaren zu sein. Gewiß habe sie sich in einer Zeit, in der jeder andere Buchhändler ängstlich auf die Einhaltung der Vorschriften achte, äußerst »dumm« betragen. Aber sie wähle die Werke, die sie von ihren diversen Korrespondenten beziehe, rein unter kommerziellen Aspekten aus, die Inhalte interessierten sie nicht, ja sie verstehe sie nicht einmal[43], behauptete der Briefschreiber, der trotz seiner Bedenken Verständnis für die Nöte der Witwe aufzubringen vermochte.

Im nachhinein gesehen, bewies Malartie mit seiner Interpretation eine außerordentliche Hellsichtigkeit: In vielen Fällen waren es tatsächlich Absatzkrisen und materielle Sorgen, die einen ursprünglich loyalen Buchhändler oder Drucker in den Untergrund trieben oder doch zumindest dessen Bereitschaft schürten, im geheimen Buchhandel mitzumischen. Ihr Sohn habe allein auf das »stets nach Neuheiten verlangende« Publikum geachtet und nicht auf die inhaltliche Korrektheit der Bücher, mit denen er gehandelt habe, betonte denn auch die Mutter des jungen Besongne in einem für ihren Sohn eingereichten Gnadengesuch[44].

Wie im Falle Salomé Stockdorffs und Pierre Machuels[45] versuchten die Pariser Zensurhüter oft mit der Verhängung von zeitweiligen Berufsverboten der Aufmüpfigkeit der Provinzdrucker und -buchhändler einen Riegel vorzuschieben. Auch der Drucker Louis Michelin aus Provins, der zwei Pressen besaß und vier Arbeiter beschäftigte, mußte für seinen Ungehorsam gegenüber den Zensurbestimmungen schließlich einen hohen Preis zahlen: Kraft eines *Arrêt du Conseil d'État du Roi* vom März 1761 wurde er aus den Reihen der offiziell anerkannten Drucker ausgestoßen und mit einem Berufsverbot belegt; daß obendrein seine Pressen und Drucktypen beschlagnahmt und an die Zunftaufsicht verkauft wurden, bedeutete das vorläufige Ende einer Untergrundkarriere, die ein paar Jahre zuvor hoffnungsvoll begonnen hatte[46].

Für die Pariser Polizei war der 1732 geborene Michel Louis Michelin im Frühjahr 1761 längst kein unbeschriebenes Blatt mehr. Auf seinen Pressen waren seit 1758 mehr als 2000 Exemplare von Helvétius' *De l'esprit* unter der fingierten Angabe »Den Haag/Pierre Moetjens« gedruckt worden[47]; er wäre schon Ende Dezember 1760 auf frischer Tat ertappt worden, hätte ihn nicht der Drucker Gobelet aus Troyes im letzten Moment gewarnt. Gobelet, der in einer Herberge in Provins abgestiegen war, hatte Michelin zu sich rufen lassen, um ihn über die Ankunft d'Hémerys und Rochebrunes in der Stadt zu informieren. »Geht zu Euch nach Hause und schafft beiseite, was man nicht sehen soll«, hatte er dem jungen Kollegen geraten, worauf dieser sich versteckte, bis ihm die Abreise der beiden Polizeiagenten gemeldet wurde[48].

Wie Michelin später in seinem Verhör aussagte, hatte er sich anläßlich einer Zusammenkunft mit dem Pariser Buchhändler Prault im Sommer 1758 zum Druck des *De l'esprit* entschlossen. Auf die Frage, ob Prault etwas wisse, das sich zu drucken lohne, habe dieser erwidert, es sei gerade ein »sehr merkwürdiges und sehr begehrtes« Buch erschienen, das man gut nachdrucken könne[49]. Und er habe sogleich eine Ausgabe des *De l'esprit* im Quartformat hervorgeholt. Schließlich seien sie übereingekommen, eine Edition »auf holländische Art« herzustellen, das heißt ohne Druckprivileg und Nennung des (echten) Druckers. Von den gedruckten 2500 Kopien seien u. a. 400 an den Autor Toussaint gegangen, dessen Kreditbrief sich allerdings als wertlos erwiesen habe; 800 seien nach Villiers-sur-Seine transportiert worden, von wo aus Prault sie nach Paris geschmuggelt habe; 22 seien dem Weinschenkenwirt Lamoureux und weitere 22 dem Druckergesellen Malteste ausgehändigt worden[50].

Michelins erster Bastille-Aufenthalt im Jahre 1761 blieb nicht der einzige. Nach einem kurzen Intermezzo als Polizeispitzel wurde er im Dezember 1766 erneut festgenommen und ins Gefängnis gesperrt. Eine dritte Verhaftung erfolgte in den 70er Jahren, in denen er offenbar ein unstetes Wanderleben führte. Erst als ein *Arrêt* 1790 das gegen ihn verhängte Berufsverbot aufhob, gelang es ihm, zu seinem alten Beruf als Drucker in Provins zurückzukehren[51].

Repräsentierte Pierre Machuel die eine Seite des Spektrums, so dürfen über den Großunternehmern doch nicht die vielen kleinen Händler vergessen werden, die ihrerseits vom Verkauf verbotener Bücher profitierten. In den von allerlei Wohlgerüchen durchtränkten ländlichen Kramläden des Jura beispielsweise konnte man außer Zimt, Kaffee, Nadeln und Stoffen auch Almanache und Gebetbücher erwerben[52], die Produktionen der *Bibliothèque bleue* und bisweilen das eine oder andere sogenannte »philosophische Werk«.

Neben den seßhaften Krämern wären als dritte Kategorie von Untergrundbuchhändlern die fahrenden Händler vom Schlage eines Noël Gilles zu nennen, den Anne Sauvy[53] so meisterhaft porträtierte: Mit einem Wagen und zwei Pferden bereiste der 1744 in der Nähe von Coutances geborene Gilles in den 70er Jahren ganz Nordfrankreich. Sein Aktionsgebiet reichte von Calais bis Amboise, umfaßte in der Hauptsache aber die südliche Umgebung von Paris. Wenn er bei seinen Touren in ein- oder zweiwöchigem Abstand von Stadt zu Stadt zog, führte er ein breites Sortiment von Druckerzeugnissen mit sich, angefangen bei religiösen Abhandlungen bis hin zu Landkarten, Notenheften, den Werken Voltaires – und natürlich verbotenen Büchern[54].

Obgleich Noël Gilles in Eigenregie arbeitete, gehörte er doch zu einem Netzwerk, zu jener Gruppe von aus der Normandie stammenden, untereinander verwandten Saison-Händlern, die eine Polizeinotiz von 1764 mit der folgenden Bemerkung charakterisierte: »Sie kehren im Winter heim und kommen im Sommer wieder nach Paris. Sie sind fast alle verdächtig und verdienen es, daß man ihnen die größtmögliche Aufmerksamkeit widmet.«[55]

Ein anderer Vertreter dieser Gemeinschaft war der Kolporteur Alexis Marais, der um die Mitte der 60er Jahre mit Pferd und Wagen und verbotenen Büchern die Ile de France durchstreifte. Seine Buchvorräte, darunter Voltaires *Lettres de la montagne*, und das *Dictionnaire philosophique*, pflegte Marais bei dem Dünkirchener Drucker Boubers aufzustocken, dessen Adresse er einige Zeit zuvor von einem Kaffee- und Schokoladenhändler erhalten hatte: »Wenn Ihr erlaubte und verbotene Bücher braucht, solltet Ihr Euch an Boubers in Dünkirchen wenden«, hatte ihm sein zufälliger Herbergsgefährte geraten und damit die Weichen für die Zukunft gestellt[56].

Auch Marais' Landsmänner Lelong und Laisné versuchten Ende der 60er Jahre ihr Glück mit dem Schmuggel von Kupferstichen und literarischen »Drogen«[57], gerieten aber bald in die Schußlinie der Pariser Buchpolizei. Als d'Hémery sie im August 1770 mit den unfreundlichen Worten beschrieb, es handle sich bei ihnen um »üble Subjekte«, die das Königreich mit religions-, sitten- und regierungsfeindlichen Werken »verpesteten«[58], hatte zumindest Lelong eine längere Aktenkarriere hinter sich[59]. Drei Jahre zuvor waren die Behörden das erste Mal auf seine Fährte gestoßen. Zu dieser Zeit lebte Lelong in der Stadt Meaux und wurde von der Razzia in einem denkbar ungünstigen Augenblick überrascht: Die Polizei fand ihn am Bett seiner Frau, die in Geburtswehen lag.

Sein Verhörprotokoll vermittelt spannende Einblicke in die Arbeitsweise der Hausierer und Wanderhändler, die sich stets über die Risiken ihres Gewerbes im klaren zu sein hatten: Um die in Holland gekauften Bücher nach Frankreich zu bringen, benutzte Lelong gewöhnlich einen von zwei Pferden gezogenen Wagen. Da er nach dem Überqueren der Grenze auf äußerste Vorsicht achtete und gefährliche Wege mied, war er im Laufe seiner Schmuggelaktivitäten lediglich ein einziges Mal angehalten worden und dabei hatte man nicht einmal nach Büchern, sondern nach Tabak und ähnlichen Waren gefahndet. Seine Fahrten, die ihn nach Châlons, Épernay, Troyes und Auxerre brachten, unternahm er immer allein. Von ihm unbekannten Arbeitskollegen hielt er sich nach Möglichkeit fern. Andere Kolporteure kenne er flüchtig aus den Gasthäusern, in denen er übernachte, behauptete Lelong der Polizei gegenüber, aber dort verzichte man darauf, sich gegenseitig mit seinem Namen anzureden.

Obwohl Lelongs Verhör mit dem Versprechen des Beschuldigten endete, seine buchhändlerischen Aktivitäten einzustellen, da diese die Ursache seines Unglücks bildeten, dauerte der heilsame Effekt der Verhaftung nicht lange. Kurz danach begann die Partnerschaft mit Laisné, die in den nächsten zwei Jahren reiche Früchte tragen sollte[60].

Zum Abnehmerkreis des Duos Lelong/Laisné zählte der Buchverkäufer Louis Ybert, der seit seinem 18. Lebensjahr verbotene Schriften mit wechselndem Erfolg veräußerte. Seinen eigenen Worten nach kassierte er pro Tag manchmal »50 Écus«, manchmal »wenig« und manchmal »überhaupt nichts«[61]. Ybert wurde Mitte September 1770 von der Polizei in einem maroden Zustand aufgestöbert. Die Beamten, die zur Festnahme schreiten wollten, entdeckten den Kolporteur todkrank in einem Wirtshaus in Pontoise, wo man ihn kurz zuvor mehrfach zur Ader gelassen und prophylaktisch mit der letzten Ölung versehen hatte. Als Yberts Gesundheit wider Erwarten Wochen später eine polizeiliche Befragung erlaubte, präsentierte sich der Arrestant dem Kommissar Rochebrune als Saulus, der zum Paulus geworden war. Er sei ohne Schuld, behauptete Ybert, und längst nicht mehr im Buchgeschäft tätig. Anlaß seines Rückzugs sei eine Krise gewesen, die ihn Ostern 1768 zur Umkehr bewegt habe. Ein Kapuzinerpater habe ihm damals nämlich die Beichte verweigert, weil er mit Werken wie dem *Dictionnaire philosophique* handele. Daraufhin habe er die in seinem Besitz befindlichen Bücher im Wert von insgesamt 97 Livres verbrannt und mit diesem kathartischen Akt dem Buchhandel abgeschworen[62]. Mit solchen geschickt kalkulierten pathetischen Bekenntnissen wurde die Buchpolizei allerdings des öfteren konfrontiert, so daß sie den Enthüllungen Yberts wenig Glauben geschenkt haben dürfte.

Die obigen Beispiele vermitteln bereits eine erste Vorstellung von den Verflechtungen des Provinzbuchhandels; tatsächlich waren die Akteure des geheimen Buchhandels in eine straffe Organisation und ein funktionierendes Kommunikationssystem eingebunden. In Caen fungierte etwa der Buchhändler Jacques Manoury, ein Sprößling der alteingesessenen Familie Manoury, als Drahtzieher des geheimen Buchhandels. Daß die häufigen Reisen des jungen Mannes nach Rouen und ins Ausland lediglich dem Erwerb »schlechter Bücher« gedient hätten, sah d'Hémery im Frühjahr 1771 für ebenso erwiesen an wie die Tatsache, daß die illegalen Geschäfte des Sohnes ohne Wissen und gegen den Willen des alten Manoury abgewickelt worden waren. Jacques Manoury selbst sollte d'Hémerys Vermutungen wenig später Punkt für Punkt bestätigen, denn als man ihn am 5. Mai 1771 über seine Untergrundkontakte befragte, unterstrich er die Unschuld des Vaters, der alle regimekritischen Schriften voller unerschütterlicher Ressentiments betrachte[63].

Manourys Verhaftung erfolgte im Zuge einer intensiven Fahndung nach den Druckern und Verkäufern des *Procès de M. de La*

Chalotais, einer Schrift, die ein paar Jahre zuvor im Kontext der Verurteilung des bretonischen Parlamentsrates La Chalotais entstanden war. Angeklagt der Verschwörung gegen den Staat und der Aufwiegelung der Provinzparlamente, hatte La Chalotais während seiner Gefängnisinternierung unter dem Titel *Mémoires* zwei Verteidigungsschriften in eigener Sache verfaßt und dem Drucker Hovius aus St. Malo anvertraut. Als die beiden *Mémoires* im Februar 1766 gedruckt worden waren, hatten sie sofort die Aufmerksamkeit der Obrigkeit auf sich gezogen. Kraft eines *Arrêt du Conseil privé du Roi* war Hovius am 25. April aus dem Stand der Drucker und Buchhändler in St. Malo ausgestoßen und mit einem Berufsverbot bestraft worden, was ihn allerdings nicht an der Fortsetzung des Projekts gehindert hatte[64].

Obwohl die wegen des *Procès* eingeleiteten Recherchen d'Hémery einiges an Anstrengung kosteten, wurde er für seine Mühen schließlich reich belohnt, nämlich mit der Zerschlagung einer Untergrundvereinigung, die im geheimen Buchhandel eine wichtige Rolle spielte. Nach Manoury wurde am 7. Mai 1771 in Alençon der Drucker Jean Zacharie Malassis festgenommen, der im Auftrag seines Komplizen aus Caen sowie des Hovius aus St. Malo 750 Exemplare des *Procès* gedruckt hatte. Nachdem es gelungen war, auch Hovius in polizeilichen Gewahrsam zu nehmen, glaubte sich d'Hémery dem Ziel einen Schritt näher. In die Freude über den Erfolg mischten sich jedoch schnell besorgte Untertöne. Es sei unerläßlich, mahnte er seinen Pariser Vorgesetzten, an Manoury und dessen Kumpanen »ein Exempel zu statuieren«, da allein dadurch ein heilsamer Effekt auf die »profitsüchtigen« und von »aufrührerischen Ideen« infizierten Buchhändler und Drucker des Königreiches ausgeübt werden könne: »(Solche Leute) drucken das, was am verwerflichsten ist und überschwemmen die Hauptstadt auf allen möglichen Wegen.«[65]

Die so ungnädig Charakterisierten äußerten sich über ihre Motive freilich mit ganz anderen Worten. Der 26jährige Jean Malassis machte die auf ihm lastenden finanziellen Verpflichtungen für seinen Sündenfall verantwortlich: Er habe in das Angebot des Hovius nur eingewilligt, um mit dem zu erwartenden Geldgewinn die Schulden seines verstorbenen Vaters abzutragen. Die zahlreichen Gnadengesuche, die er und seine Gönner während der Zeit der Internierung an den Pariser Polizeichef richteten, argumentierten immer wieder mit seiner verzweifelten familiären Situation, die dem Verstoß gegen die Zensurvorschriften den Weg geebnet habe. Man solle einen unerfahrenen jungen Mann, der eine 19jährige Frau und vier Kinder zu ernähren habe, nicht zu hart bestrafen, bat einer der Fürsprecher. Malassis selbst präsentierte sich der Obrigkeit einerseits als treusorgender Familienvater und andererseits als unschuldiges Opfer der »Listen und Verführungen« seiner Geschäftsfreunde: »Die Ungewißheit, ob meine Frau tot oder lebendig ist, läßt mich vor Schmerz austrocknen«, klagte er am 5. Juni 1771[66].

Eine ähnliche Version der Ereignisse lieferte Manoury, der den Polizeichef Sartine mit Gnadengesuchen förmlich bombardierte. Am 28. Mai 1771 brachte er eine umfangreiche Rechtfertigungsschrift zu Papier, die mit Demutsfloskeln anhob, um dann die Geschichte eines vom rechten Wege Abgeratenen zu erzählen: »Seit ungefähr acht Monaten kenne ich den Händler Hovius aus St. Malo, seine Aufrichtigkeit hat mich zu ihm hingezogen. Unsere Korrespondenz drehte sich stets um Bücher, ... deren freie Zirkulation im gesamten Königreich erlaubt ist. Er hat mir etliche *Pères de l'Église* beschafft, all diese Bücher sind der Grundstock meines Geschäfts. Niemals war in irgendeinem Buch von den Angelegenheiten der Provinz Bretagne die Rede; ich habe in bezug auf dieses Thema stets das allergrößte Stillschweigen bewahrt ... In meinem ganzen Leben habe ich niemals etwas verkauft, was mit den Unruhen in dieser Provinz zu tun hat. Als man mir jenes Buch ankündigte, das heute die Ursache meiner Gefangenschaft und meiner Tränen bildet, sagte man mir, daß der Vertrieb dieses Werkes sicher und problemlos sei. Ach! Wie fern war mir der Gedanke, daß es mich meine Freiheit kosten und die Bitterkeit meines Lebens sein würde! Als Mann von Ehre (sage ich), ... daß ich weder am Vertrieb noch am Druck des Buches beteiligt war.«[67]

Daß seine Beteuerungen keineswegs der Wahrheit entsprachen, und daß er sehr wohl um die Verdienstmöglichkeiten wußte, die der Handel mit verbotenen Büchern eröffnete, zeigte sich in den folgenden Jahren, in denen Manoury wiederholt mit der Polizei aneinandergeriet, nur allzu deutlich[68].

Den Stützpfeiler einer weiteren geheimen Infrastruktur repräsentierte der 1724 in Reims geborene und ebenfalls aus einer traditionsreichen Druckerdynastie stammende Martin-Hubert Cazin, dem noch Jules Janin posthum eine »liberale Geisteshaltung« attestierte und als dem »unerschrockenen Verleger ... der bedrohten großen Geister und der großen Bücher, die vom Henker ... verbrannt werden sollten«, seine Hochachtung zollte[69]. Ein Jahrhundert früher sah die Pariser Polizei die Aktivitäten des Hochgelobten in einem weniger idealistischen Licht: Cazin »vergifte« das ganze Königreich mit »schlechten Werken« und beziehe einen großen Teil seiner »Neuheiten« aus Bouillon, konstatierte ein Polizeibericht vom Dezember 1764: Die von Pierre Rousseau und seinem Schwager Weissenbruch nach Reims geschickten Bücherpakete lasse Cazin zunächst offenbar auf Schmuggelpfaden in die Pariser Vororte befördern, wo sie dann von den Untergrundkolporteuren in Empfang genommen würden[70]. Um diesem Mißstand abzuhelfen, forderte der Verfasser des Textes, müsse man nicht allein den ungehorsamen Buchhändler »in eklatantester Weise« bestrafen, sondern im Grunde den gesamten Buchhandel und Buchdruck in Bouillon unterbinden; es stehe außer Zweifel, daß das dortige Buchgewerbe nicht überleben könne, ohne sich in »sehr tadelnswerten Sachen« zu engagieren[71]. Wie wenig der Wunsch des Polizeiagenten den realen Eingriffsmöglichkeiten der Zensuraufsicht entsprach, spiegelt sich indessen in der Tatsache wider, daß die zwischen Cazin und der Société Typographique de Bouillon existierenden Geschäftskontakte unverändert bis in die 80er Jahre hinein andauerten[72].

Cazins Spezialität waren Erotika. Der Verleger, der 1795 in Paris von einer versprengten Kanonenkugel tödlich getroffen wurde, gab zwischen 1776 und 1786 »eine heute kaum noch restlos festzustellende Reihe« einschlägiger Werke heraus, die – laut Paul Englisch – »das Entzücken seiner Zeitgenossen bildeten«: »Seine niedlichen Kleinoktav- oder Duodezbändchen empfahlen sich den Bibliophilen in gleicher Weise durch das solide, ansprechende Papier, die Eleganz und Sorgfalt des Einbandes (meistens in Maroquin mit anheimelnder Goldverzierung), durch die Genauigkeit des Druckes und ganz besonders die vorzüglichen Gravüren und Portraits aus der Meisterhand von Cochin, Delvaux, C. Duponchel, der beiden Delaunay, von Marillier und vielen andern Künstlern dieser Epoche, deren graziöse Schöpfungen verschwenderisch über diese Werke ausgegossen werden.«[73]

Die Cazins, Michelins und Machuels lebten von der Gier des Publikums nach verbotenen Schriften, denn nicht jeder zeigte sich gegenüber den Verlockungen der »gefährlichen Bücher« so unempfindlich wie jener hohe Beamte aus Alençon, der Sartine im Mai 1771 ganz freimütig beichtete, daß er ursprünglich eines der bei dem Drucker Malassis konfiszierten Exemplare des *Procès de M. de La Chalotais* für sich habe behalten wollen, diesen Plan aber bald verworfen habe, da das Werk derart »schlecht und voller Unwahrheiten« sei, daß es die Mühe einer Unterschlagung nicht lohne[74].

Von der Provinz bis nach Paris war es freilich ein weiter Weg: Zur Beförderung der in Rouen oder Reims gedruckten verbotenen Bücher bedurfte es der Mitwirkung professioneller Schmuggler, die ihr ganzes Können einsetzen mußten, um die Zollschranken mit ihrer gefährlichen Ware ungehindert zu passieren.

3. Kapitel
Die Hauptstadt des literarischen Untergrundes

Endstation Paris: Die Routen des Bücherschmuggels

Der Versuch, den Bücherschmugglern des Ancien Régime auf ihren geheimen Pfaden zu folgen, stellt den Historiker vor kein geringes Problem. Da die jenseits der Sphäre des Legalen operierenden Schmuggler das grelle Licht der Öffentlichkeit scheuten und nur selten freiwillig aus ihrer Anonymität heraustraten, fehlt in den meisten Fällen das (auto)biographische Material, um ihre Arbeitsweise, geschweige denn ein etwaiges Berufsethos präzise zu analysieren. Selbstzeugnisse von Schmugglern sind rar; um so höher ist der Wert der Briefe einzuschätzen, die die im Auftrag der S.T.N. tätigen Schmuggler an ihre Arbeitgeber richteten: Noch nach mehr als 200 Jahren lesen sie sich als ungemein spannende und lebendige Chronik des Schmuggleralltags[1]. Die an die Neuenburger Brotherren adressierten Schreiben verkündeten mit schöner Regelmäßigkeit Hiobsbotschaften, denn es waren zumeist kleinere oder größere Katastrophen, die einen ›Angestellten‹ der S.T.N. zur Feder greifen ließen. »Trotz aller nur möglichen Bemühungen ... von seiten unserer Kolporteure haben sich zwei mit ihrer Fracht erwischen lassen«, meldete Guillon aus Clairvaux am 6. April 1771, ehe er mit seinen Schreckensnachrichten fortfuhr: »An die Ware ist nicht mehr zu denken, und was die Männer angeht, so riskieren sie in hohem Maße, auf die Galeeren verdammt zu werden, weil der Bischof von St. Claude die Angelegenheit in seine Hände genommen hat. Wir sind über diesen Vorfall sehr ärgerlich, weil es sich um den Anführer unserer Kolporteure handelt. Doch wir versuchen alles, um sie herauszubekommen ... Ihr seht selbst, daß es nur eines einzigen verbotenen Buches bedarf, damit alles beschlagnahmt wird.«[2]

Brachte die Ausübung des Schmugglerhandwerks per definitionem schon allerlei Gefahren mit sich, bedeuteten Regenfälle oder plötzliche Wintereinbrüche eine zusätzliche Belastung, die das

Befördern der schwarzen Ware in einen physischen Gewaltakt verwandelte. Daß der Transport der Bücherpakete über schlechte Straßen und aufgeweichte Gebirgspfade mit ungeheuren Anstrengungen verbunden gewesen sein muß, zeigt im Falle Neuchâtels bereits ein Blick auf die Landkarte. »Das Fürstenthum liegt zwischen der Grafschaft Burgund, den Cantons Bern und Fryburg, und den Ländern der Bischöfe von Basel, ist zum Theil zwischen Bergen eingeschlossen, deren parallele Kette sich von Osten gegen Westen erstrecket, und die durch mehr oder weniger breite überhaupt sehr bevölkerte Thäler von einander abgesondert sind.« Mit diesen Worten skizzierte der Autor einer zeitgenössischen Abhandlung die geographischen und klimatischen Bedingungen, unter denen der dortige Bücherschmuggel stattfand[3].

In Anbetracht der zum Teil prekären Quellenlage bleibt die Rekonstruktion der spezifischen Pariser Schmuggelgeschichte weitgehend auf das Material der Bastille- und Polizeidossiers angewiesen, doch entschädigt deren Aussagekraft den Historiker für das Fehlen entsprechender ›Ego-Dokumente‹. Die Lektüre der einschlägigen Observierungs- und Razziaprotokolle enthüllt vor allem das hohe Maß an Koordination und Vorbereitung, das die Durchführung einer Schmuggelaktion den jeweiligen Initiatoren abverlangte[4]. Bis ein in Maastricht, Lüttich, Rouen oder Neuchâtel gedrucktes regimekritisches oder pornographisches Buch den Pariser Leser erreichte, war es durch viele Hände gegangen, wie die Bastille-Akte des Bücherschmugglers François Ratelet alias La Roche exemplarisch veranschaulicht[5].

Ratelets Aktenkarriere begann im Spätwinter des Jahres 1752 mit einem Eintrag in d'Hémerys Notizbuch. Ende Februar/Anfang März war der Inspektor der Buchpolizei auf den besagten »blasphemischen« Roman *L'École de l'homme* aufmerksam ge worden, der sich einer regen Nachfrage beim Publikum erfreute[6]. Figurierten als Protagonisten der *École de l'homme* u. a. ein gewisser Basile (»ein Mann von Qualität, der sich seine Mätresse aus dem Pöbel aussucht«), der »große Lüstling« Clitandre sowie eine »Dame von Stand« namens Elvire, so bestach der Text in Passagen wie der folgenden durch seine äußerst heftigen Attacken gegen den Klerus und die eitlen Hofschranzen: »Mein Sohn ist bucklig ..., stottert und schielt, was soll man aus ihm machen? sagt Astorgue. Einen Abbé, antwortet ein Freund.«[7]

Wie üblich reagierte d'Hémery auf die Entdeckung des Werkes mit der Einleitung einer intensiven polizeilichen Fahndung, die rasch zum Erfolg führte. Dank der Mithilfe seines Spitzels Bonin gelang ihm im März 1752 mit der Festnahme La Roches und seines Kumpans François Génard[8] ein entscheidender Schlag.

La Roche wanderte in die Bastille und wurde in den folgenden Wochen so oft verhört, daß seine Standfestigkeit allmählich ins Wanken geriet. Am 4. April schließlich gab er dem Drängen des Polizeichefs Berryer nach und enthüllte den Polizeiagenten alles, was sie über den Druck und Import der *École de l'homme* von ihm wissen wollten. Er hätte Génard im Jahr zuvor durch die Vermittlung des befreundeten Lakaien La Jeunesse kennengelernt, sagte der gebürtige Schweizer und Ex-Lakai aus. Zur Zusammenarbeit mit dem Schriftsteller hätte er sich entschlossen, nachdem dessen Manuskript von einem ›Experten‹ begutachtet und für bestsellerverdächtig befunden worden wäre. Da hätte er seine Fühler ausgestreckt und den Drucker Rocher in Noyon gegen eine Summe von 60 Livres pro Druckbogen mit der Herstellung einer Auflage von 1500 Exemplaren betraut[9]. Die zwischen ihm und seinen Geschäftspartnern vereinbarte Regelung hätte vorgesehen, daß er die Kosten für den Druck zwar zunächst aus eigener Tasche bezahlen, dafür später aber den Löwenanteil des voraussichtlichen Gewinns einstreichen sollte[10].

Getreu dem ursprünglichen Plan war man dann tatsächlich verfahren und hatte nach der Beendigung des Drucks die Bücherpakete von einem Fuhrmann zuerst zu einem Cabaret ins Dörfchen Ermenonville bringen lassen. Von Ermenonville aus waren die Bücher zu einem Ort in der Nähe der Barrière de St. Martin weiterbefördert worden, von wo aus speziell für das Unternehmen angeworbene Dienstmänner den Schmuggel nach Paris besorgt hatten[11].

Daß der Bücherschmuggel mehr als Improvisation erforderte, illustriert auch das Verhörprotokoll des Kolporteurs Pierre Guy sehr eindrucksvoll. Guy, der nach jahrelanger illegaler Tätigkeit über gute Kontakte zu den einschlägig bekannten Verlagshäusern verfügte[12], hatte die Firma Marc-Michel Reys mit der Lieferung u. a. von Rousseaus *Contrat Social* beauftragt. Von Amsterdam aus gingen die Buchpakete zunächst an Boubers in Dünkirchen, dann an einen Zwischenhändler in Amiens und zuletzt an den Papierhändler Nicolas Hiard in Saint-Denis, wo sie vereinbarungsgemäß abgeholt werden sollten, sobald die Luft rein wäre. Als Hiards überängstliche Ehefrau aber gleich nach der Ankunft der Ware Guy drängte, er möge sie von der gefährlichen Last so schnell wie möglich befreien, sah sich der Kolporteur zum Handeln gezwungen: mit dem einzigen Erfolg, daß er Anfang Februar 1767 mit weit über 1000 verbotenen Büchern im Gepäck an der Stadtgrenze verhaftet wurde[13].

Wie La Roche und Guy richteten viele Schmuggler in den Pariser Nachbargemeinden Zwischenlager ein. Auf ihrem Weg in die Hauptstadt wurden die aus Brüssel, Lüttich oder Abbeville stammenden, durch Lothringen und die Franche-Comté geschmuggelten Bücherballen so lange bei Weinschenkeninhabern oder Herbergswirten aus St. Denis, Bourg-la-Reine oder Chaillot eingelagert[14], bis die Pariser Kolporteure aktiv werden konnten. In dem kleinen Marktflecken Bourg-la-Reine, dem alten »Burgus Reginae«[15], war der Wirt Jean François Germon jahrelang als Mittelsmann und Agent der Société Typographique de Neuchâtel[16] tätig: Da ihm in Schmugglerkreisen der Ruf eines ›Eingeweihten‹ vorauseilte, nahm man seine Dienste gerne in Anspruch. So auch jener Schmuggler, der Germon im Spätwinter 1783 darum bat, eine aus Lyon erwartete Büchersendung von ca. 75 kg Gewicht bei sich zuhause zu verstecken. Seinen Namen hatte der Bittsteller allerdings verschwiegen, weshalb der Wirt den Polizeikommissaren Henry und Chenon, die der geplanten Transaktion auf die Schliche gekommen waren, nur eine vage Personenbeschreibung liefern konnte. Daß der Betreffende ungefähr 50jährig, »dick und klein« gewesen sei, einen »grauen Rock« und eine »Perücke« getragen habe, war alles, an was er sich zu erinnern vermochte[17].

Vor den Toren der Hauptstadt begann die prekärste Phase des Bücherschmuggels, denn von hier aus galt es die gefürchteten Zollsperren zu überwinden. Wenn bereits unschuldige Touristen beständig darüber klagten, daß ihre Koffer »auf der Douane geöffnet und visitiert« wurden[18], um wieviel mehr mußte diese Pflichtübung dann diejenigen schrecken, die unerlaubtes Buch- oder Bildmaterial einzuschleusen beabsichtigten[19]. Aus Angst vor dem Pariser Zoll versuchten die großen ausländischen Verlage gern, ihren Pariser Handelspartnern den Schwarzen Peter zuzuschieben, indem sie auf ihrer strikten Weigerung beharrten, die Beförderung der von ihnen gelieferten »Drogen« zu übernehmen[20].

Um sich der ungeliebten Prozedur zu entziehen, konnte man so verfahren wie der Buchhändler Laguette, der eine Ladung verbotener Bücher einfach an den Polizeichef Berryer schicken ließ, von wo aus er sie zu einem späteren Zeitpunkt abzuholen gedachte[21]. Man konnte die Angelegenheit aber auch so handhaben wie jene Händler, die einzelne Druckseiten aus verbotenen Büchern in erlaubte Werke einlegten oder in Papierlieferungen verbargen[22]. Eine weitere Methode erprobte der Schriftsteller Joseph-Marie-Anne Durey d'Harnoncourt, der es verstand, den Einfluß seines Vater, des Generalsteuerpächters d'Harnoncourt, für seine Zwecke zu nutzen. In zahlreichen Briefen, die er im Frühjahr/Sommer nach dem Verlassen des Londoner Domizils nach Hause sandte, bot Durey alle Überzeugungskünste auf, um sich der väterlichen Unterstützung bei der Einfuhr von mehreren Koffern zu vergewissern, die neben seiner Wäsche seine »literarischen Juwelen« enthielten, eine recht euphemistische Bezeichnung für die in den Niederlanden erworbenen Bücher, die er für teures Geld von London nach Dover hatte transportieren lassen[23]. Die »kleinen literarischen Schätze« seiner »ambulanten Bibliothek« umfaßten, in seinen eigenen Worten, »höchst gewagte« Werke in verschiedenen Sprachen, darunter zwei Bände La Mettrie und Voltaires *Lettres philosophiques*, die *Thérèse philosophe* und die *Histoire des Jésuites*[24].

Als der Frankreich-Heimkehrer am 8. Juni 1755 in Calais landete, litt er zwar noch unter den Folgen der Seekrankheit, die ihn während der Überfahrt überfallen hatte, ging aber unverzüglich an die Verwirklichung seines Schmuggelprojekts. Zunächst suchte er die Freundschaft eines hohen städtischen Beamten, den er ganz beiläufig über den Einfluß und die Untadeligkeit seiner Familie in Kenntnis setzte. Derart betört und in Sicherheit gewiegt, sah der überaus gastfreundliche und höfliche Mann keinen Anlaß, die scheinbar harmlose Bitte des Reisenden zu verweigern, man möge die fraglichen Koffer unter dem Namen des Vaters an den Pariser Zoll senden[25]. Damit dieser nun in den Besitz der Ware gelangen konnte, entwarf Durey in den folgenden Wochen Schlachtplan um Schlachtplan: Am 28. Juni erwog er zunächst, die Koffer mit dem gefährlichen Inhalt insgeheim gegen zwei »zwei alte Koffer« voller »erlaubter Bücher, alter Schmöker ... und alter Kleidungsstücke« auszutauschen. Einige Tage später hatte er sich freilich schon eines Besseren besonnen. Der Vater solle Monsieur de Malesherbes einen Besuch abstatten, so schrieb er aus Calais, und dem jungverheirateten, daher vielleicht milde gestimmten Direktor der Zensurbehörde eine artige Rede des folgenden Inhalts vortragen: »Bald wird ein englischer Adliger, dem mein Sohn ungeheuer verpflichtet ist, in Paris ankommen. Ich habe schon alles vorbereitet, damit er bei mir wohnen kann, er hat seine Bücher und Kleidung schon mit dem Gepäck meines Sohnes an meine Adresse vorausgeschickt. Ich wäre sehr ärgerlich, wenn (die Koffer) geöffnet würden, wenn man die Schlösser aufbrechen oder ihn wegen einiger englischer Gebetsbücher schikanieren würde.«[26] Auf welchem Wege auch immer – die Sache nahm einen glücklichen Ausgang, und Anfang Juli konnte der Generalsteuerpächter die Koffer des fernen Sohnes unbehelligt in Empfang nehmen.

Das Repertoire der Tricks und Fertigkeiten, über das die Agenten des Untergrundes zur Täuschung oder Umgehung der Zollkontrolleure verfügten, reichte von der Zahlung großzügiger Trinkgelder[27] bis hin zu regelrechter Bestechung[28]. Da sie de facto eine Art diplomatische Immunität genossen[29], wurden die Kutschen adliger Damen und Herren gerne als Transportmittel genutzt[30]. Auch die Postkutscher fungierten vielfach als Helfershelfer des geheimen Buchhandels[31] – Männer wie der aus Troyes gebürtige Jean-Baptiste Velu, die sich mit illegalen Nebentätigkeiten ein kleines Zubrot verdienten[32]. Da die Polizei den Postkurieren aus gutem Grund und bitterer Erfahrung verstärkte Aufmerksamkeit widmete, waren diese zu ständiger Wachsamkeit gezwungen. Der von dem Drucker Devérité aus Abbeville angeheuerte Postillon Mathieu spannte deshalb einen Strohmann ein, der die von ihm auf dem Zollbüro zurückgelassenen Bücherpakete abholen sollte[33].

Wegen ihrer beruflichen Möglichkeiten waren neben den Postkutschern vor allem Fuhrleute und Bootsführer in die Geschäfte der Bücherschmuggler involviert. Vergebens versuchten die Pariser Zensurautoritäten den schwunghaften, zum großen Teil über den Wasserweg abgewickelten Untergrundbuchhandel zwischen Rouen und Paris durch verschärfte Strafandrohungen einzudämmen: Obwohl die per Schiff von Rouen nach Paris transportierten Bücherkisten schon im Heimathafen überprüft, verplombt und mit der gut lesbaren Aufschrift »Bücher« gekennzeichnet werden mußten[34], fanden die Schiffer genug Mittel und Wege, illegale Bücher illegal zu befördern.

Quasi nebenher erledigte etwa der für verschiedene adlige Familien tätige Kutscher Cocherie die Schmuggelaufträge, die der Händler Lefebvre aus Versailles an ihn delegierte; Lefebvre selbst war nach Einschätzung der Pariser Polizei »zu gerissen«, als daß er das Risiko des Schmuggels in Kauf genommen hätte[35]. Cocheries ›Kollege‹ Jean Deleau, der im Morgengrauen des 22. Oktober 1753 mit einem Karren voller verbotener Bücher an der Barrière Ste. Anne festgenommen wurde, hatte sich von einem Unbekannten in »braunem Überzieher«, wie er sagte, für eine »kleine Gefälligkeit« anheuern lassen. Auf dessen Weisung war er am Vortag nach St. Denis gefahren, um dort bei dem Wirt Ouvry seine Fracht in Empfang zu nehmen. In aller Frühe war er am nächsten Morgen dann Richtung Paris aufgebrochen, wo ihn sein Auftraggeber an einem verabredeten Ort erwartete[36].

Unter ähnlichen Umständen wie Deleau avancierte der 14jährige, aus Carcassonne gebürtige Fuhrmann Jacques Sicard zu einem Komplizen der Bücherschmuggler. Als ihn zwei Männer in einem Cabaret in Montrouge fragten, ob er nicht zu nachtschlafener Zeit eine Fuhre für sie übernehmen könne, willigte er ohne Bedenken ein, nur um kurz darauf mit drei Bücherpacken an der Stadtgrenze überrascht zu werden[37].

Dank ihres Erfindungsgeistes gelang es den Schmugglern, jedes Behältnis zum Versteck umzufunktionieren – Koffer, Säkke, Kisten, Weinfässer[38] und sogar Kleidungsstücke. Die Köchin des Advokaten und Pamphletschreibers Le Maître, Marguerite Castillon, pflegte die auf einer tragbaren Presse gedruckten Pamphlete ihres Arbeitgebers unter den verschiedenen Schichten ihrer Kleidung von einem Ort zum anderen zu transportieren[39]. Anfang September 1771 wurden auf einen Schlag gleich vier Frauen an der Barrière St. Michel auf frischer Tat ertappt, als sie mit 400 Broschüren unter ihren Unterröcken nach Paris einreisen wollten. Als die Zollbeamten die Kutsche anhielten, in der sich die Demoiselles Cuvrard, Gerbier, Danjean und Morin befanden, fielen zwei der Frauen in Ohnmacht (bzw. täuschten einen Ohnmachtsanfall vor) und verursachten dadurch – zum Leidwesen der Zollkontrolleure – einen beträchtlichen Aufruhr. Die Kommis selbst würden zwar den Mund halten, hieß es in einem Brief, der die Polizei in Paris von der Episode unterrichtete, aber man habe sich außerstande gesehen, den Zustrom von Neugierigen einzudämmen. 150 Personen hätten sich um die Bewußtlosen versammelt, und da schon jeder, der Zeuge der Konfiszierung »einer Flasche Wein« und eines »Pfunds Butter« geworden wäre, dies in Paris »heraustrompeten« würde, werde man das Geschehene unmöglich verschweigen können[40].

In Ermangelung von Schürzen und voluminösen Untergewändern mußten bei männlichen Schmugglern weite Überzieher als Versteck herhalten. Unter einer solchen schützenden Hülle beförderte der Kolporteur Pierre Goguery im Jahre 1766 die noch nicht gebundenen Seiten des *Dictionnaire portatif* von Issy nach Paris. Desselben Tricks bediente sich jener Jacques Megret, der mit den Druckbögen einer verbotenen Schrift am 18. Dezember 1763 bei dem Versuch verhaftet wurde, unbemerkt die Zollschranken zu passieren. Da er weder lesen noch schreiben konnte und wohl nichtsahnend in die illegalen Buchgeschäfte verwickelt worden war, entließ man ihn lediglich mit der Ermahnung, in Zukunft von solchen Transaktionen die Finger zu lassen[41]. Pech hatte dagegen der Gehilfe des Pariser Kolporteurs Merlin, der einige Tage später, am 29. Dezember 1763, mitsamt den von ihm versteckten 150 Exemplaren des *Lettre d'un quaker* an der Barrière St. Jacques dem Kommissar de Rochebrune und seinen Männern in die Hände fiel; ihn überführte man in das Gefängnis Petit-Châtelet[42].

Die im Ausland oder in der Provinz gedruckten verbotenen Bücher hatten einen weiten und beschwerlichen Weg hinter sich, wenn sie in den geheimen Depots der Pariser Händler gelandet waren. Eine letzte Hürde galt es jedoch noch zu überwinden, ehe sie endgültig in die Hände der ›Verbraucher‹ übergingen: An die Stelle der Schmuggler traten innerhalb der Stadt nun die Agenten des Pariser Untergrundbuchhandels. Sie bildeten das letzte Glied der Distributionskette und verfügten über eigene Netzwerke und Stützpunkte, unter denen die Pariser Cafés und Cabarets die wichtigste Rolle spielten.

Treffpunkte und Umschlagplätze

Paris hatte schon vor der Revolution ein recht interessantes Kaffeehausleben.[1]

Der Aufstieg der Kaffeehäuser zu Begegnungsstätten von Schriftstellern, Druckern und Kolporteuren begann in der französischen Hauptstadt mit dem Siegeszug des seit dem 17. Jahrhundert in Europa heimischen »Türkentranks«[2]. Von der Existenz eines fremdartigen Gebräus, das beinahe »wie Tinte so schwarz und bei Gebrechen, besonders des Magens, sehr dienlich« sei, hatten die deutschsprachigen Leser erstmals 1582 aus dem Buch des Augsburger Arztes und Orientreisenden Leonhart Rauwolf[3] erfahren; noch mehr als sechs Jahrzehnte später sollte der Franzose Pierre La Roque in seiner Heimatstadt Marseille für Aufsehen sorgen, wenn er seinen Besuchern ein Schälchen Kaffee kredenzte[4].

Wollte man eine Chronik der Pariser Literatencafés verfassen, gebührte dem von dem Sizilianer Francesco Procopio Coltelli gegründeten Café Procope zweifellos der Ehrenplatz. In diesem Café, das der Nähe zur Comédie Française seine über Generationen ungebrochene Beliebtheit verdankte, ließen sich schon die staunenden Untertanen Ludwigs XIV. von einem morgenländisch-prachtvollen Ambiente verzaubern[5], hier wurde ein Kapitel Revolutionsgeschichte geschrieben, als aus dem Procope längst das Café Zoppi geworden war[6].

Der Erfolg gab Coltelli recht, sein Beispiel machte Schule: Ungeachtet der erbitterten Diskussion, die auch in Frankreich über die Frage nach dem medizinischen Nutzen oder Schaden des Kaffeegenusses geführt wurde[7], erlebten die Kaffeehäuser in den Jahrzehnten nach der Eröffnung des Procope einen solchen Boom, daß die neuen Hochburgen der Geselligkeit aus dem Stadtbild bald nicht mehr wegzudenken waren. Eine »unzehlbare Menge« von »caffé-häusern«, »dergestalt, daß man in einer Gasse zuweilen bey die 10, 12 und mehr antrifft«, beobachtete im Jahre 1718 der fürstlich-waldeckische Rat Joachim Christoph Nemeitz[8]. Zwischen 1716 und 1788 scheint sich die Zahl der Kaffeehäuser versechsfacht zu haben[9]; in den 1790 erschienenen *Étrennes à tous les amateurs de Café, pour tous les temps, ou*

Manuel de l'amateur de Café war von 600 zum gegenwärtigen Zeitpunkt in Paris existierenden Cafés die Rede[10]; der Reisende Johann Georg Heinzmann sprach kurz darauf sogar von »tausend Kaffeehäuser(n)«[11].

Das Spektrum der Kaffeehäuser reichte von hochnoblen Etablissements bis hin zu trostlosen Löchern der Art, wie sie dem deutschen Revolutionsschwärmer Joachim Heinrich Campe direkt nach seiner Ankunft in Paris begegneten. Die ernüchternde Konfrontation mit einem »Verschlag«, »worin zwei scheußliche Betten standen, welche noch die nämlichen Überzüge zu haben schienen, die sie zu Heinrichs IV. Zeiten mochten erhalten haben«, hatte in Campe die »schaurige Vermutung« gefestigt, daß der Ort, an dem er sich befand, »den niedrigsten Ausschweifungen des untersten Vorstadtpöbels gewidmet sein müsse«[12].

Andere Reisende dagegen wußten den Luxus der vornehmen Kaffeehäuser gar nicht genug zu loben: »Die vorzüglichsten hiesigen Kaffeehäuser sind mit Geschmack und Eleganz meubliert... Die Tische sind von Marmor, die Bänke und Stühle mit Utrechter Sammt überschlagen«, schwärmte der Autor des 1806 in Leipzig erschienenen Bandes *Paris, wie es war und wie es ist*, wenngleich er die Anwesenheit von gewissen »schnellfingerigen« Herrn als eine leichte Beeinträchtigung seiner Kaffeehausfreuden empfand[13]. »Die Pariser Kaffeehäuser des ersten Ranges« seien »geräumig, hell, gut verziert und wohl versorgt«, hatte vor ihm schon der Paris-Tourist Friedrich Schulz seinen Lesern berichtet. »Tische und Marmorplatten, Tabourets und Stühle« seien mit »Plüsch und Seide überzogen«, »Kronleuchter und große Spiegel« überall zu finden, »Kaffee, Limonade, Orgeat, Groseilles, Eis, Liqueurs, Chokolade« überall im Sortiment[14].

Ein legendärer Ruf eilte bereits zu Schulzes Zeiten den Kaffeehäusern des Palais-Royal voraus, die den Prozeß der revolutionären Politisierung in der Hauptstadt bekanntlich entscheidend vorantrieben. Vor dem holzgetäfelten Café de Foy hatte an jenem denkwürdigen 13. Juli 1789 Camille Desmoulins die Bürger zu den Waffen gerufen[15]. Während dort die »patriotischen Vereinigungen« tagten[16], wählten die Royalisten das Café de Chartres in der Galérie de Beaujolais[17] zu ihrem Stützpunkt.

Jedes der Kaffeehäuser im Palais-Royal besaß seine charakteristischen Eigenheiten, sei es in bezug auf die Einrichtung oder in bezug auf die jeweilige Stammklientel. Das am Abend hell erleuchtete Café Caveau[18] lockte mit erlesener Likörauswahl und architektonischer Raffinesse: »Vor den Arkaden im Garten hat dieß Kaffeehaus noch ein großes, sehr geschmackvoll gebautes und verziertes Zelt, unter und vor welchem noch eine Menge Tische und Stühle stehen, die, wie die im Saale selbst, nie leer werden.«[19] Hier, wo »acht Aufwärter ... in beständigem Fluge«[20] die Kundschaft bedienten, herrschten Hektik und Betriebsamkeit. In anderen Cafés ging es stiller und beschaulicher zu. Das tagsüber fast leere Café de la Grotte flamande wurde ebenso wie das Café de Valois nur abends von den Liebhabern des »englischen Bieres« aufgesucht. Eine außergewöhnliche Attraktion repräsentierte das Café mécanique, in dem die Speisen und Getränke über ein unterirdisches Rohrsystem auf die Tische der Gäste befördert wurden[21]. Bei der »mechanische(n) Einrichtung«, die solches ermöglichte, handelte es sich – den Worten eines zeitgenössischen Bewunderers zufolge – um eine im Grunde recht einfache Konstruktion: »Die Tische standen auf hohlen Cylindern, deren äußerste Enden, die einem Präsentirteller mit dem Rande glichen, mit der Tischplatte egal waren, mit der Küche unten aber in Verbindung standen. Eine schöne Dame, die am Eingange saß, theilte die Befehle den Aufwärtern unten durch ein Sprachrohr mit. Sogleich sank der obere Theil des Präsentirtellers durch den Cylinder herab, kam sogleich herauf, und die bestellten Sachen erschienen.«[22]

Vom Café Procope bis zum traurigen Allerweltscafé[23] – so unterschiedlich wie die Kaffeehäuser selbst, so unterschiedlich waren in Hinsicht auf Budget und sozialen Status die Schriftsteller, die im 18. Jahrhundert dort verkehrten. Während der gefeierte Philosoph Voltaire im Procope Bewunderer und protektionssüchtige Debütanten um sich scharte[24], fristete der hungerleidende Dichter La Louptière im gleichen »Caffehaus der wizzigen Köpfe«[25] bei einer Tasse Milchkaffee und einem Stück Brot ein erbärmliches Dasein[26]. Der zerlumpte Kaffeehauspoet, der in den zeitgenössischen Reiseberichten so häufig auftaucht, dürfte trotz aller klischeehaften Übertreibungen demnach tatsächlich in einer Vielzahl von Cafés anzutreffen gewesen sein.

Im Winter wurden die Cafés geheizt, man konnte stundenlang in ihnen verweilen, billige Mahlzeiten verzehren, kostenlos die

Zeitungen lesen und vielleicht darauf hoffen, einen spendablen Bekannten zu treffen[27] – diese Gründe erhoben das Café des Muses in der Rue des Boucheries zur idealen Wahlheimat für Bohémiens vom Schlage des Bühnenautors d'Allainval. Eine lange Folge von Schicksalsschlägen hatte den unglücklichen Schriftsteller so mittellos werden lassen, daß er seine Tage notgedrungen im Kaffeehaus verbringen mußte[28]. Die Misere blieb bis zum Tod sein ständiger Begleiter, da ihn ein Schlaganfall zunächst in das berüchtigte Hôtel Dieu und später ins Armenasyl Bicêtre brachte: »Welch trauriges Schicksal für einen Mann mit Geist«, lautete d'Hémerys lakonischer Kommentar[29].

Als weiterer ›armer Teufel‹ gehörte der Schriftsteller Barthélemy Fagan zur Stammkundschaft des Café des Muses, das seiner literarisch ambitionierten Besitzerin den Beinamen *A la muse limonadière* verdankte. Fagan, den d'Hémery als »dick, klein« und »von ein wenig verrücktem Aussehen«[30] beschrieben hat, besaß so wenig Möbelstücke, daß er den Koffer, den er als Schreibunterlage verwendete, abends zur Schlafstatt umfunktionierte[31]. Sie alle verkörperten jenen Typ des Kaffeehausbesuchers, auf den Schulz anspielte, wenn er von den Elendsgestalten sprach, die in jedem Kaffeehaus zu ›besichtigen‹ seien: »Es ist eine traurige Existenz, diese Oerter zum Mittelpunkt seines Genusses machen zu müssen, und doch gibt es kein Kaffeehaus, worin nicht mehrere Wesen vegetirten, die gleichsam die Pfeiler desselben bilden und oft darin frühstücken und zu Mittag und zu Abend essen.«[32]

Einerseits essentielles Element einer großstädtischen Überlebensstrategie, eine Oase der physischen Rekreation[33], wo zur Zerstreuung Schach, Dame, Triktrak und Domino gespielt wurden[34], fungierte das Café andererseits zusammen mit dem Cabaret als Komplement zur publizistischen Öffentlichkeit, als Plattform einer neben und unterhalb der bürgerlichen Kultur angesiedelten »plebejischen Kultur«[35], die über eigene symbolische und subversive Ausdrucksformen verfügte. Sie definierte sich über Riten und Gesten, die auf der Verhöhnung und Profanierung der akzeptierten Verhaltensweisen beruhten und manchmal für einen flüchtigen Moment eine Art von klassenübergreifender Solidarität unter den Anwesenden erzeugten[36].

Ganz in diesem Sinne stieg das Kaffeehaus in den Augen vieler Zeitgenossen zu einem mystischen Raum empor, zu einem Ort der Zwanglosigkeit und Intimität, wo man »in der Hitze der Konversation«[37] leicht die notwendige Vorsicht vergaß, wenn man ein »sehr lebhaftes und sehr aufbrausendes Temperament« besaß[38]. Im Kaffeehaus war ein offener, unverblümter, ja drastisch-deftiger Diskurs-Stil üblich[39], der das von oben verordnete Arkangebot konterkarierte und die Obrigkeit deshalb zu erhöhter Wachsamkeit und zum Erlaß immer neuer Vorschriftenkataloge zwang[40]. Ein Heer von Spionen lebte von den für das Bespitzeln der Cafés und Weinschenken gezahlten Prämien; mehr oder weniger inkognito statteten die Agenten der Pariser Polizei den Weinhändlern, Bierverkäufern und Speisewirten regelmäßige Besuche ab, um Agitatoren zu identifizieren und »üble Subjekte« in Gewahrsam zu nehmen[41]. Nicht selten standen Festnahmen dann auf der Tagesordnung: Der am Druck der *Thérèse philosophe* maßgeblich beteiligte Druckergeselle Bocheron wurde am späten Abend des 1. Februar 1749 von der Polizei in einem Cabaret aufgespürt, als er mit zwei Mitverschwörern gerade das Abendessen einnahm. Bei der gründlichen Inspektion der Örtlichkeiten wurde der verantwortliche Kommissar bald fündig, denn Bocheron hatte im Kamin des Speisezimmers drei Druckplatten der Kupferstiche versteckt, mit denen ein weiterer erotischer Bestseller illustriert werden sollte[42].

Mit ihrer geradezu monströsen Obsession, jedes gesprochene Wort kontrollieren zu wollen, muten die Pariser Polizeiakten des 18. Jahrhunderts heute wie das Produkt einer ungeheuren Paranoia an: »Im Café (der Witwe Joseph) ... hat man gesagt: Potzblitz! Was sind doch für satirische Schriften im Umlauf.« Selbst diese relativ harmlose Äußerung notierte der Polizeiagent Vanneroux am Ende einer seiner geheimen Café-Expeditionen[43].

Im »boshaften Gedächtnis« der Pariser Polizei des Ancien Régime blieben Regelverstöße von Kaffeehausbesuchern unerbittlich – zum Teil über Jahre hinweg – gespeichert. Der Name des Malers Claude Guestard, der wegen seiner politischen Sympathien nur »der Preuße« gerufen wurde, tauchte im Frühjahr 1760 im Zusammenhang mit einer Kaffeehausdiskussion über das »Elend der Bürger unter dem aktuellen Regime« das erste Mal im Polizeiarchiv auf. Etliche Monate später – im Sommer 1761 – zog Guestard erneut die Aufmerksamkeit der Polizei auf sich. »Wir verfügen zwar über eine Armee von 100 000 Männern, aber das sind lediglich 100 000 Automaten, die uns ruinieren«, hatte er nach Darstellung des Polizeiinspektors Marais seinem Nachbarn zugeraunt. Konsequenzen zeitigte die Aufmüpfigkeit des notorischen Kaffeehausgängers schließlich im April 1762, als Guestard nach weiteren Hetztiraden das Café Berthault mit einer Bastille-Zelle vertauschen mußte[44].

Auch die wiederholten verbalen Entgleisungen des Schriftstellers Pidansat de Mairobert konnten von der Buchpolizei dank der Betriebsamkeit ihres Spitzels Mouhy über einen längeren Zeitraum sorgfältig registriert werden. War Mairobert Mouhys Exzerpten zufolge am 16. Juni 1749 im Café Procope gegenüber dem »Hof« ausfällig geworden, »der kein anderes Vergnügen kenne, als das Volk zu verschlingen«, hatte er wenig später dem Spion nichtsahnend die Information anvertraut, die ihn binnen kurzem in die Bastille bringen sollte. Daß Mairobert ganz unbekümmert von seiner Absicht gesprochen habe, gegen den König und seine Mätresse gerichtete Spottverse in einem günstigen Moment unbeobachtet in die Taschen der Kaffeehausgäste praktizieren zu wollen, meldete Mouhy flugs ›nach oben‹ weiter[45].

Alles andere als ein Einzelfall, personifiziert Pidansat de Mairobert geradezu den Typus des debattierfreudigen, politisch wachen Untergrundliteraten, der dem Historiker in den Aufzeichnungen der Pariser Polizei so oft begegnet: Fougeret de Montbron, nach Ansicht des Polizeiinspektors d'Hémery ein »geistreicher«, aber »schamloser« Charakter, obendrein Verfasser von »obszönen« und »schmutzigen« Werken[46], erregte Aufsehen durch die respektlosen Bemerkungen, mit denen er die königlichen Minister in den Pariser Cafés kritisierte[47]. Eine ähnliche Haltung vertrat öffentlich der Chevalier de Méhégan, ein »kleiner blonder, buckliger« Mann »mit einem recht hübschen Gesicht«, der zwischen dem Café Procope und dem Café de Charpentier hin und her pendelte[48].

Louis Leclerc liebte das Pharao-Spiel und prangerte im Procope die Machenschaften der Minister und der Madame de Pompadour an, die das Volk erzürnten[49]. Trotz seiner vielfältigen literarischen Projekte fand Louis Étienne Berlan d'Haloury immer noch genügend Muße, um in den Cafés impertinente Verse zu rezitieren[50]; Ratz de Lantenay war bekannt für die weitschweifigen Monologe[51], die er im Café Procope zu halten pflegte.

Nicht alle Kaffeehauskonversationen kreisten freilich um politische Themen, häufig stand – mehr oder weniger explizit – etwas ganz anderes zur Debatte, das Prestige und »symbolische Kapital« einer Person: Das Café stellte einen von der Außenwelt abgegrenzten Interaktions- und Kommunikationsraum dar, aber keineswegs die konfliktfreie Idylle, als die es gerne gepriesen wurde[52]. Wenn Joachim Heinrich Campe das Palais-Royal mitsamt seinen Kaffeehäusern euphorisch als »Sitz einer unbeschränkten bürgerlichen und gesellschaftlichen Freiheit« bezeichnete, wo der Eintretende zu einem »Weltbürger« werde, »der keine bürgerlichen und konventionellen Einschränkungen und Fesseln« kenne, entwarf er damit ein Ideal, das der Wirklichkeit kaum entsprach. Die Kaffeehausbesucher – eine instabile Mischung aus zufällig Anwesenden und Altgedienten – waren tatsächlich in einem komplizierten und ritualisierten gruppendynamischen Prozeß verbunden, der die Gesprächs- schnell zur Tribunalsituation umschlagen ließ. Der implizite Druck, sich gegenüber den anderen präsentieren und seinen Platz in der internen Hackordnung definieren zu müssen, lastete insbesondere auf denjenigen, die wie der *Nouvelliste* Charles de Julie dem allgemeinen Standard nicht zu genügen glaubten. Daß sich de Julie, der Verfasser »impertinenter« Nachrichtenblättchen, im Café am Quai de la Mégisserie beständig mit seinen Beziehungen zu einflußreichen Leuten brüstete, mutet in nachhinein wie der hilflose Versuch an, durch die Inszenierung der eigenen Wichtigkeit die Trübsal eines von Schulden und Armut geprägten Literatenlebens zu kompensieren[53].

Ebensowenig wie die Pariser Kaffeehäuser des 18. Jahrhunderts einen »herrschaftsfreien« Raum bildeten, stellten die Kaffeehausbesucher eine untereinander solidarische Gemeinschaft dar: Viele der an die Pariser Polizei gerichteten Denunziationsbriefe stammten von Kaffeehausbesuchern selbst, die gegen mißliebige Subjekte Anzeige erstatteten. »Bei ihm [einem *Limonadier* in der Rue St. Séverin, G. G.] finden von neun Uhr morgens bis zu ganz ungebührlicher Stunde große Zusammenkünfte von Advokaten und Buchhändlern statt«, heißt es in einem der anonymen Schreiben, die den Pariser Polizeichef regelmäßig erreichten. Eine genaue Auflistung der Gesetzesübertretungen folgte auf den Fuß: »Sie lesen dort alle Arten von

Schmähschriften ... man spielt ... Dame, Schach ... und andere Spiele ..., während der Messe ist die Ladentür geschlossen, aber die Trinker und Spieler treten durch die Hintertür ein.«[54]

Wurden radikale Kaffeehausrhetoriker in ruhigen Zeiten eher milde bestraft, reagierte die Staatsmacht in politischen Krisensituationen um so sensibler auf subversive – oder potentiell subversive – Äußerungen ihrer Untertanen. Aus der äußerst gespannten innenpolitischen Lage erklärt sich vielleicht die ermüdende Exaktheit, mit der ein Polizeiagent im Frühjahr 1771 die Kaffeehausaktivitäten eines Verdächtigen beobachtete. Der Observierte, ein »exaltierter, gefährlicher Mensch«, gehe – so der Observierungsbericht – jeden Nachmittag ins Café »Zum Malteserkreuz«. Dort angelangt, steuere er direkt auf seinen Lieblingsplatz neben dem Ofen zu und beginne mit aufrührerischen und monarchiefeindlichen Reden. Ähnlich aufwiegelnde Sätze könne man im selben Café von einem Schlosser hören, was im Sinne der guten Ordnung ein rasches Einschreiten erfordere[55]. Nicht ohne Anlaß konstatierte der Verfasser der 1787 erschienenen *Neuesten Reisen durch Frankreich*, Johann Jacob Volkmann, daher, daß »Behutsamkeit im Reden, zumal an öffentlichen Orten, Kaffeehäusern und Speisetischen« dem »Fremden« »sehr anzurathen« sei, wenn dieser sich nicht »dem Arreste und anderen Verdrießlichkeiten« aussetzen wolle: »Am besten ist es, man läßt sich auf Dinge, welche die Verfassung des Landes, der Regierung, Politik und dergleichen betreffen, gar nicht ein.«[56]

Daß ein Denunziationsbrief unter Umständen schon ausreichte, um den Beschuldigten an den Galgen zu bringen, illustriert die Akte des Jean Moriceau de la Motte, der im Juli 1758 bei einem Speisewirt in der Rue St. Germain-l'Auxerrois seiner Zunge allzu freien Lauf ließ und kurz darauf an die Polizei verraten wurde. Das Schreiben, das bei der Polizei die höchste Alarmstufe auslöste, hatte folgenden Wortlaut: »Dieser ungläubige Mensch klagte zuerst über die Misere des Staates, dem er den Untergang durch eine neue Revolution prophezeite, dann betonte er, daß die Franzosen keinem König zu gehorchen bräuchten, der bloß durch Geburt König geworden sei, dann beharrte er darauf, daß allein die Engländer denken könnten und daß unser König nur ein Schatten sei, ein Kartenkönig.« Nachdem eine Ende Juli veranstaltete Razzia die Beweislage erhärtet hatte, war Moriceau de la Mottes Schicksal besiegelt: Im September 1758 wurde er auf der Place de Grève hingerichtet[57].

Von ähnlicher Bedeutung für die arbeitenden Stadtbürger[58] wie die Kaffeehäuser waren die Pariser Cabarets des 18. Jahrhunderts, deren Wirte eine Lizenz zum Alkoholausschank besaßen. Die Qualität der in den Weinschenken offerierten Erfrischungen riß den Parisbesucher Friedrich Schulz freilich keineswegs zu Begeisterungsstürmen hin. »Der Wein ist ein blaurothes Getränk, das, der Himmel weiß, woraus, gemacht ist, dennoch aber in erstaunlichen Quantitäten getrunken wird«, stellte er zurückhaltend fest[59]. Daß solche Mängel den Alkoholkonsum der Cabaret-Kunden aber kaum beeinträchtigten, zeigt das Bastille-Dossier der 32jährigen Jeanne Bourette, die in der Nacht vom 4. auf den 5. Mai 1775 in Männerkleidern und hochgradig betrunken in Versailles aufgegriffen wurde und im anschließenden Verhör bereitwillig von einer Odyssee durch diverse Pariser Schenken erzählte. Zwei Tage zuvor, am Morgen des 3. Mai, hätte sie nach einem in Gewalttätigkeit und Mißhandlung ausgearteten Streit mit ihrem Mann die eheliche Wohnung verlassen. Mit den in ihrer Schürze versteckten Kleidungsstücken des Ehemannes sei sie zu einem Cabaret nahe den Hallen gelaufen, um dort zu trinken und die Nacht zu verbringen. Am nächsten Morgen sei sie auf einen weiteren Schoppen Wein in ein Cabaret in der Rue des vieux Augustins eingekehrt, wo sie die Männerkleider übergezogen hätte, die sie jetzt am Leibe trage. Nachdem sie durch das viele Trinken ihr ganzes Geld verloren und sogar ihre Granatkette eingebüßt hätte, sei sie »irgendwie« nach Versailles gekommen und in der Abenddämmerung in einem dritten Cabaret gelandet. Da man ihr aber einen Schlafplatz verweigert hätte, habe sie unverrichteter Dinge den Rückweg antreten müssen und sei unterwegs von der Polizei angehalten worden[60].

Der Fall Bourette gehörte für die Polizei zur Alltagsroutine, sieht man einmal davon ab, daß Frauen in der Regel den kleinsten Teil der Cabaret-Gäste stellten und daß zumeist nur Prostituierte ohne Begleitung in den Weinschenken zu erscheinen wagten[61].

Die Häufigkeit, mit der in den Dienstprotokollen der Polizeikommissare von Szenen der Ausschweifung die Rede ist, verführt dazu, hierin nur die Bestätigung der schon von Mercier und anderen zeitgenössischen Literaten formulierten Ressentiments zu sehen. Die Weinschenke als Ort der Devianz, Gewalt und Zügellosigkeit, als Krebsgeschwür der Großstadt, als Treffpunkt des arbeits- und lichtscheuen Gesindels[62] – diese stereotype Wahrnehmung des Cabarets wurde in jüngster Zeit allerdings von dem amerikanischen Historiker Thomas Brennan korrigiert, der die vermeintliche Evidenz dieses Urteils tatsächlich als Produkt eines moralisierenden Diskurses hat entlarven können. Seine umfassende Studie über die Pariser Trinksitten des Ancien Régime betont demgegenüber zu Recht die soziale Relevanz der Cabarets, in denen sich im Akt des Trinkens eine kollektive Soziabilität entfaltete, die schließlich zum wesentlichen Bestandteil einer großstädtischen Volkskultur avancierte[63].

Gerade weil in ihnen die aus Neuchâtel oder Rouen kommenden Bücherpacken zwischengelagert werden konnten, stellten die Cabarets der kleinen, außerhalb der Zollschranken gelegenen Gemeinden für den Pariser Untergrundbuchhandel wichtige Knotenpunkte dar: Der bereits erwähnte Buchhändler Hubert Cazin aus Reims hatte die Cabarets des verkehrstechnisch günstig an der großen Ausfallstraße nach Flandern gelegenen Dörfchens La Villette zu seiner Operationsbasis erkoren[64]; andere Schmuggelrouten führten über die königliche Residenz Versailles, deren »allzu große Zahl sogenannter Buchhändler und Kolporteure« von der Obrigkeit mit Sorge betrachtet wurde[65]. Wie die Läden der Buchhändler Bard[66], Ponsiot[67] und Lefebvre[68] fungierten die Versailler Weinschenken und Herbergen als häufig frequentierte Raststationen der Pariser Bücherschmuggler. Der Kolporteur Pierre Desauges war, wie er behauptete, in einem Versailler Kaffeehaus an die im Dezember 1786 bei ihm konfiszierten Exemplare der *Mémoires Secrets* geraten[69]; auch der fahrende Händler Alexis Marais griff auf die Hilfe des Versailler Wirtes Germon zurück: In Germons Schenke wurden die von Boubers aus Dünkirchen geschickten Büchersendungen – darunter 200 Exemplare der *Lettres de la Montagne* – so lange versteckt, bis der Transport in die Hauptstadt beginnen konnte[70].

Obwohl die stets zu befürchtende Anwesenheit von Polizeispitzeln den Aufenhalt in den Kaffeehäusern und Cabarets zu einer äußerst gefährlichen Angelegenheit machte, ließen sich die Akteure des literarischen Untergrundes davon keineswegs abschrecken[71]: Kein Ort war besser geeignet, um Kontakte zu potentiellen Kunden zu knüpfen. Der Kolporteur und Chansonverkäufer Simonot beispielsweise suchte im Herbst 1750 Abend für Abend das Cabaret »Zum kleinen Löwen« in der Rue de la Huchette auf, wo er ganz unauffällig illegal gedruckte Chansontexte an die übrigen Cabaret-Gäste verkaufen konnte[72].

In die Kaffeehäuser und Weinschenken verlegten die Autoren, Drucker und Kolporteure der verbotenen Bücher gerne ihre Arbeitsbesprechungen[73]: Während sie reichlich dem Alkohol zusprachen, diskutierten die zwei Kolporteure L'Escuier und Prudent mit dem Druckergesellen Christophe Kolman und dem Verlagsbuchhändler Louis Michelin aus Provins in einer Taverne nahe der Place de Grève das gemeinsame Projekt, ein »infames Werk« auf den Markt zu bringen[74]. Im Sommer des Jahres 1745 trafen sich mehrere polizeilich gesuchte *Nouvellistes* dreimal pro Woche zwischen 20 Uhr und Mitternacht im Cabaret »Zur dicken Weintraube« in der Rue de la Harpe zum Redigieren ihrer Nachrichtenblättchen[75].

Der Ex-Soldat Yves-Zacharie de Montfort nutzte das Kaffeehaus als Inspirationsquelle: Der Bericht, den die Polizei im März 1771 über ihn anfertigte, vermittelt interessante Aufschlüsse über die Alltagsgestaltung eines schreibenden Zeitgenossen, dessen Leben sich hauptsächlich im Kaffeehaus abspielte. Der Tag begann für den Dichter mit dem – meist allein, manchmal in Begleitung – in einem Café am Quai Pelletier verzehrten Frühstück. Seinen dortigen Stammplatz verließ er am Nachmittag nur, um in das Etablissement eines gewissen Hubert in der Nähe der Rue de la Huchette oder aber in ein gar nicht weit entferntes Café in der Rue St. André des Arts überzuwechseln, in dem sich die begeisterten Dominospieler versammelten[76].

Daß die Kaffeehäuser häufig auch als Arbeitsplatzbörse dienten, geht aus den Worten des Buchhändlergehilfen Gaspard Richard hervor, der Mitte der 80er Jahre in die illegalen Geschäfte des Kolporteurs Prudhomme verwickelt war. Prudhomme habe ihm gegenüber vor »vier oder fünf Monaten« angedeutet, daß »es etwas zu drucken gäbe«, so Richard in seinem Verhör Anfang September 1783, kurz darauf habe er in einem Café einen jungen arbeitswilligen Drucker getroffen und diesem schließlich Prudhommes Adresse überlassen[77].

Im Café überraschte die Polizei Anfang Juni 1788 die Notarsgehilfen Nicolas Tribolin und Edme Jeurvilliers beim Abschreiben aufrührerischer Schriften[78]. Der Gerichtsschreiber Charles Foulhioux, »Volet« genannt, der sich als Nachrichtenverkäufer etabliert und ein beachtliches Kontaktnetz aufgebaut hatte, bezog das Material, das er für die Abfassung seiner Paris-Berichte brauchte, ebenfalls aus den diversen Kaffeehäusern, die er frequentierte[79].

Neben den über die Stadt verstreuten Cafés und Weinschenken waren es vor allem die Läden der konspirativen Buchhändler, die eine Art »erste Adresse« für die Akteure des Milieus bildeten. Einige der Wichtigsten residierten im Palais-Royal, so der Buchhändler Desenne, der dem benachbarten Café de Foy einen regen Besucherandrang verdankte[80]. Desenne gehörte das »größte und glänzendste Geschäft«: »Fragen Sie bey ihm nach dem ältesten, wie nach dem neuesten, nach dem nützlichsten, wie nach dem schädlichsten Buche, Sie finden es bey ihm«[81], informierte Friedrich Schulz seine Leser.

Nicht aus Zufall hatte sich das Palais-Royal zu einer Hochburg des Pariser Untergrundmilieus entwickelt, wo ein reger Handel mit »Gelegenheitsbroschüren«, »neuen Romänchen« und »giftigen, fliegenden Blätter(n)«[82] betrieben wurde. Der in seiner ursprünglichen Gestalt auf den Kardinal Richelieu zurückgehende Gebäudekomplex, der unter der Ägide des Duc de Chartres zu einem Zentrum des Warentausches umgebaut und 1784 neu eröffnet worden war[83], genoß als sogenannter »privilegierter Ort« einen rechtlichen Sonderstatus: Wie alle »königlichen Häuser« blieb er dem Zuständigkeitsbereich der Pariser Polizei entzogen und avancierte deshalb ungeachtet wiederholter Verbote binnen kurzem zum beliebten Sammelplatz von Buchhändlern und Kolporteuren[84]. Obwohl bereits Malesherbes versucht hatte, dem Mißbrauch der »privilegierten Orte« einen Riegel vorzuschieben, wurde doch erst 1787 ein *Arrêt du Conseil d'État* verabschiedet, das ihre alte Sonderstellung aufhob[85]. Diese Regelung bildete den Auftakt einer Reihe polizeilicher Vergeltungsschläge, die in den folgenden beiden Jahren mit gesteigerter Intensität durchgeführt wurden[86]. Allein die Häufigkeit, mit der der Kommissar Chenon im Winter, Frühjahr und Frühsommer 1789 die Buchhändler des Palais-Royal mit seinem Besuch beehrte, illustriert, welches Mißtrauen die Obrigkeit den dort ansässigen Gewerbetreibenden gegenüber hegte[87]: War Chenon am 16. Januar 1789 auf Anweisung des Polizeichefs Thiroux de Crosne im Palais-Royal erschienen, um nach einem Werk mit dem Titel *Histoire secrète de la cour de Berlin* zu fahnden[88], hatte man ihn am 2., 4., 5. und 10. Februar[89] sowie am 2., 4., 6., 7., 12., 14., 16., 22., 23., 24. und 30. März erneut bei den Buchhändlern Petit, Desenne, Denné, Gattey, Petit, Devaux und Bailly auftauchen sehen[90].

Das Palais-Royal mit seiner Anhäufung von Bücherbuden und Kaffeehäusern stellte also das Herzstück der Pariser Untergrundsoziabilität dar[91]; hier verabredete man sich gewohnheitsmäßig mit Freunden und Verlegern, hier fielen »Schwärme von berühmten und unberühmten Autoren« zu jeder Tageszeit in den Laden Desennes ein[92], hier wurden Verträge geschlossen und geheime Transaktionen in die Wege geleitet: Pierre Jacques Le Maître, der als Pamphletschreiber 1785 schon einmal in der Bastille eingekerkert und im Sommer 1788 in flagranti bei seinen politischen Machenschaften ertappt worden war, gestand der Polizei, das Palais-Royal als konspirativen Treffpunkt benutzt zu haben[93]. Der Druckergeselle Jean-Jacques Rainville war beim Palais-Royal-Buchhändler Denné mit einem Fremden ins Gespräch gekommen, hatte von diesem ein Manuskript übernommen und drucken lassen[94].

Wie das Palais-Royal repräsentierte auch der Temple – die alte Fluchtburg des Templerordens – eine Rechtsenklave, die von Kriminellen, Schuldenmachern und gesellschaftlichen Außenseitern aller Art bevölkert wurde. Wie im Palais-Royal hatten sich im Schutz des Temple[95] die Betreiber illegaler Druckwerkstätten und Kolporteure verbotener Schriften angesiedelt, darunter ein Mann namens Edme-Nicolas Moret, der wegen seines suspekten Benehmens in das Visier der Polizei geriet. Ein im Frühjahr 1772 in den Temple entsandter Polizeispion, der den Verdächtigen observieren sollte, konnte bereits nach wenigen Tagen einen beachtlichen Erfolg melden. Der notorisch verschuldete Ex-Sekretär und Ex-Weinhändler war schon nach kurzer Zeit so zutraulich geworden, daß er ganz offen über die Broschüren zu reden begonnen hatte, mit denen er tagtäglich handelte. Als der Spitzel aber auf eine noch druckfeuchte Broschüre mit dem Titel *Liquidation des offices du 13 avril* zu sprechen kam, die er zuvor bei Moret bemerkt hatte, wurde er von diesem ängstlich zum Schweigen gebracht. Den Grund dafür erfuhr der neue Bekannte bei einem anschließenden Spaziergang, bei dem Moret eine Geschichte erzählte, die der Vertrauensmann zwar »zum Einschlafen« fand, so der Polizeiagent Receveur in seinem Rapport, die aber auf die Geisteshaltung derjenigen schließen ließ, die dem illegalen Gewerbe nachgingen. »Die Geschichte belegt«, notierte Receveur, »daß Moret manchmal an die Bastille denkt. Er hat gesagt, daß gerade eben ein junger Mann wegen (des Vertriebs) fraglicher Schriften in die Bastille gesteckt worden und dort gestorben sei; daß dessen Eltern den Leichnam zur Beerdigung erhalten hätten und bei einer Autopsie auf die Spuren einer Vergiftung gestoßen seien.«[96]

Mit den Buchhändlern des Temple und des Palais-Royal, des Hôtel Soubise[97] und des Louvre[98] konkurrierten im Paris des 18. Jahrhunderts die vielen kleinen ambulanten Broschüren- und Kupferstichverkäufer, die u. a. vor den Eingängen der »privilegierten Orte« zu finden waren. So kehrte etwa der Chansonverkäufer Jean Baptiste Louis Leveau unerlaubterweise seinem eigentlichen Standort auf dem Quai de la Mégisserie den Rükken, um zur Place des Barnabites gegenüber dem Palais-Royal überzuwechseln, weil er angesichts der täglich hier vorbeiströmenden Menschenmenge auf einen besseren Verdienst spekulierte[99].

Einen Knotenpunkt des illegalen Broschürenvertriebs bildete ferner der Justizpalast: Während der Parlamentsaffäre Anfang der 70er Jahre arbeiteten hier mehrere Schreiber rund um die Uhr, um das interessierte Publikum mit den neuesten Informationen aus der Welt der Politik zu versorgen. Daß sie die Listen der ins Exil geschickten Parlamentsmitglieder den vorübergehenden Passanten mit lauter Stimme anpriesen, notierte d'Hémery mit besonderem Mißfallen[100].

Neben den weithin bekannten Anlaufstellen des illegalen Buchhandels existierte aber auch eine Vielzahl von privaten, nur wenigen Eingeweihten zugänglichen Verkaufszentren. Als Hauptumschlagplatz der verbotenen Kolportage gelte die Sakristei eines bestimmten Pariser Klosters, schrieb 1772 ein Informant der Buchpolizei. Hier seien die aktuellsten Broschüren zu erstehen, man werde aber von den Geistlichen mit dem Satz »Paßt auf, daß Ihr nicht gesehen werdet« ständig zur Wachsamkeit gemahnt[101].

Die Broschüren und Pamphlete, obszönen Kupferstiche und libertinen Romane, die sich ein Pariser Leser im Palais-Royal oder im Temple mit Leichtigkeit beschaffen konnte, stammten nicht alle aus dem Ausland oder der französischen Provinz. Ein Teil dieser Druckwerke war in den geheimen Druckereien produziert worden, die sich auch in Paris selbst etabliert hatten – oft nur einen Steinwurf von der Rue St. Jacques und dem »lateinischen Viertel« entfernt.

Die geheimen Druckereien: Eine Innenansicht

Wie müßte ein Plan der Stadt Paris aussehen, auf dem die geheimen Druckereien des 18. Jahrhunderts verzeichnet wären? Die Aufzeichnungen der Polizei lassen rasch ein Muster der Verteilung erkennen: Sie lenken den Blick auf die Faubourgs St. Antoine und St. Marcel, auf die armen und bevölkerungsreichen östlichen Stadtteile also, die die Heimat der kleinen Handwerker und Ladenbesitzer, einen Kristallisationspunkt der Armut und Bedürftigkeit bildeten[1]. Hier, wo es an billigen Quartieren nicht mangelte und wo so viel Betriebsamkeit herrschte, daß man »keine Ruhe und Stille spürt(e), keine Glocke schlagen hört(e), kein stilles Lüftchen athmen« konnte[2], fanden die Untergrundverleger günstige Bedingungen für die Herstellung verbotener Schriften vor. Wenn die Verfasser der anerkannten Handbücher zur Buchdruckerkunst immer wieder forderten, bei der Wahl des Standplatzes vor allem auf die Helligkeit, Sauberkeit und Ungestörtheit des Ortes zu achten[3], formulierten sie damit Idealkriterien, die bei der Gründung einer Untergrunddruckerei kaum berücksichtigt werden konnten. Die Akteure des Milieus dachten pragmatisch und strategisch; für sie standen andere Aspekte im Vordergrund, die Frage nach dem Mietpreis beispielsweise oder die Frage nach den Fluchtmöglichkeiten, die die jeweils ins Auge gefaßte Unterkunft zu offerieren vermochte. Um bei einem plötzlichen Auftauchen der Polizei gewappnet zu sein, installierten die illegalen Büchermacher komplizierte Sicherheitssysteme: Der Einbau von Falltreppen und Notausgängen, das Plazieren von Wachtposten und rudimentären Klingelanlagen konnte sich im Notfall als lebensrettend erweisen und den Untergrundakteuren oft noch die Flucht über die Dächer ermöglichen.

In seinen *Anecdotes Typographiques* hat der Druckergeselle Nicolas Contat 1762 ebenso anschaulich wie realistisch beschrieben, wie die Einrichtung einer geheimen Druckerei vonstatten ging: Man trete als Drucker aus der Provinz auf, überrede einen Schriftgießer zur Auslieferung von Drucktypen, miete ein Haus im Faubourg Saint-Marceau, sage, daß es das Domizil eines ruhigen Zeitgenossen sein werde, der in gesicherten Verhältnissen lebe und nur von wenigen Dienstboten umsorgt sein wolle. Dann treffe man einige Vorkehrungen und könne schon mit der Arbeit beginnen[4].

Daß es sich bei solchen Schlupflöchern meistenteils um eher bescheidene Quartiere handelte, illustriert das Protokoll der Festnahme des ehemaligen Tagelöhners Jean Duplessis, der am Morgen des 5. Oktober 1748 von einem Besuch d'Hémerys überrumpelt wurde. Schon die flüchtige Inspektion seiner Mansarde genügte dem geübten Blick des Polizeiinspektors, um die Natur der hier ausgeübten Tätigkeit zu erkennen, denn der Boden des Zimmers war mit großen Mengen von losen Druckseiten übersät, die von dem jungen Mann offenbar nur noch zusammengeheftet zu werden brauchten. Sie machten den Hauptteil der Einrichtung aus; der Rest des Mobiliars bestand lediglich aus einem Tisch, einem Bratenwender, einer Garderobe, ein paar Stühlen und Trinkbechern, zwei karierten Vorhängen und einem winzigen Ruhebett[5].

Mobil zu sein, lautete eine der Hauptregeln des Métiers. Wollte ein Untergrunddrucker das Damoklesschwert der Bastilleeinweisung abwenden, durfte er nicht zögern, gegebenenfalls von einem Augenblick auf den anderen seine Zelte abzubrechen. Überstürzte Wohnungswechsel waren daher keine Seltenheit: Umittelbar nachdem die Komplizen des Buchhändlers Prault von dessen Festnahme erfahren hatten, packten sie im November 1752 in fliegender Hast ihre Habseligkeiten zusammen, um ihre »kleine Presse ... und einen Sack mit Drucktypen« in Sicherheit zu bringen[6]. Ähnlich panisch reagierte der

Druckergeselle Cloche auf die Nachricht von der Ergreifung des Kolporteurs Ratillon; in nur 14 Tagen mutete er seiner Presse acht Umzüge zu[7]. Auch der Druckergeselle Malteste wäre mit den Lettern, der Tinte und den übrigen Druckutensilien, die er im Keller seines Hauses aufbewahrte, entflohen, wäre ihm nicht die Polizei vorzeitig in die Quere gekommen[8].

Ein hohes Maß an Flexibilität bot – sehr zum Leidwesen der Buchpolizei – die Gewähr dafür, wenigstens ein paar Wochen lang unbehelligt das illegale Druckgewerbe betreiben zu können: Zu Recht verglich d'Hémery im Jahre 1755 die Fahndung nach den geheimen Druckwerkstätten mit dem Kampf gegen eine Hydra, der stets neue Köpfe wüchsen[9].

Neben einer chamäleonhaften Anpassungsfähigkeit an neue Situationen verlangte das Untergrundgeschäft von seinen Protagonisten eine beträchtliche Portion Organisations- und Überredungskunst. Der Einrichtung einer geheimen Druckerei standen mißtrauische oder neugierige Vermieter im Wege, die es zu beschwichtigen und über die wahren Absichten des Bewerbers zu täuschen galt. So gab sich der Druckergeselle Beauvais bei seinen Mietverhandlungen als solventer und seriöser Uhrmacher aus[10], während der erwähnte Cloche im Gewand eines Geistlichen auftrat[11].

Erwies sich die Suche nach geeigneten Räumlichkeiten vielfach schon schwierig genug, warf das Heranschaffen von Druckmaterialien und Arbeitskräften[12] weitere gravierende Probleme auf. Der Polizei erzählten die Drucker gerne abenteuerliche Geschichten, um die Tatsache zu verschleiern, daß ihre Pressen und Drucktypen aus Diebstählen oder dubiosen Geschäften stammten. Der Druckergeselle Point antwortete auf die Frage nach den Lettern, mit denen ein verbotenes Werk zur Halsbandaffäre gedruckt worden war, daß der Kollege Lenormand sie von einem Dienstboten erworben habe, dem sie seinerseits von seinem sterbenden Herren geschenkt worden seien[13]. Lenormand selbst präsentierte der Polizei eine im Vergleich dazu zwar abweichende, aber nicht minder farbige Version[14].

In bezug auf die Anzahl der Pressen und Arbeitskräfte unterschieden sich die illegalen Pariser Druckereien des 18. Jahrhunderts erheblich voneinander. In den großen Druckereien wurden teilweise vier, sechs oder acht Pressen gleichzeitig bedient, in kleineren Unternehmen arbeitete man hingegen mit einer einzigen transportablen Presse[15]. War diese in einem abgelegenen Kellergewölbe oder Hinterzimmer aufgestellt, lief der Druckprozeß in familiärer Atmosphäre, wenn nicht notgedrungen in qualvoller Enge ab. Setzer und Drucker saßen dann dicht an dicht nebeneinander, während die noch feuchten Fahnen zum Trocknen an Wäscheleinen hingen[16]. Hatte man mit der Arbeit begonnen, achteten die ›Druckherren‹ sehr darauf, ihre Arbeiter vom Besuch des benachbarten Speisewirts oder Weinschenkenbesitzers abzuhalten[17]. Da sie häufig selbst aus den Reihen der Druckergesellen stammten, wußten sie um die im Druckergewerbe üblichen Trinksitten, denen es im Interesse eines reibungslosen Produktionsverlaufs beizeiten Einhalt zu gebieten galt[18].

Obwohl Untergrunddrucker wie Lenormand alles zur Wahrung ihrer Anonymität taten, blieb ein Restrisiko, das sie nie ganz ausschalten konnten. Allein das Anwerben der Druckereiarbeiter zog zwangsläufig die Ausweitung des Kreises der Mitwisser nach sich. Setzer und Drucker, Falzer und Austräger mußten ja erst angelernt und eingewiesen werden, wodurch sich die Nachricht von einem neuen Projekt wahrscheinlich rasch im Milieu verbreitete. Auf diese Weise erfuhr die Polizei im Herbst 1749 denn auch von der geplanten Einrichtung einer geheimen Druckerei, in der u. a. der erotische Roman *Thérèse philosophe* in hoher Auflagenzahl gedruckt werden sollte. Wieder einmal war es das bewährte Paar Bonin/Lamarche, das den Agenten der Buchpolizei den entscheidenden Tip lieferte: Ausgerechnet an die beiden Spitzel hatten sich kurz zuvor die zwei Lütticher Druckergesellen Bocheron und Joly mit der Bitte gewandt, ihnen bei der Requirierung geeigneter Helfershelfer behilflich zu sein. Instruktionsgemäß hatten Bonin und Lamarche pro forma in das Kooperationsangebot eingewilligt und von da an ihren Brotherrn regelmäßig mit Insiderinformationen versorgt. Mitte November, eine Woche, nachdem Bocherons Mannschaft in einer heimlich angemieteten Kammer im Stadtzentrum mit der Arbeit an der *Thérèse* begonnen hatte, waren die ersten Exemplare fertiggestellt. Das Falzen der Druckbögen besorgte im weiteren Verlauf der Buchherstellung nun eine junge Frau aus der Rue du Cherche-midi, deren Identität von der Polizei zunächst nicht ermittelt werden konnte, weil ihr Name und ihre Adresse den Spitzeln verschwiegen worden waren. Wenn der als »sehr gerissen« bezeichnete Bocheron seine Angestellte zu nächtlicher Stunde aufsuchte, ging er dabei so geschickt zu Werke, daß die Polizei das Nachsehen hatte. Bocheron sei zu nächtlicher Stunde in der fraglichen Straße aufgetaucht, habe sich aber mit den unter seiner Kleidung verborgenen Paketen so geschwind davongestohlen, daß man die betreffende Person noch immer nicht kenne[19], meldete ein in den ersten Dezembertagen verfaßtes Observierungsbulletin mit frustriertem Unterton.

Am 13. Dezember gelang der Polizei jedoch endlich der Fahndungserfolg, der das Unternehmen auffliegen ließ. Die Geduld des verantwortlichen Kommissars de Rochebrune wurde belohnt, als er die zwei Zimmer in der Rue du Cherche-midi in Augenschein nahm, die das Ehepaar Martin an eine 24jährige, hochschwangere Frau untervermietet hatte: Angesichts des penetranten Geruchs nach frisch bedrucktem Papier, der ihm entgegenströmte, wußte er sogleich, daß er am Tatort angekommen war[20]. Bis zur Verhaftung der Schuldigen sollte es nicht mehr lange dauern.

Wie Bocherons Druckerei sich auf die Produktion pornographischer Literatur spezialisierte, stand in anderen illegalen Etablissements der Druck zeitkritischer Schriften mit politischem oder religiösem Hintergrund auf der Tagesordnung. In diese Kategorie gehörte etwa der Schlüsselroman *Voyage d'Amathonte*, der laut Titelblattangabe in London, tatsächlich im Winter 1750 aber in einer geheimen Druckerei im Quartier St. André-des-Arts in einer Auflage von mindestens 500 Exemplaren gedruckt wurde. Wegen der in ihm enthaltenen satirischen Anspielungen auf die königliche Mätresse, Madame de Pompadour, geriet er unmittelbar nach seinem Erscheinen auf die schwarze Liste der Buchpolizei. Zwar ging es in besagtem Werk vordergründig um die Beschreibung der Zustände, die der Autor – angeblich ein junger Grieche namens Timante – in der zyprischen Stadt »Amathonte« vorgefunden haben wollte, doch konnte jeder Leser unschwer erkennen, daß mit Amathonte nichts anderes gemeint war als Versailles und daß die Darstellung einer entfesselten, dem Kult der Venus verfallenen Hofgesellschaft auf nichts anderes abzielte als auf die Geißelung des korrupten Versailler Hofes[21].

Wie die Drucker der *Voyage d'Amathonte* überraschte d'Hémery auch die Betreiber jener ›Druckfabrik‹ mitten bei der Arbeit, die, offensichtlich im Auftrag des Pariser Erzbischofs, serienmäßig polemische *Mémoires* gegen die Parlamente auf den Markt brachten. Als er sich zusammen mit dem Kommissar de Rochebrune Anfang März 1757 dem mutmaßlichen Versteck dieser Drucker in der Rue de Seine näherte, hörte er schon von ferne verdächtige Geräusche, das Dröhnen einer Druckerpresse und die zum Teil »verschnupft« klingenden Stimmen mehrerer Männer. Aber erst nach eineinhalbstündigem Warten und Beobachten schritten die Polizeiagenten zur Tat: »Die Expedition ist geglückt. Man hat die Arbeiter bei der Arbeit angetroffen und eine wohlgebaute Presse sowie verschiedene Schriften entdeckt, die noch ganz naß und frisch von der Presse waren«[22], resümierten sie in ihrem Protokoll.

Ein weiterer Schlag gegen die geheimen Druckereien gelang d'Hémery und de Rochebrune im Winter 1765: Nachdem ihnen ein herbeigerufener Schlosser am Abend des 28. Dezember 1765 Zutritt zu einem verdächtigen Haus im Cul de sac des Anglais verschafft hatte, stießen sie auf dem Klosett auf ihr erstes Opfer, den jungen, aus Grenoble stammenden Druckergesellen Michel Barral. Seine Komplizen wurden wenige Minuten später im dritten Stock des Hauses auf frischer Tat ertappt und überwältigt. Der eine, ein 22jähriger Druckergeselle namens Joseph Adenet, war zu diesem Zeitpunkt mit dem Druck des *Lettre au Roi du Parlement* beschäftigt, während der andere, der sich Jean Hamel nannte, gerade die Druckerschwärze vorbereitete. Als Dritter im Bunde fiel der 40jährige Drucker Benoît Laporte den Polizeiagenten in die Hände und wurde mit den bei der Durchsuchung der Lokalitäten konfiszierten Manuskripten, Probeabzügen und Druckexemplaren[23] kurz darauf ohne große Umstände in den draußen wartenden Polizeiwagen verfrachtet. Als Kopf der geheimen Organsation verhaftete man außerdem noch am selben 28. Dezember den aus der Gegend von Chalôns gebürtigen Joseph Rougelot, den de Rochebrune am 3. Januar 1766 einem ausführlichen Verhör unterzog. Nach anfänglicher Weigerung mürbe geworden, schilderte der neue Bastille-Insasse dem Kommissar schließlich in gewünschter Detailliertheit die Aktivitäten, die zur Gründung der Druckerei im Cul de sac des

Anglais geführt hatten. Rougelot – mit Spitznamen »Raisin« gerufen – hatte, seinen Worten zufolge, zunächst den erwähnten Michel Barral für die Arbeit am Setzkasten angeheuert. Als der plötzliche Tod eines Druckers die Beschaffung eines Ersatzmannes notwendig gemacht hatte, war seine Wahl auf Benoît Laporte gefallen, den er für einen monatlichen Lohn von 100 Livres bei sich einstellte. Er selbst hatte während des Drucks die Probeabzüge korrigiert, und ihm waren auch die Druckwerke ausgehändigt worden, die, wie er betonte, alle »gegen die Jesuiten und gegen das Schisma und für das Parlament gewesen« seien[24].

Speziell beim Druck aktueller Broschüren pflegten sich die Drucker keine Muße zu gönnen. Weil sie zum einen das Risiko einer Festnahme minimieren und zum anderen die Nachfrage des Lesepublikums befriedigen wollten, legten sie gewöhnlich ein recht schnelles Tempo vor. So sind etwa die im Kontext der Halsbandaffäre veröffentlichten Broschüren buchstäblich über Nacht verfaßt und gedruckt worden: Am 9. Januar 1786 hatte der junge Buchhändler Desauges seinem Komplizen Lenormand ein diesbezügliches Manuskript übergeben und bereits drei Tage später die ersten Abzüge erhalten; alles in allem dauerte der gesamte Prozeß der Drucklegung nicht länger als zwölf Tage[25].

Daß die Hast, die man in solchen Situationen an den Tag legte, naturgemäß Qualitätseinbußen nach sich zog, war den Druckern selbst durchaus bewußt. Der Vater des oben zitierten Desauges, der Kolporteur Pierre Desauges, qualifizierte Lenormands Produktionen als minderwertig ab, da dessen Druckerei schlecht ausgerüstet sei und nur Schlechtes hervorbringe: »Alle Drogen, die mir aus dieser Fabrik bekannt sind, ... sind voller Fehler«, konstatierte er der Polizei gegenüber mit Häme; er habe »einige davon« gelesen und es hätte ihm »Pein bereitet«[26]. Abfällig äußerte sich auch der Drucker Jean Frédéric Alexis Devin aus Noyon über die Broschüren, die er selbst in einer Auflage von jeweils 3000 Exemplaren während der Halsbandaffäre auf Anfrage des Pariser Krämers Hu hergestellt hatte. Aus gutem Grund bemängelte er zwar nicht die Schlampigkeit der Druckleistung, dafür aber die inhaltliche Schwäche der betreffenden literarischen Erzeugnisse: Er bezweifele, daß sie für das Lesepublikum interessant wären, stellte er kategorisch fest[27].

Eine solche ›Rhetorik der Abgrenzung‹ scheint, im nachhinein betrachtet, für die im Milieu herrschenden Beziehungen typisch gewesen zu sein. Einerseits Partner, andererseits Rivalen, einerseits Mitglieder einer Solidargemeinschaft, andererseits Vertreter eines hierarchischen Kastendenkens – gerade aus den gegenseitigen Charakterisierungen der Untergrundakteure läßt sich die komplexe und widersprüchliche Natur des Verhältnisses analysieren, das die Geschäftspartner miteinander verband und das auf einer ebenso fragilen wie explosiven Mischung aus Verachtung und Vertrauen basierte.

4. Kapitel
Schreiben und Drucken im Verborgenen

Jugend in der Provinz: Voltaires Erben

Wer waren die Schriftsteller, deren Werke in geheimen Druckereien gedruckt, auf Schmuggelpfaden transportiert und unter dem Ladentisch verkauft wurden? Bei vielen der in den 70er und 80er Jahren von der Pariser Polizei observierten Autoren handelte es sich um Altersgenossen; sie gehörten zu jener Generation von jungen Männern aus der Provinz, für die die Begegnung mit den *Philosophes*[1] und ihren Werken ein einschneidendes Erlebnis bedeutet hatte.

Stellvertretend für diese neue Generation von Adoranten seien nur die späteren Revolutionsideologen Babeuf, Brissot, Robespierre und Danton genannt: Mit Anfang Zwanzig soll Babeuf ein besessener Leser Voltaires, Diderots und Mablys gewesen sein; die gleichen Schriften rezipierte Danton, der angeblich alle Bände der *Encyclopédie* kannte und auswendig aus Beccarias *Des Délits et des Peines* zitieren konnte[2]. Robespierre brillierte am Pariser Collège Louis-Le-Grand und brach voller Rousseau-Enthusiasmus zu einer Wallfahrt nach Ermenonville auf[3]. Ebenfalls nach Ermenonville reiste Bernardin de Saint-Pierre, der zusammen mit anderen Rousseau-Jüngern zunächst in den Freuden des einfachen Lebens schwelgte, ehe er bei Nacht die Pappelinsel besichtigte[4]. »Um mich dem Studium der Philosophie zu widmen, hätte ich alles geopfert, wäre ich Schulmeister geworden wie Winkelmann (sic!) oder Hauslehrer wie Rousseau«, beteuerte auch Jacques-Pierre Brissot[5], der schon als Junge von neun Jahren die Verlockungen des literarischen Ruhms vor Augen gehabt haben will[6].

In welche übersteigerten Erwartungshaltungen die von Emotionen geprägte Beziehung manchmal ausartete, die die Jünger zu ihren geistigen Vätern entwickelten, illustriert der Fall des 1751 geborenen Schriftstellers Jacques Lablée. Lablées Rousseau-Verehrung begann mit der Lektüre der *Nouvelle Héloise*[7], deren Schöpfer für ihn binnen kurzem zum vergötterten Vorbild avancierte. Es entsprach der Logik des Kults, daß Lablée die

Seelenverwandtschaft in einen persönlichen Kontakt umzuwandeln versuchte und zu diesem Zweck einen Huldigungsbrief an den prominenten Dichter verfaßte. Die wesentliche Aussage dieses Briefes, den Lablée persönlich bei Rousseaus Mätresse Thérèse Levasseur abgab, bestand in der Behauptung, daß der Briefschreiber ein »verirrter Reisender auf der Straße des Soziallebens« sei, der »einen Faden« bräuchte, der ihn »zu lenken vermöge«[8]. ›Madame Rousseau‹ verabschiedete den Bittsteller mit der Aufforderung, am nächsten Morgen wiederzukehren. Als er dies aber tat, wurde ihm mitgeteilt, daß Rousseau möglicherweise keine Besucher empfangen könne. Während Thérèse Levasseur Rousseau von der Ankunft seines Schülers unterrichtete, sah Lablée durch die halbgeöffnete Tür zwar den Schatten des Philosophen an der Wand und auf dem Fußboden, doch das ersehnte Treffen fand nicht statt: »Entschuldigungen, bedauernde Worte, die besten Wünsche, das war es, was mir Madame Rousseau von seiner Seite aus übermittelte. Ich war so zornig über die Fruchtlosigkeit meines Vorhabens, daß ich die Lust verlor, ihn zu sehen; ich habe niemals mehr einen Schritt in dieser Hinsicht unternommen. Ich habe also von Jean-Jacques nicht mehr gesehen als seinen Schatten.«[9]

Wie alle autobiographischen Schilderungen sind auch Lablées Memoiren mit Vorsicht zu lesen, da sie unter dem Deckmantel des Authentischen und Selbsterfahrenen über weite Strecken hinweg nur die Wunschträume und Verdrängungen des Verfassers zum Ausdruck bringen, der im Akt des Schreibens seinem Leben nachträglich die ›richtige‹ Ordnung zu verleihen suchte. Obwohl Lablées Bericht insgesamt vermutlich mehr erfundene als wahre Elemente enthält, vermittelt seine Version der ›großen Enttäuschung‹ dennoch zumindest eine Ahnung davon, wie es jungen Schriftstellern ergangen sein muß, die durch die direkte Konfrontation mit der Realität zu einer pragmatischen und ernüchternden Beurteilung ihrer Heroen gezwungen wurden.

Einer ähnlichen Form von Desillusionierung fiel offensichtlich der Untergrundschriftsteller Dulaurens zum Opfer. Seiner Schrift *Les Abus dans les cérémonies* schickte er eine Abrechnung mit dem »Genfer Bürger« Jean-Jacques Rousseau voraus, in der er seine Abkehr von dem einstigen Idol und damit seinen Zorn über den eigenen bedingungslosen Rousseau-Glauben zum Ausdruck brachte. »Bruder, ich bin ein kleiner Hampelmann der französischen Literatur, und Du bist der größte Schriftsteller Deines Jahrhunderts; ich bin ein armer Autor in jeder Hinsicht und Du bist reich in jeder Hinsicht.«[10] Mit diesen Worten leitete Dulaurens eine Art Erinnerungsmonolog ein, in dem er sich wie Lablée seine Zweifel und seine Enttäuschung über den Verrat des »Bruders« von der Seele schrieb, dessen Ruhm er »in den Straßen Amsterdams« gepriesen habe, und der sich als Plagiator entpuppt hätte.

Die Vorbilder brachten ihren Nacheiferern ihrerseits gemischte Gefühle entgegen. Während Voltaire etwa auf der einen Seite jungen Talenten den Weg in den Kulturbetrieb öffnete, spottete er auf der anderen Seite über die »von der *Métromanie* gepackten« *Pauvres diables*, die er wohl auch als potentielle Konkurrenten fürchtete[11]. »Sie leben von unseren Werken, entstellen sie und verkaufen sie«, schrieb er beispielsweise in einem Brief an Rousseau vom 30. August 1755, in dem er die skrupellosen Raubdruckpraktiken seiner Kollegen attackierte. Das gleiche negative Urteil über die »armen Teufel« fällte Baron Grimm, der mit Resignation feststellte, daß es das Schicksal der »großen Männer und ihrer Werke« sei, »von kleinen Geistern abgeschrieben und nachgeahmt« zu werden. Grimm bezog sich dabei insbesondere auf die Inflation der »türkischen«, »jüdischen«, »arabischen« und »irokesischen« Briefe, die im Gefolge der *Lettres persanes* entstanden waren: »Die kleinen Verfasser meinten, man brauche, um neben dem berühmten Präsidenten zu bestehen, nur einen Türken oder Irokesen durch Frankreich reisen, ihn nur Briefe an seine Freunde daheim schreiben und diese Briefe nur auf orientalische Weise datieren zu lassen.«[12]

Die zwischen 1740 und 1760 geborenen[13], vom Philosophie-Virus infizierten Collège-Absolventen und künftigen *Grub-Street*-Schreiber[14] stammten größtenteils[15] aus eher bescheidenen Verhältnissen. Sylvain Maréchals Familie betrieb einen Weinhandel im Pariser Hallenviertel[16]. Ebenfalls in Paris verbrachte Louis-Sébastien Mercier, der Sohn eines Waffenschmieds, seine Jugend[17]. Der Vater von Charles Théveneau de Morande bekleidete das Amt eines königlichen Notars in Arnay-le-Duc[18]. Brissot war der Sohn eines Gastwirts[19], Manuel der Sohn eines Leinenhändlers[20].

Die genannten Autoren repräsentierten alle den Typus des aus der »bourgeoisie d'Ancien Régime« kommenden Schriftstellers, der in der Gelehrtenrepublik des 18. Jahrhunderts zunehmend an Einfluß gewann. Nichts dokumentiert den Prozeß des Wandels, dem die schreibende Zunft seit der Jahrhundertmitte unterworfen war, besser als d'Hémerys zwischen 1748 und 1753 entstandene ›Steckbriefsammlung‹: Der überwiegende Teil (ca. 70%) der 500 Schriftsteller, die in seiner *Historique des Auteurs* aufgelistet werden, rekrutierte sich aus dem Dritten Stand[21]. Der Aufstieg des bürgerlichen Schriftstellers tritt auch bei der statistischen Auswertung des Gelehrtenlexikons *La France Littéraire* deutlich hervor: Für den Zeitraum zwischen 1769 und 1784 lassen sich ca. 55 Prozent der hier aufgeführten Personen als Vertreter der »bourgeoisie d'Ancien Régime«[22] identifizieren.

Welcher Entwicklung verdankte sich der – von den Zeitgenossen mit Erstaunen konstatierte – Generationenwechsel, der die Zusammensetzung der *Res Publica Litteraria* so dramatisch veränderte? Einer der Hauptgründe für die intellektuelle Emanzipation des Dritten Standes ist sicherlich im Aufschwung des Schulwesens zu sehen, der durch die katholische Gegenreformation eingeleitet worden war und die Voraussetzung für die Akkulturation breiter Bevölkerungsschichten schuf. Bereits um 1750 existierten in Frankreich fast 560 Collèges, die sich durch die Vergabe von Stipendien und durch die elastische Berechnung des Schulgeldes allmählich auch den nichtprivilegierten Franzosen öffneten[23].

Die Collèges, die u. a. wegen ihres Festhaltens am traditionellen altsprachlichen Lehrkanon von d'Alembert und anderen aufgeklärten Reformpädagogen für praxisfern und obsolet erklärt wurden[24], offerierten den Kindern der Handwerker und Kaufleute eine reelle, wenn auch fragwürdige Emanzipationschance. Zum einen scheiterte ein hoher Prozentsatz der Kaufmanns- und Handwerkersöhne bereits in einem frühen Stadium der Ausbildung an den Mechanismen der kulturellen Selektion[25], zum anderen lieferte selbst der geglückte Durchmarsch durch das Collège keine Erfolgsgarantie: Wie in einem der folgenden Kapitel noch genauer zu untersuchen sein wird, züchteten die Collèges eine Vielzahl von »frei flottierenden Individuen« heran, die vom offiziellen Arbeitsmarkt nicht absorbiert werden konnten und statt dessen vorzeitig im akademischen Proletariat endeten[26].

Sofern die Schlüsselmomente im Leben eines Menschen überhaupt präzise zu bestimmen sind, scheint das Collège jedoch für etliche junge Literaten der Ort gewesen zu sein, an dem sie ihre schriftstellerische Berufung entdeckten. André Chénier faßte am Collège de Navarre den Entschluß, seine Zukunft ganz der Dichtkunst zu widmen[27]. Im Alter von 13 Jahren, während seiner Lehrzeit bei den Oratorianern in Niort, begann Louis de Fontanes die leeren Ränder von Schulheften mit eigenen Versen zu bedecken[28]. Ähnlich früh avancierte der Stipendiat François de Neufchâteau zum Wunderkind des von Jesuiten geleiteten Collège, das er seit seinem neunten Lebensjahr besuchte. Als 15jähriger veröffentlichte er ein 98seitiges Werk unter dem Titel *Pièces du sieur François, pensionnaire au collège de Neufchâteau*, das schließlich selbst dem in Ferney residierenden Voltaire in die Hände geriet[29]. Das Schreiben dürfte für die in den Collèges kasernierten Zöglinge, die unter der Trennung von ihren Familien litten, häufig allerdings ein Notbehelf gewesen sein; ein Ventil, um die emotionale Verwirrung zu kompensieren[30].

Die Schriftsteller, die im Schatten der alten »Mandarine« (Darnton) heranwuchsen, glaubten an die Idee einer universellen Gelehrtenrepublik. Ihre Jugend brachten literarische Anfänger wie Jacques-Pierre Brissot und Pierre Manuel im wesentlichen damit zu, die *Philosophes* von ferne zu verehren. Als deren legitime Erben sahen sie sich selbst. So lag der Schritt von der Schwärmerei zur Nachahmung nahe: Daß die Epigonen Voltaires und Rousseaus für eine sprunghafte Zunahme des Schriftstelleranteils unter der Gesamtbevölkerung[31] sorgten, beweist der Blick[32] in diverse Ausgaben von *La France Littéraire*: Waren in der Edition von 1757 die Namen von 1187 in Frankreich lebenden Autoren aufgeführt, wurden zwölf Jahre später, 1769, schon 2367 und 1784 schließlich 2819 französische Schriftsteller in alphabetischer Reihenfolge aufgelistet[33].

Wie die Fülle übereinstimmender Aussagen belegt, reagierten die zeitgenössischen Publizisten auf das Vermassungsphänomen zumeist mit Ratlosigkeit und Unbehagen[34]. »Parnaß, Parnaß ... Du bist nur noch ein finsterer Ort, an dem die Harpyen die Musen verjagt haben«, klagte 1778 der Verfasser eines literaturgeschichtlichen Werkes[35]. Eine kritische Haltung gegenüber dem Ansturm der vielen neuen Aspiranten bekundete auch der Abbé Chasles in seinem 1785 veröffentlichten *Portrait fidèle de la pluspart des écrivains du dix-huitième siècle*, in dem er zwischen der wachsenden Menge der Schriftsteller und dem literarischen Qualitätsverlust ein Kausalverhältnis konstruierte[36].

Solche pessimistischen Prognosen schmälerten aber nicht die Anziehungskraft, die die Welt der Literatur auf die gebildeten jungen Franzosen ausübte: Um sich seinen sehnlichsten Berufswunsch zu erfüllen, riskierte Jacques-Pierre Brissot[37] ebenso wie sein Leidensgenosse Portelance sogar den Konflikt mit der Familie[38].

Die Entscheidung, Schriftsteller werden zu wollen, erfolgte bei einer Vielzahl von Kandidaten mit zeitlicher Verzögerung, das heißt nach dem Absolvieren einer fachfremden Ausbildung. Zu jenen Erben Voltaires, die erst ein Studium der Jurisprudenz hinter sich brachten, ehe sie der ›Stimme ihrer Muse‹ gehorchten, gehörten Brissot, Théveneau de Morande, Maréchal, Neufchâteau und Linguet[39].

Welche persönlichen Konsequenzen zog die Wahl des Schriftstellerberufes aber nach sich? Sie bedeutete für die Debütanten aus der Provinz zunächst einen radikalen Bruch mit ihrer bisherigen Lebensweise, da sich aus strategischen und intellektuellen Überlegungen für sie die Übersiedlung nach Paris, in die Hauptstadt der Literatur, empfahl[40]. »Nichts ist geräumig im Périgord«, schrieb stellvertretend für viele Schriftsteller Joseph Joubert, dem die Stadt Paris angesichts der provinziellen Enge, in der er seine ersten Lebensjahre verbracht hatte, wie ein Heilsversprechen erschien[41].

Daß die Reise nach Paris für den sensiblen und in romantischen Illusionen befangenen Schriftstellernachwuchs einer Art Gralssuche gleichkam, ist in den erhaltenen autobiographischen Zeugnissen in einer Fülle von Variationen nachzulesen. Dennoch repräsentierten die jungen Männer, die in Scharen in die Kapitale einfielen, um dort ihr Glück als Autor zu versuchen[42], keine homogene Gruppe begeisterungsfähiger und hoffnungsvoller Talente. Mit dem Strom der Migranten zogen auch andere Abenteurer mit – obskure Individuen, die später in den Akten der Pariser Buchpolizei auftauchten. Als Musterexemplar dieser

Gattung wäre etwa der Autor Étienne Berlan d'Haloury zu nennen, der in Rennes sein Erbteil verpraßt und dann vom Geld seiner Mutter gelebt hatte, ehe er in Paris mehr oder weniger zufällig zum Schriftsteller konvertierte[43].

Von der Flucht aus der heimatlichen Provinz erhoffte sich jeder werdende Autor eine Verbesserung seiner Berufsaussichten. »Mein Bruder und ich, wir haben uns – der eine wie der andere – von Kindheit an dem Studium der Literatur gewidmet. Wir haben keine andere Profession. Und nur in Paris kann sie uns von Nutzen sein.«[44] Mit diesen Worten umriß der Abbé d'Estrées 1755 treffend die überragende Rolle einer Stadt, die sich seit dem späten 16. Jahrhundert allmählich zum kulturellen, politischen und wirtschaftlichen Mittelpunkt Frankreichs entwickelt hatte[45]. Zwar waren durch den Bau von Versailles und durch die daraus resultierende Rivalität zwischen »la cour et la ville« Colberts Absichten durchkreuzt worden, die alte Universitätsmetropole zu einem zweiten Rom und zur Wiege des *Imperium Francorum* auszubauen[46], doch konnte die französische Hauptstadt im Europa des 18. Jahrhunderts ihren Ruf als Zentrum der abendländischen Zivilisation, als kosmopolitische Begegnungsstätte[47] und als Hochburg des raffinierten Amüsements behaupten[48].

Aufgrund ihrer Monopolstellung für das Druckgewerbe galt die Stadt als Nabel der literarischen Welt[49]. In Paris war die intellektuelle Elite[50] des Landes versammelt. Hier, im Quartier Latin, nahe der ehrwürdigen Sorbonne, residierten die durch das Vergabesystem der *Privilèges* bevorzugten Pariser Druckermeister, Buchhändler und Kupferstecher, deren Zusammenballung auf engstem Raum den deutschen Paristouristen Johann-Jacob Volkmann aufs äußerste verwunderte: »Die lange Rue St. Jacques ist für die Litteratur und Künste merkwürdig. Hier haben die meisten Buchhändler ihren Laden. Man trifft daher auch alles, was der Buchhandel ... nach sich zieht, nemlich viele Buchdruckereyen, Buchbinder, Kupferstecher, Kupferhändler usw. an«, berichtete er in seinen *Neueste(n) Reisen durch Frankreich*[51].

Mit der Reise nach Paris hatten die Schriftstellerdebütanten zwar einen ersten Schritt zur Realisierung ihrer Berufspläne getan. Noch lag die Bewährungsprobe aber vor ihnen.

Illusion und Realität: Erste Schritte in der Großstadt

Er kam durch die Vorstadt Saint Marceau hinein und glaubte sich in dem schmutzigsten Dorfe Westfalens zu befinden.[1]

Mochte die französische Hauptstadt dem Fremden von ferne wie der Inbegriff abendländischer Kultur erscheinen, so mußte doch schon der erste Blick auf das »Neue Babylon«[2], auf die engen, staubigen Straßen der Vorstädte, auf die schwarzen, dicht aneinandergeschmiegten Häuser und den überall gegenwärtigen Schmutz[3] jeden ernüchtern, der in dem naiven Glauben gekommen war, hier das irdische Paradies zu finden[4].

Der deutsche Reisende Heinrich Storch, der im Jahre 1787 acht Tage brauchte, um mit der Kutsche von Straßburg nach Paris zu reisen, gewann bereits an der Zollschranke einen unangenehmen Vorgeschmack auf das, was ihn im Zentrum erwartete; »stinkende Mistwagen, fluchende Kärner und blöckende Heerden von Vieh« versperrten dem Gefährt des Neuankömmlings den Weg[5]. Unauslöschlich prägte sich seinem Gedächtnis das Bild eines Stutzers ein, »der in weißseidenen Strümpfen äußerst sauber ... durch den Koth tanzte«[6]. Storchs Landsmann Friedrich Schulz, der als passionierter Spaziergänger »mit einer heldenmüthigen Unerschrockenheit«[7] selbst die finstersten Pariser Gassen erkundete, brachte sein Erschrecken über die urbane Tristesse mit den Worten zum Ausdruck, man glaube nicht eher »mitten in der feinsten Hauptstadt der Welt« zu stehen, als bis man die »Lumpenmänner und Bettelweiber« einander mit »Monsieur und Madame« anreden höre[8].

Auch Reverend William Cole zeigte sich in dem Tagebuch seiner Paris-Reise von 1765 bitter enttäuscht über die Diskrepanz zwischen dem, was er erhofft, und dem, was er tatsächlich gesehen hatte. Wie sehr lerne man doch die Schönheit, Größe und Überlegenheit Londons zu schätzen, so sein tugendhaft-lokalpatriotisches Fazit, wenn man sich in eine »Metropolis« verirrt habe, die an einem »garstigen Rinnsal von Fluß« liege und nichts Bemerkenswertes aufzuweisen habe[9].

Die Stadt offenbarte sich dem Fremden als ein überwältigendes Konglomerat von Sinnesreizen, als ein visuelles, olfaktorisches und akustisches Schlüsselerlebnis. »Mir schien es, als wäre ich in einen ungeheuren Strudel gestürzt und der tosende Wirbel des Wassers drehte mich gleich einem Sandkörnchen«, notierte der Russe Nikolaj Michailowitsch Karamsin[10] stellvertretend für viele Paris-Touristen des Ancien Régime, die ähnlich empfanden[11].

Gegen Ende des 18. Jahrhunderts beherbergte die französische Hauptstadt nahezu 600 000 Einwohner[12] unter katastrophalen hygienischen Bedingungen. Der Reisende Johann Georg Heinzmann, der das direktoriale Paris besichtigte, diagnostizierte angesichts der »Menge von Ausdünstungen fauler, stinkender Körper«, angesichts der »Exkremente und ... Ausdünstungen aller Art« wohl zu Recht, daß die Stadt »sehr ungesund« sei[13].

Obwohl die Fahrt nach Paris für jeden Provinzflüchtigen zunächst ein Aufbruch ins Ungewisse war, wurde die Zäsur doch durch die Präsenz der Heimat in der Fremde gemildert. In dem großen Schmelztiegel Paris existierten nebeneinander provinzielle Enklaven, die dadurch entstanden, daß die aus einer bestimmten Region stammenden Paris-Zuwanderer sich in dem gleichen Stadtviertel niederließen und oft auch die gleiche Tätigkeit ergriffen[14]: Auvergnaten bevölkerten die Elendsviertel rund um die Place Maubert, das Hôtel de Ville und die Montagne Sainte-Geneviève; Arbeiter aus dem Limousin, die Geld und Brot auf dem Bau verdienten, schlugen rings um die Place de Grève ihr Quartier auf[15]. Dieses spezifische, kontinuitätsstiftende Migrationsverhalten läßt sich zum Teil auch bei den zugereisten künftigen Schriftstellern beobachten; exemplarisch etwa bei dem aus Savoyen gebürtigen Abbé Pinget, der am Ziel seiner Wanderung einfach mit den savoyischen Reisegefährten zusammenblieb, die mit ihm über die Landstraßen nach Paris gezogen waren[16].

Auf solche Weise konnten Kontakte und soziale Beziehungen gepflegt werden, die ein Gegengewicht zur angsteinflößenden Anonymität der Stadt bildeten und dem Neuling die Eingewöhnung erleichterten; die Mikrowelten in der verwirrenden Makrowelt der Metropole halfen dem stadtfremden Schriftsteller, seinen neuen Alltag zu organisieren und zu bewältigen.

Dieser Alltag spielte sich nicht nur in der Sphäre des Erhabenen ab, wie Abhandlungen über den *Homme de Lettres* gerne behaupten. Die Stilisierung des Schriftstellers zum in sich selbst versunkenen, entrückten Dichter, zum unentwegt über das Glück oder die *Querelle des Anciens et des Modernes* räsonnierenden Schöngeist[17] korrespondierte mit der Durchsetzung einer idealistischen, die soziale Realität des Literaturproduzenten negierenden Auffassung, die ihrerseits wiederum in der Apotheose des bürgerlichen Geniebegriffs kulminierte[18].

Bevor sie allerdings ihre »visionäre Schöpferkraft« zu entfalten vermochten, hatten die Schriftsteller mit zahlreichen materiellen Problemen zu kämpfen, und gerade die Trivialitäten des Daseins drückten ihrer künstlerischen Existenz den Stempel auf. Der Abstieg in die niederen Gefilde des Literatenlebens begann für die Nachwuchsautoren mit der Frage der Wohnungsbeschaffung. Unter dem Eindruck der Großstadtrealität lernten die Zahlungsschwachen unter ihnen in der Regel schnell, sich an die Unbequemlichkeiten eines bescheiden möblierten Zimmers zu gewöhnen[19]: Die Notwendigkeit, eine kärgliche und elende Kammer mit einem Wohngenossen teilen zu müssen, bedeutete für den naiven Himmelsstürmer Jacques Lablée eine jähe Ernüchterung[20], aber ein begrenztes Budget zwang eben zum Zurückschrauben der Ansprüche. Der Literat Blondeau wohnte zu Beginn der 50er Jahre bei einem Teppichwirker in der Rue de L'Estrapade[21], Etter de Sybourg im Jahre 1766 bei einem Drechsler in der Rue des Cordeliers[22], Aublet de Maubuy bei einem Pensionsbesitzer in der Rue de la Courcellerie[23], der Abbé Méhégan bei einem Perückenmacher in der Rue St. Jacques[24].

Die unteren Etagen der Häuser waren für die Reichen reserviert, unvermögende Schriftsteller logierten dagegen in den oberen Stockwerken[25]. Marmontel ›residierte‹ in den frühen 40er Jahren in der vierten Etage eines Hauses in der Rue des Maçons, nahe der Sorbonne[26]. Ebenfalls zu den Bewohnern des vierten Stocks zählten der *Nouvelliste* Jean Constans, den die Polizei 1760 in der Rue de Berry aufspürte[27], und der *Nouvelliste* Girardin, der mit seiner vielköpfigen Familie um 1744 in einem einzigen Zimmer in der Rue Croix des Petits Champs, einen Steinwurf vom Palais-Royal entfernt, lebte[28]. Auch der *Nouvelliste* Foulhioux hatte in den 80er Jahren Unterschlupf im vierten Stock eines Hauses in der Rue Platrière gefunden[29]. Nicht ohne Grund erklärte Diderot im Rückblick auf seine Laufbahn die

Verringerung der täglich zu erklimmenden Treppenstufen zum sichtbarsten Ausdruck des beruflichen Erfolgs: »Als ich jung war, wohnte ich in der vierten Etage, ich schrieb dort Dummheiten, und man sperrte mich wegen meiner *Bijoux indiscrets* im Turm von Vincennes ein. Nun, da ich Reichtum und Berühmtheit erworben habe, wohne ich in der ersten Etage, wo ich, wie ich gestehen muß, noch viel gefährlichere Werke verfaßt habe«[30], schrieb er in einem Brief an den Pariser Polizeichef Lenoir.

Finanzielle Misere und Vagabundentum hingen ursächlich zusammen: Je ärmer ein Schriftsteller war, desto schneller wechselte er die Absteigen[31], desto eher siedelte er sich in den östlichen Stadtvierteln an, im Faubourg Saint-Marcel[32] und im Faubourg Saint-Antoine. Hébert, der als kleiner Angestellter vor der Revolution bittere Not gelitten hatte, hauste noch 1791 in einer kleinen Wohnung in der Rue Saint-Antoine[33]. In der gleichen Straße vegetierte um die Jahrhundertmitte der Dichter Dudéré de Villeras »in fürchterlichem Elend« dahin[34].

Bei den Pariser Stadtvierteln des 18. Jahrhunderts handelte es sich um komplexe soziale Einheiten, die den Schriftsteller in die Lebenswelt der Pariser Bevölkerung einbanden[35]. Der Kampf um das tägliche Brot stärkte die Solidarität untereinander und setzte kulturelle Initiationsprozesse in Gang. Daß Schriftsteller ihren Bildungsvorsprung wohl gelegentlich zur Wissensvermittlung nutzten, illustriert der Fall des *Nouvelliste* Guyot, der als Untermieter eines Krämers in der Rue de Grenelle dem 12jährigen Sohn seines Nachbarn, des Samenhändlers Hullot, kostenlosen Unterricht im Lesen und Schreiben erteilte[36].

Als weiteres Beispiel für die private und professionelle Verankerung eines Schriftstellers in seinem Stadtviertel ist der Chevalier de Rutlidge zu erwähnen, der unter den Literaten seiner Generation zu den produktivsten Autoren gehörte. Zwischen ihm und seinem Vermieter, dem Kerzenhändler Audiffret, bestand in den 80er Jahren zeitweilig eine fruchtbare Partnerschaft[37]. Ohne offizielle Lizenz verkaufte Audiffret die Bücher des Schriftstellers in seinem Laden und betätigte sich nebenbei als dessen Agent. Die Polizei stieß bei einer Razzia auf eine Fülle von Handzetteln, die das Publikum zum Kauf eines von Rutlidge verfaßten Romans animierten[38]: »Dieser Roman, der vielleicht pikanteste und sittlichste von all denen, die der Chevalier de

Rutlidge geschrieben hat, enthält sehr wahre Einzelheiten und Porträts, die mit der dem Autor eigenen Freiheit und Originalität gezeichnet sind.«[39]

Daß das Bohème-Dasein, das viele Pariser Schriftsteller führen mußten, keineswegs den im 19. Jahrhundert geprägten Klischees entsprach, illustriert am besten vielleicht der Werdegang des aus der Schweiz stammenden Schriftstellers Rodolphe Etter de Sybourg, der um die Jahreswende 1758/59 in Begleitung von Frau und Schwiergermutter nach Paris kam und sich zur Bestreitung des Lebensunterhaltes zunächst als Kammerdiener verdingte. Nach einem halben Jahr wohnte er jedoch noch immer in einem kleinen möblierten Zimmer und hatte es noch immer nicht geschafft, im Buchgeschäft Fuß zu fassen. Das einzige, was er zu diesem Zeitpunkt sein eigen nannte, war ein Schuldenberg[40].

Wie die Betroffenen selbst immer wieder klagten, wirkte sich das Leben in der Dachkammer verheerend auf die kreative Entfaltung eines Autors aus: Schriftsteller wie François Génard oder Charles de Mouhy, die unter ständiger Geldknappheit litten und engsten Wohnraum mit Frau und Kindern teilen mußten, lernten die ›Freiheit des Dichters‹, die manche ihrer Kollegen genossen, sicher niemals kennen[41].

Verglichen mit der Tristesse der Dachkammer vollendete Alain-René Lesage seinen pikaresken Roman *Histoire de Gil Blas de Santillane* dagegen unter geradezu paradiesischen Bedingungen. Sein von einem idyllischen Garten umgebenes Haus lag am Stadtrand; weder die Geräusche des Haushalts noch der Lärm der Straße störten ihn bei der Arbeit[42].

Dank der Fürsorge seines Mäzens Watelet verfügte auch der Schriftsteller Antoine-Léonard Thomas über die zum Schreiben notwendige Muße. Watelet hatte Thomas als junges Talent entdeckt und zunächst von seiner ungeliebten Lehrerrolle erlöst, indem er ihm 1761 einen einträglichen Posten als Sekretär Choiseuls verschaffte[43]. Darüber hinaus hatte er ihm mit Einladungen auf seinen Landsitz Moulin Joli zu einer schöpferischen Atempause verholfen: »Gewöhnlich arbeite ich morgens, mal stehe ich um sechs Uhr, mal um neun Uhr auf; dann frühstücke ich ... mit einem großen Stück Landbrot und einem Glas Wein«[44], berichtete Thomas in Briefen nach Hause, in denen er seiner Begeisterung über die ihm ermöglichte Idylle Ausdruck verlieh.

Schriftsteller wie Thomas genossen das Privileg, ihren literarischen Neigungen in erfreulicher Umgebung und in materieller Sicherheit nachgehen zu dürfen: Für die Mouhys, Manuels und Brissots jedoch hätte der Schock des ersten Kontakts mit der Stadt Paris eine Warnung sein müssen; die konkret erlebte urbane Realität war eine ganz andere als die, die sie sich in der heimatlichen Provinz erträumt hatten.

Enttäuschungen: Der Alltag des Schriftstellers

Das Leben des Genies ist fast immer voller Dornen.[1]

Daß sie einmal auf den Fahndungslisten der Polizei auftauchen würden, ahnten wohl die wenigsten der späteren Bastille-Häftlinge bei ihrer Ankunft in der Hauptstadt. Zum Untergrundschriftsteller, zum professionellen Verfasser verbotener Broschüren und Pamphlete entwickelten sich viele von ihnen erst, nachdem ihr Versuch, auf ordentlichen Wegen zum Ziel zu gelangen, gescheitert war. Die Geschichte der Untergrundschriftsteller ist insofern in erster Linie zunächst eine Geschichte unerwarteter Frustrationen und mangelnder Möglichkeiten.

Sicher hatte der Beruf des Schriftstellers in der zweiten Hälfte des 18. Jahrhunderts ein bis dahin ungekanntes Prestige erlangt: Daß die Gesellschaft des Ancien Régime die Vertreter der schreibenden Zunft seit etwa 1750 mit anderen Augen zu sehen begann[2], belegt eine Fülle von Zeugnissen aus ganz unterschiedlichen Bereichen bis hin zur Medizin, die den Korper des Schriftstellers nun als Forschungsobjekt entdeckte. So entwarf der Arzt Simon-André Tissot in einer im Jahre 1769 veröffentlichten Abhandlung einen speziellen Ernährungs- und Gesundheitsplan für die *Gens de Lettres*, die er vor allem vor den bösen Folgen nächtlicher Arbeit und übermäßigen Alkoholkonsums meinte warnen zu müssen[3].

Die Suche nach der für sie angemessenen und ›richtigen‹ Lebensweise beschäftigte aber auch die Vertreter der schreibenden Zunft, die sich in einer Vielzahl von Texten mit Alltagsproblemen wie der Notwendigkeit von Askese und Zölibat auseinandersetzten[4]. Anders als in früheren Epochen ergriffen sie nicht demütig, sondern im Bewußtsein ihrer Stärke das Wort, im Bewußtsein der gewachsenen Bedeutung des Schriftstellers, den sie, wenn nicht als Inkarnation des »philosophischen Zeitalters« schlechthin[5], doch als nützliches Mitglied des Staates akzeptiert wissen wollten.

Bis dahin hatte der Schriftsteller im wesentlichen die Rolle des Komödianten und Hofnarren gespielt[6], von dem Bescheidenheit und Zurückhaltung verlangt wurden[7] und dem man gegebenenfalls eine kräftige Tracht Prügel verabreichte, um ihn an seinen Platz in der ständischen Rangordnung zu erinnern[8]. Nun aber war der Schriftsteller zur Identifikationsfigur geworden, zum Symbol einer erfüllten Existenz: Mit Stolz sprach Court de Gébelin in seinen Briefen an die Société Typographique de Neuchâtel davon, daß der Schriftstellerberuf »das süßeste und zufriedenstellendste« Leben ermögliche[9]. »Ein Autor zu sein, das ist eine Stellung heutzutage wie die eines Militärs, eines Beamten, eines Geistlichen oder eines Finanzmannes«, prahlte der Verfasser der *Agenda des auteurs* von 1755[10]. Einen weiteren Schritt zur Standortbestimmung unternahm 1764 der Schriftsteller Jean-Jacques Garnier, der geradezu musterhaft den Typus des abgesicherten, in den Kulturapparat eingebundenen Gelehrten verkörperte. Der 1729 geborene Sohn armer Eltern hatte am Collège d'Harcourt studiert und später durch die Vermittlung des Ministers Saint-Florentin einen Lehrstuhl für Hebräisch am Collège de France erhalten[11]. Sein Buch über den *Homme de Lettres* verstand er als Beitrag zu einer längst fällig gewordenen Demontage überholter Klischees: Der wahre *Homme de Lettres*, so Garnier, sei keineswegs das, was die »Masse« darunter verstehe, die schon jeden »Matrosen, der das Tagebuch seiner Reise drucken« lasse, als Literaten betrachte[12]. Die Qualitäten, die den wahren *Homme de Lettres* auszeichneten, lägen hingegen auf einer anderen – und weit edleren – Ebene, hebe er sich doch durch moralische Untadeligkeit und Vorbildhaftigkeit von seinen Mitmenschen ab[13].

Nicht alle Schriftsteller zimmerten freilich wie Garnier am Podest des ›edlen Weisen‹: In spöttischer Anspielung auf die Eitelkeit seiner Berufskollegen ließ der Autor Cerou in dem Lustspiel *Der Liebhaber, ein Schriftsteller und ein Lackey* neben einem verkleideten Schriftsteller auf Freiersfüßen einen Lakaien agieren, der gerade sein Schreibtalent entdeckt hatte und darüber – zur Belustigung der Zuschauer – in folgenden Monolog ausbrach: »Daß dich der Teufel! Ich schreibe ja wie ein Engel! Wenn das so fortgeht, so wird meine Geschichte sehr kurz. Ich habe erst drey Seiten gschrieben, und ich bin doch schon bald zum Ende. Je, nun, gut! So wird dem Leser die Zeit nicht darüber lang.«[14]

Die Intensität, mit der die zeitgenössischen Schriftsteller über ihren ›Stand‹ und ihren Nutzen reflektierten, läßt sich sicher als ein Streben nach Selbstvergewisserung und Abgrenzung definieren, als Ausdruck des Bedürfnisses, den neuen Status des Intellektuellen zu bestimmen, der sich aus der Veränderung der Prämissen im Zuge der Genese des »Machtfaktors öffentliche Meinung« ergeben hatte[15].

Einen wesentlichen Faktor des von Jürgen Habermas skizzierten »Strukturwandels der Öffentlichkeit« stellte die Expansion des französischen Buch- und Zeitschriftenmarktes dar. Die Schriftsteller waren zugleich Beförderer wie Nutznießer jenes fundamentalen Prozesses, der die Medienlandschaft veränderte. »Die periodisch erscheinenden Werke wandern von Hand zu Hand, von Stadt zu Stadt, von Königreich zu Königreich«[16], notiert 1757 ein zeitgenössischer Beobachter. »Jeden Tag sehen wir, wie sich die Zahl der Journale in einem Maße vervielfacht, daß ein einzelner Mensch sie nicht mehr alle lesen kann«, schreibt der Autor de Lacaussade Anfang Januar 1758 in einem Brief an Malesherbes[17].

Die Statistik der Produktionszahlen bestätigt ex post die Richtigkeit des von de Lacaussade und anderen auf der Basis der eigenen begrenzten Anschauung formulierten Aussagen. »Seit 1750 ist das Journal endgültig fester Bestandteil des Kulturbetriebs«[18]; nach 1770 sind Auflagen von 1000 Exemplaren keine Seltenheit mehr.

Eine Epoche, in der die potentielle Leserschaft zuletzt immerhin ein Drittel aller Franzosen umfaßte – gegenüber einer durchschnittlichen nationalen Alphabetisierungsrate von 21 Prozent im 17. Jahrhundert[19] – und in der die Lektüre gerade für den Städter zunehmende Relevanz erlangte, verfügte über die besten Voraussetzungen für eine Neubewertung des Schriftstellerberufs. Obwohl es in vielen Fällen schwierig, wenn nicht unmöglich ist, spezifische Leseerfahrungen zu rekonstruieren, illustriert das von Robert Darnton im Archiv der Société Typographique de Neuchâtel entdeckte Briefkonvulut des protestantischen Seidenhändlers Jean Ranson aus La Rochelle zumindest an einem Beispiel, welche Orientierungsangebote ein Schriftsteller wie Rousseau seinen Lesern lieferte. Die intensive Beschäftigung mit dem Werk des Philosophen verwandelte Ranson in einen so gläubigen Anhänger Jean-Jacques', daß er fortan sein ganzes Leben nach dessen Ratschlägen zu gestalten versuchte, und sei es noch in Hinsicht auf die richtige Methode des Bruststillens[20].

Wie schon in einem anderen Kapitel kurz beschrieben, nahm die Verehrung Voltaires und Rousseaus mitunter sogar kultische Formen an. »Nun ist er gefallen, der düstere Schleier; die letzten Strahlen dieses unvergleichlichen Lichts sind soeben erloschen, und die Nacht, die auf diesen schönen Tag folgt, wird vielleicht jahrhundertelang dauern«, schreibt die *Literarische Korrespondenz* zum Tod Voltaires 1778[21]. Das gleiche Organ berichtete schon 1770, allerdings mit leicht ironischem Unterton, von einem wahren Volksaufruhr, den Rousseaus Erscheinen in Paris ausgelöst habe: »Man fragte einzelne aus dem Pöbel, was sie da wollten; sie antworteten, sie wollten Jean-Jacques sehen. Man fragte sie, wer denn Jean-Jacques sei; sie antworteten, das wüßten sie nicht, er käme aber da vorbei.«[22]

Zwischen Theorie und Praxis klaffte freilich eine breite Lücke. Während die aufgeklärte Gesellschaft den *Homme de Lettres* als »edles Kind der Künste« verherrlichte, verweigerte sie ihm gleichzeitig den vollen Genuß der Autorenrechte[23]. Die Schriftsteller des 18. Jahrhunderts klagten im Grunde über dieselben Mißstände wie Clément Marot, der bereits um die Mitte des 16. Jahrhunderts den Verlegern vorgeworfen hatte, sie ernteten die Früchte, die er gesät habe[24]: Die Abhängigkeit von den »Tyrannen« bildete für die Autoren ein Übel, das sie – aus verständlichen Motiven – gebetsmühlenartig immer wieder thematisierten. In seinem anonym erschienenen *Mémoire sur les vexations qu'exercent les libraires et imprimeurs* von 1725 resümierte Jacques-Pierre Blondel schon früh die Topoi der Anklage, die im weiteren Verlauf des Jahrhunderts immer wieder aufgegriffen werden sollten[25]. Der polemische Ton, der das *Mémoire* charakterisierte[26], durchzog auch Charles-George Fenouillot de Falbaire de Quingeys *Avis aux gens de lettres* aus dem Jahre 1770, eine im Zusammenhang der Auseinandersetzung[27] zwischen Schriftstellern und Verlegern entstandene Streitschrift. »Wenn man die edelste aller Beschäftigungen wähle«, verzichte »man gern ... auf ein großes Vermögen«, müsse aber »wenigstens die Gewißheit haben, daß es nicht am Lebensnotwendigsten mangelt«[28], forderte der Verfasser des *Avis*, ehe er seine Vision des freien, allein vom Ertrag seiner Werke lebenden Schriftstellers beschwor[29].

Einen der wichtigsten Beiträge zu der zeitgenössischen Diskussion um die Definition des literarischen Eigentums hat Diderot mit seiner Denkschrift *Sur la liberté de la presse* geliefert, die er im Auftrag des Buchhändlers, Verlegers und Zunftbeamten Le Breton verfaßte. Wenn der Schriftsteller darin mit Nachdruck für die Anerkennung des literarischen Eigentums plädierte, so vertrat er paradoxerweise einen Standpunkt, der den Interessen der Pariser Zunft durchaus entgegenkam. Dem Schriftsteller sein Eigentum zuzugestehen bedeutete im Horizont der Verleger und unter den Prämissen des *Privilège*-Systems nichts anderes, als die komplizierten Geschäftsbeziehungen erheblich zu vereinfachen. Der Verkauf eines Manuskripts geriet gemäß dieser Logik zu einer einfachen Transaktion: »Ich wiederhole es«, schrieb Diderot, »der Autor ist der Herr seines Werkes, oder niemand sonst in der Gesellschaft ist der Herr seines Besitzes. Der Verleger besitzt es, wie es vorher der Autor besessen hat.«[30]

Nicht alle Verleger entsprachen freilich dem populären Bild des ausschließlich auf Profit bedachten »Blutsaugers«[31]. Suzanne Tucoo-Chalas faszinierendes Porträt des Großunternehmers Charles-Joseph Panckoucke enthüllt die schillernde Persönlichkeit eines Mannes, der Geschäft und Gesinnung miteinander versöhnte, der ein Verlagsimperium errichtete und zugleich zu einem der glühendsten Verfechter der *Lumières* in Europa aufrückte. Panckoucke, der sich 1762 im ›Ghetto‹ der Pariser Verlagsbuchhändler auf dem linken Seineufer etabliert hatte, verkehrte in den illustren Kreisen der Gelehrtenrepublik und unterstützte ›die Bewegung‹ bekanntlich durch den Druck wichtiger Werke[32].

Gewiß war das Lamentieren vieler *Gens de Lettres* über ihre Ausbeutung berechtigt. Das einseitige Machtgefälle zwischen Schriftsteller und Verleger verkehrte sich unter Umständen allerdings ins Gegenteil: Wenn ein Autor erst einmal einen Bestseller veröffentlicht und sich damit als lohnendes Investitionsobjekt profiliert hatte, gewann er die Oberhand und konnte seinem Verleger bis zu einem gewissen Grad die Bedingungen der weiteren Zusammenarbeit diktieren. Daß ein gefragter Autor sehr genau um seine Machtposition wußte und diese nach Kräften auskostete, illustriert exemplarisch der Bericht des im Spätfrühjahr 1783 in die Bastille eingelieferten François Mallet, der das primadonnenhafte Verhalten des prominenten Publizisten Mirabeau aus nächster Nähe miterlebt hatte[33].

Mit dem aus Clermont-Ferrand stammenden 32jährigen Mallet war der Pariser Polizei ein umtriebiger Associé der Herren Fauche und Witel ins Netz gegangen. Der schwunghafte Handel mit literarischen »Drogen«, der ihm ein einträgliches Auskommen sicherte, schien zum Zeitpunkt seiner Verhaftung allerdings in höchstem Maße gefährdet: Die fatalen Auswirkungen der auf Anordnung des Außenministers Vergennes verschärften Importkontrollen hatte Mallet am Niedergang seiner Geschäfte bald genug feststellen können. Im Verlauf einer hastig organisierten Reise zu seinen Kunden, den französischen Provinzbuchhändlern, hatte er eine Schreckensnachricht nach der anderen erfahren: Daß eine Sendung verbotener Bücher schon in Besançon von der Zunftaufsicht konfisziert worden war, ließ ihn für die Zukunft Schlimmes fürchten. Daß er schließlich bei dem Versuch, 200 Exemplare der *Mémoires sur la Bastille* in die französische Hauptstadt einzuschmuggeln, von der Polizei erwischt wurde, setzte seinem Unglück die Krone auf.

Soweit die Vorgeschichte. Im Zuge der Verhöre, denen er nach seiner Festnahme unterzogen wurde, erwies sich Mallet rasch als äußerst mitteilsamer Gefangener, der die Polizei u. a. mit intimen Details über Mirabeaus Beziehung zu seiner Firma versorgte. In allen Einzelheiten führte er aus, wie das Verhältnis der Neuenburger zu ihrem ›Zugpferd‹ nach anfänglicher Übereinstimmung zunehmend schlechter geworden war und schließlich mit einer Entzweiung endete. Mallets Version zufolge hatten die Schweizer Verleger Mirabeaus Enthüllungsschrift über die *Let-*

tres de cachet für eine Ablösesumme von 150 Louis erworben und sich vertraglich zum Druck weiterer Mirabeau-Bücher auf ihren Pressen verpflichtet. Der frisch für den Verlag rekrutierte Autor hatte vereinbarungsgemäß zunächst von Frankreich aus kleine Portionen von »Manuskriptseiten« nach Neuchâtel geschickt und die Stadt dann höchstpersönlich mit seiner Anwesenheit beehrt. Der Auftritt der Pariser Berühmtheit geriet zu dem gesellschaftlichen Ereignis des Jahres schlechthin: Mirabeau sei, so Mallet, von den einheimischen Honoratioren wie ein Held bejubelt worden. Die vornehmsten Vertreter des Magistrats hätten sich tagein, tagaus in der Druckwerkstatt eingefunden und seien von »dem Grafen« mit Vorabdrucken von jeder »eben gesetzten Seite« belohnt worden.

In dieser Situation war es zwischen Mirabeau und Mallet laut Aussage des letzteren jedoch zu einem Zerwürfnis gekommen: Er, Mallet, habe dem Schriftsteller unmißverständlich zu verstehen gegeben, daß seine Manuskripte »zu teuer und zu gefährlich« wären, und daß man sie nicht drucken könne, »ohne große Risiken einzugehen«: »Ich habe meine Partner gebeten, mit ihm zu brechen, worin sie eingewilligt haben.«[34]

Wenn sich Erfolgsschriftsteller wie Mirabeau einige Freiheiten gegenüber ihren Verlegern erlauben konnten, änderte dies freilich nichts daran, daß das Gros der Pariser Autoren des 18. Jahrhunderts in erniedrigendster Weise mit den Gepflogenheiten des Verlagsgeschäftes konfrontiert wurde. So u. a. Marmontel zu der Zeit, als er einen ganzen Winter hauptsächlich im Bett verbringen mußte, weil ihm das Geld für das Heizen des Ofens fehlte. Nach seiner Ankunft in der Hauptstadt hatte Marmontel zwar relativ schnell einen Verleger gefunden, der ihm für das Manuskript einer Übersetzung ein Honorar zahlte. Die entsprechende Summe war ihm jedoch nicht in Bargeld ausgehändigt worden, sondern in Form von Gutscheinen, die er sukzessive bei einem Lebensmittelhändler einlöste[35].

Während Marmontel die Schattenseiten des Schriftstellerberufes lediglich in seiner Jugend kennenlernte, später aber einen kometenhaften Aufstieg im Pariser Kulturbetrieb erlebte, war es seinen erfolglosen Kollegen kaum je im Laufe ihrer schriftstellerischen Tätigkeit vergönnt, das Joch der Verleger abzustreifen. Als Jacques d'Estrées 1755 die 25 Jahre Revue passieren ließ, die seit dem Beginn seines Autorendaseins vergangen waren, fiel die Bilanz frustrierend aus. Sein Bruder und er seien so mittellos, daß sie über kurz oder lang keine andere Wahl hätten, als entweder vor den Kirchenportalen zu betteln oder aber eine der Beschäftigungen zu ergreifen, die direkt zur Place de Grève – dem Pariser Hinrichtungsplatz – führten[36], konstatierte d'Estrées zutiefst resigniert in seinen Briefen aus der Bastille. Die Tatsache, daß seine Verleger ihm gegenüber hartnäckig ihre Zahlungsverpflichtungen ›vergaßen‹, reihte sich ein in die Kette schmerzlicher Erlebnisse, die seine Biographie prägten. 13 Jahre zuvor war er in einem Zusammenstoß mit seinem damaligen Auftraggeber Dozier besonders drastisch auf den Platz verwiesen worden, der ihm als einem obskuren Schreiberling gebührte: Dozier hatte ihn für die Erstellung eines Registers engagiert, aber die Auszahlung des Honorars verweigert. Nach gegenseitigen Beschimpfungen war der Konflikt bis zur Messerstecherei und Verprügelung des Autors durch die Domestiken Doziers eskaliert[37].

Eine eindringliche Vorstellung von den Widrigkeiten des Autorendaseins im 18. Jahrhundert vermitteln die vielen autobiographischen Zeugnisse der Schriftsteller, die zahlreichen, an verschiedene Verlagshäuser gerichteten Schreiben, die Geschichten von Not und Krankheit, von vagen Hoffnungen und zerstörten Illusionen erzählen. Der auf einem Autor lastende Druck spiegelt sich nirgends klarer wider als in der Korrespondenz der Société Typographique de Neuchâtel mit den Pariser Literaten. »Ich kann aus diesem Werk, meine Herren, das beste Verlagsobjekt machen, das es derzeit gibt; aber dazu ist es nötig, daß Sie meinen Überlegungen zustimmen und das größte Vertrauen in mich setzen«[38], drängte der Schriftsteller Delisle de Sales die Neuenburger Verleger im November 1780. Für den Fall, daß dieser Appell nichts fruchtete, fügte Delisle de Sales gleich ein zweites Argument hinzu, das den Tauschwert des angebotenen Manuskripts zusätzlich steigern sollte: Er wage zu behaupten, daß sein Werk als das »allerpikanteste« in jeglicher Hinsicht zu betrachten sei[39].

Zu ähnlichen Selbstinszenierungen sah sich im August 1783 auch der Pariser Autor d'Hautraie gezwungen. Wie sehr er das Geld eines Verlegers brauchte, offenbart die Vehemenz, mit der er ein ihm von der S. T. N. vorgeschlagenes Arrangement ablehnte. Auf die Empfehlung, er möge sein Manuskript zunächst auf eigene Rechnung drucken lassen, reagierte er äußerst unwirsch: »Ich glaubte, meine Herren, Ihr hättet wohl begriffen, daß ich mein Manuskript *verkaufen* wollte.«[40]

Die Ohnmacht des Autors gegenüber den »Piraten des Buchgeschäfts«, wie die Verleger häufig tituliert wurden[41], durchzieht auch den Briefverkehr des Abbé Rosoi mit der Société Typographique de Neuchâtel. Man wolle sich doch um ein paar Geldstücke mehr oder weniger nicht streiten, bat er die Verlagsleitung in einem im Juni 1774 verfaßten Brief, von der Furcht gepeinigt, daß man ihm die Zusammenarbeit aufkündigen könne[42].

Einen dreisten Ton schlug dagegen der Schriftsteller Grosier an, nachdem er seine *Histoire générale de la Chine* unter Verwendung etlicher Superlative als Druckobjekt angepriesen hatte. »Um unsere Verhandlungen abzukürzen, denke ich, Sie über den Preis informieren zu müssen, meine Herren, den ich für dieses Manuskript verlange. Es wird mir nicht möglich sein, es für unter 2000 Écus für jeden Band aus den Händen zu geben«, erklärte Grosier am 19. Juni 1774. Seine absolute Kompromißlosigkeit in diesem Punkt brachte er durch die Wahl fast schon unhöflicher Formulierungen zum Ausdruck: »Ich sage Ihnen frank und frei, das ist mein letztes Wort, denn ich bin ein Feind von dem, was man Feilschen nennt.«[43]

Die Schweizer Verleger kümmerten solche Demonstrationen schriftstellerischer Stärke freilich um so weniger, als Grosier in der Pariser Gelehrtenrepublik keine herausragende Stellung innehatte und deshalb wohl niemand war, den zu umwerben lohnend gewesen wäre. Daß sie dem Verfasser der *Histoire* schlicht und einfach den Ankauf des Manuskripts verweigerten, veranschaulicht einmal mehr das De-facto-Verhältnis zwischen Autor und Verleger im Ancien Régime.

Den jungen Schriftstellern, die mit leeren Taschen und ohne finanziellen oder familiären Rückhalt in die Hauptstadt eingefallen waren, blieb das Zusammentreffen mit den »Haien des Buchgeschäfts« zumeist also ebensowenig erspart wie die Notwendigkeit, ihren Lebensunterhalt mit Gelegenheitsarbeiten, Botengängen und Dienstleistungen verschiedenster Art zu finanzieren[44]. In den Protokollen der Buchpolizei läßt sich nachlesen, auf welche Abwege die hoffnungsvollen Talente gerieten, die die Gelehrtenrepublik im Sturm hatten erobern wollen: Der Autor Baret, den laut d'Hémerys *Historique des Auteurs* eine überaus »unangenehme Physiognomie« auszeichnete, arbeitete zunächst als Notarsgehilfe und dann als Pantomime an der Opéra comique, während er zugleich nach einem Verleger suchte, der einen aus dem Griechischen übersetzten Roman mit dem Titel *Les amours d'Alzidor et de Charizée* drucken wollte. Da sich das Opus freilich als ebenso erfolglos erwies wie eine zuvor verfaßte Komödie, lief der Dichter, um der Misere zu entgehen, in das Lager von d'Hémerys Spitzeln über[45]. Als Spion d'Argensons agierte zeitweise der Autor Lambert, d'Hémerys Steckbrief zufolge ein Ex-Jesuit und Alkoholiker von wenig attraktivem Äußeren (»Er ist klein ... und sein Gesicht ist von Pickeln übersät«), dessen literarische Laufbahn im wesentlichen aus Fehlschlägen bestand. Seine dreibändige *Histoire littéraire du règne de Louis quatorze*, für die er anfangs nicht einmal einen Verleger hatte finden können, erwies sich als Ladenhüter; von 1200 gedruckten Exemplaren wurden gerade 120 verkauft[46].

Raynal, der später zu einem Talentförderer für junge Kollegen avancierte[47], erfuhr die Not eines »armen Teufels« am eigenen Leib, als er sich gegen Ende der 40er Jahre in Paris niederließ. Um dem ständigen Geldmangel abzuhelfen, begrub er gegen entsprechende Entlohnung Häretiker in geweihter Erde, verfaßte Propagandaschriften für die königlichen Minister und Predigttexte für andere Auftraggeber[48]. In der gleichen Branche erprobte sich nach einem kurzen Gastspiel als Erzieher und Sekretär im übrigen auch Sébastien Chamfort[49].

Den Typus des obskuren Autors par excellence verkörperte der Schriftsteller Jean-Louis Prieur, der den ersehnten literarischen Ruhm niemals erringen sollte. Seine Lebensgeschichte dokumentiert stellvertretend für viele namenlose Leidensgenossen den gnadenlosen Existenzkampf, dem die Pariser Autoren des 18. Jahrhunderts ausgeliefert waren. Der als Sohn einer armen Pariser Familie im Jahre 1731 geborene Prieur schlug zunächst die Laufbahn eines Klerikers ein, entschied sich nach diversen Zusammenstößen mit seinen Vorgesetzten und einem längeren Gefängnisaufenthalt aber für den Schriftstellerberuf. Auf der Flucht vor seinen zahlreichen Feinden verschlug es ihn im Frühjahr 1765 in die Hauptstadt, wo er ein anonymes, von Geldsorgen überschattetes und bald auch von der Polizei observiertes Dasein fristete. Schon vier Monate nach seiner Ankunft in Paris stöberten Polizeiagenten sein Versteck auf: Prieur benutze den Tarnnamen Ruperi – das Anagramm seines richtigen Familiennnamens – und betätige sich als öffentlicher Schreiber, notierte der Polizeiinspektor Damette am 22. Juli 1765. Es handele sich bei der betreffenden Person nicht allein um einen fanatischen Jansenisten, konstatiert sein Bericht, sondern generell um einen unberechenbaren oppositionellen Geist, der die Bischöfe und religiösen Würdenträger mit den »infamsten Worten« kritisiere und sich immer wieder über die Strenge der Zensur beklage[50]. Drei Jahre später wurde Prieur aufgrund seines auffälligen Verhaltens dann tatsächlich von der Polizei festgenommen und ins Gefängnis von Vincennes gebracht[51].

Wie sich das Leben des Philosophen und Schriftstellers Prieur unter den Vorzeichen drohender Entdeckung und drohenden Ruins gestaltete, hat er selbst in einer Mischung aus Tage- und Haushaltsbuch festgehalten. Das Schriftstück, das von der Polizei bei der Festnahme des Verdächtigen konfisziert wurde, bietet einen faszinierenden Einblick in den Alltag eines Mannes, der tagsüber jedem zahlungskräftigen Kunden seine Dienste als Rechen- und Rechtschreiblehrer, als Übersetzer und als Briefeschreiber offerierte und der nur in den Nachtstunden Gelegenheit fand, sich der Lektüre und dem Schreiben zu widmen. Aus der peniblen Auflistung und Addition aller Ausgaben lassen sich die Eß- und Freizeitgewohnheiten des Schriftstellers genauestens rekonstruieren, angefangen bei der Vorliebe Prieurs für Rhabarber, Linsen und Weißbrot über den Erwerb von Kochtöpfen und Violinsaiten bis hin zu seinen sporadischen Besuchen bei Ärzten und Barbieren[52].

Während Prieur als öffentlicher Schreiber seinen Unterhalt zu verdienen versuchte, verdingten sich andere Literaten als Journalisten und als Verfasser von *Nouvelles à la main*, mithin in Berufsfeldern, die im Lager der etablierten Schriftsteller bis weit ins 18. Jahrhundert hinein schlecht beleumundet waren. Laut Voltaire konstituierte sich der Berufsstand der Journalisten aus der »Kanaille« der Literatur, während er die *Nouvellistes* verächtlich als »Haie« bezeichnete, die gierig nach jeder Münze schnappten. Favart verglich die Zeitungsschreiber mit Hunden, die unter den Tischen ihrer Herren auf Futter warteten. Die soziale Aufwertung des Journalisten sollte erst in der zweiten Jahrhunderthälfte stattfinden, manifestierte sich dann jedoch u. a. in der Wahl Suards in die Académie Française[53]. Der Umschwung in der Wahrnehmung der Journalistentätigkeit vollzog sich – der Darstellung Jacques Wagners zufolge – exakt in der Phase, in der Marmontel als Direktor des *Mercure de France* agierte und dieses Journal zu einem publizistischen Kampfinstrument umfunktionierte[54].

Trotz der auf dem Papier betonten Unabhängigkeit des Schriftstellers und trotz der Expansion des literarischen Marktes hatte sich an den Arbeitsbedingungen des Autors im 18. Jahrhundert also eher wenig geändert, mußte ein Schriftsteller ohne eigenes Kapital nach wie vor in erster Linie danach streben, Seilschaften im Pariser Kulturbetrieb aufzubauen. Die jungen Schriftsteller lernten in der Regel schnell, daß die Bekanntschaft mit einem ›Star‹ der Pariser Gesellschaft oder der ›Gelehrtenrepublik‹ die Zauberformel bildete, die ihnen den Eintritt in die Welt der großen Literaten ermöglichte. Wohl nicht zuletzt wegen der Vorteile, die er sich davon versprach, suchte Joseph Joubert die Bekanntschaft Diderots[55]. Antoine-Léonard Thomas komponierte eine Ode auf Hérault des Séchelles, die er diesem umgehend zuschickte[56]. Cazalet setzte dagegen auf den ›Patriarchen von Ferney‹[57], der seinerseits den angehenden Schriftsteller François de Neufchâteau unter seine Fittiche nahm. Neufchâteau erhielt von Voltaire u. a. einen Empfehlungsbrief an die Schauspielerin Sophie Arnould, die ihn in die Initiationsriten der Pariser Gesellschaft einweihte. Sie lehrte den literarischen Anfänger, der sich ihr als linkischer junger Mann mit dörflichen Manieren präsentiert hatte, seinen Akzent abzulegen und seine Stimme zu modulieren[58]. Joseph Aude, der mit der Niederschrift des *Lettre d'un vieillard de Ferney* 1779 dem toten ›König Voltaire‹ seine Reverenz erwiesen hatte, ließ sich bei Buffon und in die Kreise der Enzyklopädisten einführen, wo er seinen künftigen Wohltäter und Arbeitgeber, den Marquis Caraccioli, kennenlernte[59]. Konnte sich Aude dank des ihm von Caraccioli und später von Buffon geschaffenen Freiraums eine gewisse Zeit lang von materiellen Sorgen unbelastet dem ›Kult der Musen‹ widmen, holte ihn der Tod Buffons jäh in eine Realität zurück, die er während seiner glücklichen Zeit als Schützling vergessen hatte[60].

In welchem Maße das Prahlen mit den eigenen Kontakten zum Umgangston gerade der jüngeren Schriftsteller gehörte, die trotz aller freundschaftlichen Beziehungen in dauernde Rivalitätskonflikte verwickelt waren, ist in den Memoiren Jacques Lablées nachzulesen. Spöttisch erinnert sich Lablée in einem Kapitel des Buches an eine frühe Begegnung mit seinem aufstrebenden Schriftstellerkollegen Rivarol. Rivarol sei schwarzgewandet, in ärmlichen und abgenutzten Kleidern bei ihm aufgetaucht und habe ihn sogleich mit dem Vorschlag einer gemeinsamen Druckunternehmung überrumpelt. Zu einem wirklichen Gespräch habe es der unerwartete Gast aber gar nicht kommen lassen, sondern ihn statt dessen mit einem langen Monolog überfallen, in dem es einzig und allein um die Aufzählung der Talente des designierten Voltaire- und Buffon-Erben Rivarol gegangen sei[61].

In Anbetracht der im 18. Jahrhundert noch stark begrenzten Möglichkeiten, als unabhängiger Autor existieren zu können, verwundert es nicht, daß sich unter den etabliertesten Schriftstellern des Ancien Régime gerade diejenigen finden, die es verstanden, von den Pensionen und Pfründen des Privilegien-Staates zu profitieren. Als Direktor der *Gazette de France* verfügte Arnaud beispielsweise über einen Sekretär, eine Dienstwohnung und über ein Gehalt von 5000 Francs[62]. Auch Marmontel brachte die Zeit des Antichambrierens und Hungerns schließlich hinter sich; als *Historiographe de France*[63], Sekretär der Akademie und Lieblingskind der Pariser Kulturschickeria avancierte er zu einem hofierten und gutverdienenden Bestsellerautor[64].

Ähnliche Triumphe wie Marmontel feierte Chamfort, der bereits mit seinem im Jahre 1776 vor dem Hof in Fontainebleau uraufgeführten Stück *Mustapha et Zéangir* eine ansehnliche Gratifikation und einen Sekretärsposten beim Prinzen von Condé errang, ehe er Mittte der 80er Jahre mit Gunstbezeugungen von höchster Stelle und Geldanweisungen aus dem königlichen Schatz geradezu überschüttet wurde[65]. Im Alter von 30 Jahren bekleidete Chamfort die Position eines Sekretärs der Madame Élisabeth und eines Mitglieds der Académie Française; er frequentierte die Gesellschaften der obersten Adelsfamilien und bezog ein jährliches Einkommen von 7000–8000 Livres[66]. Dem Einsatz der Madame de Pompadour verdankte Crébillon der Jüngere einen beträchtlichen wirtschaftlichen Aufstieg, den er freilich erst als Mann von über 50 Jahren erlebte. Seit dem Jahre 1759 bezog Crébillon regelmäßige Einkünfte aus öffentlichen Ämtern und aus ihm zugesprochenen Pensionen. Zusammen mit der Rente, die aus einer Erbschaft stammte, belief sich sein Jahreseinkommen um 1774 auf eine Summe von ca. 4000 Livres, ein Betrag, der es ihm erlaubte, seinen bibliophilen und künstlerischen Leidenschaften nachzugehen. Bei seinem Tod hinterließ der Romanautor eine Bibliothek von über 3000 Bänden sowie eine beachtliche Gemälde- und Kupferstichsammlung[67].

Daß neben dem privaten eine Form staatlichen Mäzenatentums existierte, dokumentiert eine bemerkenswerte Aufstellung, die Charles Asselineau im *Bulletin du Bibliophile* von 1861 publizierte. Das wahrscheinlich um die Mitte der 80er Jahre von einem königlichen Sekretär oder Zensor verfaßte Dokument führt zum einen die Namen der Schriftsteller auf, die sich mit der Bitte um eine Gratifikation an den Hof gewandt hatten, und enthält zum anderen die Beurteilung dieser Anträge von seiten eines Verantwortlichen. Der Text legt nicht nur die Verhältnisse offen, in denen die insgesamt 126 Bittsteller lebten, sondern vermittelt durch seine ›Randnotizen‹ zudem eine Ahnung davon, welcher Geist die offizielle Literatur- und Literatenpolitik beherrschte[68]. Die zum Teil äußerst zynischen[69] Kommentare des Gutachters pochten immer wieder auf den Zusammenhang zwischen Förderungswürdigkeit und Wohlverhalten; je oppositioneller ein Autor sich gab, desto dramatischer reduzierten sich demzufolge seine Aussichten auf die Zuerkennung einer staatlichen Zuwendung. Getreu dieser Auffassung wurden die strafrechtlichen Abhandlungen des Autors Dumont zwar im Prinzip für wichtig und unterstützungsfähig befunden. Die Tatsache jedoch, daß sie nicht »für die Regierung« geschrieben worden waren, sondern, wie es in einer Fußnote zu Dumont hieß, zur »Aufhetzung des Publikums gegen die Gesetze«, bewirkte die Ablehnung des Antrags[70].

Betrachtet man die Schriftstellerkarrieren des Ancien Régime weniger unter individuellen Aspekten als in Hinsicht auf die Rekonstruktion struktureller Gemeinsamkeiten, zeichnet sich rasch ein ›Muster‹ ab, eine Art ›Ochsentour‹, die die Autoren zu absolvieren hatten, die in der Pariser Literaturszene reüssieren wollten.

Eine wichtige Karrierestation bildete beispielsweise der Gewinn eines Akademiepreises, für einen jungen Schriftsteller ein entscheidender Schritt zur Bekanntheit und nebenbei oft mit einer ansehnlichen finanziellen Entschädigung verbunden: Marmontel kassierte in den Jahren 1744, 1745 und 1749 mehrere Preise der Académie des Jeux Floraux in Toulouse[71]. 1746 erhielt er den Poesiepreis der Académie Française, der ihm 500 Livres eintrug[72]. Diverse Akademiepreise errang auch Chamfort: 1764 wurde seine *Épître d'un père à son fils sur la naissance d'un petit-fils* von der Académie Française ausgezeichnet; 1767 gewann er den Wettbewerb der Académie de Marseille[73]. Zwei Jahre später wurde er für seine *Éloge de Molière* in einer feierlichen Akademiesitzung gekrönt, der – unter dem Beifall der Anwesenden – ein Verwandter Molières beiwohnte[74]; 1774 kassierte er für seine *Éloge de La Fontaine* ein hohes Preisgeld[75].

Einen ersten Einstieg in die Welt der Literaten und Verleger fanden viele junge Autoren mit der Publikation von Beiträgen für die großen literarischen Kollektivunternehmungen und Periodika. Lange bevor Pierre-Ambroise-François Choderlos de Laclos mit seinem berühmten Roman *Les Liaisons dangéreuses* einen Bestseller lancierte, erschienen seine Gedichte in dem von Panckoucke verlegten *Almanach des Muses*, der als Sprungbrett für junge Talente fungierte[76]. Im gleichen Musenalmanach, in dem der 15jährige François de Neufchâteau im Januar 1766 ein Stück mit dem Titel *Sur l'enfance* veröffentlicht hatte[77], brachte Louis de Fontanes auf Anraten seiner Mentoren Rousseau, Delille und Florian seine frühen poetischen Versuche unter[78]. Auch der junge Schriftsteller Clément Ignace Jérôme Rességuier, der seinen eigenen Worten nach von der »Leidenschaft des Verseschmiedens« besessen war, erhielt seine literarischen Weihen durch Prosastücke, die er auf Anfrage Raynals im *Mercure de France* publizierte[79].

Hatte die Veröffentlichung von Gedichten im *Almanach des Muses* unter Umständen einen bekanntheitssteigernden Effekt, betrachteten viele Autoren ihre Mitwirkung an einem der zahlreichen Lexikonprojekte des 18. Jahrhunderts vorwiegend unter ökonomischen Aspekten. An einem solchen, von Panckkoucke in großem Stil organisierten Unternehmen, der Herausgabe des *Grand Vocabulaire Français*, partizipierte zeitweise Chamfort[80]. Während er zusammen mit dem Abbé La Porte noch an der Zusammenstellung des *Dictionnaire dramatique* beteiligt war[81], ließ sich Sylvain Maréchal in der Hoffnung auf ein bescheidenes Entgelt zur Mitarbeit an einem *Dictionnaire ecclésiastique de toute la France* bewegen[82].

Gegenüber der vergleichsweise geringen Zahl arrivierter Schriftsteller war das Dasein des Durchschnittsautors von einer Misere geprägt, die zeitlebens schwer auf den Betroffenen lastete. In unzähligen Briefen aus dem Gefängnis, mit denen er den Polizeichef und einige seiner Gönner überschüttete, schilderte der Romancier de Mouhy die Not eines brotlosen Schriftstellers und finanzschwachen Familienvaters, der »keine Pension und kein sonstiges Einkommen« besaß, eine vielköpfige Familie zu ernähren hatte und in seiner Not für die »ausländischen Verleger« (=Untergrundverleger) eine leichte Beute gewesen war. Trostlosigkeit blieb das Leitmotiv seiner Existenz: »Nachdem ich mein ganzes Leben lang wie ein Galeerensträfling gearbeitet habe, bin ich nun im Alter von 44 Jahren mit einer Frau und fünf Kindern belastet und ein Bettler«, klagte Mouhy am 16. Februar 1745[83], nachdem er wieder einmal von der Polizei festgenommen worden war.

Der Blick auf seine finanzielle Lage veranschaulicht, daß hinter solchen Pathosformeln mehr als bloße Rhetorik steckte. Im Bastille-Dossier des Schriftstellers ist beispielsweise eine Gläubigerliste einzusehen, derzufolge Mouhy zur Zeit seiner dritten Bastilleeinlieferung im Spätwinter 1745 Schulden in Höhe von insgesamt 3370 Livres abzutragen hatte, eine Summe, die fast dreimal so hoch war wie das jährliche Gehalt, das ihm die Pariser Polizei in den 40er Jahren für seine Spitzeltätigkeit zahlte[84]. 200 Livres schuldete er allein dem Schneider Portelette, 120 Livres dem Weinhändler Atchère, 200 Livres dem Bäcker Noirot, und mit 500 Livres stand er bei dem Lebensmittelhändler Pradat in der Kreide[85].

Die ständige Geldknappheit machte Mouhy erfinderisch: Er trug in seinen Taschen stets Exemplare seiner Arbeit mit sich herum, die er dem Theaterpublikum offerierte[86]. Auf die gleiche

Werbestrategie schwor der Autor Saint Aulas, laut d'Hémery ein »Tyrann der Konversation«, der seine »Gelegenheitsstücke« jedermann zeigte, »ohne daß man ihm hätte die Daumenschrauben anlegen müssen«[87].

Die ohnehin schwierige Lage der mittellosen Schriftsteller wurde durch Krankheiten erschwert, die sie mit unzulänglichen Methoden zu kurieren suchten. Der Pamphletschreiber Jacquet de la Douay, der sich als die »fatalste Existenz« bezeichnete, die es jemals gegeben habe, litt nach der Trennung von seiner Frau unter einer unheilbaren »Krankheit des Kopfes«, gegen die er mit Hilfe von Melissenwasser ankämpfte[88]. Von ähnlicher Hinfälligkeit geplagt war der nach Den Haag emigrierte Autor Clément, der einen im März 1755 an Malesherbes geschriebenen Brief um ein Postskriptum ergänzte, das den beschädigten Zustand des Papiers erklären sollte. Da er nach einem Schlaganfall die rechte Hand kaum noch koordiniert bewegen konnte, hatte Clément beim Siegeln des Briefes heißes Wachs verschüttet. So schloß das Postskriptum mit der Entschuldigung: »Verzeihen Sie, Monsieur, ich habe nicht die Kraft, den Brief (noch einmal) zu übertragen, und er wird nun so zur Post gehen.«[89]

Die Frustrationserfahrungen, die zum täglichen Brot vieler Schriftsteller gehörten, wirkten sich häufig nicht zuletzt auf die psychische Verfassung der Betroffenen aus. Als Reaktion auf narzißtische Kränkungen entwickelten manche Autoren zum Teil ausgeprägt hypochondrische Züge, zum Teil eine Art von Verfolgungswahn, der sie in allem böse Absichten vermuten ließ. Jacques d'Estrées war infolge der erlittenen Nackenschläge zu der fatalistischen Auffassung gelangt, daß die Vorsehung das Schicksal der »verfolgten Tugend« für ihn ausgesucht habe. Er betrachtete sich selbst als Prototyp eines »Geprellten«, der immerzu betrogen worden sei, aber dennoch seine Ehrenhaftigkeit bewahrt habe[90]. Gleichfalls mit der »verfolgten Tugend« identifizierte sich der erwähnte Jacques Prieur, dessen Gespräche, wenn man den Observierungsberichten der Polizei Glauben schenken darf, nahezu ausschließlich um das ihm zugefügte Unglück kreisten. »Er hat mir offen gesagt, daß er, wenn er Geld hätte, nach England oder Holland gehen würde, da er dort mehr Unterstützung fände als unter seinen Landsleuten«, notierte der Polizeiinspektor Damette[91].

In einer prekären materiellen Situation blieb einem Schriftsteller gelegentlich nur die Flucht. So zog sich etwa der Romanautor Crébillon der Jüngere für ein paar Jahre in die burgundische Stadt Sens zurück, in der es zwar, wie er schrieb, »von Belustigungen nicht gerade wimmelte«, in der aber die Lebenshaltungskosten weit geringer waren als in der Hauptstadt[92]. Andere Schriftsteller nahmen eine Anstellung als Erzieher oder Sekretär an, die sie auf längere Zeit ins Ausland führte. Der Dramenschreiber Joseph Aude verbrachte die Jahre zwischen 1781 und 1786 als Sekretär des zum Vizekönig Siziliens ernannten Marquis Dominique Caraccioli in Palermo. Während die Sizilien-Episode Audes Literatenkarriere durchaus positiv beeinflußte – die Akademie in Palermo akzeptierte ihn als Mitglied, und sein Sekretärsposten beanspruchte nicht so viel Zeit , daß er ihn am Schreiben gehindert hätte[93] –, endete das Auslandsintermezzo seiner Kollegen Chevrier und Favier mit einem Fiasko. Chevrier, der aufgrund eines Finanzierungsengpasses mit den französischen Truppen nach Korsika gezogen war, mußte die Insel nach zwei Jahren als Persona non grata verlassen[94]. Favier, der eine Zeitlang als Sekretär des französischen Botschafters in Turin gearbeitet hatte, blieb wegen seiner Schulden nichts anderes übrig, als sich bei Nacht und Nebel aus der Stadt davonzuschleichen[95].

Die Summe der erlebten Enttäuschungen konnte einen desillusionierten Autor schnell auf die schiefe Bahn bringen – auf den Weg zu den Verlegern verbotener Schriften, die jungen Talenten einen verlockenden Markt der Möglichkeiten zu bieten schienen.

Idealisten und Pragmatiker

Der Weg eines Autors in den Untergrund läßt sich am Beispiel des Schriftstellers Pierre Manuel geradezu musterhaft nachvollziehen. Sein Werdegang spiegelt einerseits das Schicksal eines einzelnen wider, symbolisiert andererseits aber die Erfahrungen einer ganzen Generation junger Männer, eben jener Erben Voltaires, die mit großen Erwartungen aus der provinziellen Heimat in die Metropole zogen und dort schnell mit den Härten des Kulturbetriebs konfrontiert wurden.

Als Schriftsteller wäre Pierre Manuel niemals bis in die Geschichtsbücher vorgedrungen, hätten ihn nicht die revolutionären Ereignisse aus seiner Anonymität herausgerissen. Obwohl eher den Politikern der zweiten Garnitur zuzurechnen, verdankt er den wenigen Jahren, in denen er nach 1789 auf der Bühne der Revolution agierte, eine gewisse posthume Reputation. Die einschlägigen *Dictionnaires*, die ihn in einem Atemzug mit den prominenten Revolutionsführern Robespierre, Marat und Danton nennen, präsentieren dem Leser allerdings einen Mann ohne Vergangenheit: nur den Konventsabgeordneten und Jakobiner Manuel, dessen Leben durch die Revolution eine jähe Wendung genommen hat und in der Revolution sich schließlich erfüllt[1]. Es scheint so, als sei er für die Chronisten erst im Jahre 1789 zu einem Individuum geworden, als sei alles, was vor dieser magischen Schwelle lag, banal und eines längeren Verweilens unwürdig. Dieser selektive Zugriff blendet jedoch einen spannenden Abschnitt seiner Lebensgeschichte aus, ein Kapitel, das im Hinblick auf die Überlebensstrategien der jungen Schrifsteller im vorrevolutionären Paris hier besonders interessiert.

Um das Jahr 1754 geboren, verbrachte Pierre Manuel Kindheit und Jugend in Montargis, dem »Venedig des Gâtinais«[2]. Dank der Bemühungen seines Vaters, eines Leinenhändlers, wurde ihm eine leidlich gute Ausbildung[3] zuteil. Der junge Provinzzögling besuchte nach dem einheimischen Collège zunächst das Priesterseminar in Montargis[4], entschied sich aber letztlich gegen die klerikale Laufbahn und für den Beruf des Schriftstellers und Publizisten. Die obligatorische Pflichtübung des Nachwuchses – die Pilgerfahrt zu einem der großen Aufklärer[5] – absolvierte er mit einer Audienz bei Buffon. Der Aufbruch zu neuen Ufern erfolgte im Jahre 1780[6], als sich der angehende Autor aufmachte, um das Ziel seiner Träume zu erobern, die Stadt Paris, wo er »in der Welt des Buchhandels und Buchdrucks etwas werden« wollte[7]. Doch die Realität forderte nur allzubald ihren Tribut: Mit wechselnden Anstellungen als Hauslehrer bei einem Bankier und Buchhändlergehilfe bestritt der Zugereiste mehr schlecht als recht seinen Unterhalt[8]. Den widrigen Umständen zum Trotz entwickelte er sich aber zu einem erstaunlich produktiven Schriftsteller: Unmittelbar nach dem Abschluß einer umfangreichen Essay-Sammlung im April 1786 stürzte er sich mit Begeisterung auf neue Projekte, während er gleichzeitig an einer Rezension zu einem Gedicht La Harpes, an einem Nekrolog auf ein verstorbenes Akademiemitglied und an diversen Broschüren zum Tagesgeschehen arbeitete[9].

Der Lohn der Mühen – die allgemeine Anerkennung – war dem Debütanten bis zu diesem Zeitpunkt freilich versagt geblieben. Bei den Literaturkritikern stießen seine literarischen Versuche auf geringe Gegenliebe: Sein *Coup d'œil philosophique sur le règne de St. Louis* wurde 1788 in Frérons *Année Littéraire*[10] ähnlich schonunglos verrissen wie der Almanach *L'Année françoise – ou Vie des hommes qui ont honoré la France*, der ein Jahr später in derselben Zeitschrift besprochen wurde. Der »obskure Kompilateur« Manuel verbreite Unwahrheiten, ziehe falsche Schlußfolgerungen und bediene sich eines schlechten Stils, hieß es in dem Artikel, der dem Verfasser des geschmähten *Almanach* einen vollständigen Mangel an Talent vorwarf[11]: Man vermisse bei ihm die »Genauigkeit des Genies« und die »Feder Montesquieus«, die ein Autor bräuchte, um einem solchen Werk Qualität zu verleihen.

Die Fakten sprechen für sich. In der »Hauptstadt der Künste und Wissenschaften« war aus dem idealistischen Debütanten Pierre Manuel binnen kurzem einer der hungrigen Skribenten geworden, die die billigsten Pariser Cafés frequentierten und unter dem Spott ihrer arrivierten Kollegen litten[12] – mithin ein idealer Kandidat für den literarischen Untergrund. Daß er sich in seiner Verzweiflung denn auch tatsächlich dem geheimen Verlagsbuchhandel zuwandte, enthüllt ein umfangreiches, heute in den Pariser Archives Nationales aufbewahrtes Dossier. Es zeigt die Buchpolizei in voller Aktion: Als die Abgesandten des *Lieutenant de police* im Winter 1786 überraschend mit einem Haftbefehl in Manuels Wohnung in der Rue des deux Écus auftauchten, entdeckten sie einen Stapel höchst kompromittierender Briefe, Manuskripte und Notizhefte, die den Verdächtigen eindeutig als Mittelsmann des »commerce sous le manteau« auswiesen. Und als eine Schlüsselfigur des Pariser Milieus obendrein: Wie sich im Verlauf der Untersuchung später herausstellte, war dem Kommissar Chenon kein kleiner Handlanger ins Netz gegangen, sondern ein mit allen Wassern gewaschener Kolporteur, der mit dem Vertrieb von Raubdrucken, verbotenen Broschüren und *Nouvelles à la main* sein Brot verdiente.

Zwischen 1780 und 1786 hatte es Manuel geschafft, zu einem der wichtigsten Pariser Handelspartner der europäischen Untergrundverlage aufzusteigen. Zu seinen Kontaktleuten gehörten im Jahr seiner Verhaftung einflußreiche Verleger und kleine Buchhausierer, Buchhändler aus Bordeaux und Genf, Brüssel und Marseille, Nantes und Maastricht, Neuwied und Lyon[13].

Die Festnahme durch die Buchpolizei mag für den Schriftsteller ein Alptraum gewesen sein – für den Historiker des verbotenen Buches ist sie ein Glücksfall. Die bei Manuel konfiszierten Papiere – u. a. ein ausgedehnter Briefwechsel mit Geschäftsfreunden aus ganz Europa – repräsentieren einen Quellenbestand von unschätzbarem Wert, gewähren sie doch intime Einblicke in die Praktiken des Untergrundbuchhandels, der nach einfachen Spielregeln funktionierte: Je obszöner, je radikaler, je verbotener und vor allem je aktueller eine Schrift, desto begehrter war sie gewöhnlich beim Publikum. Die Marseiller Händler Sube und Laporte umrissen ihre Geschäftsprinzipien mit einer einprägsamen Formel, wenn sie Manuels Offerte, ihnen einige Exemplare von Mirabeaus *Lettres de cachet* zu schicken, mit dem Argument ablehnten, das Buch sei für sie unattraktiv, da schon zu lange auf dem Markt[14].

Über allem Profitdenken vergaßen Manuels Kunden nie die Gefahr, die ihnen von seiten der Zensurautoritäten drohte. In ihren Briefen reflektierten sie endlos über die Frage, wo die Polizei wohl das nächste Mal zuschlagen werde und wie man sich am besten vor einer Razzia schützen könne. In Krisenmomenten übten sie sich in Zurückhaltung: Man sei kürzlich mit Nachdruck vor dem Verkauf verbotener Bücher gewarnt worden, las Manuel in einem aus Bordeaux gesandten Stornierungsschreiben. Hiobsbotschaften enthielt auch ein an Manuel adressierter Brief des Brüsseler Händlers Dujardin: Er wisse keinen Weg, wie er das von Manuel angeforderte *Mémoire* in die Hauptstadt schmuggeln könne, und rate ihm in bezug auf ein anderes Manuskript, auf die holländischen Pressen auszuweichen[15].

Im Winter 1786 ließ sich in Frankreich vor allem ein Thema vermarkten – die Halsbandaffäre, die in den folgenden 200 Jahren viele Male den Stoff für wissenschaftliche Abhandlungen, royalistische Manifeste und literarische Adaptionen hergab.

Ihren ›Plot‹ bildete ein schlau eingefädeltes Täuschungsmanöver, dem ein hoher, in die Königin Marie-Antoinette verliebter Geistlicher, der Kardinal de Rohan, zum Opfer fiel.

Als die Hauptverantwortlichen des Betrugs 1786 in die Bastille transportiert wurden, markierte das den Anfang einer publizistischen Erfolgsgeschichte sondergleichen[16]. Ob Bedürfnis nach Aufklärung oder reine Sensationsgier – die Tatsache, daß in kürzester Zeit unzählige Broschüren erschienen, die den Pariser Kolporteuren zusammen mit den einschlägigen Karikaturen und Kupferstichen in noch feuchtem Zustand aus der Hand gerissen wurden[17], dürfte als überzeugendster Beleg für die Faszination betrachtet werden, die der Skandal auf die Zeitgenossen ausübte.

Angesichts dieser Mobilisierungskraft verwundert es nicht, daß die Halsbandaffäre in Manuels Korrespondenz breiten Raum einnimmt. Mit Aufträgen wurde er nun förmlich überschüttet: So orderte eine Kundin aus Nantes, die ihren Brief aus gutem Grund nicht namentlich unterzeichnete, 50 Exemplare der *Mémoires de Madame de la Motte*, 50 *Cagliostro* (womit die *Mémoires authentiques pour Cagliostro* gemeint sein dürften) und 50 weitere Werke, deren Auswahl sie Manuel anheimstellte: Er solle ihr nur »alles senden, was in diesem Genre an Neuigkeiten« ausfindig zu machen sei[18].

Mit der Ausschlachtung der Halsbandaffäre handelte sich Pierre Manuel schließlich jedoch die unfreiwillige Einlieferung in die Bastille ein. Ein radikales Pamphlet mit dem Titel *Lettre d'un garde du corps* brachte die Polizei Anfang 1786 auf seine Fährte. Daß der *Lettre* die Geschehnisse um Cagliostro und Madame de la Motte nutzte, um gegen die privilegierte Position des Ersten Standes und die herrschenden Rechtsverhältnisse zu wüten[19], veranlaßte die Polizei zu sofortigen Repressionen. Die hastig eingeleitete Fahndung nach den Schuldigen erzielte am 31. Januar 1786 einen ersten Erfolg, als man bei dem 33jährigen Händler Edme-Marie-Pierre Desauges vier Exemplare des *Lettre*[20] entdeckte.

Von Desauges führte die Spur direkt zu dem Kolporteur Manuel, der noch am gleichen Tag in einem Hinterzimmer seines Wohnhauses von einer Polizeiabordnung überrascht und in die Bastille begleitet wurde. In den folgenden Wochen unterzog ihn die Polizei insgesamt mindestens sechs Verhören[21], die anfangs lediglich unbefriedigende Ergebnisse zutage förderten. Obwohl sich Manuel zunächst in einem Wust von Widersprüchen und Falschaussagen verhedderte, gelang es dem Leiter des Verhörs durch beharrliches Nachfragen doch nach und nach, Einzelheiten über den Prozeß der Entstehung und Distribution des *Lettre* aus ihm herauszulocken. Die Idee zur Niederschrift des Pamphlets sei aus einer Laune heraus geboren worden, bequemte sich Manuel dem Pariser Polizeichef Thiroux de Crosne gegenüber zu antworten. Im Zuge eines beiläufigen Gesprächs über die außerordentliche Popularität des *Mémoire authentique pour servir à l'histoire du Comte de Cagliostro*[22] sei seinem Freund und ihm der Gedanke gekommen, daß eine Broschüre unter Profitaspekten ja viel einträglicher wäre als ein nützliches Buch. Daraufhin hätten sie den Plan gefaßt, gemeinsam ein ebensolches Machwerk auf den Markt zu bringen[23].

›Gemeinsam‹ bedeutete fortan nichts anderes als ›arbeitsteilig‹, denn während besagter ›Freund‹ den Text entwarf, kümmerte sich Manuel um die technischen Probleme. Unter den gewohnten Vorzeichen strengster Geheimhaltung wurde als Dritter im Bunde der 73jährige arbeitslose Drucker Jean-Augustin Grangé engagiert[24], mit dessen Hilfe innerhalb weniger Tage 1000 *Lettres d'un garde du corps*[25] gedruckt wurden.

Wie fast jedem Individuum löste die Verhörsituation auch Pierre Manuel die Zunge. Wenn er einige der ihm angelasteten Verfehlungen eingestand, so zog er andererseits doch eine klare Trennlinie zwischen den Brotarbeiten des geheimen Buchhandels und seinen ›echten‹ literarischen Betätigungen. Das eine sei eine rein »kommerzielle Spekulation« gewesen, während bis zum »heutigen Tag seine literarischen Arbeiten ein ehrenhafteres Ziel« verfolgt hätten, behauptete er etwa in der ›Sitzung‹ vom 7. Februar 1786[26]. Autoren seines Schlages verfügten allem Anschein nach über eine gesunde Portion von ›Marktbewußtsein‹, die sie ihren ›idealistischeren‹ Kollegen voraushatten.

So befremdlich und durchaus unzureichend die Klassifizierung der verfolgten Schriftsteller des Ancien Régime in Pragmatiker und Idealisten im nachhinein anmutet, so benennt diese grobe Einordnung doch die grundsätzlichen Unterschiede, die im Lager der Schreibenden existierten.

Zur Gruppe der ›Idealisten‹ zählten sicherlich diejenigen Schriftsteller, die aufgrund divergierender religiöser oder politischer Überzeugungen – etwa als Anhänger jansenistischer Ideen – nur im Verborgenen publizieren konnten. Ihrem Selbstverständnis entsprechend traten sie oft in der Rolle des moralisch Überlegenen auf: Der Autor des Werkes *Le Secret des finances divulgués*, Jean Baptiste Vieilh, präsentierte sich mit charakteristischem Stolz als »Partisan der Wahrheit«[27].

Dem ›Pragmatiker‹ hingegen ging es vorrangig nicht um die zu vermittelnde Botschaft, sondern um den Verkauf seiner Werke, die er ohnehin ganz auf den Geschmack potentieller Leser ausrichtete. Das Schreiben im Untergrund war für ihn keine Mission, sondern Mittel zum Zweck, eine Tätigkeit wie jede andere. Stellvertretend für das Lager der Brotschreiber antwortete der *Nouvelliste* Foulhioux auf die Verhörfrage, warum eine frühere Internierung ihn nicht von seiner »Unart« geheilt habe, mit dem lapidaren Satz: »Er brauche das Geld.«[28] Es paßt ins Bild, daß sich seine schriftstellerischen Ambitionen darin erschöpften, das »Echo des Publikums« zu sein.[29] Ein anderer Schriftsteller, Abbé Sutaine, nannte als Motivation nur den Wunsch, mit dem zu erwartenden Honorar seine Schulden zu bezahlen[30].

Die romantische Figur des aufrechten Untergrundschriftstellers, zu der gerade die marxistische Aufklärungshistoriographie den ›Brotautor‹ stilisierte, bedarf nach solchen Beispielen wohl der Relativierung. Begreift man Pierre Manuel als typischen Vertreter der Generation der ›Nachgeborenen‹, illustriert seine Biographie, daß das Engagement im geheimen Buchhandel primär kein Akt der Verbitterung eines durch Frustrationen radikalisierten Regimekritikers war, sondern einfach eine Möglichkeit der Alltagsfinanzierung.

Dasselbe Brotinteresse, das Manuels Schritte lenkte, verbarg sich hinter der Bereitschaft der meisten Kolporteure und Drukker, in die Geschäfte des geheimen Buchhandels einzusteigen. Der Schuster Nicolas Ormancey gab als Grund seiner illegalen Kolporteurstätigkeit eine Augenkrankheit an, die sich in den letzten Jahren so rapide verschlechtert habe, daß ihm die Ausübung seines eigentlichen Berufes unmöglich geworden sei[31]. Der 1743 von der Polizei internierte Kupferstecher Desbrulins schwor, daß allein der Wunsch, der Misere zu entfliehen, sein Unglück verursacht habe[32]. Im Falle des Guillaume Herault räumte selbst der Polizeiinspektor Poussot 1743 entschuldigend ein, daß der *Nouvelliste* »alt und elend« sei und »zehn Sous am Tag« habe verdienen wollen, um am Leben zu bleiben[33].

Der Kolporteur Jean Nepveu erlag dem Lockruf des illegalen Literaturbetriebs erst nach dem Scheitern seines ursprünglichen Plans, in Paris einen Krämerladen zu eröffnen[34]. Der *Nouvelliste* Charles de Julie war »arm wie eine Kirchenratte«, als er mit der Fabrikation verbotener *Nouvelles à la main* begann[35].

Das Kriterium der Verkäuflichkeit, an dem sich die Brotschreiber orientierten, drückte der unter diesen Prämissen entstandenen Literatur inhaltlich und formal seinen Stempel auf. Schmähschriften gegen Persönlichkeiten des Hofes und radikale Pamphlete wurden am Vorabend der Französischen Revolution aus bekannten Versatzstücken zusammengesetzt und im Eiltempo publiziert: Théveneau de Morande hat seinen berühmten *Gazetier Cuirassé* nach eigenem Bekunden in 17 Tagen vollendet[36]. »Ich habe dieses Werk, wie alle meine Produktionen, in aller Hast geschrieben«, warnte der Abbé Dulaurens die Leser des *Arétin*: »Ein *Homme de Lettres*, dem es an Brot mangelt, hat keine Zeit, seine Arbeit noch einmal zu lesen.«[37]

Die direkt für den Ladentisch angefertigten Schriften waren nicht für die Ewigkeit gedacht. Die Autoren verzichteten oft sogar darauf, ihre Manuskripte aufzubewahren. »Diese Blätter werden gewöhnlich als unnütz in die Ecke geworfen; man kann höchstens Papilloten daraus machen oder mit ihnen ein Feuer entfachen«, konstatierte ein Pamphletschreiber im Jahre 1775[38].

Indem sie den ›Markt‹ bedienten, beeinflußten Schriftsteller wie Manuel den Prozeß der vorrevolutionären Politisierung, ohne sich vielfach dessen bewußt zu sein. Daß es sich bei einem Teil der Untergrundbroschüren und -pamphlete um kühl kalkulierte Auftragsarbeiten handelte, änderte nichts an der Wirkung, die sie erzielten: Schon Mirabeau und Goethe haben den Zusammenhang zwischen der Halsbandaffäre und dem Verlust der »königlichen Würde« erkannt und thematisiert[39].

Tatsächlich trugen die seit der Mitte der 70er Jahre gegen Marie-Antoinette zirkulierenden Schmähschriften dazu bei, einen schwarzen Mythos zu popularisieren. Sie vermittelten dem

Publikum das Bild der Königin als einer lasterhaften Frau, das, obwohl es sich um eine Projektion handelte, von den Zeitgenossen für ›wahr‹ gehalten wurde und schnell eine Eigendynamik entwickelte: Das in Versform gehaltene, illustrierte Pamphlet *Les amours de Charlot et Toinette* beispielsweise überlebte alle Verfolgungen, wurde seit 1784 mehrmals nachgedruckt und ist heute noch in der »Hölle« – dem sogenannten *Enfer* – der Bibliothèque Nationale einzusehen.

Das königliche Paar wird hier auf übelste Weise verunglimpft: Während Ludwig XVI. als impotent und schwach, als »armer Sire«, geschildert wird, debütiert die »junge und feurige« Königin in der Rolle der unersättlichen Geliebten, die es zwar nicht verschmäht, sich »mit einem gewissen Finger, dem Portier der Liebe« Genuß zu verschaffen, noch lieber aber auf die Fähigkeiten des Comte d'Artois zurückgreift[40].

Daß diese Art von Literatur ihr Ziel erreicht hatte, sollte in dem Prozeß gegen Marie-Antoinette während der Französischen Revolution unmißverständlich zum Ausdruck kommen. Anders als in dem Verfahren gegen Ludwig XVI. stand hier nämlich nicht die Erörterung politischer Verbrechen zur Debatte, sondern die Auseinandersetzung mit den Vorwürfen, die von den Skandalpublizisten des späten Ancien Régime erhoben worden waren.

Indem sie die Dichotomie von unschuldig gequälter Tugend und regierendem Laster in immer neuen Variationen in die Köpfe der Leser einhämmerten[41], trugen Druckwerke wie der *Lettre d'un garde du corps* in hohem Maße zur Schaffung einer radikalen Gegenöffentlichkeit bei, vor der sich die Herrschenden nun zu verantworten hatten. Und an der sie letztlich scheitern mußten, weil sie längst auf den Part des Lasters festgelegt worden waren. So könnte man denn von der Unschuld der Propagandisten sprechen oder von den Revolutionären wider Willen.

Frühe Journalisten: *Nouvellistes* und *Nouvelles à la main*

Neben den Verfassern von Schmähschriften, regimekritischen Versen und pornographischen Romanen waren es im vorrevolutionären Paris vor allem die *Nouvellistes*, die den literarischen Untergrund bevölkerten. Unter dieser Bezeichnung verstand man seit der Ära der Religionskriege[1] die Verfasser sogenannter *Nouvelles à la main*, handgeschriebener kleiner Nachrichtenblättchen, die zum Teil eine erstaunliche Auflagenhöhe erreichten und von der Polizei vielfach unterdrückt wurden. Obwohl sie später durch die gedruckten Journale abgelöst wurden, erfreuten sie sich noch bis weit ins 18. Jahrhundert hinein großer Beliebtheit[2].

Gesicherte Aussagen über die Käufer und Leser der *Nouvelles* – und vor allem der verbotenen *Nouvelles* – sind aufgrund der prekären Quellenlage selten möglich. Die in der Bibliothèque de l'Arsenal liegenden Dossiers vermitteln jedoch zumindest in einigen Fällen Aufschlüsse über die Zusammensetzung der Rezipienten. Der 1774 wegen des Vertriebs verbotener *Gazettes à la main* in die Bastille transportierte Jacques Surgeon zählte zum Beispiel ein exquisites Adelspublikum, darunter Grafen und Herzöge, zu seinen Kunden[3]. Eine gut betuchte Adelsklientel belieferte auch der *Nouvelliste* Charles de Julie[4], dessen *Nouvelles* im wesentlichen galante Histörchen über prominente Damen und ihre Liebhaber enthielten.

Einen Großteil ihrer Attraktivität bezogen die *Nouvelles à la main* aus der Tatsache, daß sie über aktuelle Ereignisse berichteten. Ein *Nouvelliste*, der Neuigkeiten ›verkaufte‹, mußte vor allem über gute Informationskanäle verfügen: In den städtischen Kommunikationszentren – im Palais-Royal, in den Gärten der Tuilerien und vor den Läden der Buchhändler – fanden sich daher regelmäßig kleine Grüppchen von *Nouvellistes* zusammen[5], um Nachrichten und Gerüchte untereinander auszutauschen.

Zwischen den Pariser *Nouvellistes* des Ancien Régime existierten gravierende Unterschiede. Die *Nouvellistes* der obersten Kategorie entstammten den Kreisen der aufgeklärten Intelligenz: Berühmt geworden sind die intellektuellen *Nouvellistes*,

Gelehrte, Schriftsteller und Wissenschaftler, die sich um die geistreiche Madame Doublet scharten. Die Nachrichtenbulletins, die in ihrem Salon seit 1735 allabendlich entstanden, waren ursprünglich nur mit der Hand vervielfältigt worden[6]. Nach dem Tod der Schirmherrin und des kongenialen Louis de Bachaumont begann der Nachlaßverwalter Pidansat de Mairobert mit dem (retrospektiven) Druck dieser *Nouvelles*, die ab 1777 unter dem Titel *Mémoires secrets pour servir à l'histoire de la République des lettres en France* erschienen[7] und bis heute als wichtiges Nachschlagewerk gelten[8].

Die Nachrichtenverkäufer der untersten Kategorie rekrutierten sich dagegen aus der Schicht der Dienstboten, gescheiterten Studenten und käuflichen Schreiberlinge. Zu ihnen gehörten Männer wie der *Nouvelliste* Jean Constans, der das Metier offenbar ausschließlich aus Profitgründen betrieb und von d'Hémery verächtlich als »Schwätzer«, der den *Nouvelliste* mime[9], charakterisiert wurde. Als die Buchpolizei im Januar 1760 auf die Spur seiner illegalen Aktiviäten stieß, wohnte er seit Jahren mit einer Frau zusammen, die mit dem Verkauf heilkräftiger, magischer Mixturen ihr Geld verdiente. Daß er in der Öffentlichkeit als 109jähriger Greis aufzutreten pflegte, stürzte d'Hémerys naiven Spion in Verwirrung. »Constans ist 109 Jahre alt, wenngleich er nicht so aussieht. Er ist für sein Alter vollkommen gesund und geht allein durch Paris wie ein Mann von 30 Jahren«[10], heißt es in einem Rapport vom 5. Januar 1760.

Solche Verhaltensweisen und Lebensumstände stießen bei der Polizei naturgemäß auf Befremden und Ablehnung. D'Hémery machte in seinen Kommentaren denn auch keinen Hehl daraus, daß er in Constans den Prototyp des »gefährlichen«, die »gute Ordnung« bedrohenden *Nouvelliste* sah: »Ich denke, daß ein solcher Projektemacher verhaftet und in die Bastille gebracht werden sollte«[11], schrieb der Polizeiinspektor bereits nach dem Studium der ersten Observierungsberichte, ehe Constans am 8. März 1760 tatsächlich ins Gefängnis eingeliefert wurde[12].

Mit der Festnahme und Inhaftierung ereilte Constans das gleiche Schicksal, das vor ihm etlichen seiner Kollegen widerfahren war. Von Anfang an hatte die Obrigkeit die Konjunktur der *Nouvelles à la main* mit Mißbilligung beobachtet und einzelne Vertreter des Gewerbes mit harten Strafen belegt, ohne allerdings die Zirkulation der Nachrichtenblättchen wirkungsvoll unterbinden zu können[13]. Da sie sich gerade von Enthüllungsgeschichten eine Auflagensteigerung versprachen, nahmen viele Pariser *Nouvellistes* das Risiko einer Einlieferung in die Bastille durchaus in Kauf.

Ungeachtet aller Repressionsandrohungen und exemplarischen Strafaktionen wurde die Pariser Polizei im Laufe des 18. Jahrhunderts immer wieder von neuem mit verbotenen *Nouvelles* konfrontiert. Im Herbst 1743 beispielsweise geriet die Fahndungsmaschinerie in Bewegung, nachdem zwei Männer namens La Croix und Sarrazin die Aufmerksamkeit der Ordnungsorgane auf sich gelenkt hatten[14]: »Trotz der Verbote, ungenehmigte *Nouvelles à la main* zu verteilen, haben mehrere Personen in Paris Büros eingerichtet und *(Nouvelles)* verfaßt, in denen sie häufig in sehr unverschämter Form von der Regierung gesprochen haben.«[15]

Nach kurzen, aber intensiven Recherchen stand das Urteil des verantwortlichen Polizeiagenten fest: Es handele sich bei den beiden *Nouvellistes* um »Subjekte«, »die einem sehr niedrigen Stand angehören und nur davon träumen, *Nouvelles* zu fabrizieren«[16]. Weiteren Erkenntnissen zufolge, fungierten Sarrazin und La Croix als Köpfe einer »Bande«, die sich auf die Herstellung regimekritischer Nachrichtenblättchen spezialisiert und darin ein beachtliches Maß an Professionalität erworben hatte. Mit der inhaltlichen Gestaltung ihrer wöchentlich in einer Auflage von 600–800 Exemplaren verbreiteten *Nouvelles* war, wie es schien, der ehemalige Theologiestudent Sarrazin betraut, der mit äußerster Vorsicht zu Werke ging: Bei ihm brannte immer ein Feuer im Kamin, um belastendes Material im Falle einer Razzia sofort vernichten zu können. Aus seiner Feder stammte die Originalvorlage der Bulletins, die im zweiten Arbeitsschritt von mehreren Kopisten handschriftlich vervielfältigt und zuletzt von speziellen Austrägern an die Abonnenten ausgeliefert wurden[17].

Sarrazins Komplize La Croix, der als Stammgast der Weinschenken und Kaffeehäuser galt, arbeitete dagegen hauptberuflich als Lakai einer »Dame de Muth oder Futh« in der Rue d'Enfer. Sein Zimmer im Quartier der Montagne Ste. Geneviève, das sein verkrüppelter Gehilfe Colin angemietet hatte, wurde als Hauptquartier und Arbeitsraum der Kopisten genutzt[18].

Die Frage, welche Strategie gegenüber den *Nouvellistes* anzuwenden sei, beschäftigte die Polizei, sobald sie eine genauere Vorstellung von den Gewohnheiten der Verdächtigen gewonnen hatte. »Man muß am Donnerstag- oder Sonntagnachmittag um 4 Uhr hingehen, wenn man sie ganz sicher erwischen will«, notierte Poussot am 12. November 1743[19]. Nach umfänglichen Vorbereitungen wurde zwölf Tage später, am 24. November, die Jagd eröffnet: Die Polizei schlug fast zur gleichen Stunde an sieben verschiedenen Plätzen zu und verhaftete insgesamt 18 Personen, darunter die Anführer ebenso wie ihre Helfershelfer[20]. In den Schlupfwinkeln der *Nouvellistes* kam es dabei zu tumultuarischen Szenen: In der Rue de la Harpe überraschte die Polizei einen gewissen Jean Nicolas Claudot mitten bei der Arbeit, umringt von den Kopisten Charles Guillaume Herault, Robert Grandville, Louis Ledoux und Claude Michel, denen er den Text der nächsten Ausgabe diktierte. »Bei meiner Ankunft bemächtigte sich ihrer Aufregung und Verwirrung«, protokollierte der Kommissar de Rochebrune, »all ihre Papiere wurden durcheinandergeworfen und ich war gezwungen, die verschiedenen Blättchen in einem einzigen Paket zusammenzupacken, ja, ich mußte sogar diejenigen hinzufügen, die Ledoux in seiner Hose versteckt hatte.«[21]

An die Kollektivfestnahme schlossen sich die üblichen Verhöre an, während die Polizei zugleich mit zahlreichen Bittbriefen der betroffenen Familien überschüttet wurde. »Mit Tränen in den Augen« bat die Ehefrau des Louis Ledoux um Gnade für ihren Mann, den Ernährer von fünf Kindern[22]. Auch die Mutter des 12- oder 13jährigen Notarsschreibers Jacques Hullot verwendete sich beim Pariser Polizeikommandanten für ihren Sohn und ihren Mann, die anscheinend per Zufall in die Polizeiaktion verwickelt worden waren. Der Vater, der den Abtransport seines Sohnes beobachtet hatte, war dem Polizeitroß gefolgt, um zu sehen, was passierte. Als er sich aber aus dem Châtelet-Gefängnis wieder entfernen wollte, wohin man ihn gewiesen hatte, mußte er »zu seiner großen Verblüffung« konstatieren, daß man ihn quasi nebenbei in Arrest genommen hatte[23].

Daß der oben skizzierte Fall ungewöhnlich gut dokumentiert ist, macht ihn zu einem idealen Studienobjekt. Aus der Fülle der erhalten gebliebenen Gnadengesuche und Polizeiprotokolle läßt sich nach und nach der Verlauf typischer Untergrundkarrieren rekonstruieren. So zeigen die Aussagen des Nicolas Sarrazin den Werdegang des klassischen »armen Teufels«[24], eines Gescheiterten, der zufällig zum *Nouvelliste* wird, nachdem er mit seinem ursprünglichen Existenzplan Schiffbruch erlitten hat. Armut, Einsamkeit und Erwerbslosigkeit hätten ihn in die Kreise der *Nouvellistes* getrieben, schreibt er in einem der Briefe, die dem Pariser Polizeichef die Misere seiner 33 Lebensjahre vor Augen führen sollen. In einer Zeit der Not, als er kaum gewußt habe, wie er seine theologischen Studien finanzieren solle, sei er für die *Nouvellistes* Tollot und Selmé eine leichte Beute gewesen[25]. »De profundis clamavi ad te, domine/domine exaudi vocem meam«, mit dieser theatralischen Formel appelliert er an das Mitgefühl der Obrigkeit.

Besagter Tollot selbst behauptete freilich nichts anderes. Er, den der Inspektor Poussot einen »üblen Jungen« genannt hatte, der zu nichts tauge[26], war mit 19 Jahren nach Paris gekommen, um zunächst in diversen Haushalten als Sekretär und Kammerdiener zu arbeiten. Irgendwann, zu einem später kaum noch rekonstruierbaren Zeitpunkt, war er zu den *Nouvellistes* gestoßen und hatte seine Tätigkeit noch fortgeführt, als sich seine Kollegen schon längst in polizeilichem Gewahrsam befanden. Auf die Frage des Kommissars, warum er denn ein so hohes Risiko eingegangen sei, antwortete Tollot mit einer eindringlichen Beschreibung seiner familiären Situation: »Weil er verheiratet sei und eine Frau und fünf Kinder habe, um die er sich kümmern müsse; weil er nichts besitze und ohne Stellung sei; weil seine Frau als Wäscherin für ihn und die Kinder nicht aufkommen könne, habe er es gewagt, mit der Arbeit (an den *Nouvelles*) fortzufahren.«[27]

Mit der Zerstörung des gruppeninternen Netzwerks und der Zwangsverschickung der *Nouvellistes*, deren Freilassung in den meisten Fällen an die Verpflichtung zum Eintritt in ein französisches Regiment geknüpft wurde, hofften Poussot und de Rochebrune, der Pariser *Nouvelles-à-la-main*-Produktion wirkungsvoll Einhalt zu gebieten. Aber das Beispiel Nicolas Sarrazins belehrte sie bald eines Besseren: Daß ihn die Begegnung mit der Polizei nicht ›geheilt‹, sondern lediglich zur Verschärfung seiner Sicherheitsvorkehrungen animiert hatte, zeichnete sich bereits im Juni

1744 ab, als Poussot Gerüchte von Verfehlungen des *Nouvelliste* zu Ohren kamen[28]. Ein Jahr später taucht der Name Sarrazin erneut in den Polizeiakten auf; am 9. Juli 1745 wird er schließlich nach heftiger Gegenwehr ins Gefängnis transportiert: Als man ihn beim Verlassen einer Weinschenke in der Rue de la Harpe in Gewahrsam nehmen will, greift er zu dem Bajonett einer der anwesenden Wachen und fügt einem zweiten Mann schwere Verletzungen zu[29]. Auch bei seiner fünften – und vermutlich letzten – Verhaftung[30] im Sommer 1751 macht er es der Polizei nicht leicht: »Durch die Vorsichtsmaßnahmen, die er getroffen hat, und durch seine beständige mißtrauische Wachsamkeit war es unmöglich, ihn in flagranti zu ertappen. Ich habe sogar Mühe gehabt, ihn festzunehmen, da er da, wo er wohnte, eine Falltreppe eingebaut hatte, durch die er sich auf das Dach hätte retten können, wenn die Zeit dazu gereicht hätte«[31], schreibt d'Hémery am 8. Juli 1751.

In Anbetracht der Einträglichkeit des Geschäfts mit verbotenen *Nouvelles* verwundert es nicht, daß Skandalblattautoren wie Sarrazin nach der Rückkehr in die Freiheit gleich dort wieder anknüpften, wo man sie unterbrochen hatte. Er sei nur aus Arbeitslosigkeit und Geldmangel rückfällig geworden, behauptete etwa der 40jährige Pierre Noël in seinem Verhör[32]. Mit finanziellen Schwierigkeiten entschuldigte auch Charles de Julie im August 1753 sein Verhalten: Enttäuschte Gläubiger wären ihm so nah auf den Fersen gewesen, daß er im Geschäft mit *Nouvelles à la main* den einzigen Ausweg gesehen hätte[33]. Die 1751/52 unter seiner Regie entstandenen Nachrichtenblättchen stellten im übrigen das Ergebnis eines wohlorganisierten Produktionsprozesses dar. Als ›Reporter‹ agierte der ehemalige Polizeispitzel Nicolas Willemin de Coin aus Metz; für die Vervielfältigung der Bulletins waren einige speziell angeworbene Kopisten zuständig, die Auslieferung besorgte eine Wäscheverkäuferin[34].

Das Prinzip der Rollenverteilung lag den meisten *Nouvellistes*-Gruppen des 18. Jahrhunderts zugrunde. Nicolas Sarrazins Organisation beispielsweise umfaßte zwischen 1743 und 1751 mindestens 100 Personen ganz unterschiedlicher Herkunft und Motivation. Zwischen den ›Machern‹ und den ›Subalternen‹ klaffte dabei eine breite Lücke: Während die einen sich der Unerlaubtheit ihres Tuns und der daraus unter Umständen erwachsenden Konsequenzen sehr bewußt waren, handelte es sich bei den anderen um Mitläufer, die oft nicht einmal lesen und schreiben konnten. Der Austräger Jean Paulmier war zum Zeitpunkt seiner Festnahme 1744 14 Jahre alt, seine Schwester Marguerite knapp ein Jahr älter. Der Polizeiinspektor Poussot dürfte ihnen also nicht ganz gerecht geworden sein, wenn er sie als »Elende« titulierte, bei denen »das Vergnügen, Böses zu tun«, den Sieg über die »Furcht vor der Züchtigung« davontrage[35]. Das Beschwören von Feindbildern gehörte freilich zum Alltagsgeschäft der Polizei – die dahinter verborgene Wahrheit gilt es erst noch ans Licht zu bringen.

Untergrunddrucker

Wenn die Schriftsteller als die kreativen Köpfe der Untergrundkultur anzusehen sind, so hatten die Drucker, die in den geheimen Druckereien arbeiteten, an der Herstellung und Verbreitung verbotener Schriften sehr zum Ärger der Zensurautoritäten doch keinen geringen Anteil[1]. Die Hartnäckigkeit, mit der d'Hémery immer wieder auf die Gefährlichkeit dieses Berufsstandes anspielte, mag als Indikator für den Grad seiner Beunruhigung gelten: Langjährige Erfahrung habe ihn gelehrt, betont er in einer Denkschrift aus dem Jahre 1765, daß man von den Druckergesellen nur das Schlimmste erwarten dürfe. Da »solche Leute« sich leicht von der Aussicht auf Gewinn blenden ließen, verwundere es nicht, wenn gerade sie in jenen Werkstätten auftauchten, in denen die »stärksten Broschüren« produziert würden. Die 600 gewissenlosen und gefährlichen Männer, mit denen man es in Paris zu tun habe[2], müßten daher strengster Überwachung unterzogen werden. Um jeden ihrer Schritte zu kontrollieren, sei die Erstellung von Polizeiregistern unabdingbar.

Noch einen Schritt über d'Hémery hinaus wagte sich der anonyme Verfasser, der im gleichen Frühjahr 1765 ein Projekt zur Eindämmung der geheimen Druckereien entwickelte. Er plädierte für eine Ausweitung des Spitzelsystems: Die Polizei solle »treue Geheimboten« aus den Kreisen der Druckergesellen in die Provinzdruckereien einschmuggeln. Von ihnen werde man dann über alle Vorgänge unterrichtet werden[3].

Bestrebungen, die Druckergesellen zu disziplinieren, hatte es vor d'Hémery im Laufe des 18. Jahrhunderts schon reichlich gegeben. 1702 verbietet ein *Arrêt du Conseil d'État privé du Roi* den Druckern alle Formen der Organisation. Das berühmte *Arrêt* von 1723 verschärft die Berufsauflagen: Seit 1686 war jeder Druckergeselle verpflichtet, beim Antritt einer neuen Stelle ein Führungszeugnis vorzuweisen. Diese Bestimmung erhält nun durch die Androhung hoher Strafen im Falle des Zuwiderhandelns noch erheblich stärkeres Gewicht und ruft den erbitterten Widerstand der Gesellen hervor. »Die niedrigsten Domestiken«, empören sie sich in einer *Requête au Roi*, »genießen ihre Freiheit in Frankreich und verlassen ihre Herren, wann es ihnen gefällt.«[4] 1725 ergreift Jacques-Pierre Blondel in seinem *Mémoire sur les vexations qu'exercent les libraires et imprimeurs de Paris* für die Druckergesellen Partei, deren Ehre er gegen alle Anschuldigungen verteidigt: »Man gibt sie ohne Grund für ... aufrührerisch, aufständisch und lasterhaft aus, dabei gehorchen sie den Vorschriften ... Unter den 600 Gesellen mögen sittenlose Menschen sein, aber dies darf nicht auf jene zurückfallen, die sich ordentlich betragen. Der geringe Lohn, den sie erhalten, läßt keine großen Ausschweifungen zu«[5]. Das *Mémoire* gerät zum Manifest der Unzufriedenheit, zur pathetischen Anklage gegen die Meister: »Statt ihre Arbeiter durch bessere Behandlung für sich zu gewinnen ..., tun sie nichts anderes, als sie zu verfolgen und in Verruf zu bringen ... Sie erlangen *Lettres de cachet* gegen sie (die Gesellen) und lassen sie zwei oder drei Monate lang in den Gefängnissen verfaulen, was ihre Familien an den Bettelstab bringt. Welche Unterdrückung wäre je schrecklicher gewesen, selbst die Sklaven in Algier kennen keine brutalere Behandlung!«

Bei aller Polemik gegenüber notorischen Untergrundakteuren wie Cloche oder Beauvais wußte d'Hémery recht genau, daß die ›Verführbarkeit‹ der Druckergesellen nicht zuletzt aus ihrer prekären ökonomischen Lage resultierte. Auch ihr Stand litt unter den Auswirkungen staatlicher Konzentrationspolitik: In der zweiten Hälfte des 17. Jahrhunderts hatten die »großen Druckhäuser mit Unterstützung der Regierung die meisten der kleineren Werkstätten aus dem Geschäft gedrängt«[6]. Die Kontrolle des Pariser Gewerbes lag nun allein in den Händen der 36 offiziellen Druckermeister, die ihr Privileg von Generation zu Generation weitervererbten. Der Aufstieg in den Rang eines Meisters war damit für den durchschnittlichen Gesellen fast unmöglich geworden, es sei denn, er heiratete die Witwe eines Meisters.

In steigendem Maße bedroht fühlten sich die Gesellen zudem durch die Konkurrenz der sogenannten *Alloués*. Mit diesem abschätzigen Begriff (*Alloué = à louer*, zu mieten) wurden einfache Druckereiarbeiter bezeichnet, die zwar nicht den an die Gesellen gestellten Anforderungen entsprachen, dafür aber billige Arbeitskräfte waren[7].

Jede Druckerwerkstatt bildete einen in sich geschlossenen Raum, einen Mikroorganismus mit eigenen Ritualen, Umgangsformen, Verhaltensnormen und genauestens abgegrenzten Kompetenzbereichen. Ganz unten in der ›Hackordnung‹ rangierten die Lehrburschen, die von den Gesellen für niedrige Tätigkeiten wie das Fegen des Bodens und für Botendienste herangezogen wurden. In der einen Ecke arbeiteten die Drucker, in der anderen die Setzer; jede Gruppe verfügte über ein ausgeprägtes Standesbewußtsein. Über allen thronte *le bourgeois*, der Meister.

Die interne Hierarchie bot ohnehin reichlich Stoff für Konflikte, für besondere Spannung sorgte aber das problematische Verhältnis zwischen Faktor und Gesellen. Der Faktor hatte vielerlei Vorgänge zu beaufsichtigen: Er kontrollierte die Arbeitsqualität an Kasten und Presse und trug auf dem ersten Probeabzug jeder gesetzten Form die Korrekturen ein, die der Setzer dann im Satz ausführte. Der Faktor teilte den Gesellen ihre Arbeit zu[8] und war überdies, keine leichte Aufgabe, für die Einhaltung der Disziplin verantwortlich. »Er ist der Schiedsrichter über alle Streitigkeiten, die sich unter den Arbeitern hinsichtlich der Geschäfte erheben«, unterstreicht Haspers *Kurzes Practisches Handbuch der Buchdruckerkunst in Frankreich*[9]. Und Streitigkeiten brachen aufgrund der Feindseligkeit zwischen ›Einheimischen‹ und ›Zugewanderten‹ nur allzu häufig aus.

Im 18. Jahrhundert stellten die Drucker und Setzer eine Art Handwerkerelite dar. Von den Vertretern anderer Berufe unterschieden sie sich durch ihren hohen Bildungsgrad[10]: Jeder angehende Druckerlehrling hatte vor dem Beginn seiner Lehre passable Latein- und Griechischkenntnisse nachzuweisen[11]. Daß die

Drucker und Setzer lesen und schreiben konnten, macht sie für den Historiker zu außerordentlich wichtigen Zeitzeugen. Von Thomas Platter über Nicolas Rétif de la Bretonne bis zu Benjamin Franklin sind etliche Druckerautobiographien erhalten geblieben, die der Nachwelt den Alltag des Druckgewerbes aus der Perspektive der Betroffenen schildern.

Eine plastische Vorstellung von den Schwierigkeiten des Metiers vermittelt beispielsweise der zwischen November 1789 und Juni 1790 entstandene tagebuchartige Bericht des Lübbener Buchdruckers Friedrich Driemel, der mit der Ankunft des Verfassers in der französischen Hauptstadt anhebt. Ein typisches Druckerschicksal hatte den 1766 geborenen Sprößling einer Druckerfamilie nach Paris geführt: Im August 1789 noch in einer Druckerei in Lausanne beschäftigt, hatte er sich angesichts der schlechten Auftragslage zum Aufbruch genötigt gesehen. Als er aus Genf hörte, daß es in der französischen Buchhandelsmetropole »viel Arbeit gäbe«, hielt ihn nichts mehr in der Schweiz. Die zusammen mit drei Kollegen begonnene Reise gestaltete sich jedoch außerordentlich qualvoll. Der Drucker, der ohnehin unter dauerndem Geldmangel litt (Er sei »niemals der Knopf auf Fortunens Kappe gewesen«, bekennt Driemel freimütig.), wurde unterwegs nicht nur durch plötzlich einsetzende Regenfälle bis auf die Knochen durchnäßt, sondern verlor sein ganzes Reisegeld. Ob dies »am Tage auf dem Felde geschehen« war, wo man kurz gerastet hatte, oder in der »Nacht auf dem Strohe«, ließ sich später nicht mehr erforschen.

Mit 10 Sols in der Tasche erreichten die vier Reisegenossen am 8. Oktober 1789 ihr Ziel und wurden sogleich mit einer Hiobsbotschaft konfrontiert. Der Willkommensgruß für die von der Wanderung erschöpften Drucker bestand in dem entmutigenden Satz: »Aber, mein Gott, Freunde, wo kommt Ihr jetzt her? Es sind allerweile wenigstens 100 Buchdrucker hier auf dem Pflaster ohne Arbeit!« Mit viel Glück fand der Drucker nach sechs Tagen endlich Arbeit, allerdings seiner Auffassung nach in einer »der schlechtesten Druckereien« und umringt von Gesellen, deren mangelnde fachliche Qualifikation ihn in höchstes Erstaunen versetzte: »Nur erst vorgestern stritten sich ihrer zwei in der Druckerei, einer behauptete, 300 000 wäre mehr als eine Million, der andere wollte das aber nicht glauben, sondern sagte,

600 000 wäre mehr als eine Million. Darüber entstand dann ein entsetzliches Gelächter.«[12] In diese Beschreibung dürften freilich die erwähnten ›nationalen‹ Ressentiments eingeflossen sein.

Driemels Schilderung stammt aus der Anfangsphase der Französischen Revolution, aus einer Zeit des Aufbruchs also, in der die alte Ordnung des Buchgewerbes längst in einem rapiden Prozeß der Umwälzung begriffen war. Zur Rekonstruktion der vorrevolutionären Verhältnisse empfiehlt sich hingegen vor allem der Rückgriff auf die *Anecdotes typographiques* des Druckergesellen Nicolas Contat aus dem Jahre 1762, die heute in einer von Giles Barber kommentierten Edition zugänglich sind. Robert Darnton charakterisiert diesen Text treffend als »quasifiktionale Autobiographie«[13], denn Contat erzählt seine Geschichte in verfremdeter Form, als Geschichte eines jungen Mannes namens Jérôme, den er auf einem wahren Leidensweg begleitet.

Gleich nach dem Antritt seiner Lehrstelle wird Jérôme mit den rauhen Gepflogenheiten der Drucker konfrontiert. Statt eines »köstlichen Aufenthalts« erwartet ihn »eine Kette des Elends«: Obwohl er im Morgengrauen aufsteht und tief in der Nacht zu Bett geht, schafft es der Lehrbursche kaum, seine vielfältigen Pflichten zu erfüllen. Während man von ihm beständig Höflichkeit, Gehorsam und Bescheidenheit verlangt, wird er selbst zur Zielscheibe grausamer Späße. Als die Drucker einen Brief seines Onkels aufstöbern, in dem dieser den unglücklichen Neffen zum Durchhalten ermuntert, muß Jérôme noch mehr Demütigungen erdulden. Zum Ergötzen aller wird das mit pathetischen Ermahnungen gespickte Schreiben laut vorgelesen, worauf die ganze Druckerei in Gelächter ausbricht. Auf Kosten des Lehrjungen amüsiert man sich noch lange danach, denn »hundertmal am Tag« spielt nun einer der Gesellen auf den Vorfall an, stets zur Erheiterung seiner Kollegen[14].

Die Druckerkarriere des ›echten‹ Jérôme hatte im Frühjahr 1737 mit dem Eintritt des 19- oder 20jährigen Contat in die Druckerwerkstatt des Pariser *Imprimeur-libraire* Jacques Vincent in der Rue Saint-Séverin begonnen. Obwohl er 1762, zum Zeitpunkt der Abfassung seiner *Anecdotes*, anscheinend kaum noch als Drucker, sondern hauptsächlich als Weinhändler und Holzstecher tätig war, kannte Contat doch das Terrain, auf dem er sich als Schriftsteller bewegte. Die fremde, in nachhinein manchmal archaisch anmutende Welt der Druckereien mit ihren Bräuchen und Initiationszeremonien hatte er selbst zur Genüge studieren können[15].

Die Drucker seien »ein Volk« für sich, eine »kleine Republik«, heißt es im Vorwort der *Anecdotes*, und tatsächlich zeigte sich die Andersartigkeit der Drucker schon in ihrem Jargon. Die Drucker wurden von den Setzern beispielsweise »Bären« genannt, während die Drucker die Setzer ihrerseits als »Affen« bezeichneten[16].

Welche Motive bewegten einen Druckergesellen zur Beteiligung an den Geschäften des Untergrundbuchhandels? Contats Antwort erinnert an d'Hémerys Diagnose: Die alltägliche Ausbeutung sei es, die einen Drucker auf abseitige, aber gewinnversprechende Pfade führe. Man könnte diese Aussage für allzu simpel halten, legte die Auswertung einer Vielzahl von Bastille-Dossiers nicht den gleichen Schluß nahe.

Gewiß war rhetorisches Kalkül im Spiel, wenn die Druckergesellen im Verhör ihre Verfehlungen mit der Ausweglosigkeit ihrer Situation entschuldigten. Auf der anderen Seite zieht sich das Motiv des Mißerfolgs wie ein roter Faden durch ihre Lebensgeschichten, etwa durch die Biographie des 19jährigen Druckergesellen Claude Philibert Robert, der das Angebot, in einer geheimen Druckerei zu arbeiten, nüchtern als »Gelegenheit« betrachtete, war er doch zu diesem Zeitpunkt seit sechs Monaten ohne Beschäftigung und gesundheitlich angeschlagen obendrein. Nach einem schlecht verheilten Armbruch konnte er nicht mehr lange an der Presse arbeiten, »ohne müde zu werden«[17].

Zur Kategorie der Zufallsakteure und Mitläufer zählte auch der Drucker Joseph Malteste, den d'Hémery auf Denunziation des Druckergesellen Messagey und seiner Frau hin im Frühjahr 1759 verhaftete. Die Vermutung, daß Messagey in illegale Aktivitäten verwickelt sein müsse, hatte sich am 11. April bereits bei der Leibesvisitation des Ehepaars bewahrheitet: In ihren Taschen entdeckte man 100 Exemplare einer Broschüre mit dem Titel *Mémoire pour Abraham Chaumeix* sowie sieben Exemplare von Helvétius' *De l'esprit*. Die anschließende Durchsuchung der Räumlichkeiten brachte neben diversen Druckutensilien die Überreste einer Presse ans Licht.

Auf die Frage nach der Herkunft der bei ihr konfiszierten verbotenen Werke hatte Messageys Frau, Louise Gallois, die Polizei auf Maltestes Fährte gehetzt. Dieser sei, erklärte sie, beim Drucker Chardon beschäftigt. Als d'Hémery kurz darauf Chardons gut beleumundeter Werkstatt in der Rue Galande einen Besuch abstattete, fand er den 44- oder 45jährigen Mann am Setzkasten, im Kreise der Arbeiter vor. Im wenig später anberaumten Verhör legte der Verdächtige zur Zufriedenheit des Verhörleiters überraschende Redseligkeit an den Tag: Der in Lunéville geborene Malteste war, seinen eigenen Worten zufolge, erst seit ein paar Wochen in der Hauptstadt. Zuvor hätte er sechs oder sieben Monate für den Drucker Michelin in Provins gearbeitet, dort aber wegen mangelnder Arbeit nicht bleiben können[18]. Für den noch ausstehenden Lohn von 35 Livres hätte sein Brotherr ihm einen Tausch vorgeschlagen. Statt die Summe in bar zu erhalten, solle er lieber mehrere Exemplare des *De l'esprit* an sich nehmen; jedes davon könne er für 7 Livres und 50 Sous im Palais-Royal weiterverkaufen[19].

Wenn bei den Recherchen der Polizei allmählich gewisse Zweifel an der Richtigkeit dieser Version auftauchten, so kristallisierte sich andererseits immer deutlicher heraus, daß der ins Gefängnis transportierte Druckergeselle aus einer Notlage heraus schuldig geworden war. Ein Brief des Bastille-Beamten Chevalier vom 5. Juni 1759 erhellt, welche Zwänge auf der Familie des Druckergesellen lasteten. Maltestes Frau biete einen erbarmungswürdigen Anblick, schreibt Chevalier: »Sie ist schwanger und weit fortgeschritten in ihrer Schwangerschaft, sie hat kein Brot ..., schläft auf Stroh ..., sie hat weder Eltern noch Freunde in Paris, und dabei ist sie sehr gläubig. Sie hat ihren Mann ermahnt, geduldig zu sein, mit allen Kräften zu Gott zu beten und sich nicht zu ängstigen.«[20]

In zahlreichen Gnadengesuchen aus der Bastille beteuerte auch der Gefangene selbst immer wieder, daß er das tragische Opfer widriger Umstände geworden sei. Es lag ihm viel daran, nicht als »Schurke« oder »Lügner« zu gelten: »Monsieur Chardon weiß, daß ich ein ehrenhafter Mann bin, ein Mann, der fromm und jeglicher Ausschweifung abgeneigt ist.«[21] Der Text endet mit beschwörenden Sätzen:»Monseigneur, ich habe die Ehre, Euch mitteilen zu können, daß es, als ich Geselle war, nur an mir gelegen hätte, 6 Francs pro Tag oder mehr zu verdienen, denn man hat mich (wiederholt) gebeten, in geheimen Druckereien zu arbeiten. Selbst Geistliche haben mir diesen Vorschlag unterbreitet, aber ich habe stets gefürchtet, für die Jansenisten und an schlechten Büchern arbeiten (zu müssen) ... Ich hatte immer Angst, Gott, die Heilige Jungfrau ... und die heilige römisch-katholische Kirche zu beleidigen.«[22] Er sei ein »armer, elender Arbeiter«, der seit 72 Tagen unter seiner Einweisung in die Bastille leide, klagt er an anderer Stelle: »Sie erkennen daran, Monseigneur, den großen Gewinn, den ich aus dem Buch *De l'esprit* gezogen habe.«[23]

Mit ähnlichen Argumenten wie Malteste suchte auch der Druckergeselle Jacques Rainville seine unerlaubten Aktivitäten zu rechtfertigen. Nacktes Elend hätte ihn in die Geschäfte des geheimen Buchhandels getrieben, behauptete er nach seiner Festnahme im Herbst 1752[24]. Im Unterschied zu Malteste hatte er aber schon früh begriffen, welche Profitchancen ihm der geheime Buchhandel eröffnete. So absolvierte er eine regelrechte Untergrundkarriere, die ihn über Jahre hinweg immer wieder ins Visier der Pariser Buchpolizei geraten ließ.

Rainvilles Verhaftung war im Oktober 1752 im Zuge der Fahndung nach der *Apologie de l'abbé de Prades* erfolgt. Als der 27- oder 28jährige Drucker am 18. Oktober 1752 zu seinem ersten Verhör geholt wurde, wehrte er sich zunächst energisch vor allem gegen die Beschuldigung, auf den Pressen seines Arbeitgebers Le Breton ohne dessen Wissen die *Apologie* gedruckt zu haben. Auf die Frage des Verhörleiters, warum er denn sonst von Le Breton entlassen worden wäre, griff er zu einer Ausflucht: Grund der Entlassung sei sein Hang zum Weintrinken gewesen[25]. Ein dreiwöchiger Aufenthalt in der Bastille schwächte jedoch die Widerstandskraft des hartnäckigen Lügners, der dem Polizeichef Berryer am 12. November schließlich eine genaue Schilderung der Ereignisse unterbreitete. Tatsächlich hatte Rainville die Manuskripte des *Lettre à Mgr l'archevêque de Paris sur la liberté de la confession du sept octobre* und den *Lettre à Mgr l'archevêque de Paris du dix neuf octobre dernier* an einem Druckergesellen namens Bobin weitergegeben, der in einer geheimen Druckerei im Faubourg St. Antoine arbeitete[26].

Obwohl Rainville für seine Verfehlungen mit einem Bastille-Aufenthalt büßte, der erst im Februar 1754 endete, war er dadurch doch, wie spätere Aktennotizen zeigen, keineswegs geheilt worden: Ein neuer Zusammenstoß mit der Polizei ereignete sich im Jahre 1757[27].

Die in den Verhör- und Razziaprotokollen ermittelten biographischen Daten liefern zunächst Aufschluß über die Herkunft der Gruppe. Die meisten der ›auffällig‹ gewordenen Druckergesellen sind keine gebürtigen Pariser, sondern Zugereiste aus der Provinz oder aus dem Ausland. Messagey stammte zum Beispiel aus der Franche-Comté[28]; der Druckereiarbeiter Antoine Chambon, der beim Schmuggel verbotener Bücher im Juni 1783 an einer der Pariser Zollstationen festgenommen wurde, aus der Diözese Gap[29], Dupré alias »Point« aus Lyon[30]. Der Geselle Cloche war in der Diözese Sens beheimatet.[31]

Diese Angaben verweisen auf den hohen Grad an Mobilität, der die Drucker auszeichnete und insbesondere in den Papieren der Société Typographique de Neuchâtel sichtbar wird. Nicht zuletzt wegen des Zehrgeldes, das die Werber der S.T.N. potentiellen Angestellten boten, zogen es die Arbeiter vor, wie Darnton schreibt, »zehn oder zwölf Stunden auf der Straße zu verbringen, mit Unterbrechungen in Landgasthäusern, statt die gleiche Zeit an Druckstöcken zu schwitzen oder sich über Setzkästen zu beugen«[32]. So überwanden die Drucker oft Entfernungen von mehreren hundert Kilometern, um eine neue Arbeitsstelle anzutreten: Der 32jährige Drucker Dupré beispielsweise war von Italien nach Paris gekommen; vor der Ankunft in der Hauptstadt hatte er in Turin, Genua und Livorno gearbeitet[33].

Manche Darstellungen des Druckerdaseins haben das »ungebundene Leben auf der Landstraße« zu einer Idylle verklärt, zu einer Schule des Lebens, »an die sich jeder, der sie durchlaufen hat, stets gern und dankbar, oft sogar wehmütig erinnern wird«[34]. Drucker wie Malteste, die zum Verlassen ihres alten Arbeitsplatzes gezwungen waren, dürften am »ungebundenen Leben auf der Landstraße« allerdings wenig Freude gehabt haben.

In Ausnahmefällen Familienmitglieder[35], rekrutierten sich die für den Druck verbotener Schriften angeworbenen Falzer, Setzer und Drucker gewöhnlich aus den Reihen der »frei flottierenden« Druckereiarbeiter auf Arbeitssuche. Empfanden die Arbeitswilligen die ihnen in Aussicht gestellte Entlohnung als »vorteilhaft und schicklich«[36], wurden beide Seiten rasch handelseinig, ohne darüber das Gebot der Vorsicht zu vergessen. Der Drucker Michel Lambert hatte sich – zumindest seiner Verhörversion zufolge – bei seinem Auftraggeber Ormancey abzusichern versucht, ehe er in dessen Dienste trat. Von der »Rechtschaffenheit« seines Geschäftspartners vollkommen überzeugt, hatte er nicht einmal entfernt daran gedacht, daß ihn Ormancey angelogen haben könnte[37].

Aus Vorsicht wahrten die Drucker und Kolporteure über ihre Lebensumstände nach Möglichkeit striktes Stillschweigen, ja, nannten einander vielfach nicht einmal ihren richtigen Namen. Er habe den Druckergesellen Delaunai in einem Cabaret an der Place Maubert getroffen, wisse dessen Anschrift aber nicht, da »diese Art von Leuten« niemals ihre Adresse verrieten, behauptete der Kolporteur Lenormand in seinem Verhör vom 7. Februar 1786. Delaunai war im besagtem Cabaret mit der Bitte um Arbeitsbeschaffung an ihn herangetreten, vorausgesetzt, es seien keine verbotenen Aktivitäten im Spiel[38].

Was Lenormand von Delaunai behauptete, galt freilich ebenso für ihn selbst. Da Lenormand als überaus mißtrauisch bekannt sei, habe er darauf verzichtet, ihn auszufragen, wohlwissend, daß ihm die Antwort ohnehin verweigert worden wäre, sagte Lenormands Komplize Desauges der Polizei im Frühjahr 1786. Als langjähriger Kenner des Milieus hatte Desauges aus dem noch druckfeuchten Zustand der ihm von Lenormand überlassenen Abzüge jedoch im Stillen gefolgert, daß das betreffende Werk, eine Publikation zur Halsbandaffäre, kaum außerhalb der Stadt gedruckt worden sein konnte. Seine Vermutung, daß es sich bei dem Drucker um Grangé handeln müsse, sollte sich später als richtig herausstellen[39].

Gerade weil es den Beteiligten schnellen Profit versprach, war das Untergrundgeschäft für die Pariser Druckergesellen eine ständige Verführung, eine Verlockung auch für diejenigen, die bereits einmal mit der Polizei und den Bastille-Wärtern Bekanntschaft geschlossen hatten. Selbst Pranger und zeitweilige Stadtverweisung schafften es beispielsweise nicht, die Druckergesellen Rainville, Hallé, Grandpierre, Hébert und Corset auf den rechten Pfad zurückzuführen. Wie ein Polizeibericht aus den

60er Jahren voller Ohnmacht konstatierte, waren sie nach der Aufhebung des gegen sie erlassenen Verbannungsbefehls sogleich zu ihrer alten Tätigkeit in die Hauptstadt zurückgekehrt[40].

Buchhändler und Kolporteure

Man kann gar nicht genug gegen diejenigen wüten, die direkt oder indirekt solche Bücher zirkulieren lassen.[1]

Die Pariser Buchhändler und Kolporteure, die neben den Druckern die Säulen des Untergrundbuchhandels bildeten, sind nach 200 Jahren nur noch verschwommene, gesichtslose Gestalten. Wer auf die Protokolle der Buchpolizei zurückgreift, um Einblick in ihre Arbeits- und Vorstellungswelten zu gewinnen, stößt zunächst auf eine undurchdringlich scheinende Schicht von Topoi. D'Hémerys Aufzeichnungen haben im Grunde nichts anderes zu bieten als Variationen ein und desselben Motivs. Daß der Polizeiinspektor für die Untergrundakteure, seinem Weltbild entsprechend, die Rolle der ›Bösen‹ reserviert hatte, zeigen die formelhaften Wendungen, mit denen er sie zu charakterisieren pflegte: Die Witwe Amaulry ist eine Intrigantin, die sich »mit dem Allerverdächtigsten« befaßt[2]. Christophe Ballard wird hämisch als »fauler Mensch« ohne »viel Genie«[3] beschrieben, ein anderer Klient mit dem wenig schmeichelhaften Etikett »übles Subjekt« belegt[4].

Die Verfolgung durch die Polizei bildete fast das einzige Bindeglied zwischen den am Geschäft mit »Drogen« beteiligten Händlern. Im Pariser Milieu herrschte ein ähnliches Gefälle wie zwischen Marc-Michel Rey und Alexis Marais: Zu den etablierten (Untergrund-)Buchhändlern und Druckern gehörte beispielsweise André-François Le Breton, der im Laufe eines erfolgreichen Berufslebens beachtliche Reichtümer anhäufte. Neben einem großen ländlichen Anwesen besaß er ein elegant möbliertes Stadthaus in der Rue Hautefeuille mit mehreren dienstbaren Geistern, die über den Familienschmuck und das Silberbesteck wachten. Als er starb, war sein Weinkeller gut gefüllt und seine Garderobe – mit allein 15 Dutzend Hemden – reichhaltig und exquisit[5].

In einem kritischen biographischen Essay zeichnet Frank A. Kafker sein Porträt als das eines widerspruchsvollen Charakters: Auf der einen Seite verkörperte Le Breton wie niemand sonst den Typus des privilegierten Zunftvertreters und ängstlich um Loyalität bemühten Staatsdieners, der in panischer Furcht vor der Bastille lebte und aufgrund seines Verhaltens bei der Drucklegung der *Encyclopédie* für die Fraktion der Diderot-Freunde zur Persona non grata wurde. Auf der anderen Seite muß er aber doch eine gewisse Risikobereitschaft an den Tag gelegt haben. Gegenüber Sartine wurde er 1764 jedenfalls als ein selbstgerechter Heuchler beschrieben, der nach außen »mit soviel Überzeugung« gegen Gesetzesüberschreitungen argumentiere, in Wahrheit aber genauso vom Druck und Vertrieb verbotener Schriften profitiere wie die kleinen Kolporteure.

Im Gegensatz zu dem Druckunternehmer Le Breton, der bei Hofe verkehrte, bestand das Gros der gewöhnlichen Untergrundbuchhändler aus weniger wohlgelittenen Gestalten, aus Männern wie dem Versailler Händler Lefebvre, auf den d'Hémery durch einen anonymen Brief vom Mai 1772 zum wiederholten Male aufmerksam wurde. Der Polizeiinspektor solle nur jemanden von »reichem Aussehen« als potentiellen Kunden zu Lefebvre schicken und er werde sogleich den Beweis für dessen kriminelle Verhaltensweisen in Händen halten, hatte der Verfasser des Schreibens empfohlen, und seinem Rat war der Adressat offenbar gefolgt, denn schon wenige Tage später konnte d'Hémery dem Polizeileutnant Sartine stichhaltiges Belastungsmaterial vorlegen, das den Verdächtigen in ein äußerst ungünstiges Licht setzte. Es stehe zweifelsfrei fest, so heißt es in einem Bericht vom 4. Juni 1772, daß der betreffende Händler nicht nur die meisten der großen Herren aus Versailles regelmäßig mit »verbotenen Sachen«, das heißt u. a. mit dem *Gazetier cuirassé* und der *Histoire des deux Indes*, versorge, sondern daß er auch seine Pariser Kollegen mit den entsprechenden Schriften zu beliefern pflege. »Dies ist ein übles und zu allem fähiges Subjekt, das man schon vor langer Zeit aus Versailles hätte wegjagen sollen«, lautete das Fazit des Polizeiinspektors[6], der es bereits zwei Jahre zuvor als »gute Tat« deklariert hatte, den Händler »aus der Gesellschaft auszusperren«[7].

Als Lefebvre nach intensiver zweiwöchiger Observierung am 20. Juni 1772 um neun Uhr abends schließlich verhaftet wurde, war der Polizei ein entscheidender Schlag gegen den literarischen Untergrund gelungen. Bei der Durchsuchung seines Ladens hatte man neben einer Fülle von verbotenen Büchern zahlreiche Briefe von Untergrundverlegern aus Paris, Lyon, Rouen und Lille beschlagnahmen können, die die Dimensionen des von Versailles aus betriebenen Geschäfts verdeutlichten[8].

Unterhalb von Lefebvre rangierten die Händler vom Schlage eines Joseph Louis Coiffret, der nur per Zufall zum Bücherverkäufer avancierte. Er habe ursprünglich einen Krämerladen im Faubourg St. Antoine besessen, habe diesen aber im Zuge der »unglücklichen Zeitläufte« vor 17 Jahren aufgeben müssen, gab Coiffret im Januar 1784 zu Protokoll, als er wegen des Verkaufs der Schmähschrift *Vie privée de Louis XV* einem Verhör unterzogen wurde[9].

Das Verhältnis der Buchhändler untereinander war von hierarchischem Denken geprägt. Zumindest gegenüber der Polizei bezogen die Buchhändler, die sich selbst als rechtschaffene Vertreter des Gewerbes verstanden, gegenüber den schwarzen Schafen ihres Berufsstandes deutliche Distanz. So wies der Händler Jean La Grange im Janaur 1784 entrüstet den Vorwurf zurück, am illegalen Buchvertrieb beteiligt zu sein: Er habe sich niemals auf Dinge eingelassen, die den Anstand verletzten[10]. Ebenso vehement reagierte der Händler Jean Henri Ébert, als man ihn im Zusammenhang mit der Fahndung nach den *Fastes de Louis XV* einem Verhör unterzog: Seit 20 Jahren betreibe er ein zu ehrliches Geschäft, als daß er es in ein verbotenes umzuwandeln gedenke, antwortete er dem Kommissar Chenon und fügte noch hinzu, mit der Polizei und denen, die sie »frequentierten«, wolle er nichts zu tun haben[11].

Die zweite Trennlinie verlief zwischen den ›Privilegierten‹ und den ›Nicht-Privilegierten‹: Die bestehenden Animositäten wurden vielleicht nie wieder so drastisch benannt wie in jenem Beschwerdeschreiben, das den Polizeichef Sartine Ende Januar 1764 erreichte. Eine kurz zuvor veranstaltete Razzia hatte den Verfasser mit einem starken Ressentiment gegenüber der Polizei und den Vertretern der Zunft erfüllt, denn es seien, wie er behauptete, nur die »elenden Händler«, denen es »an Brot mangele«, belästigt worden, nicht aber die großen Usurpatoren[12]. Das Pathos des Textes mag übertrieben klingen, aber der Vergleich zwischen den »fetten« und den »mageren« Buchhändlern illustriert doch sehr anschaulich, welche feinen Unterschiede im Zuge der staatlichen Monopolisierungspolitik entstanden waren.

Allen internen Differenzen zum Trotz waren die Pariser Untergrundbuchhändler Teil eines übergreifenden und gut funktionierenden Kommunikationssystems. Als die Polizei im Frühjahr 1786 die Wohnung des erwähnten Händlers Desauges durchsuchte, entdeckte sie etliche kompromittierende Briefe, die der Kolporteur von Geschäftspartnern aus Versailles, Bayeux und Caen erhalten hatte. Die fraglichen Schreiben ließen keinen Zweifel daran, daß Desauges zu einem regelrechten Untergrundsyndikat gehörte, dessen Mitglieder vom verbotenen Buchhandel lebten und sich gegenseitig mit der begehrten Literaturware versorgten[13].

Auf dieses Netzwerk war die Polizei drei Jahre zuvor schon bei der Festnahme des aus Lyon stammenden Händlers Louis Prudhomme gestoßen, bei dem man eine ganze Kollektion verbotener Bücher – darunter die *Thérèse philosophe*, der *Arétin moderne*, die *Fastes* und der *Espion dévalisé* – sichergestellt hatte. Dem Kommissar tischte Prudhomme eine abenteuerliche Geschichte auf, um die Herkunft der bei ihm konfiszierten Schmähschrift *Portefeuille de Madame Gourdon* zu erklären: Vier Monate zuvor habe ihm ein Fremder das betreffende Werk mit der Bemerkung geschenkt, es scheine sich hierbei um eine »ganz spaßige« Sache zu handeln. Daraufhin habe er das Buch in einer Auflage von 500 Exemplaren drucken lassen und dann verschiedenen Abnehmern, u. a. den Händlern Samson, Lejay, Gattey, Brunet und Hardouin, ausgehändigt[14]: Bei allen hier Genannten handelte es sich im übrigen um Wiederholungstäter, die zuvor schon ein- oder mehrmals mit der Polizei in Konflikt geraten waren.

Anhand der polizeilichen Beschlagnahmungsregister und Verhörprotokolle läßt sich das Geschäftsverhalten der Untergrundbuchhändler ex post recht gut rekonstruieren. Profitinteressen bestimmten zum Beispiel über die jeweilige Zusammenstellung des Sortiments, das durch Kauf- und Tauschaktionen ständig erweitert und verändert wurde. François Mallet etwa tauschte bei einem Baseler Partner Mirabeaus *Lettres de cachet* gegen die *Fastes de Louis XV* ein[15]. Über einen »Mirabeau« kam auch der Kolporteur Lenormand mit Pierre Manuel ins Geschäft: Er überließ seinem Kollegen zwei oder drei Dutzend Exemplare des *Recueil*, einer im Kontext der Halsbandaffäre publizierten Broschüre, während er im Gegenzug dafür sechs *Lettres d'un garde du corps*, 14 »Mirabeau« und 20 Livres in bar retour erhielt[16].

Untereinander waren die Untergrundbuchhändler und -kolporteure also in einem steten Prozeß des Ankaufens und Verkaufens verbunden. Im nachhinein mutet das Untergrundgeschäft wie ein ewiges Spiel an, ein Spiel mit wechselnden Rollen, in dem der Händler einmal als Kunde und dann wieder als Anbieter auftrat[17].

Die verfügbaren Quellen erlauben zwar keine repräsentativen Aussagen über das Leseverhalten des Pariser Untergrundpublikums, liefern aber immerhin Aufschluß über die zum Teil erstaunliche Auflagenhöhe verbotener Schriften. Ein Wanderhändler namens La Roche besorgte 1775 dem Pariser Kolporteur François Bourgeois 750 Exemplare des *Lettre d'un profane*[18]. Im Januar 1775 erwarb die Buchhändlerin Louise Manichelle rund 500 Exemplare des *Lettre de M. Terray* von einem, wie sie sagte, »ungefähr 40jährigen«, »elegant gekleideten« Mann[19]. Der Drucker Masse aus Troyes druckte im Winter 1786/87 für einen Lohn von 40 Livres 5500 Exemplare einer Politbroschüre[20]. Von den 250 Broschüren mit dem Titel *Arrêté des provençaux*, die der Händler Lejay am 16. Januar 1788 dem Drucker und Kolporteur Jacques Rainville abkaufte, waren wenige Stunden später nur noch drei Exemplare übrig, den Rest hatten ihm andere Händler förmlich aus den Händen gerissen[21].

Mit verbotenen Schriften erzielten die Händler beträchtliche Gewinne. Marie-Anne Lequay, Frau des Buchhändlers François Morin aus dem Palais-Royal, verkaufte eine für 20 Sols erworbene Broschüre für 24 oder sogar 30 Sols weiter[22]. Die Witwe Aucloux zahlte 1770 16 Sols für die *Représentations du parlement au Roi*, verlangte für die Schrift aber mindestens 18, wenn nicht 20 Sols von ihren Klienten[23].

Was können die archivalischen Quellen weiter über die konkreten Arbeitsprämissen und -praktiken der Untergrundbuchhändler berichten? Als erstes verweisen sie auf die unsichere und überaus gefährdete Position des einzelnen Händlers, der durch eine unerwartete Razzia, eine Verschärfung der Zollkontrollen oder einen Lieferengpaß[24] jederzeit aus der Bahn geworfen werden konnte. »Monsieur, ... ich kann Euch nur zwölf *Salisbury* schicken, denn die dem ausländischen Buchhandel auferlegte Steuer beraubt mich der aus dem Ausland kommenden Bücher. Könntet Ihr Euch nicht mir zuliebe darüber informieren, ob diese Steuer noch lange dauern wird?«, bat ein Händler aus Rouen seinen Kompagnon Lefebvre in Versailles[25] zu einem Zeitpunkt, als dieser bereits mit anderen Widrigkeiten zu kämpfen hatte, war doch kurz zuvor eine an ihn adressierte Büchersendung aus Lyon von der Polizei konfisziert worden[26].

Die von der Aktualität und Nachfrage lebenden Händler und Kolporteure sahen sich häufig mit den größten Schwierigkeiten konfrontiert, wenn sie die Kaufwünsche ihres Publikums befriedigen wollten. »Ich bitte Euch, das Unmögliche zu tun, um mir die *Oraison Funèbre du Roy de Sardaigne* zu schicken«, schrieb Ravinet aus Versailles an Desauges im Juli 1773. Er begründete diesen flehentlichen Appell mit dem Druck, den eine hochgestellte Adlige auf ihn ausübe: Er sei der Dame verpflichtet, und sie »quäle« ihn, ihr das betreffende Werk zu beschaffen[27]. Der anspruchsvollen Käuferin zog er zweifellos jenen Bibliophilen vor, der ihn zwar wegen des Erwerbs »alter und seltener Bücher« auch beständig von neuem belästigte, der aber, laut Ravinet, »keinen entschlossenen Geschmack« besitze und deshalb einfach abzuspeisen sei[28].

Angesichts der immer wieder an ihn gerichteten Bitten konnte auch der Buchverkäufer Coiffret aus dem Hôtel Soubise seinem Vorsatz, keine verbotenen Bücher in sein Sortiment aufzunehmen, nicht lange treu bleiben. Er habe allen, die ihn danach fragten, eine Abfuhr erteilt, beteuerte er am 15. Januar 1784 in seinem Verhör. Aber schließlich sei er, »um der Wahrheit Genüge zu tun«, doch nicht umhin gekommen, einigen Kunden verbotene oder mit einer »stillschweigenden Druckerlaubnis« versehene »metaphysische Bücher« zu besorgen[29].

Wie stark ein Buchhändler von seiner Klientel abhing, zeigt das Beispiel des Händlers Antoine Aubry, der der Polizei gegenüber am 27. Dezember 1782 aussagte, er verfüge selbst zwar über kein Exemplar des *Espion du boulevard du temple*, wisse aber um die Existenz des Werkes, weil sich »zehn oder zwölf Personen« im Laufe des heutigen Tages danach erkundigt hätten[30].

Aufgrund eigener bitterer Erfahrungen achteten insbesondere die erfahrenen Drucker und Händler auf die Wahrung strikter Geheimhaltung. »Dieser Handel ist für Euch vorteilhaft, und Ihr verdient dabei mehr als ich, aber seid diskret«, mahnte der jüngere Manoury aus Caen seinen Partner Blouet aus Rennes, dem er Anfang Februar 1775 verschiedene »Drogen« offerierte[31].

Wie schon an Pierre Manuels Briefpartnern deutlich wurde, vergaßen die Akteure der *Grub Street* nie, in welcher Gefahr sie schwebten. Der Drucker Devérité aus Abbeville zitierte die Titel explosiver Bücher prinzipiell nur in verschlüsselter oder abgekürzter Form[32]. Der junge Händler Desauges entschärfte die von ihm verlegten Broschüren zur Halsbandaffäre, indem er die im Text vorkommenden Namen »hoher Persönlichkeiten« einfach ausstrich[33].

In fast jedem seiner Briefe erinnerte Desauges an das Gebot der Wachsamkeit: »Ich empfehle Euch das allergrößte Stillschweigen«, legte er dem Buchhändler Manoury aus Caen im Herbst 1772[34] nahe. Mit ähnlichen Ratschlägen bombardierte er den Buchhändler Valle aus Bayeux, der in seinen Augen eine beunruhigende Sorglosigkeit an den Tag legte[35].

Angst spricht auch aus dem Briefwechsel des Druckers Besongne mit dem Pariser Kolporteur Personne. Hatten die aus Rouen abgeschickten Briefe zum einen reine Geschäftsangelegenheiten zum Inhalt (»Schickt mir, bitte, eine *Philosophie rurale* oder sagt mir, wo ich sie finden kann, versäumt nichts, um mir ein [Exemplar] zu verschaffen«), so artikulierten sie andererseits immer wieder die Furcht vor drohenden Repressionen. »Monsieur, Ihr seid überrascht, von mir nichts gehört zu haben, und Ihr habt erfahren, daß ich ein wenig ärgerlich über Euch war.« Mit diesen Worten leitete Besongne einen wütenden Brief an Personne ein, in dem er seinen leichtsinnigen Partner maßregelte: »Ich habe kürzlich einen Brief von Euch erhalten, von dem ich weiß, daß Hallé ihn dem Kurier ausgehändigt hat. Ich befürchte, daß der genannte (Hallé) schwatzhaft ist und bitte darum, nur Euch und dem Kurier bekannt zu sein. Monsieur Bertin hat sich bei Monsieur de Miromesnil darüber beklagt, daß ein gewisser Besongne junior in Paris Exemplare des *Secret des finances* hat drucken und verkaufen lassen ... Ohne die Güte, die dieser Magistrat mir gegenüber an den Tag legt, wäre ich sicher schon ein Nachbar der Porte St. Jacques. Ein Wort, das ein Unvorsichtiger fallen läßt, richtet oft Böses an ... Vergessen wir das, was vergangen ist, denn ich bin ja mit der bloßen Angst davongekommen ... Ich war gezwungen, eine ganze Menge suspekter Sachen fortzuschaffen, was mich geärgert hat.«[36] Bezeichnenderweise endet das Schreiben mit dem beschwörenden Satz: »Verbrennt meinen Brief.«[37]

Auch das gehörte zu den Riten und Regeln des Buchhändlermetiers, daß man sich gegenseitig warnte, wenn Gefahr im Verzug schien. So fand die Polizei in der Wohnung des Schriftstellers Imbert de Boudeaux im Juli 1784 einen Brief seines Partners Thiersoul vor, in dem dieser von einer kürzlich bei ihm durchgeführten Razzia berichtete und Imbert auf einen möglichen Besuch der Polizei vorbereitete[38]. Auch Merlin aus Paris zögerte nicht, Pierre Machuel in Rouen von der Fahndung nach den Verkäufern des *Traité de la Tolérance* zu unterrichten, die ihm unter Umständen gefährlich werden konnte[39].

Bildeten die Untergrundbuchhändler einerseits eine solidarische Notgemeinschaft gegenüber der Polizei und der etablierten Zunft, begegneten sie sich andererseits mit nie nachlassendem Mißtrauen und der Furcht, übervorteilt zu werden. »Monsieur, ich habe Euren Brief erhalten, in dem Ihr Euch über meine Preise beklagt, aber ich habe noch viel mehr Grund als Ihr, mich über Eure Preise zu beschweren«, beeilte sich Blouet auf einen Protestbrief Manourys zu erwidern[40].

Der harte Existenzkampf, dem die Buchhändler unterworfen waren, bildete den Nährboden für Auseinandersetzungen und allerlei Täuschungsmanöver. Mit gegenseitigen Verdächtigungen waren die Konkurrenten schnell bei der Hand. Als Mallet dem Buchhändler Hardouin vorwarf, er habe ihn an die Polizei verraten wollen, reagierte dieser mit Entrüstung und der Ankündigung, er werde die Geschäftsbeziehung aufkündigen[41].

Zu gemeinsamen Aktivitäten entschloß man sich deshalb um so lieber, je länger und besser man sich kannte. Die Bereitschaft zum Eingehen einer solchen Zusammenarbeit hing freilich in hohem Maße nicht zuletzt von der Einschätzung des eventuellen

Bastille-Risikos ab: Als der bei der königlichen Lotterie beschäftigte Jacques Rainville den Buchhändler Lejay am 16. Januar 1788 in seinem Laden aufsuchte, um ihn zum Verkauf eines verbotenen Werkes zu bewegen, stimmte Lejay diesem Vorschlag erst zu, nachdem ihn der Drucker in Sicherheit gewiegt hatte[42].

Wenn die oft schon an ihrer äußeren Form – dem schlechten Papier und den vielen Druckfehlern[43] – zu identifizierenden Broschüren und Pamphlete frisch aus der Presse kamen, schlug die Stunde der Austräger und Kolporteure. Die Pariser Kolporteure – das waren im 18. Jahrhundert, seit dem *Arrêt* von 1723, zunächst die 120 offiziellen *Colporteurs*, die über einen festumrissenen Aufgabenbereich verfügten und lediglich bestimmte Literaturartikel veräußern durften: Almanache, juristische Verteidigungsschriften, die königlichen Ordonnanzen sowie kleinere Broschüren von begrenztem Umfang. Um als städtischer *Colporteur* tätig werden zu können, mußte ein Bewerber bestimmten Ansprüchen genügen, das heißt, eigentlich zuvor eine Lehre als Buchhändler, Drucker, Schriftgießer oder Buchbinder absolviert haben. Doch dem Versuch, die Zahl der Kolporteure auf eine überschaubare – mithin leicht zu kontrollierende – Gruppe zu begrenzen, war offensichtlich wenig Erfolg beschieden. 1721 verbot ein *Arrêt du Conseil d'État* allen »Soldaten und Personen ohne den Titel des Kolporteurs« bei hoher Strafandrohung, Bücher und Schriften in Cabarets, Cafés und in den Straßen zu verkaufen. Aber schon im Jahr darauf wies ein neuerliches *Arrêt du Conseil d'État portant Règlement pour les colporteurs et afficheurs* auf zahlreiche Mißstände hin, die sich im Kolporteurswesen der Hauptstadt eingeschlichen hätten. Es sei inzwischen sogar so weit gekommen, heißt es im Text, daß die ›ordentlichen‹ Kolporteure von den »gens sans qualité & sans aveu« bedroht und an ihrer Tätigkeit gehindert würden[44].

Zur Bekämpfung des Übels wurde ein ganzer Katalog von Vorschriften erlassen: Niemand durfte künftig den Beruf des Kolporteurs ohne Erlaubnis der Zunftaufsicht und des Polizeichefs ausüben. Sobald ein Bewerber – bevorzugt jemand, der aus den Reihen der verarmten oder berufsunfähigen Buchhändler, Buchbinder oder Schriftgießer stammte – angenommen worden war, mußte er sich binnen einer Frist von drei Tagen bei der

Zunft registrieren lassen. Die acht ältesten Kolporteure durften ihr Metier in den »Höfen und Sälen des Palais« ausüben, die anderen aber konnten überall dort in der Stadt und in den Faubourgs erscheinen, wo es ihnen beliebte. Jeder Kolporteur war verpflichtet, an seiner Kleidung eine Plakette mit der Aufschrift *Colporteur* zu tragen, er durfte keinen Laden eröffnen und keinen Lehrling anstellen[45].

Nach den Reglementierungsbestrebungen von 1723 und 1732 verkündete eine *Ordonnance de Sa Majesté, portant Règlement pour les colporteurs* im Juni 1747 weitere Einschränkungen: Alle Druckwerke, die ein Kolporteur ausrief oder verkaufte, mußten von der Polizei approbiert und in Paris gedruckt worden sein. Im Februar 1749 verpflichtete eine *Ordonnance de Monsieur le Lieutenant Général de Police* die Kolporteure dazu, neben der obligatorischen Plakette eine Art Ausweis bei sich zu führen. Am 7. Mai 1749 folgte eine *Ordonnance du Roi, concernant l'interdiction des livres prohibés, & qui défend les étalages de livres sur les quais & ponts*, die den Bannstrahl gegen illegale Kolporteure erneuerte[46].

Da keine der zahlreichen Disziplinierungsbestrebungen die Kolportage von verbotenen Broschüren, Büchern und Pamphleten auf Dauer aber wirkungsvoll eindämmte, wurden d'Hémery und Goupil immer wieder mit Individuen konfrontiert, die aus den verschiedensten Gründen in das Geschäft mit »Drogen« hineingeraten waren: Mit Männern wie dem Kolporteur Guillaume Neveu, der vom Trödler zum Buchverkäufer konvertiert war, ohne lesen und schreiben zu können[47]. Oder mit abgerissenen Gestalten wie dem Kolporteur Le Duc, der stets einen abgeschabten Gehrock trug, »schlechtgekämmt« und – nach Aussage eines Polizeiagenten – Dreiviertel des Tages betrunken war[48].

Der Versuch einer sozialen Verortung des Untergrundkolporteurs wirft zwar die bekannten Probleme auf. Dennoch erlauben die Quellen eine gewisse Annäherung an die Kolporteure, die für manche Zeitgenossen die eigentlichen Fackelträger der Aufklärung gewesen sind: Louis-Sébastien Mercier beispielsweise zollte ihnen als den »armen Colporteurs, die die besten Werke der Genies in Umlauf bringen, und die öffentliche Freyheit unterstützen, ohne es zu wissen, nur um ein bischen Brot zu verdienen«, seine Anerkennung[49].

Den Bastille-Dossiers zufolge waren Angehörige bestimmter Berufsgruppen und gesellschaftlicher Schichten unter den Untergrundkolporteuren überdurchschnittlich häufig vertreten. In ihren Verhören entpuppten sich die von der Polizei verhafteten Handlanger des geheimen Buchhandels als Tagelöhner, Arbeiter oder Dienstboten: Anfang Mai 1765 wurde zum Beispiel ein Lastenschlepper aufgegriffen, der gerade zwei dicke Pakete mit gefährlichen Büchern beförderte, darin u. a. 3 *Portiers des Chartreux*, 3 *Recherches sur le despotisme*, 4 *Religieuses en chemise*, 24 *Légendes joyeuses*, 47 Exemplare des Traktats *De la tolérance* und 16 Exemplare des *Dictionnaire philosophique*[50].

Zwischen (Untergrund-)Autoren, Händlern, Kolporteuren und Käufern entwickelten sich oftmals seltsame Beziehungen, die durch den Zwang zur Heimlichkeit geprägt waren. Der »ungefähr 40jährige, gutaussehende und immer elegant gekleidete« Mann, der der Buchhändlerin Louise Manichelle Anfang Januar 1775 ein Dutzend *Lettres de M. Terray* offerierte, tat äußerst geheimnisvoll, als sie nach weiteren Exemplaren verlangte. Zunächst vertröstete er sie mit den Worten, er werde sich bald wieder bei ihr melden. Dann verschwand er und tauchte erst einige Stunden später mit einem neuen Vorrat in ihrem Laden auf. Auf diese mühselige Weise erwarb die Buchhändlerin nach und nach 500 *Lettres*[51].

Viele der illegalen Kolporteure wickelten ihre Geschäfte direkt auf offener Straße ab. Und die Bedeutung der Straße für den Nachrichten- und Literaturtransfer sollte in der Revolution eine bis dahin ungeahnte Steigerung erfahren; ganze Armeen von Kolporteuren bevölkerten nun die Straßen entlang des Quai des Augustins[52]. Die Mauern der am Straßenrand stehenden Häuser waren mit Bekanntmachungen übersät, vor denen sich Massen von Lesern drängten. Der deutsche Revolutionsschwärmer Joachim Heinrich Campe stieß vor den »Affichen«, wie er nach Hause meldete, auf »ein unendlich buntes und vermischtes Publicum von Lastträgern und feinen Herren, von Fischweibern und artigen Damen, von Soldaten und Priestern«[53], das über den Inhalt der Wandzeitungen diskutierte. Gleich daneben entdeckte der Reisende kleine überdachte Tische, auf denen Broschüren und »fliegende Blätter« feilgeboten wurden, rings um ihn herum priesen Kolporteure ihre Ware an[54]. Dank eines weithin üblichen, kollektiven Rezeptionsverhaltens[55] partizipierten auch Analphabeten an der Schriftkultur; so beobachtete Campe zu seinem Erstaunen, wie sich »gemeine Menschen aus der allerniedrigsten Volksclasse« um einen »gelehrten Kameraden« gruppierten, der ihnen aus einer der Broschüren oder fliegenden Blättchen vorlas[56].

Die Welt des geheimen Buchhandels schloß die reichen Schweizer Verleger ein, aber auch fliegende Buchverkäufer vom Schlage Jean Nepveus[57]. Die Subkultur, die sich im Paris des 18. Jahrhunderts in Konkurrenz zur privilegierten Verlagswelt etabliert hatte, entwickelte schnell ihre eigenen Rituale und Kommunikationsformen. Und zwangsläufig ihre eigenen Strategien, denn im Schatten der Bastille galt es mit Bedacht zu agieren.

Die Listen der Ängstlichen

Welche Ängste verfolgten die Verfasser, Drucker und Kolporteure verbotener Schriften? Ein Furchtobjekt par excellence bildete für sie der Pariser Polizeichef, eine in ihren Augen fast diabolische Gestalt[1]: »*Sie* halten alle Geheimnisse meines Lebens und den Großteil meiner Gedanken in Ihren Händen«[2], lamentierte ein Bastille-Gefangener, der damit einer populären Anschauung Ausdruck verlieh. Die wirklichen Amtsinhaber hatten jedoch mit dem omnipotenten, dämonischen Wesen, das durch die Köpfe der Zeitgenossen geisterte, kaum etwas gemein[3]. Im Unterschied zu seinem mythischen Alter ego war der Pariser Polizeichef kein allgegenwärtiger Autokrat[4], sondern vielmehr ein hochgradig überlasteter[5], in seinem Handlungsspielraum stark eingeschränkter, dem Parlament von Paris untergeordneter[6] und auf Konsens angewiesener hoher Beamter[7], der die schwierige Aufgabe der Koordinierung eines Heers von Untergebenen bewältigen mußte[8].

Mehr noch als den eher fernen Pariser Polizeichef – den Adressaten ihrer Gnadengesuche – perhorreszierten die Macher des verbotenen Buches die Kommissare und Inspektoren, mit denen sie weit öfter und direkter zu tun hatten. Ihnen brachten sie eine Mischung aus ehrfürchtiger Scheu und Verachtung entgegen: Von den Ressentiments, die dem Kommissar als der

»rechten Hand« des Polizeichefs bisweilen entgegenschlugen, zeugen noch heute die zeitgenössischen Boulevardstücke, die ihre Lacherfolge beim Publikum auf Kosten der Polizei erzielten[9]. Der Haß des ›niederen Volkes‹ auf die »Subalternen der Polizei«[10] entlud sich im Sommer 1789 schließlich in gewaltsamen Aktionen, wie sie jener Kommissar am eigenen Leib zu spüren bekam, der am 15. Juli 1789 im Garten des Palais-Royal von einer aufgebrachten Menschenmenge angegriffen wurde[11].

Man würde der komplexen Rolle des Pariser Polizeikommissars im Ancien Régime allerdings nicht gerecht werden, reduzierte man ihn in der Tradition der revolutionären Enthüllungsjournalisten auf den dumpfen Büttel eines diktatorischen Zensurregimes. Aus einer Fülle von Quellen geht ganz im Gegenteil hervor, daß er durchaus als rundum akzeptierter Autoritätsträger galt[12], den die Bewohner seines Viertels regelmäßig mit einer Vielzahl von Beschwerden, Briefen und Bittgesuchen bombardierten[13].

Das Leben im Untergrund drückte dem Verhalten der Betroffenen in ebensolchem Maße seinen Stempel auf, wie es ihre Arbeitsweise prägte. Daß sich die Verfasser von Schmähschriften manchmal einer Art von freiwilliger Selbstzensur unterwarfen, indem sie die Namen der wirklich attackierten Personen in ihren Texten durch Phantasienamen ersetzten, wurde bereits kurz thematisiert[14].

Im Bewußtsein einer möglicherweise unmittelbar bevorstehenden Bastilleeinlieferung achteten die Schriftsteller und Drucker insbesondere auf die schnelle Beseitigung verräterischer Spuren. Exzerpte und Korrespondenzen wurden kurzerhand versteckt oder vernichtet, sobald Gefahr im Verzug schien. So verbrannte der *Nouvelliste* Arnoux das Original seiner Nachrichtenblättchen gleich nach dem Diktat an die Kopisten, weil er gehört hatte, daß man ohne Beweise »gegen keinen Bürger wüten könne«[15]. Der Satiriker Dupré de Richmond bewahrte seine Notizen gewohnheitsmäßig unter der Matratze seines Bettes[16] auf, andere Schriftsteller und Kolporteure trugen die verbotene Ware unter ihrer Kleidung verborgen ständig mit sich herum[17]: Joseph Rougelot alias »Raisin« beförderte gleich zwölf Broschüren ans Licht, als de Rochebrune und d'Hémery ihn anläßlich einer Razzia zum Leeren seiner Taschen aufforderten[18].

Die Angst begleitete einen Autor oder Buchhändler manchmal über einen langen Zeitraum hinweg. Der Aussage der Marie-Jeanne Legeat zufolge, die als Dienstmädchen bei dem *Nouvelliste* Charles de Julie arbeitete, befand sich ihr Brotherr im August 1753 schon seit Wochen in einem äußerst angespannten Zustand: De Julie erwarte stündlich eine Razzia und habe deshalb alles belastende Material verbrannt oder aber an einem geheimen Ort deponiert[19]. Auch Charles Hu ließ die handschriftlichen Rohfassungen seiner Broschüren zur Halsbandaffäre sofort nach dem Druck im Frühsommer 1786 ins Feuer werfen[20]. Zum Verbrennen »zu starker Artikel« entschloß sich der *Nouvelliste* Foulhioux[21], nachdem ihn die Nachricht von polizeilichen Strafaktionen in jähe Panik gestürzt hatte: »Die ein wenig vorlauten Autoren haben Angst, und gewisse Nouvellisten wagen es im Augenblick nicht, zu schreiben«[22], konstatierte ein zeitgenössischer Chronist für das gleiche Jahr 1786.

Die Angst vor einer Gefängnisinternierung steigerte sich ins Unermeßliche, wenn ein Geschäftspartner der Polizei in die Hände fiel oder wenn man selbst schon einmal das Opfer einer Strafaktion gewesen war. Nach der Verhaftung des Druckers Rainville und des Händlers Lejay wäre er in sein Heimatland zurückgekehrt, hätte ihm dafür nicht das nötige Geld gefehlt, gab der aus der Nähe von Mainz gebürtige Buchhändler Philipp Denné im April 1788 freimütig zu Protokoll[23]. D'Hémery habe ihm einige Zeit zuvor eine solche »Lektion erteilt«, daß er sich nun vor illegalen Buchgeschäften hüte, beteuerte 1783 der Wirt Germon aus Bourg-La-Reine, dessen Schenke Bücherschmugglern aus ganz Europa als Treffpunkt diente[24].

Von eingeplanten Fluchtwegen war bereits die Rede – und hierin bewiesen die Betreiber illegaler Werkstätten zweifellos ihren größten Einfallsreichtum. Der durch die Festnahme seiner Kollegen Prault und Charon beunruhigte Drucker Beauvais hatte in dem Zimmer einer Nachbarin einen Notausgang eingebaut. Dank dieser prophylaktischen Maßnahme konnte er gerade noch rechzeitig vor der Polizeiabordnung fliehen, die im November 1752 bei ihm anklopfte[25]. Auf ähnliche Weise rettete sich der Kolporteur Duparc, bei dem die Polizei am 25. April 1752 eine Hausdurchsuchung vornahm. Als d'Hémery den jungen Mann zu der halbfertigen Druckausgabe eines auf dem

Tisch seiner Kammer entdeckten Manuskripts mit dem Titel *Idée de la vie de Messire Jean* befragte, versprach ihm der Kolporteur zunächst, er wolle ihn auf den Dachboden führen, wo weiteres suspektes Material gelagert sei. Bei der Besichtigung der Örtlichkeiten verriegelte Duparc nach einem raschen Sprung vorwärts jedoch die Tür hinter sich und entkam dann über die Dächer[26].

Daß die Untergrundautoren häufig unter falschem Namen schrieben, um das Risiko einer Festnahme zu minimieren, ist gerade für das 18. Jahrhundert seit langem bekannt. Anne-Gédéon Laffitte de Pelleport veröffentlichte seine aggressive, polizeifeindliche Schmähschrift *Le Diable dans un bénitier* unter dem Pseudonym Pierre Le Roux[27]. Abbé Dulaurens publizierte unter den Decknamen d'Henriville, Abbé de Saint-Albin, Modeste Tranquille Xan-Xung und Brise-Crosses[28]. Der Literat Le Breton taufte sich in »Loutel Chanterel« um[29]; Jean Jaubert, ein Jurastudent, der von dem berühmten Juristen Gerbier protegiert wurde, lancierte 1771 als »Guyot Duquesnoy« kritische Broschüren über die Parlamentsaffäre[30].

Als prominentester Schriftsteller praktizierte diese Art von Camouflage Voltaire, der mehr als 200 Decknamen verwendete und auf den Titelblättern seiner Bücher u. a. als Dr. Ralph, Monsieur Mamaki, Charles Gouju, Abbé Tilladet, Guillaume Vadé, M. de Morza, M. Saint-Hyacinthe oder Dr. Obern figurierte[31].

Zum Mittel der Verkleidung griff sogar der Autor Blanc, um sich bei seinem Ausflug ins Untergrundmilieu nicht zu kompromittieren. Blanc hatte zunächst vertrauensvoll einen Freund mit der Suche nach einem Verleger für ein religionsfeindliches Werk beauftragt. Dem vermeintlichen Freund war aber nichts Besseres eingefallen, als den Plan gleich an den Pariser Erzbischof und die Polizei zu verraten. Als der gutgläubige Autor wenig später zu einem fingierten Rendezvous in das Hinterzimmer eines Speisewirts bestellt wurde, hielt er es für opportun, seine wahre Identitä zu verschleiern: Zu dieser Gelegenheit zog er extra einen alten Rock und eine alte Perücke über. Bei den zwei Männern, die er an der verabredeten Adresse antraf, handelte es sich freilich nicht, wie angekündigt, um den ›Verleger‹ und seinen ›Berater‹, sondern um zwei Polizeiagenten, die den ahnungslosen Amateurschriftsteller in der Absicht, ihn zu einem Zensurverstoß zu bewegen, animierten, ihnen Passagen aus dem fraglichen Werk vorzutragen. Kaum hatte Blanc mit der Lektüre begonnen, erschien d'Hémery als Deus ex machina auf der Bühne und bereitete der Komödie ein schnelles Ende; das Buch wurde konfisziert und der Autor selbst in die Bastille transportiert[32].

Sein Schicksal blieb kein Einzelfall: Wie aus den Akten der Buchpolizei, den Bastille-Registern und den Verzeichnissen der Pariser Gefängnisse zu erfahren ist, war der Weg »in den Kerker« für eine ganze Reihe von Buchhändlern, Druckern, Kolporteuren und Schriftstellern vorprogrammiert.

5. Kapitel
Sanktionen

Gefängniserfahrungen

Eines Morgens kamen ein Kommissar und ein Spitzel, um mir im Namen des Königs Bonjour zu sagen.[1]

Wenn sich im Verlauf der polizeilichen Recherchen der Verdacht der Beteiligung an illegalen Machenschaften gegenüber einem Buchhändler, Autor oder Kolporteur erhärtet hatte, wenn es einen Verhaftungsbefehl des Parlaments von Paris oder einen ›von oben‹ erteilten Suchauftrag auszuführen galt[2], trat die Buchpolizei in Aktion. Die Verhaftung des Verdächtigen erfolgte gewöhnlich in den frühen Morgen- oder späten Abendstunden, um ein unerwünschtes Aufsehen nach Möglichkeit zu vermeiden. Den Drucker Michelin au Provins verhaftete man, als er am Morgen des 11. Januar 1761 zur Messe gehen wollte[3]. In der Morgendämmerung des 29. August 1750 erschienen d'Hémery und de Rochebrune auch bei dem jungen Schriftsteller Rochon de Chabannes in der Rue Saint-Louis[4]. Zwei Tage zuvor hatte de Rochebrune vom Pariser Polizeichef Berryer die Order erhalten, die Wohnung Rochons einer exakten Durchsuchung zu unterziehen und dabei alle »Papiere, Manuskripte und Druckwerke« zu konfiszieren, die »religions-, staats- und sittenfeindlich« seien[5].

»Wir haben uns mit d'Hémery in ein Haus in der Rue Saint Jean de Beauvais begeben, sind dort in die dritte Etage hoch gestiegen und in ein kleines Zimmer eingetreten ..., wo wir schlafend im Bett den ungefähr 23jährigen Buchbinder und Kolporteur Jean Baptiste Pasdeloup vorgefunden haben. Wir haben ihn vom Gegenstand unserer Anwesenheit unterrichtet und haben ihn aufgefordert, sich zu erheben. Dies hat er augenblicklich getan, worauf wir von ihm verlangt haben, die Taschen seiner Kleider zu leeren. In den Papieren, die er daraus hervorzog, haben wir die ersten beiden Teile des *Journal des événements du Parlement de Bretagne* gefunden.« Mit diesen Worten schildert Rochebrune Anfang Juli 1767 den Verlauf einer typischen, reibungslos durchgeführten Polizeirazzia[6]. Nicht selten benötigte die Buchpolizei freilich - wie im Fall des Autors Brossais du Perray[7] - die Hilfe eines Schlossers, um sich bei einem Verdächtigen Zutritt zu verschaffen[8].

Wenn die Abgesandten des Polizeichefs zu ungewöhnlicher Stunde[9] an die Tür eines Kolporteurs, Druckers oder Schriftstellers klopften, war es mit dessen Ruhe schlagartig vorbei. Eine Klageschrift aus dem Jahre 1787 vermittelt aus der Sicht eines Betroffenen eine Ahnung vom Vorgehen der Polizei. »Hat ein Kommissar das Recht, sich nächtlicherweile in das Haus eines Bürgers zu begeben, dessen Schränke aufzubrechen, ... die Nachbarn zu beschimpfen und zu bedrohen?«[10], fragte provokativ der Verfasser des oben angeführten Textes, der selbst kurz zuvor das Unglück gehabt hatte, von der Polizei abgeholt und in die Bastille geworfen zu werden. Seine Kritik richtete sich insbesondere gegen den verantwortlichen Kommissar Chenon, den er bezichtigte, unnötig rüde aufgetreten zu sein und die gesamte Nachbarschaft um zwei Uhr morgens mit einem lauten »Es ist der Wille des Königs!« aus dem Schlaf gerissen zu haben[11]. Da es im späten Ancien Régime allerdings zum guten Ton gehörte, öffentlich gegen die Brutalität der Polizei zu polemisieren, müssen solche Invektiven zunächst mit einiger Skepsis aufgenommen werden[12].

Der Verlauf der polizeilichen Visite wurde entscheidend vom Verhalten der betroffenen Person bestimmt. Die Festnahme des Schriftstellers Charles Jacques Louis Auguste de la Morlière im Februar 1755 beispielsweise gestaltete sich äußerst schwierig, da sich der Autor mit seinem Dienstmädchen hinter der Wohnungstür verbarrikadiert hatte und die Einlaß begehrenden Polizeiagenten überdies mit wütenden Beschimpfungen überschüttete[13]. Der 32jährige Morlière, der einst aus den Reihen der Musketiere mit Schimpf und Schande davongejagt worden war und sich danach zur schreibenden Zunft gesellt hatte, behauptete einen führenden Platz in der Gemeinde der hungrigen Skribenten[14]. Wenn er seine Abende nicht in den Pariser Theatern verbrachte, die er als professioneller Claqueur eifrig frequentierte[15], sah man ihn mit schöner Regelmäßigkeit in den einschlägigen Cafés oder im Palais-Royal[16].

Auch die Witwe David, in deren Druckerei Anfang der 50er Jahre die suspektesten Schriften der Hauptstadt produziert wurden, leistete bei ihrer Verhaftung heftigen Widerstand. Als sie den Kommissar de Rochebrune erblickte, überschüttete sie den Polizeiagenten mit den wildesten Drohungen: Wenn er sie nicht in Ruhe lasse, werde er sie von einer ganz anderen Seite kennenlernen[17].

Oft waren die Arrestanten jedoch zu aufgeregt und verstört, um den Anordnungen des Kommissars zu widersprechen. »Oh meine Freunde, wir sind verloren, retten wir uns!«, rief der Kolporteur Gautier, ein »großer Mann von 25 Jahren, der in eine rote Satinjacke gekleidet war und eine Mütze auf dem Kopf trug«, mit »zitternder Stimme« seinen zwei Besuchern zu, als der Kommissar de Rochebrune unvermutet vor ihm stand[18].

Ebenfalls ›auf frischer Tat‹, nämlich bei der Abfassung verdächtiger Schriften, erwischte die Polizei Anfang der 70er Jahre eine Gruppe von Personen, die sich bei einer Obstverkäuferin in der Rue des Carmes eingemietet hatte. »Ich habe an die Tür geklopft, aber niemand antwortete. Eine Nachbarin hat mir jedoch versichert, daß jemand da wäre. Ich klopfte ein zweites Mal und hörte, wie drinnen ... ein Aufruhr losbrach. Hernach öffnete mir der genannte Bisand junior, der ebenso wie seine Frau äußerst erschrocken aussah ... (Im Zimmer) befanden sich außer den beiden ein alter Mann und ein weiterer junger Mann, der sich hinter einem Wandteppich versteckt hatte ... Sie haben sich mir gegenüber (für ihr Benehmen) mit dem Satz entschuldigt, sie seien mit Angelegenheiten befaßt, von denen in diesen Zeiten nicht jedermann wissen müsse, und sie sagten auch, ich hätte ihnen große Angst eingeflößt«, protokollierte der Polizeiagent, der die Razzia unternommen hatte[19].

Das unerwartete Auftauchen de Rochebrunes oder d'Hémerys konnte so einschüchternd wirken, daß die von der Razzia überraschte Person der Polizei freiwillig belastendes Material in die Hände spielte. So im Herbst 1752 die Ehefrau des Kolporteurs Ratillon[20], eines Mannes, der zu diesem Zeitpunkt offenbar schon seit langem einen schwunghaften Handel mit Raubdrucken betrieb. Die Aktion der Polizei verlief zunächst ergebnislos, da man weder in der Wohnung Ratillons noch in seinem Laden einschlägige Werke oder Manuskripte fand. Doch in blinder Panik führte die

Ehefrau Ratillons die Kommissare schließlich zu zwei Verstecken, in denen Hunderte von verbotenen Büchern deponiert waren[21].

Daß das Interesse der Polizei an der Aushebung geheimer Druckereien und an der Beschlagnahmung verbotener Schriften sporadisch auch zur Regelung interner Konflikte und selbst zur ›Lösung‹ von Eheproblemen benutzt wurde, illustriert der Fall des Buchhändlers Louis Dufresne, der seit 1752 eine in der Nähe der Tuilerien gelegene Bücherbude betrieb, und in dessen Haus die Polizei anläßlich einer Razzia im September 1761 die härtesten »Drogen« entdeckte, die zur Zeit auf dem Buchmarkt zirkulierten – die pornographischen Bestseller *Le Portier des Chartreux* und *Thérèse philosophe* sowie die »schamlosen Kupferstiche«, mit denen der Roman *L'Arétin* garniert war[22]. Später sollte sich allerdings herausstellen, daß die Ehefrau Dufresnes, Jeanne Le Ducri, die »Drogen« mit Hilfe ihres Komplizen Bazin in das Sortiment ihres Mannes geschmuggelt hatte: Bereits geraume Zeit vorher hatte sie sich in der Nachbarschaft über die Gewalttätigkeit Dufresnes beschwert und überall nach einer Methode gefragt, wie sie ihren Mann am besten loswerden könne. Bazin war dann auf die Idee gekommen, aus Dufresnes Buchhändlertätigkeit ein Komplott zu konstruieren, und hatte in Erwartung einer Provisionszahlung die Polizei auf die Spur des Buchhändlers gebracht[23].

Im Unterschied zu der Kopflosigkeit, mit der mancher durch Zufall in das Milieu geratene Kolporteur oder Drucker auf den Anblick d'Hémerys oder de Rochebrunes reagierte, legten Schriftsteller, die sehr wohl um das Risiko ihrer Aktivitäten wußten und die sich innerlich schon längst auf eine potentielle Kollision mit der Polizei eingerichtet hatten, eine erstaunliche Kaltblütigkeit an den Tag. Ein Benediktinermönch namens Desruelles, der 1775 zusammen mit dem Buchhändler Pintiau aus Arras und einem weiteren Kumpan an der Veröffentlichung der Schmähschrift *Lettre de M. de Maupeou* beteiligt war, bewahrte selbst nach der Beschlagnahmung seiner Papiere einen kühlen Kopf. In Gegenwart Goupils beauftragte er die Dienstboten, umgehend all seine Freunde von der diskriminierenden Behandlung zu unterrichten, deren Opfer er geworden sei[24].

Die Polizeiaktion bildete in der Regel den Auftakt zu einem Gefängnisaufenthalt von ungewisser Dauer, da für Buchhandelsdelikte keine festen Strafen vorgesehen waren. Obwohl das traumatische Erlebnis der Einsperrung die Biographien vieler Untergrundprotagonisten prägt (»Madame, wir beide sind wie die größten Verbrecher unter Arrest genommen worden ... Wir sind schlimmer dran als Lazarus, auf Wasser und Brot reduziert ... in dieser schrecklichen Bleibe ... Es ist gewiß sehr traurig für Leute von Ehre, die nichts lieber wollen, als ihren Lebensunterhalt mit dem Schweiß ihres Körpers zu verdienen, daß sie so hart bestraft werden«, klagte etwa der *Nouvelliste* Holzalb 1746 gegenüber einer Gönnerin[25].), ist über deren Kerkererfahrungen aufgrund einer teilweise äußerst dürftigen Quellenlage bislang wenig bekannt. Die folgenden Bemerkungen beschränken sich deshalb auf eine grobe und an manchen Stellen notgedrungen improvisierende Rekonstruktion[26].

Als erstes Gefängnisritual hatte der von der Polizei überrumpelte Kolporteur, Schriftsteller oder Buchhändler ein Verhör zu überstehen, das im Prinzip innerhalb von 24 Stunden nach seiner Festnahme stattfinden sollte[27]. Gewöhnlich setzte der verantwortliche Kommissar zur Wahrheitsfindung mehrere Verhöre an, die im Abstand von wenigen Tagen aufeinanderfolgten[28]. Handelte es sich um eine Bastille-Einlieferung und zudem – wie bei Marie-Madeleine Bonafon, der Autorin des satirischen Romans *Le Tanastès* – um eine Frau, so wurde die Befragung nicht im sogenannten Ratssaal der Bastille durchgeführt, sondern in der Zelle der Betroffenen[29]. Abgesehen von den wechselnden Schauplätzen lief jedes Verhör nach einem ritualisierten Schema ab. In Gegenwart eines Aktuars eröffnete der Kommissar das *Interrogatoire* mit der Feststellung der Personalien und der Vereidigung[30], der sich mancher Verhörkandidat verweigerte. Joseph Rougelot machte in seinem Verhör vom 3. Januar 1766 keinen Hehl aus seiner Gesinnung: »Aufgefordert, die Hand zu heben und Gott zu versprechen, die Wahrheit zu sagen, hat er weder die Hand heben noch den Eid leisten wollen.«[31]

Das Zwiegespräch zwischen Kommissar und Delinquent vollzog sich getreu den Instruktionen, die der verantwortliche Kommissar zuvor in Form kleiner, kurz und bündig formulierter Handzettelchen erhalten hatte[32]. 1784 listete ein Leitfaden akribisch alle Punkte auf, mit denen Chenon den Kolporteur Jean Nepveu konfrontieren sollte:

»Hat er Voltaires Schriften über den preußischen König verkauft?

Von wem hat er sie?
Wem hat er sie geliefert?
Weiß er, wer sie gedruckt hat oder hat drucken lassen?
Wie viele Ausgaben kennt er?
Weiß er, wo die Exemplare aufbewahrt werden?
Kennt er die Buchhändler und Kolporteure, die diese Schriften verkauft haben?
Stimmt es etwa nicht, daß er mit verbotenen Büchern handelt?
Daß er diese Bücher direkt aus Neuchâtel, aus Genf, aus Caen, aus Rouen und Angers bezieht?
Wie heißen die Verleger in diesen Städten, mit denen er direkt oder indirekt in Verbindung steht?
Welche Werke haben sie ihm geliefert?«[33]

Die zitierten Fragen werfen ein Licht auf die Strategien der Buchpolizei. Nepveu war für Chenon und Lenoir interessant, weil sie in ihm den Mitwisser eines Komplotts vermuteten, eines weitverzweigten Untergrundkommunikationssystems, dessen geheime Kanäle es zu erforschen galt.

Obwohl es sich bei jedem Verhör um einen obrigkeitlichen Akt mit klar definierter Rollenverteilung handelte, erreichte manche Auseinandersetzung zwischen Frager und Befragtem die Qualität eines echten intellektuellen Disputs: Unter dem Einfluß der u. a. von Diderot, Condorcet, Jaucourt, Voltaire und Morellet angeregten öffentlichen Diskussion über Pressefreiheit und Autorenrechte begriffen Schriftsteller wie der Abbé Jean Sauri 1775 das Verhör als eine Herausforderung. Statt sich von der Anwesenheit des Kommissars einschüchtern zu lassen, holte Sauri zu einer vehementen Attacke gegen die in Frankreich üblichen Polizei- und Zensurmethoden aus[34].

Daß ein Schriftsteller, Kolporteur oder Buchhändler der Polizei gegenüber mit so großem Selbstbewußtsein auftrat, war allerdings eher die Ausnahme als die Regel. Ihre »schlimmste Pein« sei das zweieinhalbstündige Verhör gewesen, schrieb die 40jährige Madelonne Morin 1771 in einem Gnadengesuch an Sartine; sie habe sich danach schrecklich gefühlt und zwei Tage lang nur Bouillon zu sich nehmen können[35].

Unter dem Druck der Verhörsituation flüchteten sich die meisten Gefangenen in Ausreden und Unschuldsbeteuerungen[36]. So schwor der Postkutschenfahrer Trouet, er habe die »gefährlichen

Das Grand Café royal d'Alexandre, Boulevard du Temple
(J. Arrivet, Paris, Musée Carnavalet)

Innenansicht einer Druckerei um 1750
(Bibliothèque Nationale, Paris)

Etablissement de la nouvelle Philosophie.
Notre Berceau fut un Caffé.

Eine Kaffeehausszene aus dem 18. Jahrhundert
(Bibliothèque Nationale, Paris)

CHAPCXLIV

Die Geschäfte eines Buchverkäufers
(Bibliothèque Nationale, Paris)

Abb. oben:
Eine ›Buchhinrichtung‹ aus der Sicht eines unbekannten Zeitgenossen (Bibliothèque Nationale, Paris)

Abb. unten:
Bücherverbrennung vor dem Palais de Justice (Bibliothèque Nationale, Paris)

Werke«, die er im Auftrag der Straßburger Buchhändlerin Stockdorff nach Paris transportieren sollte, in den Rhein geworfen[37]. Der Buchhändler Jean Henri Ébert hatte einen Kolporteur, der ihn zum Ankauf der *Fastes de Louis XV* zu animieren versuchte, angeblich mit den Worten zurückgewiesen, »seit 25 Jahren betreibe er einen zu ehrenhaften Handel, als daß er einen verbotenen daraus machen wolle«[38].

Der Druckergeselle Durude, den d'Hémery und de Rochebrune gerade in dem Moment erwischten, als er in verzweifelter Hast druckfeuchte Chansons und Blätter in seine Taschen stopfte, präsentierte sich den Polizeibeamten[39] ebenso beharrlich als unschuldiger Zufallstäter wie der Kolporteur Guillaume Close, der von sich behauptete, ein »einfacher Ladenjunge« zu sein, der »von nichts wisse«[40]. Jacques Rainville, ein stadtbekannter Untergrunddrucker und -kolporteur, hatte die bei ihm beschlagnahmten belastenden Papiere angeblich »auf der Straße gefunden«[41]. Auch der Geistliche Mirasson leugnete jede Verantwortung für einen bei ihm konfiszierten Brief ab, der deutliche Anspielungen auf seine illegalen Buchgeschäfte enthielt: »Der Abbé Faurine habe von Broschüren gesprochen wie ein Soldat von militärischen Übungen sprechen würde ..., er habe von Angelegenheiten gesprochen, die ihn nicht beträfen.«[42] Die Buchhändlerin Louise Manichelle entrüstete sich sogar darüber, daß die Polizei ihre Rechtschaffenheit anzweifelte: »Wäre sie davon unterrichtet gewesen, daß der Verkauf des *Lettre* verboten war, hätte sie ... sich nicht damit beschäftigt.«[43] In Anbetracht ihrer nachweislich langjährigen Betätigung im Geschäft mit »Drogen« dürfte diese Behauptung in den Ohren des Verhörleiters äußerst unglaubwürdig geklungen haben[44]. Ähnlich falsch muten die Behauptungen des Druckers Devérité aus Abbeville an, der zu den in seinem Lager konfiszierten pornographischen Werken nur zu bemerken wußte, daß sie ihm gegen seinen Willen geschickt worden seien[45].

Fiel dem verhörten Kolporteur oder Buchhändler keine überzeugende Erklärung mehr ein, mit der er die gegen ihn erhobenen Vorwürfe entkräften konnte, trat er wenigstens als reuiger Sünder auf. Gewissensbisse über seinen Fehler – die Publikation einer Schmähschrift gegen den Erzbischof von Paris – bekundete etwa der Ex-Bankier Nicolas Jouin de Soreuil, der am 11. Januar

1754 in der Bastille verhört wurde: »Er sagte, er sei von Schmerz und Bedauern erfüllt, ein solches Stück verfaßt zu haben und bitte den Erzbischof und das Publikum um Verzeihung«, protokollierte der Gerichtsschreiber[46].

Das Verhör verängstigte viele Verdächtige in einem solchen Maße, daß sie darüber jegliche Solidarität mit ihren Komplizen vergaßen. Als de Rochebrune von dem 22jährigen Druckerlehrling Pierre Dufour am 8. Juni 1751 Auskunft über den Autor der religionsfeindlichen Schrift *Zoroastre* verlangte, gab dieser bereitwillig seine Informationen preis. »Er sagte, daß er, nachdem er den Wahrheitseid geleistet habe, uns aus Gewissensgründen nichts verheimlichen wolle«, verzeichnete das Verhörprotokoll[47]. Auch Pierre Manuel brach unter dem Verhör schließlich zusammen: Zwar hatte er bei seiner ersten Vernehmung in der Bastille am 3. Februar 1786 auf die Frage nach seinen Kontaktleuten im klandestinen Buchgeschäft stolz geantwortet, »es zähle zu seinen Prinzipien, niemanden zu kompromittieren«, zwar hatte er kurz darauf noch einmal betont, er »könne sich nicht dazu durchringen, das Geheimnis zu verraten, das ihm anvertraut worden sei«, zwar hatte er sich in einem zweiten Verhör vom 7. Februar 1786 selbst bezichtigt, der Autor des Pamphlets *Lettre d'un garde du corps* zu sein, aber vier Tage später, am 11. Februar 1786, widerrief er in einem dritten Verhör schließlich seine früheren Aussagen, um nun den Namen des wirklich Schuldigen zu offenbaren[48].

In ihrer Verhörpraxis wurden die Kommissare mit allen menschlichen Gefühlsregungen konfrontiert, mit hysterischen Ausbrüchen, pathetischen Schuldbekenntnissen und verzweifelten Besserungsversprechungen. In seinem Verhör vom 8. Dezember 1785 hatte der mit dem Marquis de Pelleport befreundete Jean-Claude Fini anfangs hartnäckig beteuert, er heiße Graf Hippolyte Chamoran, sei 28 Jahre alt und aus Dijon gebürtig. Als ihm der Kommissar aber auf den Kopf zusagte, daß er gelogen habe, brach er zusammen. »Er fing zu weinen und zu schluchzen an«, vermerkte der Gerichtsschreiber, »er sagte, der Tod sei weniger grausam als das, was er jetzt erleide. ›Dies ist es nun‹, sagte er, ›wohin mich der schlechte Einfluß gebracht hat‹.« Schließlich »warf (er) sich« – laut Verhörprotokoll – »auf den Fußboden und beklagte den Verlust des Vaters«[49].

Gegenüber den Verhafteten traten die Kommissare in wechselnden Rollen auf. Schweigsame und verstockte Kandidaten wurden mal durch geduldiges Insistieren, mal durch Drohungen zum Reden animiert. Mit Erfolg erinnerte d'Hémery den Buchhändler Lefebvre im Herbst 1767 an das Risiko, das er eingehe, wenn er die Wahrheit verheimliche[50]. Lefebvre denunzierte nach dieser Warnung bereitwillig die beiden landfahrenden Händler Lelong und Laisné, die ihn seit Jahren »mit den allerschändlichsten Büchern«[51] versorgten. Dank dieser regelmäßigen Buchsendungen beherbergte Lefebvres Laden im Schloß von Fontainebleau ein stattliches Sortiment verbotener Bücher, darunter Rousseaus *Émile* neben dem erotischen Bestseller *Margot la ravaudeuse* und »ähnlichen Drogen«[52].

Ebenso unbarmherzig wie mit Lefebvre ging die Polizei mit dem Drucker Louis Descoutures ins Gericht. Seine Aussagen im Verhör seien ein einziges »Lügengespinst«, beschuldigte ihn der Kommissar, der im Januar 1754 im Zusammenhang mit einer gegen den Pariser Erzbischof erschienenen Schmähschrift gegen ihn ermittelte[53].

Während des Verhörs hatte sich der Kommissar zwar in erster Linie auf die Rekonstruktion der Fakten zu konzentrieren, manchmal nutzte er aber die Gelegenheit, um seinen Gesprächspartner mit didaktischen Appellen zur Ordnung zu rufen: »Ein rechter Franzose soll die satirischen Verse mit Mißvergnügen betrachten«, rügte de Rochebrune den jungen François Bonis, der 1749 der Polizei in die Hände gefallen war[54]. Der gleiche Kommissar zeigte bei anderen Gelegenheiten jedoch, daß er differenziert zu urteilen verstand. Während er dem Verfasser der Reformschrift *Le secret des finances divulgués*, Jean-Baptiste Vieilh, einerseits konzedierte, in durchaus »löblicher Absicht« gehandelt zu haben, hielt er andererseits mit seiner Kritik an dessen Verfahrensweise nicht hinterm Berg: Mit dem Druck des Werkes ohne Druckgenehmigung habe sich der Schriftsteller keineswegs wie ein »aufgeklärter Bürger« betragen[55].

Das Verhör bildete eine Ausnahmesituation in dem ansonsten ereignisarmen Tagesablauf des Kolporteurs oder Schriftstellers, den die Polizei verhaftet und in eines der *Maisons de force* gesteckt hatte. In einer Epoche, in der das Gefängnis als Disziplinierungsinstitution im modernen Sinne noch unbekannt war, wurden mißliebige Personen an die unterschiedlichsten Orte – beispielsweise ins Kloster – verbannt. Im späten 18. Jahrhundert konnte die Pariser Polizei offenbar auf gut 40 ›Strafanstalten‹ zurückgreifen[56], in denen immer wieder auch die Protagonisten des Untergrundbuchhandels einsaßen. So beherbergte der Turm von Vincennes zeitweilig u. a. Diderot[57], Mirabeau und den von d'Hémery so hartnäckig verfolgten Gossenautor François Génard[58] unter Verhältnissen, die zumindest in den 80er Jahren jeder Beschreibung spotteten. In einem Brief an den Kommandanten vom Juli 1782 übte der zuständige Minister heftige Kritik an den in Vincennes herrschenden Zuständen, über die ihn der Polizeichef unterrichtet hatte: »M. Lenoir, Monsieur, hat mich informiert, ... daß er, als er in Vincennes war, um einen Gefangenen zu sehen, weder Offiziere noch Schließer vorgefunden hat ... Ich bin sehr unzufrieden mit der Nachlässigkeit, mit der anscheinend der Dienst dort ausgeübt wird und bitte sehr ernsthaft darum, dafür zu sorgen, daß sich dies in Zukunft ändert.«[59]

Im *For l'Évêque* in der Rue Saint-Germain-l'Auxerrois, einem riesigen Gebäudekomplex, der bis zu 500 Gefangene aufnehmen konnte, wurden neben den Schriftstellern Fougeret de Montbron[60], La Harpe und Durosoi[61] auch der Kolporteur Dufour[62], der *Nouvelliste* Sarrazin[63] und jener Drucker Jean Léonard Larché unter Verschluß gehalten, bei dem die Polizei 950 Exemplare einer aufrührerischen Schrift konfisziert hatte[64].

Das Gefängnis Saint-Lazare fungierte als Besserungsanstalt, Einsperrungsort und Irrenhaus in einem. Zu den ›mißratenen Söhnen‹, die auf Wunsch ihrer Eltern dort diszipliniert werden sollten, gesellte sich im Frühjahr 1785 der Theaterschreiber Beaumarchais. Während eines Kartenspiels hatte Ludwig XVI. bekanntlich auf den Rücken einer Pique-Sieben hastig die Order notiert, die den Verfasser von *Figaros Hochzeit* nach Saint-Lazare beförderte[65].

In Saint-Lazare erwartete den Dramatiker ein privilegierteres Gefangenendasein als seine Leidensgenossen, die sich mit einer winzigen Klause begnügen mußten, deren Einrichtung lediglich aus einem Bett, einem Stuhl, einem Tisch, einer Tasse, einem Salznäpfchen und zwei Steinguttöpfen bestand[66]. Der Bühnenautor bewohnte zwei Kammern und durfte – ein Zugeständnis an seine Berühmtheit – die Hilfe eines Geistlichen in Anspruch nehmen, der eigens zu seiner Betreuung abgestellt wurde[67]. Dennoch begeisterte die Dürftigkeit des neuen Aufenthaltsortes Beaumarchais vermutlich ebensowenig wie die Tatsache, daß alle Arrestanten zur Lektüre frommer Werke verpflichtet waren[68].

Im Gefängnis Bicêtre, das laut Mercier den Abschaum der menschlichen Gesellschaft beherbergte[69], lebten Vagabunden neben Epileptikern, Mörder neben Bettlern und Syphiliskranken, Waisenkinder[70] neben Schriftstellern und Kolporteuren, die sich von der Polizei hatten überraschen lassen: In Bicêtre landete 1784 der Kolporteur und fliegende Händler Jean Nepveu, dessen Unschuldsbeteuerungen (»Er habe immer nur Romane verkauft und niemals verbotene Bücher.«) kein Kommissar glauben mochte[71]. Ebenfalls in Bicêtre landete der bereits erwähnte Pamphletschreiber und Hochstapler Jean-Claude Fini[72]. Die schwarz-graue Einheitsuniform[73] der Bicêtre-Insassen trug im gleichen Winter 1785/86 auch der *Nouvelliste* Charles Foulhioux[74].

Eine besonders harte Strafe traf die während der Regierungszeit Ludwigs XV. auf den Mont Saint-Michel verschleppten Publizisten Dubourg und Desforges. Henri Dubourg – mit richtigem Namen Victor Dijols de la Cassagne – hatte irgendwann zu Anfang der 40 er Jahre in Paris einen deutschen Spion namens Baron von Fahi kennengelernt, der sich darauf verstand, den erfolglosen und naiven Schriftsteller für seine Pläne einzuspannen. 1744 reiste Dubourg nach Frankfurt, um von hier aus als Lohnschreiber im Sold ausländischer Diplomaten diffamierende Schriften gegen den französischen König und seine Minister zu veröffentlichen[75].

Dieses Intermezzo war aber nur von kurzer Dauer: Nach wenigen Monaten wurde Dubourg in Frankfurt von französischen Agenten festgenommen und zum Mont Saint-Michel eskortiert, wo er gleich nach seiner Ankunft in den berüchtigten »Käfig«[76], eine Art hölzernen Verschlag, gesteckt wurde[77]. Obwohl ihn seine Gefängniswärter recht anständig betreuten, bekam ihm die Einsamkeit des Kerkers schlecht. Der Gefangene versank immer tiefer in Melancholie und fiel schließlich nach knapp zwölf Monaten in einen 14tägigen Hungerstreik, der tödlich endete[78].

Wie Dubourg mußte Esprit Desforges die Schrecken des Mont Saint-Michel am eigenen Leibe erfahren. Die Abfassung regimekritischer Verse kostete ihn insgesamt 7½ Jahre seines Lebens: 1½ Jahre verbrachte er in der Bastille und sechs Jahre auf dem Mont Saint-Michel, davon drei Jahre und sechs Wochen in besagtem »Käfig«[79].

Trotz – oder gerade wegen – des »Käfigs« übte der Mont Saint-Michel auf die Zeitgenossen eine eigenartige Faszination aus: So mietete der Reisende Wraxall im August 1775 extra ein Pferd, um die Verliese des Mont Saint-Michel mit ihrer »Maschine der Tyrannei« besichtigen zu können[80]. Diese existierte freilich hauptsächlich in seiner Phantasie[81].

Noch berüchtigter als der Mont Saint-Michel war im 18. Jahrhundert die Bastille, jene momumentale und mythenumwobene Festung, die 400 Jahre lang die grauen Dächer der Vorstadt Saint-Antoine überragte[82]. Der Gesamtkomplex muß mit seinen acht durch Mauern und eine rundum begehbare Plattform verbundenen Türme[83] einen imposanten und furchteinflößenden Anblick geboten haben. Zugbrücken und komplizierte Überwachungssysteme sorgten ebenso für den Schutz der Festung wie der um die Bastille gezogene, 120 Fuß breite und 25 Fuß tiefe Graben, der allerdings nur bei Überschwemmungen der Seine Wasser führte. Ein Reisender, der die französische Hauptstadt wenige Jahre vor dem Ausbruch der Revolution besuchte, beschrieb seinen ersten Eindruck von der Bastille als eine Mischung aus Respekt und Grauen: »Auf dem Rückwege mußte ich bey der Bastille vorbey, und ich nahm Gelegenheit, sie so weit zu besehen, als man es einem Fremden erlaubt, da die Wachen nicht einmal einen langen Aufenthalt in dem vor der Zugbrücke und dem Wachhause befindlichen Hofe gestatten wollen. Eigentlich ist es nichts weiter, als eine alte Burg, von ungefähr dreyhundert Schritten, die ein längliches Viereck vorstellt. Sie hat acht runde in der Mauer stehende stumpfe Thürme, die mit dem Kastell von einerley Höhe sind. Nichts sieht trauriger aus, als die unregelmäßig zerstreuten kleinen gemauerten Fensterlöcher, die über dem Dache hervorstehenden kleinen Dächer der Wachhäuser, und die aus den Schießscharten gegen die Stadt hervorragenden Mündungen der Stücke. Das Kastell ist ringsherum mit einem senkrecht ausgemauerten Wassergraben umgeben, und wie es scheint, den Gefangenen alle Gelegenheit benommen, sich Gemeinschaft zu verschaffen. In diesem unglückseligen Gefängnіß, wo mancher sein Leben traurig beschlossen, verwahrt man Gefangene vom Range, die öffentlicher Verbrechen überführt sind, und auf Rechnung des Königs eingesteckt werden.«[84]

Seine Vorgänger äußerten sich in punkto Bastille allerdings erheblich zurückhaltender. Joachim-Christoph Nemeitz[85], dessen 1718 veröffentlichte Apodemik reisewillige Kavaliere darüber instruierte, »welchergestalt Reisende von Condition sich zu verhalten haben, wenn sie ihre Zeit und Geld nützlich und wohl zu Paris anwenden wollen«, beließ es bei einer knappen Notiz: »La Bastille ist der bekandte Ort/wo Staats= und andere Gefangene hingesetzet werden. Hat einen Gouverneur nebst einem Capitaine und Lieutenant mit 60 Mann/und auff den Mauren umher und in dem Thurm stehen noch Stücken/die man aber zu nichts anders mehr gebraucht/als zu Freuden=Schüssen. Z. B. über eine glückliche bataille/Eroberung einer Vestung/Geburt hoher Printzen/Freuden=Schüssen/&c. Diese Vestung ist stets verschlossen; dahero man auch selbige von innen gar nicht zu sehen bekommen kann.«[86]

Ebenso wortkarg gab sich ein Jahr später der Reisende Leonhard Christoph Sturm, der in seinen »durch einen grossen Theil von Teutschland und den Niederlanden biß nach Pariß gemachete(n) Architectonische(n) Reise-Anmerckungen« der Bastille einen kurzen Absatz widmete: »Dieses Gebäude ist ehmahls gleichsam die Citadelle zu Paris gewesen/itzo aber gibt es theils ein Zeug=hauß/theils ein Gefängnuß vor die Staats-Gefangenen ab.«[87]

Bei aller Kürze konstatierte Sturm einen wichtigen Tatbestand: Im Laufe der Jahrhunderte hatte sich die Funktion der Bastille mehrfach geändert. Ursprünglich als Verteidigungsanlage geplant, war sie provisorische Residenz und königliche Schatzkammer[88], bevor sie im 17. Jahrhundert[89] unter Ludwig XIII. und Richelieu zum Staatsgefängnis erhoben wurde. Anfangs hauptsächlich ein Adelsgefängnis, büßte sie unter Ludwig XV. und Ludwig XVI. immer stärker ihren einstigen exklusiven Status ein. Monique Cottret hat diesen Prozeß der Aufweichung treffend einen »Prozeß der sozialen Banalisierung« genannt[90].

Unter den über 5000 Gefangenen, die aufgrund verschiedener Vergehen, zum Beispiel wegen ihrer religiösen oder politischen Überzeugungen, zwischen 1659 und 1789 in die Bastille eingeliefert wurden, stellten die Akteure des geheimen Buchhandels eine große Gruppe: Der namhafte Bastille-Historiker Claude Quétel veranschlagt die Zahl der inhaftierten Kolporteure, Schriftsteller und Drucker auf mindestens 683 Personen[91].

Über die Ängste, die ein soeben Verhafteter auf dem Weg ins Gefängnis ausstand, kann man im nachhinein nur spekulieren. Der technische Ablauf einer Bastille-Einweisung läßt sich anhand des vorhandenen Quellenmaterials dagegen recht präzise rekonstruieren. So markierte etwa zu Beginn des 18. Jahrhunderts eine symbolische und rituelle Geste den Beginn der Bastille-Haft: Die Wachleute berührten den künftigen Häftling mit einem kleinen weißen Stöckchen als Zeichen dafür, daß er nun Eigentum des Königs geworden war[92]. Vor dem Haus wartete unterdessen ein Wagen mit dicht verhängten Fenstern, der nach dem Einladen der Fracht in eiligem Tempo zum Faubourg Saint-Antoine fuhr[93].

Da die Platzverhältnisse der Bastille lediglich die Unterbringung von ca. 40–50 Gefangenen erlaubten, tauchten gelegentlich Kapazitätsprobleme auf: Für Roger de Monthuchet war im Herbst 1753 keines der Turmzimmer mehr frei, weshalb man sich mit einer Notlösung behalf[94].

Das von der Revolutionspublizistik so gerne kolportierte Bild der von unschuldigen Bürgern »überquellenden« Bastille[95] gehört allerdings für die Spätphase des Ancien Régime in den Bereich der Legenden. Tatsächlich befanden sich am 14. Juli 1789 nur sieben Gefangene in der Bastille, obwohl noch ein zwei Tage später entstandenes Protokoll des Distrikts Petit Saint-Antoine die Fiktion aufrechtzuerhalten sucht: Der Text erinnert daran, daß in den »unterirdischen Kerkern« zahllose, bislang unentdeckte Gefangene »begraben« seien[96]. Als bemerkenswertes Zeugnis der Realitätsverleugnung ist auch das von dem ›Wahlmann‹ Emmanuel Brosselard zum ersten Jahrestag des 14. Juli 1789 verfaßte Gedicht zu betrachten, das die populären schwarzen Mythen bis hin zu der Behauptung resümiert, in der Bastille hätten »Zyklopen« »lebendige Menschen« verschlugen[97].

Die 37 Zellen der Bastille[98] boten den Gefangenen eine durchaus akzeptable Unterkunft, wenngleich beträchtliche Unterschiede existierten. Im oberen Teil des Gebäudes lebte es sich weitaus angenehmer als in den unteren Etagen, in die wegen der meist zugemauerten Fenster selten ein Lichtstrahl drang[99]. Hier logieren zu müssen bedeutete eine Tortur, wie der *Nouvelliste* Charles de Julie in seinen Briefen nach draußen berichtete[100]. Trotz aller Widrigkeiten besaß die Bastille jedoch auf jeden Fall ihre Vorzüge gegenüber den Gefängissen[101] Bicêtre oder Saint-Lazare, die die Betroffenen als »Hölle auf Erden« empfanden[102].

Louis-Sébastian Mercier wagte einst die pessimistische Prognose, niemand werde je Genaueres über die geheime Innenwelt der Bastille erfahren: »Nichts ... wird je aus diesem Abgrund dringen, er ist nicht minder verschwiegen als die Grüfte der Toten.«[103] Hätte Mercier recht behalten, hätte die intime Geschichte der Bastille und der dort inhaftierten Schriftsteller, niemals geschrieben werden können. Aber traf seine Behauptung tatsächlich zu?

In der Bastille

Gewiß galt die von oben über die Bastille verhängte Nachrichtensperre bis zum Schluß: Als der Bruder des preußischen Königs in den 80er Jahren die französische Hauptstadt besuchte und dabei auch die Bastille besichtigte, erging an ihren Gouverneur der Befehl, dem hohen Gast lediglich ausgewählte Räumlichkeiten zu präsentieren. »Ich bitte Sie, ihn in den Ratssaal, in das Archivmagazin, in ein oder zwei Gefangenenzimmer und überall dorthin zu führen, wo er sich problemlos umsehen darf, aber achten Sie darauf, daß er keinen der Häftlinge sieht«, heißt es in einem Brief des Polizeichefs Lenoir an Delaunay[1]. In die gleiche Richtung zielte ein Schreiben des Baron de Breteuil vom 27. Januar 1787, das den Bastillekommandanten mit Nachdruck an seine Geheimhaltungspflicht erinnerte: »Sie wissen besser als niemand sonst, wie gefährlich es wäre, wenn man sich von der Strenge der in dieser Hinsicht vorgeschriebenen Regelung entfernte.«[2]

Aber allen Sicherheitsvorkehrungen zum Trotz war die von der Bastille-Administration betriebene Arkanpolitik niemals effektiv genug, um das Durchsickern von Informationen zu verhindern. Zwar ist die Behauptung, »die Zahl der Gaffer am Haupteingang« sei »immer beträchtlich« gewesen[3], quellenmäßig nicht verifizierbar, die polizeilichen Observierungsberichte zeigen andererseits jedoch nur allzu deutlich, wie wenig sich die entlassenen Häftlinge an das »Stillschweigen« gebunden fühlten, zu dem sie sich schriftlich verpflichtet hatten[4]. Pierre-François Charay de Belvaize, der 1762 den wegen Hochverrats verurteilten Grafen Lally-Tollendal in die Bastille begleitet hatte und die ihm später als Entschädigung ausgezahlte Geldsumme als enttäuschend gering empfand, verbreitete in aller Öffentlichkeit seine Klagen. »Er entwarf eine sehr lange Denkschrift, in der er die Torturen schilderte, unter denen er in der Bastille habe leiden müssen; (er sagte), man habe ihn dort vergiften wollen«, notierte die Polizei in einem Rapport[5].

In den meisten Fällen erfuhren zumindest Verwandte, Freunde und Nachbarn von den in der Bastille herrschenden Zuständen. Unerhörte Popularität erlangten schließlich die von diversen Autoren im Lauf des Jahrhunderts veröffentlichten Bastille-Memoiren, die in zahlreichen Auflagen gedruckt wurden. Mit der Stilisierung der Bastille zur »Zwingburg der Despoten« und zum »Ort des Schreckens und der Tränen« entfachten sie eine Kampagne, die zuletzt die Institution Monarchie selbst erschütterte[6].

Die aus der Feder des ehemaligen Bastille-Gefangenen Constantin de Renneville stammende »authentische« Geschichte eines Opfers der »französischen Inquisition« wurde zu Beginn der 20er Jahre in einer Auflage von 1000 Exemplaren auf den Buchmarkt gebracht und wegen des gewaltigen Leserinteresses in kurzer Zeit zweimal neu aufgelegt[7]. Nach dem Erscheinen der gleichfalls »authentischen Erinnerungen« der ehemaligen Bastille-Gefangenen Frau von Staal vermerkte Baron Grimm im August 1755 in seiner literarischen Korrespondenz: »Vor kurzem ist unsere Literatur um ein in seiner Art einzigartiges Werk bereichert worden. Die Memoiren der Frau von Staal, die vor ein paar Tagen in drei Duodezbänden erschienen sind, haben ungeheuren Erfolg zu verzeichnen und verdienen ihn auch in jeder Hinsicht.«[8]

Die Anti-Bastille-Publizistik erreichte ihren Höhepunkt jedoch in den 80er Jahren mit Mirabeaus Pamphlet *Des Lettres de cachet*, mit Linguets *Mémoires sur la Bastille*[9] und mit der *Histoire d'une détention de trente-neuf ans dans les prisons d'État* des Marquis Beaupoil de Saint-Aulaire, die von den Bastille-Abenteuern des Ausbrecherkönigs Latude erzählte und damit einen wahren Latude-Kult auslöste[10]. Auch die deutschen Paris-Besucher leisteten ihren Beitrag zur Verfestigung des Bildes der »schwarzen Bastille« im kollektiven Bewußtsein; Friedrich Schulz etwa verglich »das ganze, nach Verhältniß niedrige, plumpe, in einander geschobene Mauerwerk« mit einer »ungeheuren Kröte, die ihren (sic!) Gift über ganz Frankreich« ausspritze[11].

Enthüllungswerke dieser Machart sind für die Erforschung der Bastille-Geschichte nur bedingt von Nutzen, da sie trotz suggerierter Authentizität einerseits zu offenkundig auf die Sensationsgier des Lesers zielen und zum anderen zu sehr von den Topoi der Despotismus-Kritik durchdrungen sind, als daß man ihren Aussagen vertrauen dürfte. Als Korrektiv mögen dagegen die in den Dossiers des Bastille-Archivs versammelten Briefe und Bittschreiben, Verhörprotokolle, Notizen, Anweisungen und Akteneintragungen dienen, die den Gefängnisalltag aus der subjektiven Sicht der Gefangenen, aber auch der verantwortlichen Beamten kommentieren. Die aus diesem Material gewonnenen Mosaiksteinchen fügen sich zu einer faszinierenden Innenansicht der Bastille und vermitteln eine konkrete Vorstellung davon, wie die Inhaftierten ihr Kerkerdasein gestaltet haben[12].

Der Versuch einer kritischen Auseinandersetzung mit den alten Klischees darf jedoch nicht ins andere Extrem umschlagen, das heißt unter den Prämissen stattfinden, von denen sich die großen Bastille-Historiker des 19. Jahrhunderts, Victor Fournel[13], Edmond Biré[14], Gustave Bord[15] und vor allem Frantz Funck-Brentano[16], einst leiten ließen. Zutiefst skeptisch gegenüber einer Revolution, die sie als anarchischen Akt und willkürliche Zerstörung der »guten Ordnung« verabscheuten, wollten sie die Bastille-Publizistik als propagandistisches Konstrukt entlarven und entdeckten dabei die »Schriftsteller in der Bastille« als Objekt par excellence, an dem sie die Demontage der revolutionären Glaubenssätze glaubten vorführen zu können. Vor diesem Hintergrund erstaunt es nicht, daß Funck-Brentano ausgerechnet im Jahr des Revolutionsjubiläums 1889 einen Artikel über die *Gens de Lettres à la Bastille* mit dem Fazit schloß, niemals habe ein Staat seinen Intellektuellen größere Toleranz entgegengebracht als das Ancien Régime[17].

Ob Apologie oder Anklage – letztlich muß jede einseitige Interpretation in die Sackgasse führen, da sie einen entscheidenden Umstand negiert: Gerade die Vielschichtigkeit der Wahrnehmungsweisen ist es, die es zu berücksichtigen gilt. Sicher gab es eine objektive Realität der Bastille, wie sie sich aus amtlichen Texten herausdestillieren läßt. In Konkurrenz dazu existierte aber auch eine subjektive Realität der Bastille, so wie sie von den Bastille-Insassen selbst erlebt und berichtet wurde; eine Realität, die die Gefangenen nicht anders begreifen konnten als im Horizont der Bilder und Mythen, die bereits in ihren Köpfen zirkulierten und die eine Einlieferung von vornherein mit bestimmten Leidenserwartungen verknüpften[18].

Hinter den dicken Mauern der Bastille verbarg sich eine Stadt in der Stadt, ein wohlorganisierter Mikrokosmos, der seine Bewohner zur Anpassung an seine eigenen geheimen Regeln zwang: Das Leben gehorchte einem trägen, zunächst von der Austeilung der Mahlzeiten geprägten Rhythmus. In Anbetracht der Tatsache, daß manchmal sogar Beschwerden über die zu reichhaltige Beköstigung eines Häftlings geäußert wurden, kann die Qualität der Verpflegung nicht die schlechteste gewesen sein. Die Üppigkeit der gereichten Portionen veranlaßte die Mutter des Kolporteurs Pasdeloup zu einem Protestbrief: Man möge ihren Sohn nur ja ordentlich knapp halten und vor allem seine Weinration begrenzen; ein Schoppen schlechten Weins täglich sei für ihn vollkommen genug[19].

Die Quantität und Qualität der in der Bastille aufgetischten Gerichte behielt auch der Schriftsteller Marmontel in bester Erinnerung, dem zwei Wärter, kurz nachdem er mit seinem Diener Bury in der Bastille eingetroffen war, ein ansehnliches Diner mit mehreren Gängen servierten. Als er sich gesättigt von der Tafel hatte erheben wollen, waren die Schließer mit einer neuen Pyramide von Tellern und Töpfen, mit silbernem Besteck und einer feinen Tischdecke erschienen: Der Dichter hatte irrtümlich die für Bury bestimmte Portion verspeist, während sein eigenes Festmahl noch auf ihn wartete[20].

Zumindest die wohlhabenden Häftlinge profitierten von der Möglichkeit, Freunde, Verwandte oder das Wachpersonal[21] um den Kauf von Lebensmitteln und Gebrauchsgegenständen zu bitten[22]. Der Marquis de Sade machte von diesem Vorrecht reichlichen Gebrauch. Auf den unzähligen, an seine Frau adressierten Einkaufslisten tauchten immer wieder die gleichen Posten auf: Aprikosen- und Apfelgelee, Reineclaudenkompott und Pfirsichmarmelade[23] neben dem zur täglichen Körperpflege benutzten Lavendelwasser, diversen Pomaden und Pudern[24]. Die Wünsche von de Sades Mitgefangenen fielen in der Regel moderater aus; Cadot de Condé etwa, der Verfasser anonymer Schmähschriften, begehrte nichts weiter als Taschentücher, Hemden und seine Nachtmütze[25].

Obwohl alle Tage gleich eintönig verliefen, bot das Bastilledasein doch bescheidene Abwechselungen. Die wegen des Platzmangels in der alten Festung zu mehreren zusammengepferchten Gefangenen überbrückten die Zeit, indem sie Karten, Schach und Billard spielten[26] oder, je nach Lesefähigkeit, auf die Bestände der Bibliothek zurückgriffen, die einige hundert juristische, philosophische und theologische Bücher umfaßte[27].

Vorausgesetzt, sie hatten zuvor die Genehmigung des Bastille-Gouverneurs eingeholt, durften sich die Gefangenen auch eigene Bücher in die Bastille kommen lassen. Den Schriftsteller Jacques d'Estrées verlangte es nach religiösen und historischen Werken[28], während ein andererer Gefangener die Supplementbände der *Encyclopédie* und das *Dictionnaire des Jardiniers* orderte[29]. Le Prévôt de Beaumont bat im Dezember 1783, man möge ihm fromme Bücher und Heiligenviten schicken, überdies »alle alten und neuen Bücher, die vom Staat und der Regierung handeln«[30]. De Sade hortete in seiner Bastille-Zelle u. a. die Romane der Madame de Genlis, die *Geschichten aus 1001 Nacht* und *Gullivers Reisen*[31] – vielleicht sah er in orientalischen Fernen eine Möglichkeit, die Enge der Zelle zu vergessen. Den gleichen Lektüregeschmack wie de Sade besaß der Kolporteur Pasdeloup, der aber auch in diesem Punkt die strenge Hand seiner Mutter zu spüren bekam. Während er nach kurzweiligen Werken fragte, sandte sie ihm fromme Bücher in die Bastille[32].

Ebenso begehrt wie unterhaltsame Bücher waren Schreibutensilien. »Monseigneur, ich wiederhole meine Bitte ... Habt die Güte, zu veranlassen, daß man mir Papier, Feder, Tinte und Bücher gibt, damit ich in meinem Gefängnis, in dem ich mich zu Tode langweile, Zerstreuung finde. Darf ich es wagen, Euch von meiner Freiheit zu sprechen, von jener Gnade, die teurer ist als jede andere?«, so formulierte beispielsweise der Kolporteur Desauges im Februar 1775 sein Anliegen[33]. Entsprechend ausgerüstet[34] entwickelten die Gefangenen in der Zeit ihres Bastille-Aufenthalts eine beachtliche Kreativität: Charles de Julie verfaßte Verse und Fabeln[35], ein anderer Bastille-Insasse übertrug Texte aus dem Englischen ins Französische[36]. La Beaumelle beendete die Übersetzung der *Annalen* des Tacitus und der *Oden* des Horaz[37] als Gast der Bastille. De Sade arbeitete unermüdlich, bei Kerzenschein oft bis Mitternacht, und füllte in den Jahren der Haft etliche Seiten mit seiner zierlichen, eleganten Handschrift[38].

Und immer wieder schrieben die Bastille-Gefangenen in eigener Sache pathetische Hilferufe an ihre Angehörigen, Beschwerdebriefe[39], Bitt- und Gnadengesuche an die Obrigkeit. Gerade letztere waren von Anfang bis Ende durchkomponiert und auf Wirkung berechnet. Michel Foucault hat in einem Aufsatz über das »Leben der infamen Menschen« zu Recht von der »seltsamen Intensität« und »Schönheit« gerade dieser Texte gesprochen, ein Eindruck, der sich bei der Lektüre des Appells aufdrängt, den der Kolporteur Rainville 1752 an den Pariser Polizeipräfekten richtet: »Ich werde mein Elend vor Euch ausbreiten«, verkündet Rainville, »ich habe eine Frau und zwei Kinder fast noch an der Mutterbrust, die nicht wissen, wie sie leben sollen ... Ich selbst habe nur einen einzigen, zerrissenen und befleckten Anzug am Leib und besitze nicht einmal das Lebensnotwendigste ... Raphael, Michelangelo und Rubens könnten, wenn sie noch lebten, niemals naturgetreu genug den Zustand malen, in dem ich mich befinde.«[40]

Ungeachtet aller »Schönheit« haftet den Gnadengesuchen jedoch eine gewissen Eintönigkeit an. Die hier ihre Stimme erhebenden Individuen verfügten im Grunde oft nur über ein begrenztes rhetorisches Repertoire und wandten immer wieder die gleichen Strategien an; sei es, daß sie ihre Unschuld betonten oder das Ausmaß ihrer Reue oder beides im Wechsel. Der Buchhändler Manoury beispielsweise beteuerte Sartine gegenüber im Juni 1771, er habe »niemals (verbotene Bücher) in Paris verkauft und stets den Handel mit solcher Literatur verabscheut«, solche Bücher »widerstrebten« seiner »Art zu denken«[41]. »Ich würde lieber sterben, als ein satirisches Werk zu vertreiben«[42], fügte er wenige Tage später hinzu, nachdem sein erster Antrag auf Freilassung offensichtlich erfolglos geblieben war.

Schob der Buchhändler die Schuld an seiner Festnahme auf skrupellose Geschäftspartner, die ihn »hereingelegt« hätten, präsentierten sich die Schriftsteller in ihren Gnadengesuchen in ganz ähnlichen Rollen – zumeist als ehrenhafte und zensurtreue Literaten, die nur durch bittere Not oder die Hinterlist der Verleger vom rechten Weg abgekommen wären. Um sich und seine Familie am Leben zu erhalten, habe er den »Gepflogenheiten der Verleger« nachgeben und seine Prinzipien aufgeben müssen, führte Charles de Mouhy als Entschuldigung an[43]. Diese Darstellung benennt zwar durchaus realistisch die Abhängigkeiten, unter denen der Schriftsteller tatsächlich litt, verschweigt aber das Profitinteresse, das seine Ausflüge in die Welt des verbotenen Drucks motiviert hatte.

Neben den Gnadengesuchen sind von vielen Gefangenen bewegende autobiographische Zeugnisse überliefert. In den unter dem Eindruck der Isolation entstandenen Briefen an Verwandte, Freunde und Gönner spiegelt sich die ganz Trostlosigkeit der Gefängissituation wider. Fast alle Briefe kreisen – natürlich – um das Leiden im Kerker. Philosophische Betrachtungen über die Ursache des eigenen Unglücks folgen auf die Kritik an konkreten Mißständen: Jacques Rainville sprach ein dauerhaftes Ärgernis an, wenn er über die Heimsuchung durch Kakerlaken und andere Schädlinge lamentierte, die, wie er sagte, auf seinem Bett »Sabbat feierten«[44].

Fast genauso häufig wie ihre Unzufriedenheit thematisierten die Gefangenen die Sorge um das Wohlergehen der zurückgebliebenen Familien und die Entwicklung ihrer Geschäfte: »Gott sei Dank, ich halte durch, aber die Langeweile ist meine größte Prüfung und meine größte Qual die, daß ich Euch nicht sehen darf«, schrieb der inhaftierte Autor Rodophe Etter de Sybourg seiner Frau nach zweimonatiger Bastille-Haft am 8. September 1759[45]. Wie die meisten der Gefangenenbriefe wurde auch dieser von der Bastille-Obrigkeit abgefangen, ehe er seine Empfängerin erreichte. Nach vergeblichem Warten auf Antwort versuchte Etter de Sybourg schließlich auf andere Art, den Kontakt zur Außenwelt herzustellen. Er benutzte einen Fetzen seines Leinenhemdes, um der »teuren Wäscherin« der Bastille eine Nachricht zukommen zu lassen: Wenn sie für ihn die Rolle einer Geheimbotin übernehme, werde er sie reich belohnen[46]. Doch der Plan scheiterte; das Beweisstück wurde konfisziert und liegt heute in Etters Dossier in der Bibliothèque de l'Arsenal.

In den Briefen aus der Bastille tritt das Gefälle zwischen den gebildeten Schriftstellern und den kaum alphabetisierten Kolporteuren drastisch hervor. Man sieht es den Briefen der Buchverkäuferin Louise Manichelle aus dem Palais-Royal auf den ersten Blick an, daß eine ungeübte Hand die Feder führte, ganz zu schweigen von Tintenklecksen und groben Rechtschreibfehlern. Erst recht unterscheiden sich die Texte in inhaltlicher Hinsicht: Die Händlerin Manichelle, die Bücher veräußerte, ohne sie selbst lesen zu können, reproduzierte lediglich die allseits bekannten Bastille-Klischees und hatte offenbar kein eigenes Vokabular zur Verfügung, um die traumatische Erfahrung der Einsperrung adäquat zu umschreiben.

Die gebildeteren, schriftkundigen Häftlinge waren hingegen fähig, ihre Lage differenziert und mit einer gewissen ironischen Distanz zu beurteilen. Den Schriftsteller Aublet de Maubuy beschäftigten beispielsweise die Auswirkungen der Haft auf das individuelle Zeitbewußtsein. Die Zeit, schrieb er, verstreiche schnell für denjenigen, der dank eines guten Windes auf das Meer hinaussegele. Sie verrinne aber unendlich langsam und ermüdend für den, der in einen furiosen Sturm hineingeraten sei[47]. »Selbst Herkules, der Sieger über die Giganten, die Hydra von Lerna und den nemäischen Löwen, könnte nicht aus der Bastille fliehen, wenn er nicht die notwendigen Werkzeuge und die Hilfe des goldenen Vlieses hätte«, spottete der Pamphletschreiber Fini 1784[48]. Der junge Autor Rochon de Chabannes bewahrte sich in der Bastille seinen Galgenhumor: Mehrmals am Tag, so notierte er in seinem Tagebuch, erhalte er den Besuch des Schließers, der sein Kommen stets geräuschvoll mit dem Rasseln zahlreicher Schlüssel ankündige. Bisweilen frage er ihn danach, wann er den »verfluchten Ort« endlich verlassen dürfe, werde jedoch jedes Mal vertröstet. »Aber, aber, mein Herr«, pflege der Wärter zu erwidern, »ein Monat mehr, ein Monat weniger, muß man wegen einer solchen Bagatelle gleich verzweifeln?«[49]

Daß die Bastille-Haft zu einer regelrechten Inflation von autobiographischen Texten führte, scheint nicht Zufall, sondern die Konsequenz einer Ausnahmesituation gewesen zu sein. Die Bastille-Gefangenen hatten Zeit: Einzig von der Essensverteilung und den Kontrollgängen der Wärter aus der Monotonie ihres Daseins gerissen, fanden sie in der Abgeschiedenheit der Kerkerzelle reichlich – und vielleicht zum ersten Mal – Gelegenheit, über ihr Tun zu reflektieren. Daß das exzessive Schreiben über sich selbst nicht nur von den Schrecken der Bastille ablenken sollte, sondern einen Prozeß der Klärung und Selbstfindung dokumentiert, der durch den abrupten Bruch mit dem gewohnten Alltag notwenig geworden war, zeigt anschaulich das Dossier des zwischen 1755 und 1757 eingekerkerten Schriftstellers Jacques d'Estrées. Die Einweisung in die Bastille war für d'Estrées Anlaß, seine bisherige Existenz bis hin zur Berufswahl in Frage zu stellen: »Da bin ich nun, verdammt dazu, einen zweiten harten Winter im Martyrium, in Kummer und kontinuierlichem Leid zu verbringen. Aber was sage ich Kummer: es ist Verzweiflung geworden ... Wenn Gott mir nicht hilft, weiß ich nicht, was aus mir werden soll«, klagte d'Estrées am 2. September 1756[50]. Ein Jahr – und etliche, nie nach draußen gedrungene Briefe später – hatte sich die Verzweiflung zu dem Entschluß gesteigert, nach der Entlassung aus der Bastille einen radikalen Schlußstrich unter seine schriftstellerische Vergangenheit zu ziehen. »Wenn ich je hier herauskomme, werde ich Monsieur de Malesherbes das Privileg zurückgeben«, so d'Estrées am 13. Oktober 1757, »ich werde das fast fertige Buch, an dem ich gearbeitet habe, ins Feuer werfen ... und ich werde mich bemühen, wieder in den Stand des Geistlichen einzutreten. Ich werde niemals mehr an die Literatur überhaupt nur denken ... Lieber bin ich ein simpler Dorfvikar, als den Qualen ausgeliefert zu bleiben, die ich immer mehr gefürchtet habe als den Tod.«[51]

Wie ein roter Faden durchzieht das Motiv der *verfolgten Tugend* d'Estrées ›Bastille-Literatur‹. Er, der sich als Opfer der Verhältnisse betrachtete, lamentierte zwar beständig über seine Ohnmacht, konnte aber keine wirkliche Handlungsperspektive aufzeigen. Statt dessen ergab er sich, wie am 6. Juni 1755, fatalistischen Anwandlungen: »Weder Molière noch La Bruyère sind wegen ihrer Werke in die Bastille geworfen worden ... Ich habe also das Pech, noch rigoroser behandelt zu werden, als diese beiden jemals behandelt worden sind, ohne aber krimineller zu sein als sie, ja ich bin sogar weniger kriminell als La Bruyère, dessen Werke ich alle gelesen habe, bevor ich selbst zur Feder griff.«[52]

Der Ton, den die politisierten Publizisten der 70er und 80er Jahre dagegen anschlugen, war ein anderer, weit aggressiverer. Schriftsteller wie Pierre Manuel, Anne-Gédéon Laffitte de Pelleport oder Guillaume Imbert wehrten sich gegen jede Schuldzuweisung, sie begriffen ihre Einsperrung nicht als Verhängnis oder unabwendbare Strafe, sondern einerseits als Ausfluß einer fundamentalen Ungerechtigkeit des politischen Systems und andererseits als einen Mißstand, dessen Abschaffung sie vehement postulierten. In rigoroser Abgrenzung gegenüber der Korruptheit und Dekadenz der absolutistischen Machthaber – mithin der Bastille-Administratoren selbst – stilisierten sie sich zu den wahren Hütern der Tugend, denen die Bastille-Einweisung quasi einen Adelstitel, das Unterpfand der reinen Gesinnung verlieh. »Der Charakter der Barbaren besteht darin, grausam in ihrer Rache zu sein, der der zivilisierten Menschen darin, selbst im Strafen menschlich zu bleiben«, schrieb der Pamphletschreiber Fini 1784 über seine Bastillehaft. Schon zu diesem Zeitpunkt sah er hellsichtig den Untergang der Ära »eifriger Grausamkeit« voraus[53].

»Ich finde mich umgeben von dem ganzen Apparat des Verbrechens, in die Bastille gezerrt, wie ein Schurke beleidigt von einem Polizeiinspektor ... All diese Taten sind schrecklich und irreparabel«, hatte sich zehn Jahre zuvor der Bastille-Häftling Dubec entrüstet[54], während sich sein Mitgefangener Mercier in kämpferischer Attitüde als »grausam diffamiert« bezeichnete[55]. Wenn Laffitte de Pelleport später immer wieder davon sprach, daß der »aufgeklärte Weise« im Kerker schmachte, während der »Schurke« das »Idol der Welt«[56] sei, formulierte er damit stellvertretend für die Schriftsteller seiner Generation ein Rollenverständnis, das den sich vollziehenden Wandel vom larmoyanten zum militanten Intellektuellen zum Ausdruck brachte.

Bücher und Tintenfaß bildeten einen Trost, aber letztlich nur eine ebenso unzureichende Entschädigung für den Verlust der

Freiheit wie die anderen kompensatorischen Beschäftigungen, denen sich die Gefangenen zuwandten. Jacques-Pierre Brissot meditierte und komponierte, um die in seinen Augen qualvoll langsam verstreichenden Stunden totzuschlagen[57]. Anne-Gédéon Laffitte de Pelleport verlangte die Zusendung von Notenheften[58], um mit dieser Ablenkung besser die Monate der Verbannung zu überstehen. Beide Häftlinge genossen wie de Sade[59] das Privileg des Spaziergangs im Hof der Bastille[60].

Eine willkommene Unterbrechung der Routine waren die Besuche der Angehörigen. Ungeachtet des weiterhin gültigen Arkangebots[61] dokumentieren Aktenbelege aus den 70er und 80er Jahren, daß den Bastille-Bewohnern zumindest während dieser Zeit Kontakte nach außen gestattet waren[62]. Wie auf diese Weise die Nachricht von den aktuellen politischen Ereignissen bis in die Bastille durchdringen konnte, illustriert das Beispiel de Sades, der Anfang Juli 1789 von der Bastille nach Charenton verlegt wurde[63]. Von dort aus verfaßte de Sade am 9. Juli 1789 eine Protestschrift, in der er das ganze Pathos der *verfolgten Tugend* entfaltete: »Ich, der Unterzeichner, gezwungen, der Gewalt zu weichen, erkläre, daß ich die ersten Augenblicke, die ich für mich habe, nutze, um gegen dieses tyrannische, ungerechte, verfehlte, barbarische, offensichtlich die Gesetze der französischen Monarchie verletzende Vorgehen zu protestieren.« Und weiter erklärte der Marquis, daß »der erste Gebrauch«, den er von seiner »Freiheit zu machen gedenke«, darin bestehen werde, sowohl der »Nation« als auch den Gerichtshöfen die »infame Gewalt anzuzeigen«, deren Opfer er geworden sei. De Sades Schreiben zeigt, daß er über den Zusammentritt der Nationalversammlung informiert war, und läßt vermuten, daß er diese Neuigkeit während seiner Bastille-Haft erfahren hat[64].

Trotz aller Annehmlichkeiten und Zugeständnisse blieb der Bastille-Aufenthalt zweifellos für jeden Betroffenen eine physische und psychische Strapaze. Immer wieder beschwerten sich Gefangene über die unangenehmen Begleiterscheinungen der Haft, über Schlaflosigkeit, Konzentrationsschwächen und Angstzustände[65]. Ein bezeichnendes Licht auf die psychische Verfassung der Gefangenen wirft eine Aktennotiz des Bastille-›Beamten‹ Chevallier vom Juli 1753, die den Verlauf einer Visite des Gefängnis-Arztes Boyer schildert: »Monsieur

Boyer hat an diesem Morgen den Abbé Corneille und die Herren de Monthuchet und Bourdin besucht, denen er Heilmittel verordnet hat. Ich glaube, daß diese drei Gefangenen viel kränker im Geist als im Körper sind; sie haben wie die Kinder geweint und versichert, der Kummer sei die Hauptursache ihrer Krankheit.«[66]

Die drei melancholischen Gefangenen stellten keine Ausnahme dar. »Kaum habe ich die Lider geschlossen, quälen mich fürchterliche Träume«, klagte Fini[67]. »Ach! Wie sollte ich an einem Ort schlafen können, an dem schon der Klang der Schlüssel mir ein inneres Schaudern verursacht«, lamentierte ein Leidensgefährte[68]. »Fast seit neun Monaten bin ich nun in der Bastille und dort dem Schrecken der nacktesten Einsamkeit ausgesetzt«, schrieb der Romancier François Génard, der das Fehlen menschlicher Gesprächspartner zu diesem Zeitpunkt nicht länger glaubte ertragen zu können[69]. »Tag und Nacht bedrückt mich der schwärzeste Kummer«, so d'Estrées[70]. Die Straßburger Buchhändlerin Salomé Stockdorff weinte unaufhörlich und verweigerte fast jede Nahrungsaufnahme[71]. »Diese Nacht habe ich gefürchtet, sterben zu müssen«, berichtete die 40jährige Broschürenschmugglerin Madelonne Morin Sartine im September 1771[72]. Durey de Morsan schließlich begann im Gefängnis – dem Protokoll des diensthabenden Chirurgen zufolge – unter Verfolgungswahn zu leiden und unternahm verschiedene Selbstmordversuche, indem er sich die Pulsadern aufschnitt und seinen Kopf gegen die Mauern hämmerte[73].

Als Folge der Internierung und der mangelnden Bewegung litten die Gefangenen häufig unter spezifischen Gesundheitsproblemen: Den *Nouvelliste* Constans plagte eine Venenschwäche[74], d'Estrées litt unter den »dumpfen Schmerzen« von Bauchkoliken[75], Pierre Convers-Desormeaux kämpfte gegen ein sich in der Bastille verschlimmerndes Magenleiden[76], Jean François Ratelet alias La Roche gegen rheumatische Schübe[77].

Die Rekonstruktion des Haft-Alltags zeigt, wie die von den revolutionären Publizisten gegen die Bastille und ihre Administratoren erhobenen Anschuldigungen zu werten sind. Auf der einen Seite lieferte die Bastille ihren Insassen in der zweiten Jahrhunderthälfte ein passables Quartier, verglichen vor allem mit den Verhältnissen, die in anderen Strafanstalten herrschten[78].

Auf der anderen Seite dürfte es den Internierten schwergefallen sein, ihren Kerker als »fideles Gefängnis«[79] zu betrachten – zu belastend wirkten sich Angst und Einsamkeit auf das seelische Befinden aus[80]. Die reale Bastille hatte zwar wenig gemein mit dem schwarzen Bild, das die Anti-Bastille-Propagandisten von ihr zeichneten, aber die Internierung bedeutete gerade für die minderbemittelten Gefangenen und ihre Familien eine existenzgefährdende Katastrophe oder doch zumindest geschäftliche Einbußen von unvorhergesehenen Ausmaßen. »Bedenken Sie, mein Herr, daß drei Wochen Gefängnis eine schwere Strafe sind für einen Mann mit Frau und fünf Kindern«, beschwor die Ehefrau des Chevalier de Mouhy den Pariser Polizeichef, als ihr Mann zum zweiten Mal in der Bastille einsaß[81]. Die Abwesenheit des Ernährers verschärfte die ohnehin bestehende finanzielle Krise[82] und ließ die Übersiedlung ins Hôtel-Dieu bedrohlich näherrücken. Welche Panik der Gedanke an das Hôtel-Dieu bei der Briefschreiberin auslöste, zeigt der folgende Satz: »Ich versichere Ihnen, daß ich lieber sterben werde, als mich zu entschließen, dorthin zu gehen.«[83]

In dieselbe prekäre Lage geriet die Frau des François Génard, als die Festnahme des Familienvaters sie zwang, ihre Möbel zu verkaufen und auf Arbeitssuche zu gehen. Génard selbst sah keinen Ausweg aus der Misere und spielte verzweifelt mit dem Gedanken, seinen fünfjährigen Sohn zu sich in die Bastille zu nehmen, um die Mutter von einer schweren Last zu befreien[84]. Die Arbeit ihres Mannes sei das einzige Mittel, das sie, eine alte und kranke Frau, am Leben erhalten könne, beschwor die 70jährige Gefährtin des Satirikers Grenet den Polizeichef im Frühjahr 1764[85].

Welchen Erfolg zeitigte die Einsperrung ›gefährlicher‹ Schriftsteller, Buchhändler und Kolporteure? Wurde damit der gewünschte Abschreckungseffekt erzielt? Der Blick auf das Gefangenenregister der Bastille spricht eher gegen diese Annahme. Zwar legten die Gefangenen oftmals demonstrative Reue an den Tag – Grouber de Groubentall zum Beispiel beteuerte, nach der Bastille die Lust auf literarische Experimente verloren zu haben[86], ebenso geläutert schien unmittelbar nach seinem ersten Bastille-Aufenthalt der Chevalier de Mouhy, der von nun an ein gehorsamer und loyaler Schriftsteller sein wollte[87] –, in vielen Fällen handelte es sich bei den Besserungsgelöbnissen jedoch um Lippenbekenntnisse. Die Zahl der Wiederholungstäter war beträchtlich und konnte auch durch die zusätzlich angeordnete Verbannung eines Schriftstellers, Druckers oder Kolporteurs in die Provinz kaum gesenkt werden[88]. Die mit solchen Zwangsverschickungen beabsichtigte Zerschlagung der Untergrundnetzwerke[89] schlug nicht zuletzt deshalb fehl, weil die ihrer Existenzgrundlage beraubten Autoren und *Nouvellistes* entweder heimlich in die Hauptstadt und das ›Milieu‹ zurückkehrten oder aber an ihrem neuen Wohnort ihre alten Beschäftigungen wieder aufnahmen[90].

Die Polizei selbst war sich der Unzulänglichkeit der Sanktionsmaßnahmen durchaus bewußt, wie aus den resignierten Kommentaren der Kommissare und Inspektoren immer wieder herauszulesen ist. Gegenüber einem Autor wie Taupin d'Ozval blieb d'Hémery nichts anderes übrig, als das Scheitern seiner Methoden zu konstatieren. D'Orval befinde sich zum gegenwärtigen Zeitpunkt in Lyon, notierte der Polizeiinspektor im Herbst 1761, er habe dort eine »kleine Arbeiterin« geheiratet und deren Geld verschleudert. Um nicht Hungers zu sterben, fahre er mit seinen illegalen Aktivitäten fort und lasse alle »Scheußlichkeiten drucken, die ihm seine verrückte Phantasie« eingebe[91]. Daß die Bastille als Disziplinierungsinstrument der Schriftsteller, Kolporteure und Buchhändler wenig taugte, resümierte der Bastille-erfahrene Schriftsteller Jacques d'Estrées mit einem schlichten Satz: »Und wenn man mich noch so viele Jahre hierbehält, ... so wird die Länge meiner Leiden doch die jungen Autoren nicht bessern, die keine Zügel kennen.«[92] In Anbetracht der Anziehungskraft, die der geheime Buchhandel auf seine Nachwuchs-Kollegen ausübte, ist ihm wohl uneingeschränkt beizupflichten.

Wie ist nun das Verhältnis zwischen Staat und Schriftstellern im Ancien Régime zu beurteilen, ein Verhältnis, das, wie beschrieben, nicht auf einen simplen Antagonismus zwischen reaktionärer Zensurmaschinerie und progressiver Aufklärung reduziert werden kann, sondern immer wieder Schwankungen unterlag? Es scheint, daß gewisse überkommene Positionen zu revidieren sind. So finden sich in der Politik des späten Ancien Régime gegenüber den Schriftstellern und Buchhändlern auf fast allen Ebenen eindeutige Hinweise auf einen progressiven Prozeß der Liberalisierung. Gipfelte die Lockerung der Vorzensur in dem *Arrêt* vom 5. Juli 1788, manifestierte sich auch in den Sanktionen gegenüber den Autoren und ihren Verlegern ein allmähliches Nachlassen der Strenge. Für das späte Ancien Régime legen die Bastille-Register von einer signifikanten Abnahme der *Lettres de cachet* ebenso Zeugnis ab wie von einer zunehmenden Verringerung der Verweildauer in der Bastille und einer Verbesserung der Haftbedingungen[93]. Die Schleifung der Bastille, dieses sichtbarsten Symbols des Zensurstaates, wurde bereits Mitte der 80er Jahre von offizieller Seite aus erwogen, weil ihr Unterhalt zu kostspielig war und die Institution an sich für die Sachverwalter des Bourbonenstaates ihren Sinn verloren hatte[94].

Historiker der ›alten Schule‹ haben diesen Prozeß der Liberalisierung[95] nicht als Reformversuch, sondern, wie etwa J. P. Belin, als Ausdruck der Schwäche eines Apparates interpretiert, der zu ineffektiv gewesen sei, als daß er die lückenlose Überwachung der Gelehrtenrepublik und des Buchhandels hätte leisten können. Diese These gilt es freilich bei genauer Untersuchung des offiziellen Zensurkurses zu modifizieren. Für die 70er und 80er Jahre belegen die Bastille- und Polizeiakten unmißverständlich, daß die neue Toleranz gegenüber den Schriftstellern und Buchhändlern nicht nur ein Eingeständnis staatlicher Ohnmacht war, sondern teils ideologische, teils ökonomische Interessen widerspiegelte.

In vielen Fällen sah die Obrigkeit in den 70er und 80er Jahren allein deshalb von der Bestrafung zensurverletzender Buchhändler ab, weil sie das monopolistische, auf der Herrschaft des Druckprivilegs basierende Reglement des Buchhandels inzwischen für obsolet erachtete. Der Buchhändler Bonthoux aus Nancy beispielsweise wurde zwar durch ein *Arrêt du Conseil du Roi* vom 5. Juli 1788 mit einem Berufsverbot belegt, weil er mit »philosophischen Büchern« gehandelt hatte, aber bereits am 26. September 1788 hob ein neuerliches *Arrêt du Conseil* diesen Beschluß mit der Begründung auf, die Strafe hätte Bonthoux und seiner Familie außerordentlichen geschäftlichen Schaden zugefügt. Es sei zu hoffen, daß er aus der Angelegenheit seine Lehren ziehen und in Zukunft mehr Vorsicht an den Tag legen werde[96].

In bezug auf die Bewertung der Repressionen gegenüber den Schriftstellern ergibt sich deshalb ein ambivalentes Bild: Zweifellos profitierte ein Teil der Autoren von den Nischen, die in der Ausübung der Vorzensur de facto existierten. Zweifellos wußten die etablierten Schriftsteller eine – im übrigen ja unter Umständen durchaus komfortable – Bastille-Haft zur Prestigemehrung zu nutzen. Die Einsperrung steigerte möglicherweise die Reputation eines Schriftstellers, sicherte ihm die Solidarität seiner Kollegen ebenso wie die (profitable) Anteilnahme der Pariser Kulturschickeria und verhalf ihm zu einer Erhöhung der Auflagenzahlen. Abbé André Morellet, der am 11. Juni 1760 wegen der Abfassung eines Pamphlets und wegen seines Streits mit Palissot in die Bastille transportiert worden war[97], blickte als alter Mann nicht im Zorn auf sein Bastille-Intermezzo zurück, wie er 1795 in seiner gedruckten Replik auf eine Konventsrede Chéniers offenbarte. »Ich bewohnte ein gutes Zimmer mit guter Luft. Ich wurde sehr gut genährt und mit so viel Papier und Büchern und Tinte versehen, wie ich wollte«, schrieb Morellet über die Bastille, die ihm in der Retrospektive, verglichen mit den Revolutionsgefängnissen, als idyllischer Ort erschien. »Ich habe seither«, so bemerkte Morellet mit spürbarer Bitterkeit, »in (den Gefängnissen) ... Saint-Lazare, La Force, La Bourbe, Au Plessis sowie in den zahlreichen Bastillen, die die meine ersetzten, diese Vergünstigungen nicht mehr in demselben Maße gefunden.«[98]

Auch für Autoren wie Pierre Manuel, Simon-Nicolas-Henri Linguet, Anne-Gédéon Laffitte de Pelleport und Jacques-Pierre Brissot, die ›erste Garnitur‹ der Untergrundautoren, hatte der Bastille-Aufenthalt, zynisch formuliert, eine identitätsstiftende Funktion: Die Verfolgung reihte sie in die historische Tradition der verfolgten und radikalen großen Autoren ein und verschaffte ihnen eine Legitimation, die sie aus ihren Brotarbeiten für den Untergrund wohl kaum zu beziehen vermochten. Daher verliehen sie der eigenen Verfolgung – bewußt oder unbewußt – ein Mehr an Dramatik und Schärfe, als es real der Fall gewesen war. Brissot pflegte später sein Ego als Märtyrer, Linguet beschwor in geradezu obsessiver Manier immer wieder die Erinnerung an die permanenten Demütigungen und Verfolgungen, denen er ausgeliefert gewesen sei[99].

Auch hier darf jedoch das subjektive Gewicht einer Bastille-Einweisung mit all ihren familiären und finanziellen Konsequenzen nicht vergessen werden. Sei es, daß sich die Schriftsteller in übertriebener und in Anbetracht der Bastille-Realität ganz unverhältnismäßiger Weise mit der *verfolgten Tugend* identifizierten, sei es, daß die Bastille tatsächlich eine traumatische und mit einschneidenden beruflichen Konsequenzen verbundene Zäsur markierte – die »Zwingburg des Despotismus« avancierte für Autoren wie Morande, Brissot, Linguet und Manuel zur Verkörperung des Tyrannen- und Zensurstaates schlechthin. Es entsprach der Logik dieser starken emotionalen und politischen Fixierung auf Bastille und *Lettres de cachet*, daß die Verfolgten all ihre Hoffnungen auf eine Zukunft ohne Bastille und Zensur richteten, ihre Utopien aber nur ex negativo und schlagwortartig formulieren konnten. Am besten brachte dies vielleicht eine Revolutionsbroschüre zum Ausdruck, die unter dem Titel *Les Litanies du Tiers État* die großen Erwartungen des Dritten Standes in Form eines Appells an den Monarchen noch einmal zusammenfaßte:

»Erlösen Sie uns, Sire,
Von der Käuflichkeit der Ämter
Von der Unwissenheit der Richter
Von der Inquisition der Presse
Von dem Mißbrauch der *Lettres de cachet*
Von den Verliesen der Bastille.«[100]

Kleine Fluchten: Schriftsteller im Exil

In London hat man Druckfreiheit, in Paris ist die Freiheit unter Druck.[1]

Trotz spürbarer Liberalisierungstendenzen auf seiten der Zensurautoritäten sahen viele Schriftsteller des Ancien Régime in der Auswanderung das einzige Mittel, der Bastille dauerhaft zu entgehen. So waren aus Frankreich geflohene Literaten im 18. Jahrhundert in allen großen europäischen Städten zu finden. Der Gang ins Exil konfrontierte jeden von ihnen mit einschneidenden Veränderungen, aber selbst in der Emigration blieben die feinen Unterschiede bestehen, die schon in Paris eine Art Demarkationslinie zwischen den Aristokraten der Gelehrtenrepublik und den »armen Teufeln« markierten.

Während Raynals Flucht vor dem Pariser Parlament 1781 in einen triumphalen Siegeszug des verfolgten Autors mündete, der im Badeort Spa die Huldigungen seiner Bewunderer entgegennahm[2], war das Verlassen der (kulturellen) Heimat für die weniger berühmten und wohlhabenden Schriftsteller der Auftakt zu einer Schreckensodyssee, die in tiefster Armut und – wie im Fall des Abbé Dulaurens – mit dem Tod in der Fremde enden konnte.

Der 1719 geborene, 1744 zum Priester geweihte Abbé Dulaurens hatte sich um 1752 unter skandalösen Umständen vom Trinitarierorden in Douai verabschiedet, nämlich unter Mitnahme eines aus der Ordenskasse requirierten Zehrgeldes von 20 000 Livres[3]. In Paris versuchte er sich nach diesem Intermezzo im Beruf des Schriftstellers, produzierte aber nichts als ›Makulatur‹ und konnte nach der Publikation seines Gedichtes *Le Balai* 1762 eben noch rechtzeitig aus der Hauptstadt abreisen, ehe d'Hémerys Männer an seine Tür klopften. Auf der Flucht vor der Buchpolizei machte Dulaurens zunächst in den Niederlanden Station, wo er zeitweilig offenbar mit dem Amsterdamer Verleger Marc-Michel Rey kooperierte. Im Zusammenhang mit den verlegerischen Transaktionen Reys taucht Dulaurens' Name im Laufe des Jahres 1768 mehrfach in Voltaires Korrespondenz auf. Obwohl Dulaurens zu diesem Zeitpunkt bereits im Mainzer Stadtgefängnis gelandet war, Voltaire sich also im Datum irrte, gilt als sicher, daß er einige Jahre zuvor zu Reys Mitarbeitern gezählt hatte[4].

Im Amsterdamer Exil fühlte sich der Ex-Mönch Dulaurens von Anfang an verloren und deplaziert. Seine Briefe nach Hause spiegeln die Tristesse des Emigrantendaseins ebenso wider wie die Vorurteile eines Franzosen, der sein Gastgeberland in Klischees beurteilte und verurteilte. »Die holländische Luft bekommt meinem Temperament nicht. Man muß rauchen und Branntwein trinken«[5], berichtete Dulaurens etwa seinem Freund Groubentall de Linière kurz vor dem Aufbruch nach Kleve, wo er die Philosophenkolonie vorzufinden hoffte, die Friedrich der Große angeblich gegründet haben sollte. Aber die niederrheinische Stadt bildete für ihn nur eine Etappe auf einer Reise, die ihn über Lüttich schließlich in die alte Buchhandelsmetropole Frankfurt führte, eine Stadt, die seit dem 16. Jahrhundert als Dreh- und Angelpunkt des europäischen Buchgewerbes fungierte. Auf den Frankfurter Messen hatten sich schon die berühmtesten Humanisten getroffen, Henri Estienne hatte der Stadt 1574 sogar eine Preisschrift gewidmet. Wenngleich der Leipziger Buchhandel in der zweiten Hälfte des 18. Jahrhunderts allmählich die Oberhand gewann, war die Stadt Frankfurt doch nach wie vor eine wichtige Anlaufstelle für Verleger, Drucker und Schriftsteller. »In Frankfurt«, konstatierte Wielands *Teutscher Merkur* im Jahre 1785, »ist ... nach Leipzig noch immer der größte Buchhandel.«[6] Tatsächlich verfügte die Stadt in den 80er Jahren des 18. Jahrhunderts über etwa 25 Buch- und Verlagsbuchhandlungen, zehn Druckereien und zwölf Schriftgießereien, die sich zum Teil auf die Herstellung und Verbreitung französischer Literatur und französischer Zeitungen spezialisiert hatten[7].

Die Präsenz französischer Kultur in Frankfurt war bereits für eine Reihe von Schriftstellern vor Dulaurens Anreiz genug gewesen, zumindest zeitweilig in der Mainmetropole ihr Quartier aufzuschlagen. Seit dem Beginn des 18. Jahrhunderts waren französischsprachige Autoren als Übersetzer, Sprachlehrer, Zeitungsschreiber oder -herausgeber in Frankfurt in Erscheinung getreten: In den 40er Jahren vertrieb der in der Ziegelgasse wohnende Sprachlehrer James Delacour von Frankfurt aus die *Nouvelles amusantes ou histoire de l'Europe*, mit denen er sich 1745 freilich eine Internierung einhandelte. Im April 1734 hatte der Buchhändler Franz Varrentrapp die Zeitung *L'Avant-Coureur* ins Leben gerufen, die bald bis an die Peripherie Europas verkauft wurde und deren Erfolg beim Lesepublikum Varrentrapp vier Jahre später dazu veranlaßte, einer französischen Wochenschrift mit dem Titel *Amusemens littéraires ou correspondance politique, historique, philosophique, critique et galante* Geburtshilfe zu leisten. 1741 folgte die Etablierung der Wochenschrift *Le Perroquet ou mélanges de diverses pièces intéressantes pour l'esprit et pour le cœur*. Weitere vier französische Blätter erschienen zwischen 1766 und 1779 unter der Federführung des Sprachlehrers und Pensionsbesitzers Nicolas Hyacinthe Paradis, darunter die Wochenschrift *Les Fastes du goût ou les nouveautés du jour*, der *Courrier politique et littéraire de Francfort* und das *Journal historique des sciences, des arts, de l'industrie, de la navigation, de l'agriculture et de commerce*[8].

Unter diesen Umständen verwundert es nicht, daß Dulaurens seine Schritte nach Frankfurt lenkte, wo er bald mit dem Buchhändler Eßlinger Kontakt aufnahm, einer prominenten Figur in der Welt des Buches und des Buchhandels: Dulaurens liierte sich mit einem Mann, der seine Geschäfte nach kapitalistischen Gewinnprinzipien straff zu organisieren pflegte und früh die Chancen erkannt hatte, die der Handel mit verbotenen Büchern eröffnete. Diesen Eindruck vermitteln jedenfalls zwei in bezug auf ihn überlieferte Charakterskizzen. Die eine stammt von Ludwig Christian Kehr, einem ehemaligen Angestellten Eßlingers, der mit kaum 14 Jahren – »gekleidet in einen bis zum Fußknöchel reichenden grünen Rock mit großen Knöpfen von oben bis unten, in kurzen blauen Beinkleidern, melirten Strümpfen und Schuhen mit großen Schnallen« – 1789 als Lehrling in einem Offenbacher Buchhandel anfing und sechs Jahre später in Eßlingers Frankfurter Firma überwechselte. Am 1. März 1795 trat Kehr bei Eßlinger »in Kondition«, was nichts anderes hieß als harte Arbeit gegen ein geringes Entgelt. Kehr, der nach eigenen Angaben »manche halbe Nacht ... auf dem Comptoir« zubrachte, um sein Pensum zu erledigen, erinnerte sich an Eßlinger als einen Mann, der »sehr gebildet« gewesen sei, aber »glatt wie ein Hofmann«, und der sein ganzes Interesse auf den französischen Buchhandel gerichtet habe: »Eßlinger selbst kümmerte sich mehr um den französischen, beinahe gar nicht um den deutschen Buchhandel; er öffnete und las nur die eingegangenen Briefe und überließ mir das Weitere.«[9]

Ein noch drastischeres und wenig schmeichelhaftes Bild des Buchhändlers zeichnet der Schriftsteller François Chevrier, der gegen Ende der 50er Jahre vorübergehend ebenfalls in Frankfurt unterschlüpfte. Der Aufenthalt bei Eßlinger lieferte ihm später den Stoff für eine Episode seiner »metaphysischen Erzählung« *Les trois C.*, in der er Eßlinger im Dialog mit dem berüchtigten Journalisten Jean-Henri Maubert de Gouvest auftreten läßt. Gegenüber diesem umreißt der Buchhändler sein Berufsethos mit den Worten: »Ich lese niemals die Bücher, die ich verkaufe, und ich kaufe nur nach dem Titel an. Ich habe als Kundschaft nur in der Libertinage versunkene junge Leute, und meine Pflicht ist es, sie damit zu unterhalten ... Mein Angebot besteht aus dem *Portier des Chartreux* und aus anderen Büchern dieser Art. Alles ist schön mit einigen Broschüren gegen Frankreich umlegt ..., die mir mein literarischer Dienstbote zu billigem Preis anfertigt.«[10]

Sicher hat die Szene in dieser Form nie stattgefunden. Bei aller böswilligen Übertreibung porträtiert Chevrier aber sehr genau eine verlegerische Mentalität, die auch in den Verhören der Pariser Untergrundbuchhändler immer wieder begegnet. Als der wirkliche Eßlinger später im Zusammenhang mit der Affäre des Abbé Dulaurens vor den Frankfurter Schöffensenat zitiert wurde, rechtfertigte er sich auf die Frage nach seinen Geschäftsprinzipien mit Argumenten, die Chevriers Darstellung unabsichtlich bestätigten. »Ich habe die beiden in Frage stehenden Bücher *L'Imirce* und *La Chandelle d'Arras*«, so der Buchhändler, »um so unbedenklicher in meiner Handlung führen können, da selbige in H. von Harfelds, Buchhändlers zu Amsterdam, öffentlich gedruckten Bücherverzeichnissen zu feilem Verkauf gestanden haben. Daß ich solche vorher hätte lesen sollen, wird wohl niemand von mir erfordern, zumahl ich dieselben nicht verleget habe, und selbsten beim Verlag nicht tunlich ist, daß der Buchhändler ein Werk vorher durchlesen könne.«[11]

Die Zusammenarbeit zwischen dem französischen Abbé und dem Frankfurter Verleger stand indessen unter keinem guten Stern. Bei der kaiserlichen Bücherkommission war Eßlinger schon seit längerem in Verruf geraten; Ende 1765 hielt man den Moment für günstig, seinen ungern gesehenen Aktivitäten einen Riegel vorzuschieben. Im Dezember 1765 betraute der kaiserliche Fiskal am Wetzlarer Kammergericht den Aktuarius Ebenau mit der Überprüfung Eßlingers, der die Bestimmungen des kaiserlichen Generalpatents für das Buchwesen verletzt und sich erdreistet habe, »zwei höchst ärgerliche und gotteslästerliche« Bücher – gemeint waren *L'Imirce* und *La Chandelle d'Arras* – öffentlich feilzubieten. Als Eßlinger im Zuge der gegen ihn anberaumten Untersuchung aussagte, daß ihm die geschmähten Werke persönlich von dem Verfasser, der »allhier in den rothen Schwerdtern logiere«, ausgehändigt worden seien, war das Schicksal des Abbé Dulaurens besiegelt. Anfang 1766 wurde er verhaftet und im November des Jahres an das erzbischöfliche Gericht in Kurmainz ausgeliefert, das ihn im Juni 1767 zu einer Haftstrafe verurteilte.

Während der über 20 Jahre, die er im Stadtgefängnis zu Mainz verbrachte, zeigten sich bei Dulaurens immer stärker Symptome einer nervlichen Zerrüttung. Bei der Verlegung ins Kloster Marienborn 1788 war die Erkrankung bereits bis zur totalen Verwirrung fortgeschritten, wie Dulaurens deutscher Schriftstellerkollege Goethe bei einem Besuch im Marienborner Hauptquartier des Grafen Kalckreuth im Mai 1793 mit eigenen Augen feststellen konnte. »Nach der Tafel ward ein Geistlicher hereingebracht, als revolutionärer Gesinnungen verdächtig. Eigentlich war er toll oder wollte so scheinen; er glaubte Turenne und Condé gewesen, und nie von einem Weibe geboren zu sein«, notierte er in seinem Kriegstagebuch[12].

Die erzwungenen Auslandsaufenthalte der französischen Schriftsteller des 18. Jahrhunderts sind bisher allenfalls in bezug auf einzelne Autoren untersucht worden und nie in systematischer Perspektive. Dieses Defizit ist gerade deshalb bedauerlich, weil ein großer Teil jener subversiven Literatur, die zum Prozeß der vorrevolutionären Politisierung entscheidend beitrug, in Emigrantenkreisen produziert wurde.

Schon erste archivalische Recherchen verweisen darauf, daß die diversen Emigrantenkolonien eine festgefügte Kommunikations- und Hilfsgemeinschaft bildeten, die Neuankömmlinge auffing, betreute und integrierte. Nicht nur aufgrund der dort vermuteten ›Philosophengemeinschaft‹ Friedrichs des Großen hatte sich Dulaurens beispielsweise nach Kleve gewandt, sondern auch, weil er von dem dort ansässigen Zeitungsmacher Jean Manzon wußte, der französischsprachige Flüchtlinge in der Redaktion des *Courrier du Bas Rhin* beschäftigte. Manzon, der »dummdreiste Zeitungsschreiber«, wie er in einem Erlaß Friedrich Wilhelms II. tituliert wurde, hatte wegen der Publikation satirischer und aufrührerischer Artikel selbst allerdings wiederholt mit der preußischen Zensur zu kämpfen[13].

Unter dem Schutz des liberalen Markgrafen Karl Friedrich von Baden nahm Beaumarchais in Kehl ein ehrgeiziges Druckprojekt in Angriff, die Herausgabe der Werke Voltaires. Nachdem er sich das stillschweigende Einverständnis Maupeous gesichert und

1778/79 die Manuskripte aus dem Nachlaß Voltaires für 100 000 Livres von Panckoucke erworben hatte, gründete Beaumarchais zu diesem Zweck eine Typographische Gesellschaft, die sich nach längeren Verhandlungen mit Karl Friedrich 1781 in den alten Befestigungsanlagen Kehls niederließ. Doch obwohl der neue Druckunternehmer von der Witwe des englischen Druckers Baskerville die besten Lettern kaufte, eine Reihe von Arbeitern einstellte und 15 Pressen in Betrieb nahm[14], war dem Vorhaben wegen einer Vielzahl unerwartet auftauchender Schwierigkeiten nur wenig Erfolg beschieden[15].

In Neuwied etablierte der französische Ex-Bankier Louis-François Mettra, der in Paris Konkurs hatte anmelden müssen, seinerseits eine Typographische Gesellschaft, die zwischen 1775 und 1793 die *Correspondance littéraire secrète* herausgab, eine radikale regimekritische ›Geheimzeitung‹, die wöchentlich – anfangs in der Form einfacher gedruckter *Nouvelles à la main* – erschien und zunächst auf einer »tragbaren Druckerpresse« hergestellt wurde[16]. Als Mitarbeiter beschäftigte Mettra zeitweise den Ex-Benediktinermönch und späteren Jakobiner Guillaume Imbert de Boudeaux, einen versierten Journalisten und Verfasser von Schmähschriften, der sowohl Bastille-Häftling als auch Polizeispitzel gewesen war[17]. Vor dem Beginn seiner Tätigkeit in Neuwied hatte Imbert in Paris mit Hilfe seines in die Niederlande geflohenen Bruders Jean-Baptiste – genannt Imbert de Villebon – einen schwunghaften Handel mit »Drogen« betrieben. Imbert de Villebon, ein ehemaliger Spion des Polizeichefs Lenoir, hatte ihm aus Brüssel Skandalpublikationen jedweder Provenienz zugeschickt, die Imbert de Boudeaux an den Meistbietenden weiterverkaufte[18].

Während ein Teil der landesflüchtigen französischen Schriftsteller in Kleve, Köln, Frankfurt, Berlin oder Leipzig Asyl fand, versammelte sich das Gros der schreibenden Emigranten – wie schon zur Zeit der Hugenottenverfolgung – in den Niederlanden. In die holländischen Verlagshochburgen fielen ganze Heerscharen von französischen Schriftstellern ein, um bei Marc-Michel Rey und anderen Verlegern als Lektoren tätig zu werden oder Auftragsarbeiten für die einschlägigen Verlagshäuser zu fabrizieren[19], das heißt vor allem Zeitschriftenartikel, publikumswirksame Skandalschriften oder *Nouvelles à la main*[20].

Wenn die Schriftsteller des 18. Jahrhunderts auch beständig über die Ausbeutung durch die Verleger im allgemeinen und die holländischen Vertreter dieses Berufsstandes im besonderen klagten – allen voran Voltaire, der sie als die »Verkäufer unserer Gedanken« stigmatisierte[21] –, darf darüber nicht die Tatsache vergessen werden, daß Arbeitgeber wie Rey dem zum Untertauchen genötigten, mittellosen, der Sprache des Gastlandes unkundigen und von seiner Familie isolierten Autor oft die einzige Verdienst-, mithin Überlebenschance boten. Daß ein Schriftstelleremigrant die Degradierung zum Lohnschreiber nicht unbedingt als Demütigung zu begreifen brauchte, sondern durchaus pragmatisch nutzen konnte, illustriert der Fall des als Bücherschmuggler bereits bekannten Schriftstellers Joseph-Marie Durey de Morsan, der seit 1759 in den Diensten des Verlegers Gosse aus Den Haag stand und in seinen Briefen aus der Fremde unermüdlich versicherte, daß er sich mit den »niederen Arbeiten«, die sein Brotherr von ihm fordere, sehr wohl zu arrangieren wisse. Während er selbst »nach Bedarf Verse schmiede«, habe sich der gleichzeitig von Gosse angeworbene jüngere Crébillon dagegen als wenig geeignet erwiesen, berichtete er mit einer gewissen Häme nach Hause[22].

Zu den bevorzugten Aufenthaltsorten der landesflüchtigen französischen Schriftsteller gehörte die englische Hauptstadt, in der sich zeitweise die Schriftsteller und Pamphletschreiber Simon-Henri Linguet, Louis de Fontanes, Jacques-Pierre Brissot, Anne-Gédéon Laffitte de Pelleport, Jean-Claude Fini und Charles Théveneau de Morande ansiedelten.

Ein ehrgeiziger Traum schien sich im Herbst 1783 für den damals 29jährigen Schriftsteller und Journalisten Jacques-Pierre Brissot zu erfüllen: Am 16. September 1783 gründete er in London sein *Lycée*, eine Art »Weltzentrum für Philosophen«[23], das die Basis einer »Universalen Konföderation der Freunde der Wahrheit und Freiheit« sein sollte und zugleich der Stützpunkt eines Journals mit dem Titel *Tableau des Sciences et des Arts en Angleterre*[24]. Doch das auf sieben Jahre angelegte Projekt scheiterte ebenso wie der Plan von Louis de Fontanes, in London eine Zeitschrift zur Förderung der französischen Kultur jenseits der Grenzen des Bourbonenkönigreichs herauszubringen. Mit dem Ziel der Anwerbung von Subskribenten war Fontanes im Oktober 1785 in die englischen Hauptstadt gereist und hatte sich dank seiner Empfehlungsschreiben schnell Einlaß in den besten Kreisen verschafft. Aber der ersten Euphorie folgte die Ernüchterung über das literatenfeindliche Londoner Klima auf den Fuß. »Die jungen Männer des Hofes trinken und veranstalten Pferderennen«, schrieb er nach zwei Monaten voller Frustration seinem Freund und Korrespondenzpartner Joubert[25].

Auf der Flucht vor der Bastille hatte es mehr als zehn Jahre zuvor auch Charles Théveneau de Morande nach England verschlagen, der, seiner eigenen Version zufolge, mit knapper Not dem kurzatmigen und beleibten Polizeiagenten Marais entkommen war, der den königlichen Siegelbrief bereits in der Tasche trug[26].

In London fühlte Morande sich so sicher vor der Pariser Polizei, daß er alle Vorsicht vergaß und sein Glück im damals beliebten Geschäft der literarischen Erpressung versuchte. Nach der Niederschrift einer *Libelle* gegen die königliche Mätresse, Madame Du Barry, schlug er dem Versailler Hof einen Handel vor: Gegen 5000 Livres in bar und eine zu zahlende Pension von 4000 Livres werde er das noch ungedruckte Manuskript vernichten lassen[27].

Die Transaktion verlief schließlich aber anders als geplant, da Sartine, statt auf die Offerte des Pamphletschreibers einzugehen, Ende 1773 ein Strafkommando nach London entsandte, das den Erpresser dingfest machen sollte. Morande erfuhr allerdings schon im Vorfeld von der Aktion und zettelte seinerseits in den britischen Gazetten eine publikumswirksame Kampagne gegen die »Häscher des Despotismus« an. Seine Verteidiger bereiteten den Pariser Polizeiagenten, die den Schriftsteller »unter dem Vorwand einer Lustreise« auf ein bereitliegendes Boot hatten locken sollen[28], einen denkwürdigen Empfang: Sartines Büttel wurden von einer erzürnten Volksmenge gepackt und in die Themse geworfen, womit die Gefahr für den Flüchtling zunächst gebannt schien.

Da man nach diesem Desaster mit dem baldigen Zirkulieren der *Libelle* in Frankreich rechnen mußte, entschloß sich Ludwig XVI. zum Einlenken. Als offizieller Unterhändler wurde nun Beaumarchais nach England geschickt, um mit dem Autor der inzwischen in einer Auflage von 6000 Stück gedruckten *Mémoi-*

res secrets d'une femme publique eine Einigung zu erzielen. Sein Bittgang endete erfolgreich: Gegen die Aushändigung eines beträchtlichen Schweigegeldes erklärte sich Morande zur Einstampfung der bisher gedruckten Exemplare bereit[29].

Die Aktivitäten der in London gestrandeten Emigranten konzentrierten sich in den 70er und 80er Jahren auf die Mitarbeit an dem *Courrier de l'Europe*, den der schottische Zeitungsmacher Samuel Swinton 1776 mit der Absicht gegründet hatte, ein publizistisches Forum sowohl für die in England lebenden Franzosen als auch für die französischsprachigen Leser des Kontinents zu schaffen[30]. Der seit dem 28. Juni 1776 zweimal pro Woche erscheinende *Courrier* avancierte wegen seiner Respektlosigkeit gleich nach den ersten Nummern zu einem Ärgernis für die französische Regierung. Ein gegen Marie-Antoinette und Maurepas gerichteter Artikel veranlaßte Vergennes bereits am 16. Juli 1776, bei Lenoir vorstellig zu werden. Der Polizeichef möge, so der Außenminister, unter allen Umständen die Distribution des Blattes in der Hauptstadt verhindern[31].

Die Redakteure und Journalisten auf der Personalliste des *Courrier de l'Europe* rekrutierten sich aus den radikalsten und berüchtigtsten Protagonisten der Pariser *Grub Street*[32], aus Bastille-Anwärtern wie Laffitte de Pelleport, Brissot, Poultier d'Elmotte und dem besagten Théveneau de Morande[33]. Diese Männer, die gleiche Erfahrungen und ein gleicher kultureller Hintergrund verband, waren untereinander in feindliche und rivalisierende Lager gespalten. Derselbe Théveneau de Morande, der nach außen hin stets als Musterexemplar des aufrechten Oppositionellen auftrat, agierte andererseits jahrelang als Geheimagent Lenoirs. Im Auftrag des Polizeichefs bespitzelte er Landsleute[34] wie den *Libelliste* Laffitte de Pelleport, der bei seinem überstürzten Aufbruch Frau und vier Kinder in der Schweiz zurückließ und sich in London als bettelarmer Flüchtling mit Übersetzungen[35] über Wasser hielt[36]. Nachdem Laffitte de Pelleports englische Publikationsprojekte durch Intervention Morandes fehlgeschlagen waren, stürzte er sich mit den Waffen des Schriftstellers in den Kampf gegen den ›Verräter‹. Sein 1784 entstandenes Pamphlet *Le Diable dans un bénitier* listet zunächst die Schurkereien des verhaßten Rivalen auf, beschreibt diese jedoch letztlich nur als Ausfluß eines von Grund auf verderbten Systems. Morande ist für ihn das Geschöpf eines despotischen Regimes, das die »geheiligten Naturrechte« als lächerliche Konvention empfindet und zur skrupellosen Durchsetzung seiner Interessen weder »List« noch »Geld, Verleumdung, Gift und Mord« scheut[37]. Seine Abrechnung mit der französischen Zensur gipfelt in dem pathetischen Ausruf: »Oh Ihr Unglücklichen, die Ihr von den Tyrannen ... gezwungen wurdet, aus Eurem Vaterland zu fliehen, an dem Ihr doch noch immer hängt! Wisset wenigstens, ... daß die Urheber Eurer Leiden in Versailles an dem Zorn ersticken, den sie verspüren, wenn sie an die Freiheit denken, die Ihr in England genießt!«[38]

Für die öffentliche Denunziation Morandes zahlte Pelleport einen hohen Preis. Als er auf Drängen seines Konkurrenten und Kritikers von der englischen Regierung des Landes verwiesen wurde und nach Frankreich zurückkehren mußte, lag der Haftbefehl schon für ihn bereit. Der *Libelliste*, der für die französische Zensurbehörde seit langem ein Ärgernis gewesen war, wurde 1788 in die Bastille gesperrt, von wo aus er seine Tiraden gegen den »professionellen Verleumder« Morande fortführte[39].

Vor Pelleport waren bereits zwei weitere London-Flüchtlinge in die Bastille gewandert, 1784 Jacques-Pierre Brissot[40] und 1785 der Deserteur und Pamphletschreiber Jean-Claude Fini alias Graf Hippolyte Chamoran, der den Autor des *Diable dans un bénitier* Jahre zuvor in einem Londoner Kaffeehaus kennengelernt und dann in seinem Streit mit Théveneau de Morande unterstützt hatte. Die Pariser Polizei verhaftete den auf die Veröffentlichung antihöfischer Skandalgeschichten und auf literarische Erpressung abonnierten Fini zusammen mit seiner aus England stammenden Frau nur ein paar Tage nach der Ankunft des jungen Ehepaares in Paris und konfiszierte dabei auch die Bücher und Manuskripte des Remigranten, darunter Werke wie *Antoinette ou historiette de la sultane blondine*, *L'émule d'Arétin* und *L'Éxécution d'un traître français nommé Morande*[41].

Die Verhöre, denen Fini und seine Frau Anfang Dezember 1785 unterzogen wurden, offenbarten rasch das ganze Elend eines Literaten- und Emigrantenlebens: Akuter Geldmangel hatte den *Libelliste* zur Verpfändung seiner gesamten Habe gezwungen[42]. Obwohl er mit allen Mitteln bestrebt war, die Pariser Polizei von der Harmlosigkeit seiner Absichten zu überzeugen –

er wolle in Neuseeland mit Gleichgesinnten eine Kolonie gründen[43] –, legte seine bisherige Biographie die Vermutung nahe, daß er einer jener unverbesserlichen Skandalpublizisten war, von denen man kaum den Verzicht auf ihre illegalen Einnahmequellen erwarten durfte. Auch auf ihn ließ sich also der Satz anwenden, den ein Spitzel d'Hémerys einst über den nach zeitweiliger Verbannung wieder in Paris aufgetauchten Kolporteur Mérigot geschrieben hatte: Seine Rückkehr sei wohl mit dem Öffnen der »Büchse der Pandora« vergleichbar[44].

Der Rückblick auf die Aktivitäten der französischen Emigranten zeigt, wohin die ›kleinen Fluchten‹ der Autoren führten, denen in ihrem Heimatland Bastille-Internierung und Schreibverbot drohten. Die aus Paris Vertriebenen profitierten auch in der Fremde von den Netzwerken des literarischen Untergrundes, sei es, daß sie ihre Werke im Ausland herausbrachten, sei es, daß sie als bezahlte *Libelles*- oder Artikelschreiber bei Verlagsmanagern unterkamen, die im europäischen Handel mit gefährlichen Büchern eine prominente Rolle spielten. Sie alle, die so vehement gegen die absolutistische »Inquisition des Geistes« polemisierten, setzten große Erwartungen in die Veränderung der politischen Verhältnisse in Frankreich: Und tatsächlich schien es 1789 zunächst so, als sei die Zeit der Knechtschaft für die Schriftsteller an ihrem Ende angelangt.

6. Kapitel
Literarischer Untergrund und Revolution

Veränderungen: Der Kampf um die Pressefreiheit

Zertrümmert ist die Schauerklause
Die einst, o Voltaire, dich in dumpfe Nacht verschloß.
Kein Holz, kein Stein, kein Nagel bleibe von dem Hause,
wo oft der Unschuld Zähre sich ergoß.[1]

Daß es gerade die verfolgten Autoren waren, die Spezialisten des verbotenen Buches, die am lautesten in den Ruf nach Pressefreiheit einfielen, der seit 1750 immer beharrlicher in Frankreich angestimmt wurde, scheint in Anbetracht der Sanktionen, die sie vielfach am eigenen Leibe erfuhren, nicht verwunderlich. Die Forderung nach Beseitigung der Zensurrestriktionen avancierte für viele von ihnen zu einem Anliegen, das sie bei den unterschiedlichsten Gelegenheiten mit großer Ernsthaftigkeit vorbrachten – gegenüber dem Kommissar im Verhör, in ihren Briefen aus der Bastille und in den im Exil verfaßten Schriften.

An die Revolution des Sommers 1789 knüpften sie zweierlei Hoffnungen; zum einen die Hoffnung, daß mit dem Zusammenbruch der alten Institutionen ein Wegfall der früheren Beschränkungen verbunden sein möge, und zum anderen die Hoffnung, daß mit der Schleifung der Bastille das Kapitel der Tyrannei für alle Zeiten abgeschlossen sei. »Wie hat sich das Gesicht aller Dinge gewandelt!«, konstatierte Camille Desmoulins schon am 16. Juli 1789[2]. Ganz in der Tradition der aufklärerischen Lichtmetaphorik verglich er wenig später den Sturm auf die Bastille mit dem Triumph der Sonne über die Dunkelheit und mit der biblischen Überquerung des Roten Meeres[3].

Gegenüber solcher Emphase machte die Politik der Konstituante allerdings rasch deutlich, daß die Durchführung von Reformen erheblich langsamer vonstatten ging als ursprünglich gedacht. Die Abschaffung der *Lettres de cachet* zum Beispiel erfolgte erst im März 1790 als Schlußakt einer längeren Diskussion, die im Oktober des Vorjahres begonnen hatte[4].

Auch die Debatte um die Pressefreiheit erreichte mit der Veränderung der politischen Situation ein neues Stadium[5]. Einen wichtigen Beitrag zu ihrer Realisierung lieferte die im Zuge der Strafrechtsdiskussion entstandene *Déclaration relative à l'ordonnance* vom 1. Mai 1788, die die *Raison publique* zum ersten Mal ausdrücklich als Entscheidungsinstanz anerkannte und die Untertanen des Königreiches aufforderte, aktiv an der Diskussion teilzunehmen[6].

Obwohl die geplante Reform letztlich am Widerstand der obersten Gerichtshöfe abprallte, wurde der Text der Präambel von der reforminteressierten Öffentlichkeit als Signal des Aufbruchs begriffen. Der prominente Justizkritiker Servan nutzte gleich die Gunst der Stunde, um dem *Garde des sceaux* einen Wunsch vorzutragen, der ihm sehr am Herzen lag. Zehn Jahre zuvor war eine von ihm für das Preisschreiben der Ökonomischen Gesellschaft zu Bern verfaßte Reformschrift auf die schwarze Liste der Zensur gesetzt worden. Die politischen Entwicklungen des Spätfrühlings 1788 ließen ihn hoffen, sein *Mémoire* nun endlich in Frankreich veröffentlichen zu können. »Ich habe an der Präambel des Edikts vom 8. Mai erkannt, Monseigneur«, schmeichelte Servan, »daß Ihr ganz anders denkt als Euer Vorgänger.«[7]

Noch stärkere Wirkung ging aber von jenem berühmten *Arrêt du Conseil d'État du Roi* vom 5. Juli 1788 aus, das sich mit der ausdrücklichen Bitte an die »Gebildeten« des Landes wandte, dem Siegelbewahrer Vorschläge zum Modus des Zusammentretens der Generalstände zuzusenden. Ungeachtet der Frage, ob dieser Staatsratsbeschluß als taktische Geste im Sinne einer widerwilligen Konzession an die öffentliche Meinung zu werten ist oder als genuines Symptom des monarchischen Machtverlusts[8], steht außer Zweifel, daß damit das alte System der Vorzensur gelockert, wenn nicht gänzlich abgeschafft wurde.

Alle Autoren, die das *Arrêt* als Freibrief verstanden, sollten ihre Erwartungen jedoch schon bald getäuscht finden, denn noch ›funktionierte‹ die Bücherpolizei, wie lustlos und ineffektiv auch immer, noch begriffen es zumindest die Herren des Parlaments als ihre Aufgabe, der »Schnelligkeit, mit der die Kunst des Druckens die Ansteckung verbreitet«[9], Einhalt zu gebieten: Am 6. März 1789 wurden zwölf Broschüren verboten, die bis auf eine Ausnahme ohne Autor- und Druckortvermerk in Paris verkauft worden waren[10]. Daß die Bastion, die das Parlament verteidigen wollte, längst gefallen war, kam in der Lautstärke, mit der das Thema Pressefreiheit in Denkschriften unterschiedlichster Provenienz[11] und vor allem in den Beschwerdeheften der drei Stände aufgegriffen wurde[12], jedoch unüberhörbar zum Ausdruck.

Während Zensurpolitiker wie Malesherbes und Thiébault vorsichtig-abwägend über die Möglichkeiten eines liberaleren Zensurreglements nachsannen, probten die Publizisten Brissot und Mirabeau den Aufstand gegen ein System, das sie als überholt betrachteten; Brissot, indem er im Frühling des Jahres 1789 den *Patriote français* lancierte, dem er ein ausdrückliches Bekenntnis zur Pressefreiheit vorausschickte, und Mirabeau, indem er sein regimekritisches Journal *Les États Généraux* gründete, das sich der Devise »Verfassung, Vaterland, Freiheit und Wahrheit, das sind unsere Götter« verpflichtet fühlte[13]. Daß beide Zeitungsmacher auf die Beantragung einer Drucklizenz verzichtet hatten und durch kein Zensurgremium wirksam gebremst werden konnten[14], dokumentiert mehr als alles andere die normative Kraft des Faktischen und die Krise eines Apparats, der den Ereignissen ihren Lauf lassen mußte, ohne selbst intervenieren zu können.

Das Bedürfnis des Pariser Publikums nach Information und Räsonnement spiegelte sich im Sommer 1789 in der Konjunktur der oft mit atemberaubender Schnelligkeit[15] verfertigten Broschüren- und Pamphletliteratur[16] wider und vor allem in einer rasanten Entwicklung der Zeitungslandschaft[17]. Die Untersuchungen Pierre Rétats, Jack Censers und Jeremy Popkins haben im Detail nachgewiesen, wie 1789 ein kräftig expandierender Zeitschriftenmarkt entstand, dessen häufig auf schlechtem Papier und mit orthographischen Fehlern gedruckte Erzeugnisse[18] einen qualitativen Sprung gegenüber der Presse des Ancien Régime markierten[19]. Zwischen dem 14. Juli 1789 und dem 10. August 1792 wurden mehr als 500 neue Blätter aus der Taufe gehoben[20], die den Leser bereits mit ihren programmatischen Titeln – *L'ami du peuple, L'ami du Roi* etc. – auf die jeweilige Marschroute einschworen[21]. Die gesteigerte Nachfrage des Publikums verlangte den Journalisten dabei beträchtliche Anstrengungen ab[22]; um die ersten Exemplare der Tagesausgabe in den frühen Morgenstunden auszuliefern, galt es häufig die ganze Nacht über zu arbeiten[23].

Von dem publizistischen Aufbruch blieben auch die Debatten der Nationalversammlung nicht unberührt. Das Problem der Pressefreiheit wurde von den Deputierten nun unter dem Eindruck heftiger Polemik gegen das baufällige »gotische Gebäude«[24] der absolutistischen Zensur einerseits und der in der Praxis bereits vollzogenen Aufweichung der Zensurvorschriften andererseits analysiert, ohne daß sich zunächst ein Konsens über die einschlägige Passage, die in die »Erklärung der Menschenrechte« aufgenommen werden sollte, abgezeichnet hätte[25]. Als schließlich eine Einigung erzielt worden war, lautete der Artikel XI der »Erklärung« wie folgt: »Die freie Mitteilung der Gedanken und Meinungen ist eines der kostbarsten Menschenrechte. Jeder kann mithin frei sprechen, schreiben, drucken unter Vorbehalt der Verantwortlichkeit für den Mißbrauch dieser Freiheit in den durch das Gesetz bestimmten Fällen.«[26]

Mit diesen Worten wurde die Abschaffung der Vorzensur offiziell besiegelt, nachdem der ›Kopf‹ der Zensurbehörde offenbar schon kurz vor dem Bastille-Sturm seine Tätigkeit eingestellt hatte. Der letzte Direktor der Buchaufsicht, Maissemy, datierte den Einsturz des alten Zensurgebäudes präzise auf den 12. Juli 1789 zurück: »Ich darf Ihnen mitteilen«, so Maissemy in einem Brief an die Redaktion der *Révolutions de Paris* vom Oktober 1789, »daß ich seit dem 12. Juli ... keine (meiner) Funktionen mehr ausgeübt habe und daß ich es insbesondere abgelehnt habe, die Zensuranträge zu unterschreiben, die man mir zu einem späteren Zeitpunkt vorgelegt hat.«[27]

Seinen Bericht über die letzten Tage des absolutistischen Zensurregimes wußte Maissemy im übrigen geschickt mit einer Verteidigungsrede in eigener Sache zu verknüpfen, indem er sich selbst in der Retrospektive zu einem Amtsinhaber stilisierte, der, »weit davon entfernt, ein Inquisitor des Denkens gewesen zu sein«, den Schriftstellern und Buchhändlern alle erdenklichen Erleichterungen gewährt habe und dem man für seine Bemühungen um das Allgemeinwohl daher Respekt zollen müsse[28].

Die Verankerung der Pressefreiheit in der Menschenrechtserklärung hatte zweifellos eine wichtige symbolische und pathetische Funktion, ohne allerdings zugleich eine konkrete politische

Lösung anzubieten[29]. Daß die diffuse Formulierung des Artikels XI ein erhebliches Konfliktpotential in sich barg, wurde in der Hilflosigkeit der Pariser *Commune* im Umgang mit der Presse nur allzubald sichtbar. Die seit Juli 1789 amtierende Pariser Stadtverwaltung hatte sich zwar zu Beginn ihrer Tätigkeit feierlich für die Freiheit des Druckens und Schreibens verbürgt, sah sich aber gegenüber den Eskapaden der Publizisten zunehmend außerstande, dieses Gelöbnis als Verzicht auf jegliches Einschreiten zu interpretieren[30]. Ihre ambivalente Haltung gegenüber der Pressefreiheit, die Baillys stolzes Diktum »Die Publizität ist die Schutzwache des Volkes« zu konterkarieren schien, resultierte aus der Zwangssituation, in der die neuen Stadtväter agierten und in der die Notwendigkeit der Eindämmung »gefährlicher Schriften« gegen das Desiderat der Pressefreiheit abgewogen werden mußte[31].

Die allen Autoren und Verkäufern verleumderischer Schriften angedrohten Sanktionen[32] wurden zwar zumeist nur mit Feder und Tinte ausgeführt[33], riefen aber dennoch den Widerstand etlicher Journalisten und Schriftsteller hervor, die mit dem Verweis auf den Artikel XI der Menschenrechtserklärung immer wieder die Illegalität dieser Disziplinierungsversuche anprangerten[34]. Stellvertretend für alle Apologeten einer uneingeschränkten Pressefreiheit kritisierten etwa die Verfasser der *Requête contre les ennemis de la liberté et les injustes persécutions qu'ils éprouvent journellement* den aktuellen Kurs der Pressepolitik: »Trotz des Artikels XI der Menschenrechte, der es jedem Menschen gestattet, seine Gedanken niederzuschreiben, zu drucken und zu veröffentlichen, verhaftet man Buchhändler, Bürger und Tausende von Kolporteuren und steckt sie ins Gefängnis, obwohl sie kein anderes Verbrechen begangen haben, als sich nach den Vorschriften Eurer erhabenen Versammlung zu richten, indem sie von der Freiheit Gebrauch gemacht haben, die Ihr jedem Bürger zugestanden habt.«[35]

Mit ähnlichen Argumenten jonglierten die Autoren diverser gedruckter »Briefe«, einer Textsorte, die seit Beginn der Revolution als wirksames publizistisches Kampfinstrument genutzt wurde[36]. »Man wird sagen, daß die Zensur immer existiert hat, aber warum sollte sich an diesem Mißbrauch nichts ändern, wenn sich der ganze Rest verändert hat?«[37], fragte der Verfasser eines *Lettre aux Représentants de la Commune de Paris*, der die städtischen Autoritäten mit dem Rekurs auf die Allgewalt der historischen Zäsur zur Einkehr zu bewegen versuchte. Ebenfalls mit einem *Lettre d'un auteur citoyen à la Commune de Paris* antwortete der ehemalige königliche Zensor Mentelle, ein Abgeordneter des Distrikts Saint-Germain-des-Prés, auf die von oben veranlaßten Sanktionen, die, wenn sie fortbestünden, »uns bald das Ancien Régime zurückwünschen lassen könnten«[38]. Auch der Zensor Bérenger, ein früherer Kollege Mentelles, schaltete sich mit einem dezidierten Akt der Distanzierung in den Streit um die Pressefreiheit ein. »Ich war«, bekannte er in einem Artikel des *Moniteur* vom 8. Oktober 1789, »das, was man einen königlichen Zensor nannte. Ich verzichte auf diesen eitlen Titel und auf die Aufgaben, die er mir auferlegte, da diese sich im Widerspruch befinden zu dem Recht der freien Rede, das uns die Natur gegeben hat, und zu der Freiheit der Presse, die die Weisen als die größte Wohltat der Nationalversammlung betrachten.«[39]

Mit der gleichen militanten Rhetorik wie die Befürworter einer nicht limitierten Pressefreiheit legten jedoch auch deren Gegner im Sommer und Herbst 1789 ihren Standpunkt dar. In seiner Schrift *Le Patriote véridique, discours sur les vraies causes de la révolution actuelle* wandte sich u. a. der geistige Vater der Verschwörungsthese, Abbé Barruel, gegen die Broschürenflut, die er als Katalysator des »Verfalls der Sitten« fürchtete[40].

Der im Herbst/Winter 1789/90 in Paris erreichte Status quo stellte letztlich also niemanden zufrieden, denn er entsprach weder den Ordnungsvorstellungen der *Commune* noch den Forderungen der radikalen Publizisten oder den Erwartungen der konservativen Zeitgenossen, die nach einem effektiveren Schutz vor Diffamierungen und Rufschädigungen verlangten[41]. In dieser prekären Situation entschied sich die Konstituante Mitte Januar 1790 zum Handeln[42]. Am 16. Januar wurde das *Comité de Constitution* mit der Ausarbeitung eines provisorischen Pressereglements beauftragt; schon vier Tage später las Sieyès den Deputierten einen diesbezüglichen Entwurf vor, den er stolz als »das beste Gesetz der Welt« ankündigte[43].

Obwohl sein Projekt bei den Mitgliedern der Versammlung starken Beifall fand, mußte die Abstimmung über das »beste Gesetz der Welt« unter den herrschenden Umständen zunächst jedoch aufgeschoben werden[44]: Die gesamte Pariser Presse reagierte mit außerordentlicher Verve auf das Exposé, dessen Inhalt die radikalen ebenso wie die royalistischen Blätter als potentielle Bedrohung begriffen[45].

Die Konflikte dauerten also unvermindert an[46], während die Konstituante weiterhin ihrer alten unentschlossenen Schaukelpolitik frönte[47]. Neben Marat und Desmoulins, die sich durch ihre flammenden Artikel seit den ersten Tagen der Revolution als Provokateure in Szene gesetzt hatten[48], wurden nun zahlreiche Journalisten in die Auseinandersetzungen verwickelt[49]. Im schwelenden Streit um die Pressefreiheit brachte selbst die Fixierung des Verfassungstextes von 1791 keine generelle Veränderung der Situation mit sich. Zwar griff der Text die Idee der Schaffung eines Geschworenengerichts auf, bekräftigte jedoch im wesentlichen den schon seit der »Erklärung der Menschenrechte« herrschenden Zustand[50].

Eine einschneidende Zäsur vollzog sich dagegen mit dem 10. August 1792, der den Auftakt zu einer Phase rigoroser Meinungskontrolle bildete. Noch am Abend des Tuileriensturms fiel der royalistische Schriftsteller Suleau der Volkswut zum Opfer, wurden Rufe nach einer Bestrafung der Redakteure des *Logographe* und des *Journal des Débats* laut, die durch ihr Verhalten angeblich die Unruhen in der Stadt geschürt hätten[51]. Die *Commune*, die ihre Macht auf die bewaffneten Pariser Sektionen stützte, blies nun zur Hetzjagd gegen die royalistischen Blätter, ließ die Drucker und Journalisten des royalistischen *Ami du Roi*, der *Gazette de Paris*, des *Journal de la cour et de la ville*, des *Mercure de France* und der *Feuille du jour* verhaften und deren Druckerpressen konfiszieren[52].

Dieser Gewaltstreich der Stadtregierung, der die Presselandschaft auf die Gironde- und Montagne-freundlichen Blätter reduzierte, lieferte das Signal für Repressionen, die weit brutaler waren als alle Sanktionsmaßnahmen des späten Ancien Régime: Am 29. August 1792 eröffnete der Direktor der *Gazette de France*, Barnabé Durosoi, den Reigen jener Publizisten, die der Revolution ihren Blutzoll entrichteten. Wegen seiner Kontakte zu französischen Emigranten wurde er vor dem *Tribunal criminel* angeklagt und in der von Fackeln erhellten Cour du Carrousel enthauptet[53].

Während die ihrer Auflösung zustrebende Gesetzgebende Versammlung den Exzessen der *Commune* wenig Widerstand entgegenzusetzen hatte und Ende August des Jahres I lediglich im Fall des Journalisten Girey-Dupré intervenierte, der zur Zielscheibe der Pariser Sektionen geworden war[54], machte der im September 1792 erstmalig zusammengetretene Nationalkonvent von Anfang an keinen Hehl aus seiner Stoßrichtung. Die Mitglieder des Konvents, die bereits im Dezember 1792 ein Gesetz zur Unterdrückung der royalistischen Presse verabschiedet hatten, besiegelten mit einer erneuten Abstimmung im März 1793 das Ende der publizistischen Freizügigkeit: Das Gesetz vom 29. März 1793, dem ein Entwurf des Deputierten Lamarque zugrunde lag, drohte all denjenigen, die mit ihren Schriften für die Wiederherstellung der Monarchie in Frankreich agitierten, mit der Todesstrafe[55]. Die rigide Pressepolitik des Konvents steuerte zwischen dem 2. Juni 1793 und dem 9. Thermidor des Jahres II ihrem Höhepunkt zu. In Kombination mit dem Gesetz gegen die Verdächtigen vom 17. September 1793 wurde das Pressegesetz vom 29. März 1793 zur tödlichen Waffe gegen mißliebige Publizisten und Autoren, denn von nun an war kein Journalist mehr davor geschützt, als »Verdächtiger« inhaftiert und vor das Revolutionstribunal gezerrt zu werden, während seine Artikel – wie einst unter den Bourbonenkönigen – auf dem Scheiterhaufen verbrannt wurden.

Die jakobinische *Terreur* forderte von den Pariser Publizisten aller Fraktionen ihren Tribut, ob es sich um Königstreue handelte wie Duplain, um Girondisten wie Gorsas und Carra oder um Montagnards wie Hébert[56]. Erst nach dem Sturz Robespierres wagten sich die Publizisten wieder auf die politische Bühne[57]. Die frisch requirierte Freiheit des Schreibens konnte indessen kaum die Tatsache verdrängen, daß das goldene Zeitalter der Presse während der Revolution auf einen relativ kurzen Zeitraum beschränkt gewesen war.

Alter Untergrund – neuer Untergrund?
Das Pariser Druckgewerbe in der Revolution

Spätestens unter der *Terreur* begriffen die Pariser Publizisten auf schmerzhafte Weise, daß ihre Hoffnungen auf die Verwirklichung der Pressefreiheit vorläufig gescheitert waren. Welche Enttäuschung die Konfrontation mit der revolutionären Realität jenen Publizisten bereitete, die den Traum der idealen Revolution geträumt hatten, manifestiert sich in den Worten des Konventsabgeordneten Fourcroy, der kurz nach den Thermidor-Ereignissen das jakobinische Revolutionskapitel mit dem bitteren Satz kommentierte, das bloße Faktum, ein Schriftsteller gewesen zu sein, habe ausgereicht, um als Aristokrat verhaftet zu werden[1].

Ungeachtet aller Schwierigkeiten, das theoretische Konzept Pressefreiheit im politischen Alltag umzusetzen, markiert die Diskussion über *Freiheit* und *Verantwortung* einen wichtigen Schritt: Mit ihr begann eine intensive Auseinandersetzung über den gesellschaftlichen Status, den der Schriftsteller künftig beanspruchen sollte[2]; sie verlieh dem alten Streit um die Definition der Autorenrechte eine unerhörte Aktualität und Brisanz.

Die Proklamation der Theaterfreiheit im Jahre 1791 war schließlich nur eine Art Zwischenspiel in einer Debatte, die sich infolge des einschneidenden Wandels der Staats- und Wirtschaftsverfassung zwangsläufig zuspitzen mußte. Mit dem Zusammenbruch des absolutistischen Zensursystems war die auf der Druckprivilegregelung beruhende Vormachtstellung der Pariser Verleger und Buchhändler in ihrem Fundament erschüttert, die kontrollierte Produktion weniger Pressen durch anarchische Verhältnisse abgelöst worden[3]. Wenn eine Denkschrift aus dem Jahre III von 700 Pressen sprach, die zum gegenwärtigen Zeitpunkt in Betrieb seien[4], präsentierte der Abgeordnete Brival zwei Jahre später dem *Conseil des Anciens* eine nicht minder beeindruckende Statistik: »Vor 1789 gab es in Paris 36 Druckwerkstätten, heutzutage gibt es davon 300 oder 400.«[5]

Die frischgegründeten Druckereien verfügten oft nur über eine rudimentäre Personal- und Sachausstattung, über kaum mehr als eine oder zwei Pressen und ebensoviele Druckergehilfen, die ihre Arbeit behelfsmäßig in Hinterzimmern verrichteten, ganz wie es zuvor die Drucker der verbotenen Bücher getan hatten. In jener kleinen Druckerei beispielsweise, die im Winter 1790 in der Rue d'Argenteuil existierte, wurden die eben gedruckten, noch nassen Bögen zum Trocknen in der winzigen Stube ausgebreitet, die nachts als Schlafraum diente[6].

Die negativen Implikationen dieser Entwicklung wurden von den bisherigen Nutznießern der absolutistischen Buchhandelspolitik naturgemäß in den schwärzesten Farben geschildert. Die Briefe, die die in Auflösung begriffene Zensurbehörde im Spätsommer und Herbst 1789 erreichten, kennen nur ein Thema: Mit Klagen über den Wildwuchs im Druckgewerbe und die dreiste Zunahme der Raubdrucke übertrumpfte ein Briefschreiber den anderen. »Seit mehr als einem Monat druckt man hier ein Blatt, das jeden Morgen erscheint... Dies läuft meinem Privileg zuwider und fügt dem *Journal de Nisme* den größten Schaden zu«, berichtete im August 1789 etwa der Drucker/Verleger Boyer[7], der den Mißstand in gewohnter Manier zunächst durch die Polizei beseitigt wissen wollte. Aber der verantwortliche Inspektor der Buchpolizei speiste Boyer mit einem vagen Versprechen ab, das von den eigenen Schwierigkeiten in der Einschätzung der Situation zeugte: Er möge sich ruhig verhalten und die »gegenwärtige Zeit der Unruhe« erst einmal abwarten[8].

Ein bezeichnendes Licht sowohl auf die Verunsicherung der noch im Amt befindlichen Zensurbeauftragten als auch auf die Verständigungsschwierigkeiten zwischen der Pariser Zensurzentrale und ihren Provinzfilialen wirft ein Schreiben des Toulouser Buchinspektors de Villeneuve vom 25. September 1789, das die prekäre Situation der alten Zensurbeamten verdeutlicht. De Villeneuve hatte sich schon Wochen zuvor mit der Bitte um Instruktionen und die Neudefinition seines Aufgabenbereichs an die Buchaufsicht gewandt, ohne indessen eine Antwort erhalten zu haben. Das Ausbleiben von Handlungsanweisungen traf ihn um so härter, als er sich zunehmend von Chaos umgeben sah: »Sogar Privatleute scheinen zu Buchdruckern oder Buchhändlern zu werden, wann immer es ihnen beliebt.«[9]

Das düstere Bild einer durch die Revolution verwüsteten, ehemals blühenden, jetzt – im Jahre 1790 – darniederliegenden Industrie entwarfen wenige Monate später auch die Verfasser eines an die Nationalversammlung adressierten *Mémoire*: »Der Buchhandel ... ist ruiniert, vernichtet, wenn Eure Weisheit ihm nicht zu Hilfe kommt ... Dieser Handel war für Frankreich eine Quelle des Reichtums und des Ruhms, solange er durch Gesetze überwacht und geschützt war, selbst wenn diese Gesetze unzulänglich waren.«[10]

Solche apokalyptischen Prophezeiungen gewannen in Texten ähnlicher Provenienz durch den Verweis auf die drohenden Konsequenzen der ökonomischen Katastrophe noch zusätzliches Gewicht. Indem sie zwischen der Abschaffung des Druckprivilegs und der Beteiligung des Pariser Buchgewerbes an seditiösen Druckunternehmungen einen Kausalzusammenhang herstellten, versuchten die alten Pariser Verleger wiederholt, die Nationalversammlung zum Einschreiten in ihrem Sinne zu bewegen[11].

Tatsächlich hatte mit der Literaturinflation die Stunde der ›Selfmademen‹ geschlagen: Auf den Druckmarkt drängten neben ehemaligen Druckergesellen[12] und Druckereiarbeitern nun in noch größerer Zahl Individuen, wie man sie vorher schon aus Untergrundkreisen kannte. Ausgestattet mit einem ausgeprägten Erwerbssinn, begriffen sie den Sturz der privilegierten Buchhändler und -drucker als Einladung zur Eigeninitiative. Zu solchen ›Selfmademen‹ gehörte beispielsweise der frühere Lehrer René Courné, dessen Plan, in Rennes eine Druckerei einzurichten, zunächst sogar noch von der alten Zensurbehörde unterstützt wurde. Für ihn sprachen aus offizieller Sicht - neben der Tatsache, daß er über ein fundiertes theoretisches und praktisches Vorwissen verfügte - vor allem soziale Argumente: »Weil er stellenlos ist und arm, während sein Rivale unzweifelhaft reich ist in seiner Position als Verleger in Rennes«[13], heißt es in der positiven Beurteilung seines Antrags.

Cournés fachliche Qualifikation, die er als Schwiegersohn eines königlichen Druckers und Buchhändlers erworben hatte, unterschied ihn von einem Großteil der anderen Neulinge des Druckgewerbes, die über keine der in der alten Zunftordnung verbindlich festgeschriebenen Fähigkeiten und Eigenschaften verfügten. »Wir sind gewahr geworden, ... daß sich ein Zinngießer zum Typographen befördert hat«, berichtete das Wochenblatt des *Club Typographique* am 28. Dezember 1790, hin und her gerissen zwischen dem Wunsch nach der Wahrung zunftgerechter Exklusivität und der Verpflichtung zur Affirmation der revolutionären Grundwerte: »Wenn er Kenntnisse besitzt, Geschmack und einige Vorbildung, dann kann er, weil ja alle Menschen in ihren Rechten gleich sind, eines Tages unser Bruder werden.«[14]

Der immer wieder beschworene Idealtypus des feinsinnigen und seiner Kunst verpflichteten Typographen stimmte zu diesem Zeitpunkt schon längst nicht mehr mit der Alltagsrealität des Druckgewerbes überein, das, wie die Verhöre der Kolporteure, Buchhändler und -drucker illustrieren, von Berufsumsteigern überrannt wurde. Als Repräsentanten dieses Typs seien nur der Damenfriseur Pierre Henri Mathieu genannt, der unter den gegebenen Umständen rasch zum Kolporteur avancierte[15], oder der Tagelöhner Jean-Louis Igouf, der ebenso geschwind zum Verkäufer obszöner Kupferstiche aufstieg[16], oder schließlich die beiden Kolporteure, die Mitte November 1790 im Vestibül eines Pariser Theaters beim Handel mit pornographischen Broschüren überrascht wurden: Der eine, ein Gitarrenlehrer, hatte seit dem Beginn der Revolution keine Unterrichtsstunden mehr erteilen können, der andere bezeichnete sich als Goldschmied[17].

Wie zuvor die Austräger des geheimen Buchhandels entstammten auch die Revolutionskolporteure oft den städtischen Unterschichten, unter ihnen figurierten Analphabeten[18] und Kinder – Jugendliche von 15, 16 oder 17 Jahren[19], die sich generalstabsmäßig im Morgengrauen vor den Läden bestimmter Buchhändler einfanden, um dort die in der Nacht gedruckten Broschüren in Empfang zu nehmen.

Kolporteure wie Igouf und Mathieu, die an der Schnittstelle zwischen Autor und Leser agierten und somit im Prozeß der Distribution der Revolutionsliteratur eine wichtige Funktion innehatten, wählten ihre Verkaufsstellen weiterhin nach strategischen Aspekten aus. Ihre bevorzugten Stammplätze lagen im Palais-Royal und in den Tuilerien, wo ein großer Publikumsandrang herrschte und den Interessenten das Geld leicht aus der Tasche zu ziehen war. Mathieu kaufte für 1 Sol pro Stück politische Broschüren, um sie dann zum doppelten Preis an seine Kunden im Palais-Royal abzugeben[20]. Mit der Spezialisierung auf Broschüren und Pamphlete – dünne, in der Regel höchstens

30 Seiten umfassende, schlecht gedruckte Heftchen, die mit reißerischen Titeln lockten[21] – trug der Kolporteur einer Veränderung des Leseinteresses Rechnung, die, so Antoine de Baecque, in der Revolution kulminierte[22]. Der Ersatz des Buches durch das Pamphlet, eine Literaturform, die für den Augenblick geschaffen war und die Aktualität zum Programm erhob, muß vielleicht als eine weitere Variante in dem Prozeß betrachtet werden, den Rolf Engelsing als Entwicklung von einer intensiven hin zur extensiven Lektüre geschildert hat.

Die Cafés, Weinschenken und Bücherbuden, die Galerien und Arkaden des Palais-Royal stiegen zu Schauplätzen reger Tauschgeschäfte auf; hier entwickelten sich verstohlene und anonyme Beziehungen zwischen Literaturverkäufern und Literaturrezipienten[23], individuelle und kollektive, spontane und didaktisch gelenkte Formen des Literaturkonsums. Im Juli 1790 wurden bei einer Razzia im Laden eines Weinhändlers in der Passage de Valois mehrere Personen bei der Lektüre der dort ausliegenden antiroyalistischen Schriften – vorwiegend Werke wie *La Messaline française* und *Vie privée de Marie-Antoinette* – überrascht[24]; im September 1790 verhaftete man im Palais-Royal einen Volksredner, der, dem Beispiel Camille Desmoulins' folgend, mit einer Kerze in der Hand auf einen Stuhl gestiegen war, um einem Auditorium von 80 Zuhörern Passagen aus dem *Ami de la Révolution* vorzutragen[25].

Die Kolporteure der Revolutionsliteratur frequentierten um des Gewinns willen nicht allein die zentralen Versammlungsstätten der Hauptstadt, sondern bedienten sich darüber hinaus geschickter rhetorischer Strategien, die das Publikum zum Kauf animieren sollten. Der Kolporteur Jean François Cochin, der dem verantwortlichen Kommissar der *Section des postes* im Juni 1791 dadurch aufgefallen war, daß er die von ihm vertriebenen Blätter nicht mit ihrem wirklichen Titel ausrief, sondern mit reißerischen und »aufwiegelnden« Ankündigungen, behauptete, dies sei sein gutes Recht: »Im übrigen fordere er niemanden dazu auf, das zu glauben, was seine Papiere enthalten, und außerdem gebrauche er dieses Mittel, um einen schnelleren Absatz zu erzielen.«[26] Damit formulierte Cochin leitmotivisch die kapitalistischen Prinzipien, die seinen Geschäften zugrunde lagen.

Angesichts der offiziellen Erklärungen zur Pressefreiheit traten nun vereinzelt auch Frauen als Unternehmerinnen hervor. Am 12. November 1789 wandte sich Louise Félicité de Kéralio, die Tochter des königlichen Zensors de Kéralio und versierte Autorin historischer Romane, mit der Bitte an die noch existierende Zensurbehörde, eine Druckerei unter dem Titel *Imprimerie nationale du district des filles St. Thomas* eröffnen zu dürfen. Ihr Antrag stieß auf Unverständnis und Ablehnung: »Der Artikel, den Mademoiselle de Kéralio zitiert, sagt keineswegs, daß es jedermann freistehen wird, die Gedanken eines anderen zu drucken«, heißt es in einer Notiz zu dem Brief der Antragstellerin, deren Wunsch mit dem Hinweis auf ihr Geschlecht entschieden abgeschmettert wurde: »Niemals ... kann eine Frau eine Druckerei betreiben; sie kann sie nur dann weiterleiten, wenn sie die Witwe eines Meisters ist.«[27]

Zu den Debütanten des revolutionären Druckgewerbes[28] gehörte der 27jährige, aus einer kleinen lothringischen Stadt gebürtige Jean-Paul Claude, der im Sommer 1789 eine Zeitung mit Namen *Bulletin national* ins Leben rief[29]. Claude, der in der Hauptstadt zunächst als Hauslehrer und dann als Auftragsschreiber gearbeitet hatte, war angesichts der allgemeinen Zeitschriftenkonjunktur auf die Idee verfallen, die Informationsbedürfnisse des Pariser Publikums in klingende Münze zu verwandeln[30]. Seine professionellen Prinzipien beschränkten sich demzufolge auf die simpelste Maxime eines erfolgreichen Journalismus: »Er habe lediglich das wiederholt, was täglich in der Öffentlichkeit gesagt werde«, gab er dem Kommissar zur Antwort, der ihn wegen seiner aufrührerischen Artikel im September 1789 verhörte. Mit einem ähnlichen Argument rechtfertigte er sich gegenüber dem Vorwurf, das Haus Bourbon mit Schmutz beworfen zu haben: »Er sagte, er sei nur der *Historiker* dessen, was in bezug auf den Namen Bourbon gesagt worden sei.«[31]

Zeitschriften wie das *Bulletin national* wurden zum Teil in Einzelinitiative, zum Teil als Gemeinschaftsunternehmen gegründet. Daß Jean-Paul Claude die Abfassung der Texte und deren Vervielfältigung im Alleingang besorgte[32], ersparte ihm die komplizierten Absprachen, die zur Etablierung anderer Blätter erforderlich waren. Ein in den Archives Nationales aufbewahrter, auf den 10. Februar 1790 datierter Vertrag, der als

Vertragspartner den Palais-Royal-Buchhändler Antoine Pain, die beiden Brüder Séguier sowie einen gewissen André Rolland aufführt, dokumentiert im Detail, welche gegenseitigen Verpflichtungen die zur Partnerschaft entschlossenen Zeitungsleute untereinander aushandelten. Wenn Rolland und die zwei Séguiers sich gegenüber ihrem Verleger bereit erklärten, die Verantwortung für die inhaltliche Gestaltung der *Sottises de la semaine* zu übernehmen, die dreimal wöchentlich mit einem Umfang von acht Seiten im Oktavdruck erscheinen sollten, stimmten sie zugleich der Klausel zu, so lange auf ihr Honorar zu verzichten, bis 500 Subskribenten geworben worden wären. Erst nach dem Erreichen dieser Abonnentenzahl, einer gewissen Überlebensgarantie, sollte der erzielte Gewinn zwischen Pain und den Journalisten/Redakteuren geteilt werden[33]. Den *Sottises de la semaine* war jedoch nur eine kurze Lebensdauer beschieden; nach 32 Nummern wurde das Blatt eingestellt.

Konnten die Autoren, Drucker und Verkäufer eines Pamphlets oder einer Zeitung von vornherein absehen oder zumindest vermuten, daß sie mit der revolutionären Stadtverwaltung aneinandergeraten würden, versuchten sie wie unter der alten Zensurbehörde, die Spuren ihrer Aktivitäten nach Möglichkeit zu verwischen. Im Impressum tauchten dann abenteuerliche Angaben auf, Hinweise wie »gedruckt in Goa«, »im Palast der Inquisition« oder »im Tartarus«. Sie erschwerten die Lokalisierung der betreffenden Druckfabrik[34].

Rief der revolutionäre Druckboom eine Öffnung des Druckgewerbes nach sich, so profitierten auch die alten Akteure des geheimen Buchhandels von der plötzlichen Veränderung der Verhältnisse. Sie nutzten die durch die Abschaffung des Druckprivilegs und durch den Zusammenbruch der Zensuradministration entstandene Grauzone für die Fortführung ihrer bisherigen Aktivitäten: Der Pamphletschreiber Théveneau de Morande zum Beispiel gründete unmittelbar nach seiner Rückkehr in die Hauptstadt im Mai 1791 eine Zeitung mit Namen *L'Argus*, deren erste Nummer Anfang Juni erschien[35]. Das Blatt distanzierte sich aufs schärfste von einem Republikanismus Robespierrescher Prägung, ohne aber mit der royalistischen Presse zu fraternisieren[36].

Der *Nouvelliste* Charles Foulhioux blieb seinem Metier über die Revolution hinaus ebenfalls treu. Foulhioux, der 1777 in der

Absicht nach Paris gekommen war, als Schriftsteller zu arrivieren, hatte bis zum Ausbruch der Revolution verschiedene kleine Pöstchen innegehabt und u. a. an der *Gazette des Deux Ponts*, an der *Gazette d'Utrecht* und an der *Gazette de Leyde* mitgearbeitet. Aufgrund seiner Tätigkeit als nichtautorisierter *Nouvelliste* hatte er zwischen 1781 und 1789[37] mehrfach im Gefängnis gesessen, was er später zum Ausweis einer frühen revolutionären Gesinnung umfunktionierte. »Ich kann (von mir) sagen«, schrieb er in einer Petition vom 2. Germinal des Jahres VIII, »daß ich zur Zeit der Monarchie ... die Öffentlichkeit auf die Freiheit vorbereitet habe.«[38] Nach der politischen Wende investierte Foulhioux seine kreativen Energien zunächst in die Politik. Eine kurze Zeitlang Abgeordneter des Pariser Distrikts Saint-Eustache, widmete er sich aber bald wieder der Sache der Literatur. Mit mäßigem Erfolg: 1791 wurde seine Tragödie *Cromwell ou la mort de Charles Ier* zwar bei einer Lesung im *Club des Cordeliers* mit großem Applaus gefeiert, gelangte aber nie zur Aufführung[39]. Nach zweijähriger Atempause kam es im Juli 1791 zu einem erneuten Zusammenstoß zwischen dem Publizisten und der Pariser Polizei. Die gesellschaftlichen Verhältnisse hatten sich verändert, nicht aber die Haltung der Ordnungshüter gegenüber ewigen Unruhestiftern wie Foulhioux: Anlaß seiner Verhaftung war die Herausgabe einer Zeitung, die ganz offensichtlich nach dem Vorbild von Héberts *Père Duchesne* gemacht war[40].

Daß Foulhioux zu den unverbesserlichen Wiederholungstätern gehörte, die ihre Feder unabhängig von den jeweiligen Zensurbestimmungen an den einfach herzustellenden und leicht an den Leser zu bringenden *Nouvelles à la main* orientierten, mußte elf Jahre später die napoleonische Polizei konstatieren, als sie im Januar 1802 auf seine Spuren stieß. Wieder einmal hatten Foulhioux' Produktionen Anstoß erregt; seine *Nouvelles* enthielten diesmal kompromittierende Einzelheiten über das Leben des Ersten Konsuls und wurden, laut Bericht des Polizeiministers, von den Pariser Händlern unter dem Ladentisch verkauft[41].

Die zitierten Beispiele dokumentieren zweierlei, Kontinuität und Neubeginn. Kontinuität insofern, als die alten Protagonisten des klandestinen Buchhandels den »typographischen Abgrund«[42], der sich mit der Revolution auftat, in gewohnter Weise für ihre

Geschäfte zu nutzen wußten. Neubeginn insofern, als durch den Zusammenbruch des Kontrollapparates ein Markt entstand, auf dem nun auch neue ›Berufsanfänger‹ wildern konnten. Für beide Gruppen bedeutete die Revolution zunächst eine pragmatische Angelegenheit, eine Verdienstmöglichkeit ungeahnten Ausmaßes, aber sie eröffnete eine Chance noch in anderer Hinsicht – die Chance, in eine neue Rolle zu schlüpfen und eine neue Identität auszuprobieren.

Später Ruhm: Die Selbstinszenierungen der Bastille-Opfer

Das revolutionäre Frankreich verhalf den Schriftstellern, Druckern, Buchhändlern und Kolporteuren, die vor 1789 das Opfer vielfacher Repressionen gewesen waren, zu einem unerwarteten Prestigezuwachs, indem es ihnen den Ehrentitel der Märtyrer des Despotismus zuerkannte. In der kollektiven Verehrung und Heiligsprechung, die den Bastille-Gefangenen nach dem 14. Juli 1789 zuteil wurde – und deren Mechanismen Hans-Jürgen Lüsebrink und Rolf Reichardt beispielhaft rekonstruiert haben –, fanden die ehemals verfolgten Akteure des literarischen Untergrunds mühelos ihren Platz.

Die immense Popularität der ›Freiheitsmärtyrer‹ läßt sich am Erfolg der Legende um den fiktiven Comte de Lorges[1] nachträglich ebenso ablesen wie an der wachsenden Berühmtheit des Bastille-Flüchtlings Latude[2], der schließlich zu einem Wallfahrtsobjekt für Revolutionspilger aus ganz Europa avancierte. Beide ›Bastille-Märtyrer‹ gingen als Helden in die Geschichtsbücher der Erben ein: Rechtzeitig zur Hundertjahrfeier der Französischen Revolution – und zur Weltausstellung von 1889 – baute der Architekt Colibert, ein Schüler Violet Le Ducs, ein Pappmodell der Bastille nach, das die Besucher hautnah mit der ›Realität‹ der Bastille zu konfrontieren schien, tatsächlich aber unreflektiert und auf affektive Wirkung berechnet die gängigen Bastille-Sterotype perpetuierte[3]. Vor der Kulisse des Bastille-Simulacrums wurde mehrmals am Tag die Flucht Latudes nachgespielt[4] und dessen ›Schmachten‹ im Kerker mit theatralischen Effekten nachgestellt. Sobald der Bastille-Tourist von 1889 das Bastille-Tor durchschritten hatte, fiel sein Blick auf einen silberbärtigen Greis, der auf feuchtes Stroh gebettet lag, mit seinen Ketten rasselte und dabei unermüdlich Klagelaute ausstieß. Ein eigens engagierter Führer kommentierte das Schauspiel mit den Worten: »Sie sehen hier, meine Herrschaften, den unglücklichen Latude, ... der an diesem Ort 35 Jahre verbrachte.«[5]

Daß die Nachwelt auch den Comte de Lorges keineswegs vergessen hatte, war schon fast ein Jahrzehnt zuvor bei einer feierlichen Zeremonie in der Provinzstadt Saumur deutlich geworden, als man in die Fassade des dortigen Rathauses einen Stein einmauerte, der angeblich aus dem Originalverlies des Comte de Lorges stammte und den der Bastille-Stürmer Aubin Bonnemère seinem Geburtsort einst geschenkt hatte[6]. So kurios diese Kommemorationshandlungen heute anmuten, so verweisen sie doch direkt auf den politischen Kontext und die mentale Disposition der französischen Gesellschaft des späten 19. Jahrhunderts. Die von Krisen erschütterte III. Republik, die sich durch die demonstrative Rückbesinnung auf ihre revolutionären Ursprünge zu legitimieren versuchte, erhob den Bastillesturm zum nationalen Gründungsakt[7] und stand damit zwangsläufig vor der Notwendigkeit, die alte Schreckenssymbolik aufrechterhalten zu müssen.

Einem ähnlichen Bedürfnis nach Sinnstiftung dürfte auch schon 1789 der Kult um die Bastille-Märtyrer entsprungen sein, der die durch das Versagen der eigentlichen Helden entstandene Leerstelle ausfüllte, nachdem die sieben am 14. Juli 1789 befreiten Gefangenen so gar nicht den hehren Erwartungen der Zeitgenossen hatten entsprechen wollen[8]: Dem Perückenmacher, der den Bastillehäftling Tavernier in der Absicht bei sich aufnahm, ihn für die Entbehrungen der Bastille mit guter und reichlicher Nahrung zu entschädigen, blieb die Entdeckung nicht erspart, daß es sich um einen Geisteskranken handelte, der für keinen publikumswirksamen Auftritt zu gebrauchen war und für den er sich zuletzt keinen anderen Rat wußte, als ihn dem Irrenasyl von Charenton zu überantworten[9].

Anders als die unzulänglichen ›echten‹ Heroen ließen sich die verfolgten Schriftsteller und Buchhändler dagegen zu idealtypischen Gefangenen und Identifikationsfiguren stilisieren. Ihre

Unterdrückung durch die Machthaber des Ancien Régime wurde in der revolutionären Publizistik vielfach thematisiert: Als der *Moniteur* von der Übergabe der Bastille-Schlüssel an Jacques-Pierre Brissot berichtete, lenkte der Verfasser des Artikels die Aufmerksamkeit des Lesers einmal mehr auf Brissots Bastille-Martyrium[10]. Roch-Antoine Pelissery, der wegen der Publikation diverser virulenter Schriften jahrelang in der Bastille und in anderen Pariser Gefängnissen gesessen hatte, zollte in ähnlicher Weise seinem Leidensgenossen Linguet Respekt, indem er ihn als »den schätzenswerten, viel zu sehr verfolgten ... Linguet« titulierte[11]. Pierre-Mathieu Parein, dessen Dasein »eines subalternen Kanzleischreibers«[12] durch den 14. Juli 1789 eine jähe Veränderung erfahren hatte und der nun zu der aktiven Kerngruppe der Bastille-Stürmer zählte, erinnerte die Zuschauer seines Einakters *La Prise de la Bastille* mit viel Pathos daran, daß die Türme der Bastille einst von »der Unschuld, der Tugend und dem Genie« bewohnt gewesen seien[13]. Mit demselben Topos der »verfolgten Tugend« operierte die Schrift *La France heureuse par la Constitution* von 1792, deren Autor Fauchet zu einer Generalverdammung des Ancien Régime ausholte: »Ein dunkler und wilder Despotismus kettete das Denken an und befahl, daß diejenigen, die Menschlichkeit und Toleranz zu verkünden wagten, in die Verliese geworfen wurden, die für die Schurken bestimmt waren.«[14] Mit suggestiven Wendungen arbeitete auch der Autor der kleinen Broschüre *Le Four d'or trouvé dans les décombres de la Bastille*[15], wenn er den Käufern seiner Schrift das Bastille-Schicksal des schon in d'Hémerys *Historique des Auteurs* verewigten[16] Poeten Charles Mallat[17] vor Augen führte.

»Völker der Erde ... lest diese Annalen des Verbrechens ... und Ihr werdet vor Entrüstung zittern«[18], deklamierte der Journalist Carra seinerseits in den *Mémoires historiques et authentiques sur la Bastille*, die weniger von dem strengen Gebot des Dokumentarischen als von der unkritischen Rezeption des Bastille-Mythos geprägt waren. In den *Mémoires historiques* rekurrierte Carra des öfteren auf verfolgte Untergrundschriftsteller und -buchhändler wie den Verleger Pintiau aus Arras, die er zu Kronzeugen der Anklage gegen den Despotismus ernannte, ohne dabei auf die Fakten Rücksicht zu nehmen. Da Pintiaus Bastilleaufenthalt im Frühjahr 1775 lediglich vier Wochen gedauert hatte, übertrieb Carra maßlos, wenn er in diesem Zusammenhang gegen das »Wüten der schwärzesten Inquisition« polemisierte[19].

Die allgemeine Akzeptanz solcher Schuldzuweisungen spiegelt sich u. a. in den Bemerkungen des Reisenden Johann Friedrich Unger wider, der in den *Vertrauten Briefen über Frankreich* dem Enthüllungsband *La Bastille dévoilée* ein positives Zeugnis ausstellte: »Es ist nicht zu einem angenehmen Lesebuche mit Geschmack zusammengetragen; wem aber an gründlichem Unterrichte und an unpartheiischen, vollständigen Berichten, aus denen man am Ende zu eignem festem Urtheile gelangen kann, gelegen ist, der wird viele Belehrungen darin finden.«[20]

Die einstigen Justizopfer profitierten unbewußt oder auch bewußt von der kollektiven Bastille-Hysterie, die es ihnen erlaubte, sich als Märtyrer zu fühlen und entsprechend zu präsentieren[21]. Bezeichnenderweise finden sich unter den nach dem 14. Juli 1789 en masse veröffentlichten »wahren Bekenntnissen« zahlreiche Texte, die von früher verfolgten Schriftstellern und Druckern der literarischen Unterwelt stammen. Zu Wort meldeten sie sich teils aus dem Bedürfnis nach Selbstaufwertung heraus, teils aus finanziellen Erwägungen, denn neben ihrer moralischen Rehabilitation forderten ehemalige Betroffene der *Lettres de cachet*, wie der Advokat und Schriftsteller Marc Ferdinand Grouber de Groubentall de Linière, der Drucker/Verleger Michelin und der Pamphletschreiber Le Prévôt de Beaumont, eine konkrete Entschädigung für die Leiden, die ihnen durch ihre Internierung zugefügt worden seien.

Grouber de Groubentall hatte in den Jahren 1762[22] und 1785[23] zweimal den Bastille-Alltag aus eigener Anschauung kennengelernt. In seinem *Mémoire à Messieurs les Membres de l'Assemblée nationale, composant le comité des pensions* nutzte er 1790 die Gunst der Stunde, um seine Qualitäten ins rechte Licht zu rücken: Er habe »zu einer Zeit, in der es weder erlaubt war zu schreiben noch zu denken«[24], die Mißstände des Ancien Régime bekämpft[25], er habe mitgeholfen, die »Bastille der Finanzen« zu zerstören[26] und sei insofern als »neuer Johannes«, als »Vorläufer und Prophet« der Revolution tätig geworden[27]. Diese Leistungen seien von dem »glänzendsten Erfolg gekrönt worden«, wie ein Brief Lord Stanhopes bezeuge, in dem seine Verdienste mit den

Worten gelobt würden: »Monsieur ... Sie haben frühzeitig, begonnen, die Ideen der Freiheit zu verbreiten.«[28]

Louis Michelin, der wie Grouber de Groubentall zweimal – vom 13. Januar 1761 bis zum 24. April 1761 und vom 11. Dezember 1766 bis zum 26. November 1767 – in der Bastille Quartier hatte beziehen müssen, weil er an der Drucklegung verbotener philosophischer Werke beteiligt gewesen war[29], stand in punkto Polemik dem einstigen Leidensgefährten in nichts nach, als er unter dem Titel *Mémoires d'un prisonnier de la Bastille* seine höchstpersönliche Abrechnung mit den alten Machthabern veröffentlichte. Als Katastrophe hatte der Drucker dabei weniger den eigentlichen Aufenthalt in den »teuflischen Türmen« der Bastille empfunden, wie er rückschauend bekannte, als vielmehr die Konfiszierung seiner Pressen und das gegen ihn verhängte Berufsverbot, das ihn in den Ruin gestürzt habe: »(Meine) Frau und (meine) Kinder wurden zu den unschuldigen Leidtragenden dieses abscheulichen Monsters (des Despotismus), & dadurch allen Schrecken des Elends ausgesetzt.«[30] Nach einer zweiten Bastille-Einweisung sei sein Schicksal endgültig besiegelt gewesen: »16 Monate Gefängnis haben mir einen irreparablen Schaden zugefügt. Da ich ohne Brot und ohne Beruf war und in Frankreich nichts mehr besaß, mußte ich auswandern.«[31] Erst mit der Revolution hätte er seine Arbeit in Provins wieder aufnehmen dürfen, freilich mangele es ihm nach wie vor an Geld: »Die Armut begleitet mich immer noch ... 30 Jahre der Entbehrungen haben meine Kräfte erschöpft ... Ich bin ein Tantalus, arm und ohne Reserven.«[32]

Daß Michelin seine Tiraden gegen die Bastille-Diktatoren mit einem Übermaß an Pathos ausstattete, verwundert nicht in Anbetracht der strategischen Absichten, die ihm bei der Abfassung des Textes die Feder führten. Wenn er mit seinem Exposé den Beweis führen wollte, daß dem tyrannischen Regime vor 1789 die alleinige Schuld an seinem Unglück angelastet werden müsse[33], so tat er dies in der Hoffnung auf eine entsprechende Entschädigungssumme.

Vor Michelin hatte der im Jahre 1768 embastillierte Jean-Charles-Guillaume Le Prévôt de Beaumont[34] ebenfalls einen Erlebnisbericht mit dem Titel *Le Prisonnier d'État*[35] verfaßt und mehrere Petitionen an die Nationalversammlung geschickt[36], in denen er seine Bastille-Vergangenheit in den düstersten Farben schilderte: »Eine Beute des schrecklichen Despotismus/wußte ich zweiundzwanzig Jahre und zwei Monate lang durch meinen Heldenmut/ der hassenswerten Macht der Tyrannen zu widerstehen.«[37] Als Ausgleich für die Zeit im Kerker schien ihm eine jährliche Pension von 10 000–12 000 Livres[38] sowie die strafrechtliche Verfolgung seiner ›Peiniger‹ Sartine, Malesherbes, Lenoir, Breteuil, Villedeuil, De Crosne und Laverdy nur angemessen.

Anders als Michelin oder Grouber de Groubentall, die lediglich einen kurzen Moment lang im Rampenlicht der revolutionären Öffentlichkeit standen und dann vergessen wurden, blieb Le Prévôt de Beaumont sein Ruhm als Inkarnation der »verfolgten Tugend« par excellence erhalten[39]. Das kontinuierliche Interesse an seiner Person dokumentiert, in welchem Maße die Selbstinszenierungen des manischen Schreibers Le Prévôt noch nach 50 Jahren den Nerv des Publikums trafen. Romanciers und Bühnenschreiber des 19. Jahrhunderts widmeten ihm Erzählungen und Theaterstücke, so zum Beispiel die beiden Autoren Paul Foucher und Élie Berthet, die ihn in ihrem im Pariser *Théâtre de la Porte Saint Martin* am 17. Juni 1839 uraufgeführten Stück *Le Pacte de Famine* in den Mittelpunkt eines romantischen Revolutionsdramas stellten[40]: Als Le Prévôt agierte ein bleich geschminkter Schauspieler, der mit konvulsivischen Freudenzukkungen den Tag seiner Befreiung aus dem Kerker feierte[41] und somit das Klischee des verhärmten und gequälten Bastille-Häftlings ein weiteres Mal untermauerte.

Mit ihren Petitionen an die Nationalversammlung schlossen sich Michelin und Le Prévôt de Beaumont an eine Bewegung der »Opfer des Despotismus« an[42], die seit dem Frühjahr 1790 vor allem von den politischen Clubs und radikalen Zeitungen der Hauptstadt unterstützt und vorangetrieben wurde. Ziel dieser Bewegung, die mit der neugegründeten *Société des victimes du pouvoir arbitraire* seit Herbst 1790 über ein organisatorisches Zentrum verfügte, war es, den Amtsmißbrauch der Administratoren des Ancien Régime öffentlich zu denunzieren und für die Leidtragenden des »Despotismus« eine Wiedergutmachung zu erzwingen[43]: Die Repräsentanten der *verfolgten Tugend* hatten damit die Werkzeuge und Medien gefunden, die in Zukunft für die massenwirksame Verbreitung ihrer Leidensgeschichte sorgten.

Gescheiterte Hoffnungen: Der Fall Pierre Manuel. Ein Ausblick

Während die einen den politischen Umbruch lediglich zur Vervielfachung ihrer publizistischen Energien nutzten und andere versuchten, aus der Tatsache ihrer früheren Verfolgung Kapital zu schlagen, ließ sich eine dritte Gruppe von Untergrundakteuren bereitwillig vom Sog der revolutionären Geschehnisse mitreißen[1]. Die Namen von ehemals verfolgten Schriftstellern und Buchhändlern tauchen in allen Phasen der Revolution in allen revolutionären Gremien auf, doch entpuppt sich der von Robert Darnton brillant beschriebene »Bolschewik« bei näherer Betrachtung schnell als nur eine Facette eines breiten Spektrums. Zwar ist in bezug auf bestimmte Punkte – etwa in Hinsicht auf die Eigendefinition als »verfolgte Tugend« – durchaus eine Kohärenz der Wahrnehmung im Lager der Schriftsteller zu konstatieren, auf der anderen Seite jedoch divergierten die politischen Überzeugungen und Parteinahmen der Männer, die bis auf ihre gemeinsame Vergangenheit als Bastille- und Polizeiopfer wenig verband.

Als Sympathisant und teilnehmender Beobachter des revolutionären Aufbruchs trat im Sommer 1789 der Schriftsteller Clément-Jérôme-Ignace de Rességuier in Erscheinung, der wegen seines satirischen Romans *Voyage d'Amathonte* im Dezember 1750 in die Bastille eingeliefert worden war. Rességuier, nunmehr 65jährig, beschränkte sich wegen seines Alters und wegen seines Gesundheitszustandes auf ein schriftliches Bekenntnis zur Revolution, das er in seinem *Lettre de M. le Bailli de Rességuier à M. l'Abbé de Beausset, Comte de Saint-Victor* in emphatische Sätze kleidete: »Ich gratuliere Ihnen zu dem Glück, an der schönsten Revolution teilzunehmen, die sich jemals in dem Theater der Welt ereignet hat. Schon sehen wir, wie das Volk wieder mit den Rechten ausgestattet wird, die ihm in unmenschlicher Weise entrissen worden sind, und wie dem Menschen wieder seine Ehre zurückgegeben wird. Dieses Schauspiel ist zu interessant und zu schön, als daß man es versäumen möchte.«[2]

Zum Lager der gemäßigten Revolutionsanhänger gehörte der Schriftsteller und Zeitungsmacher Théveneau de Morande, der den historischen Auftrag der Revolution bereits mit der Formulierung des Verfassungstextes von 1791 erfüllt sah[3]. Morande, der mit gewohnter Verve die einstigen Schriftstellerkollegen und neuen Politiker Brissot, Desmoulins und Condorcet attackierte, entwickelte sich mit dem Fortschreiten der Revolution immer mehr zum Konservativen, der nun ausgerechnet in der Frage der Zensur für eine Politik der Strenge votierte. Derselbe Théveneau de Morande, der wenige Jahre zuvor ein Polizeiagent, ein verfolgter Untergrundskribent und ein Meister der diffamierenden *Libelles* gewesen war, gab sich jetzt empört über die Inflation anonymer Schriften und über die Freizügigkeit der Pariser Theateraufführungen[4].

In die Gruppe der radikaleren Revolutionäre reihte sich dagegen der Verleger, Buchhändler und Papierfabrikant Devérité aus Abbeville ein, der in den Jahrzehnten vor der Revolution u. a. den verbotenen *Recueil intéressant sur l'affaire de la mutilation du crucifix d'Abbeville* und die *Notice pour servir à l'histoire de la vie et des écrits de S. N. H. Linguet* gedruckt hatte. Daß er als Abgeordneter des Departements Somme[5] in den Konvent gewählt wurde, rückte ihn in die Nähe des schon mehrfach erwähnten Pierre-Louis Manuel, dessen Revolutionskarriere[6] als Beispiel für Aufstieg und Fall eines Untergrundliteraten im folgenden wenigstens in groben Zügen nachgezeichnet werden soll.

Die revolutionäre Laufbahn des Pierre Manuel begann keineswegs, wie er später seinen Lesern suggerierte, mit der Teilnahme am Aufstand der Pariser Massen im Juli 1789[7]. Wenn er sich im Vorwort der von ihm herausgegebenen *Lettres originales de Mirabeau, écrites du donjon de Vincennes* selbst dazu beglückwünschte, »ein Bastille-Sieger gewesen zu sein«, dürfte er schlicht gelogen haben, da sein Name auf keiner der entsprechenden Listen auftaucht[8]. Über die Gründe, die Manuel zur Verbreitung der Unwahrheit bewegten, läßt sich nur spekulieren; denkbar wäre, daß er mit seiner bewußten oder unbewußten Hochstapelei die Erinnerung an den obskuren Schreiberling und Polizeiagenten Manuel ein für allemal auslöschen wollte, daß er sich also ganz einfach die Biographie zurechtzimmerte, die er – im Jahre 1792 – als passend für einen aufrechten Kombattanten erachtete.

Bleibt der Part, den er am Tag des Bastillesturms spielte, weiterhin mysteriös, so kann andererseits kein Zweifel daran bestehen, daß er in den Monaten nach dem 14. Juli an den von der revolutionären Stadtverwaltung in Angriff genommenen Reformprojekten tatkräftig mitarbeitete. Daß er dabei ausgerechnet mit der Frage der Neustrukturierung des Polizeiwesens beschäftigt war[9], scheint Manuel nicht als beklemmenden Rollentausch, sondern, ganz im Gegenteil, als Chance zur Verwirklichung von Reformen begriffen zu haben[10]. Vom Frühjahr 1789 an frequentierte er, wie man weiß, die Clubs und politischen Versammlungen der Hauptstadt. Im Jakobinerclub[11] zählte er zu den aktivsten Rednern, wenngleich ihm seine »nach dem Collège riechende« Rhetorik viel Häme von seiten etwa eines André Chénier eintrug[12].

Trotz der Verpflichtungen, die ihm die politische Arbeit auferlegte, fand Manuel noch genügend Zeit für publizistische Aktivitäten, die in der Herausgabe des auf der Auswertung authentischer Polizeimaterialien beruhenden, aber stark überzogenen Enthüllungsbandes *La Police de Paris dévoilée* gipfelten. Immer wieder erhob er in der aktuellen Diskussion über die Pressefreiheit seine Stimme. Bis zu seinem Tod war das Recht auf freie Meinungsäußerung für ihn ein Grundrecht, die »Visitenkarte einer wahrhaft tugendhaften Regierung«[13], obwohl sein ursprüngliches Plädoyer für die Abschaffung sämtlicher Presserestriktionen[14] im Zuge der Ereignisse allmählich aufzuweichen begann und er im Dezember 1792 im Konvent für eine gesetzlich kontrollierte Presseregelung[15] votierte.

Die Frage, wie der Mensch Pierre Manuel den Aufstieg vom gesellschaftlichen Außenseiter zum Revolutionspolitiker verkraftete, führt immer wieder auf die *verfolgte Tugend* als Leitmotiv seines Lebens. Die Rolle des »Genies in den Ketten« war ihm allmählich so vertraut geworden und in Fleisch und Blut übergegangen, daß er keine Bedenken hatte, unentwegt an das ihm widerfahrene Bastille-Unglück zu erinnern[16]. Wie sehr Manuel sich mit dem »Genie in den Ketten« identifiziert hatte, kam bei der feierlichen Niederlegung seiner *Lettres originales de Mirabeau* neben der Büste Mirabeaus zum Ausdruck, die ihn im Januar 1792 veranlaßte, den Mitgliedern des Jakobinerclubs einen pompösen Vorschlag zu unterbreiten: »Meine Herren, ...

da ich von demjenigen rede, der das Opfer eines *Lettre de cachet* war und der dem Volk die Augen öffnete über die königlichen *Lettres de cachet*, sei hier (einer dieser Briefe) gezeigt: Er ist mit *Louis* und ... *Baron de Breteuil* unterschrieben ... Ich fordere, daß dieser *Lettre* in diesem Saal als ein Beweisstück des Despotismus eingerahmt wird, der lange auf uns lastete, und als ein ewiger Garant der Freiheit, die wir errungen haben.«[17]

Manuels Rede, die sein eigenes Schicksal implizit ebenso thematisierte wie das des Leidensgenossen Mirabeau, besaß genau die emotionale Überzeugungskraft, die den neuen Bedürfnissen nach symbolischen Handlungen entsprach, weshalb sie mit großer Resonanz aufgenommen wurde: Die Kollegen im Jakobinerclub gingen zuletzt sogar noch über seine Anregung hinaus, indem sie dem Exponat einen Bastille-Stein zugesellten[18].

Manuels Vorliebe für theatralische Auftritte trug ihm freilich schon früh eine ganze Reihe negativer Kommentare ein. Der anonyme Verfasser des Pamphlets *Sur la police dévoilée de Pierre Manuel* beispielsweise degradierte ihn 1791 zu einem »öden und traurigen Kompilateur«, der es bloß geschafft habe, seine Bastille-Haft werbewirksam auszuschlachten[19].

Zu einem ähnlichen Urteil gelangte Théveneau de Morande, der die Vermarktungs-Feldzüge eines Brissot und Manuel mit scharfen Worten geißelte: »Hätten Manuel und Brissot den *Gazetier cuirassé* geschrieben, hätten diese Unglücklichen ihn nicht, wie ich das tue, als Kind des Zorns bezeichnet, sondern als Vorläufer der Revolution gepriesen.«[20] Dabei vergaß er allerdings zu erwähnen, daß er im Prospekt des *Argus* eben dies getan, nämlich sich seiner revolutionären Pioniertätigkeit gerühmt hatte[21].

Auch Manuels politische Gegner bezweifelten die Glaubwürdigkeit des Bastille-Märtyrers: »Ich bin überhaupt nicht mit Feingefühl geboren worden/Ich habe eine schmutzige und gewöhnliche Seele/Ich habe die Altäre geplündert und den Staat verraten, um mein Glück zu machen«, lautete die Unterschrift unter einem in dem Pamphlet *Vie secrète de Pierre Manuel* abgedruckten Porträt[22]. Von diesen Charakterfehlern bemerkte Madame de Staël zwar nichts bei der Audienz, die Manuel ihr im September 1792 gewährte, entdeckte dafür aber einen anderen – unerwarteten – Aspekt seiner Persönlichkeit. Als sie um sieben

Uhr morgens in seinem Arbeitszimmer auf ihn wartete, sah sie, daß er sein eigenes Bildnis auf seinem Schreibtisch plaziert hatte: »Dies ließ mich hoffen, daß er ein bißchen bei seiner Eitelkeit zu packen sei.«[23]

Die von verschiedenen Seiten gegen Manuel gerichteten Vorwürfe konnten seinen steilen Aufstieg zum Revolutionspolitiker jedoch zunächst nicht verhindern. Im Herbst 1791 wurde er in das wichtige Amt des *Procureur-syndic de la Commune* gewählt[24]; das dritte Revolutionsjahr - 1792 - markiert dann den Höhe- und zugleich Wendepunkt seiner revolutionären Laufbahn. Bei allen großen Aufständen des Jahres 1792 war Manuel dabei, nach dem Sturm auf die Tuilerien avancierte er zum Abgeordneten des Nationalkonvents[25]. Auf seine Initiative hin entschieden Gesetzgebende Versammlung und *Commune*, den entthronten Monarchen im Temple unterzubringen. Höchstpersönlich eskortierte Manuel in seiner Eigenschaft als Vertreter der *Commune* Ludwig XVI. und die königliche Familie auf ihrer Fahrt ins Gefängnis und wußte sogar diesen Akt zu einer provokativen Geste umzufunktionieren: An der Place Vendôme hielt die Kutsche auf seinen Befehl hin extra einen Moment lang an, um Ludwig XVI. mit dem Anblick der enthaupteten, umgekippten Statue seines Großvaters, Ludwigs XV., zu konfrontieren[26].

Die Ereignisse des Sommers 1792 rüttelten nach und nach allerdings am revolutionären Weltbild des erklärten Antiroyalisten, Atheisten und Volksfreundes[27]. Zu Unrecht wurde er als Anstifter der Septembermassaker denunziert und zu Unrecht verdächtigt, den Schnaps der »Septembermörder« mit Schießpulver versetzt zu haben, um ihre Aggressivität zu steigern[28]: Daß er selbst durch den Anblick der Ausschreitungen einen Teil seiner Illusionen eingebüßt hatte, manifestierte sich in einer dezidierten Zurückweisung jeder Verantwortung für die Septembermorde, die er in der Rückschau mit einer »Bartholomäusnacht der Patrioten« verglich[29]. Daß ihn Skrupel über den Lauf der Dinge plagten, daraus machte Manuel keinen Hehl, als er in einer Rede vor dem Jakobinerclub Anfang November 1792 darüber reflektierte, ob die Freiheit nicht schöner zu ersehnen denn zu besitzen sei[30].

Im Verlauf des Prozesses gegen Ludwig XVI. muß sich dann bei Manuel ein endgültiger Sinneswandel vollzogen haben. Plädierte er zuerst für den Tod des Herrschers (»Er war König, also ist er schuldig ... Ein toter König ist nur ein Mensch weniger«[31]), befürwortete er zuletzt die ebenfalls zur Diskussion gestellte sanftere Lösung, die nur die Deportation des Monarchen vorsah[32]. Nach dem Todesurteil gegen Ludwig XVI. distanzierte sich Pierre Manuel dann endgültig von einer politischen Entwicklung, die ihm zu radikal und unkontrollierbar geworden war: Nachdem er dem Konvent sein Abschiedsgesuch eingereicht hatte, kehrte er zu den Wurzeln zurück, ins heimatliche Montargis, wo er nach dem Paris- und Revolutionsdesaster wieder an die frühere Existenz des privatisierenden Provinzschriftstellers anzuknüpfen gedachte.

Doch dem langen Schatten der Revolution – und den Feinden, die er sich erworben hatte – konnte er nicht entrinnen. Bereits am 20. August 1793 erschienen die Abgesandten des Revolutionstribunals in Montargis, um ihn zu verhaften und in die Hauptstadt zu transportieren, wo er am 23. Brumaire einem Verhör unterzogen und einen Tag darauf, am 24. Brumaire, zum Tode verurteilt wurde[33]. Als Grund für die Verhängung der Todesstrafe nannte die Anklageschrift verschiedene schwere Vergehen, die Pierre Manuel anzulasten seien, u. a. warf man ihm vor, mit feindlichen Emigranten konspiriert, Vertreter der *Montagne* im Konvent diffamiert und die Departements gegen die Pariser Revolutionsregierung aufgehetzt[34] zu haben.

Gegen diese Inkriminierungen versuchte Pierre Manuel sich vergebens mit dem Hinweis auf seine politische Redlichkeit und seine makellose Vergangenheit zu verteidigen. Weder der Hinweis auf den friedlich in seinem Heimatort an pädagogischen Werken zur Unterstützung der Republik arbeitenden Schriftsteller noch die Selbstdarstellung als unentwegter Ancien-Régime-Oppositioneller (»Ich habe niemals *an* den König, sondern stets *gegen* den König geschrieben«) vermochten das Revolutionstribunal von der Unschuld des Angeklagten zu überzeugen.

Noch bis zur Guillotine[35] sollte ihn der Ruf des »Septembermörders« verfolgen, denn auf dem Weg zur Hinrichtung fiel er dem Angriff anderer Gefangener zum Opfer, die ihn gegen einen vom Blut der Septembertoten befleckten Pfeiler stießen und dazu skandierten: »Sieh das Blut, das Du hast vergießen lassen!«[36]

Wie Pierre Manuel wurden auch die ehemaligen Untergrundschriftsteller Brissot und Linguet von der Dynamik der Schrekkensherrschaft mitgerissen. Am 31. Oktober 1793 bestieg Jacques-Pierre Brissot den Karren, der ihn zur Guillotine brachte. Kurz vor dem 9. Thermidor wurde Simon-Nicolas-Henri Linguet zum Schafott geführt; ihm war in der Anklageschrift die Apologie des Verräters Capet unterstellt worden.

Diese Intellektuellen, die die Kultur des Untergrundes im Frankreich des Ancien Régime so maßgeblich geprägt hatten, endeten als tragische Figuren. Sie hatten die Bastille als Inbegriff des »tyrannischen Despotismus« breitenwirksam verdammt und den politischen Aufbruch als Erfüllung ihrer Vision einer Bastille- und zensurlosen Zeit herbeigesehnt. Aber diese Hoffnung erwies sich als trügerisch, wie Linguet mit Verbitterung kurz vor seinem Tode feststellen mußte[37], und wie es am eindringlichsten der Drucker Ricole formulierte, der seinen Vater in das Gefängnis L'Abbaye begleitete und die Zustände dort mit dem Satz kommentierte, dies sei ein grausamerer Ort, »als das je die Bastille unter der Herrschaft des schrecklichsten Despotismus gewesen war«[38].

Anmerkungen

Verbotene Bücher, verfolgte Schriftsteller: Ein Forschungsprojekt

1 Charles Théveneau de Morande, La Gazette noire par un homme qui n'est pas blanc ou œuvres posthumes du gazetier cuirassé. »Imprimé à cent lieues de la Bastille«, 1784, S. 4.

2 Im Jargon des Untergrundes ein Standardbegriff für »verbotene Bücher«.

3 Tableau du nouveau Palais-Royal. Paris 1788, S. 189.

4 Jean Paul Belin, Le Commerce des livres prohibés à Paris de 1750 à 1789. Paris 1913.

5 Nicole Herrmann-Mascard, La Censure des livres à Paris à la fin de l'Ancien Régime (1750–1789). Paris 1968.

6 Zum Aufschwung der Aufklärungsforschung nach 1945 vgl. Lester G. Crocker, Recent Interpretations of the French Enlightenment. In: Charles B. Osburn, The Present State of French Studies: A Collection of Research Reviews. Metuchen 1971, S. 331–369. Den Stand der sozialhistorischen Aufklärungsforschung am Anfang der 80er Jahre dokumentiert am besten die zweibändige, von Hans-Ulrich Gumbrecht/Rolf Reichardt und Thomas Schleich herausgegebene *Sozialgeschichte der Aufklärung in Frankreich* (München/Wien 1981).

7 Als zentrale Aufsätze Darntons wären zu nennen *The High Enlightenment and the Low Life of Literature in Prerevolutionary France* (in: Past and Present 51, Mai 1971, S. 81–115) und *The Grub Street Style of Revolution: J.-P. Brissot, Police Spy* (in: The Journal of Modern History 40, 1968, S. 301–327).

8 Als eine gängige Darstellung der Pariser Untergrundschriftsteller ließe sich folgende Beschreibung anführen: »In Paris hatte in der Zeit der Gährung eine große Anzahl von Leuten sich angesammelt, die man Schriftsteller hieß. Die Meisten von ihnen waren von geringer Bildung, die Wenigsten von ihnen hatten einiges Talent, unerfahrene und unzufriedene Naturen … Leute, welche in ihrer Weise das dumpfe Grollen und die Unzufriedenheit der Bevölkerung der Provinzen wie der Bevölkerung von Paris beobachteten, eine Gelegenheit suchend, die sie viele Jahre hindurch nicht fanden, ihr Bedürfnis nach Brod, ihre Sehnsucht nach Ruhm, ihre gehässigen Leidenschaften, ihre namenlose Unzufriedenheit zu stillen«. Zit. nach Ambros Neményi, Journale und Journalisten der französischen Revolutionszeit. In: Sammlung gemeinverständlicher wissenschaftlicher Vorträge, Berlin 1880, S. 3.

9 Diese Theorie unterscheidet sich in vielen Punkten jedoch kaum von den Thesen, die bereits Barruel, Tocqueville und andere formuliert haben.

10 Zit. nach der deutschen Übersetzung von *The High Enlightenment and the Low Life of Literature,* die unter dem Titel *Die Hochaufklärung und die*

Niederungen des literarischen Lebens in dem Band *Literaten im Untergrund. Lesen, Schreiben und Publizieren im vorrevolutionären Frankreich* erschienen ist, der einige der wichtigsten Aufsätze Darntons versammelt (Frankfurt am Main 1988, S. 11–43, hier S. 11).

11 Daniel Mornet, Les Origines intellectuelles de la Révolution Française 1715–1787. Paris [6]1967, S. 476: »En matière politique ni Voltaire, ni Montesquieu, ni Rousseau, ni Diderot sont des révolutionnaires ni même le plus souvent des réformateurs hardis. Toutes les thèses audacieuses ou brutales sont soutenues par des écrivains de troisième ou dixième ordre.«

12 Vgl. dazu vor allem Werner Krauss, L'Étude des écrivains obscurs du siècle des Lumières. In: Studies on Voltaire 26 (1963), S. 1019–1024.

13 Auf die Auseinandersetzung mit der »alten« Aufklärungsforschung soll an dieser Stelle nicht näher eingegangen werden. Einen guten Überblick über die Entwicklung der Aufklärungsforschung liefert Rolf Reichardts Aufsatz *Zu einer Sozialgeschichte der Französischen Aufklärung. Ein Essay.* In: Francia 5 (1977), S. 231–249. Zu Darntons eigener Positionsbestimmung vgl. auch seinen Artikel *In Search of the Enlightenment: Recent Attempts to Create a Social History of Ideas.* In: The Journal of Modern History 43 (1971), S. 113–132.

14 Zuletzt in: Édition et sédition. L'Univers de la littérature clandestine au XVIIIe siècle. Paris 1991.

15 Zum Umfang des Archivs vgl. die Hinweise von Jean Jeanprêtre, Histoire de la Société Typographique. In: Musée Neuchâtelois 1949, S. 70–79, 115–120, 148–153, hier S. 70.

16 Zur Geschichte der Société Typographique de Neuchâtel vgl. auch Jacques Rychner, Alltag einer Druckerei im Zeitalter der Aufklärung. In: Giles Barber/Bernhard Fabian (Hg.), Buch und Buchhandel in Europa im achtzehnten Jahrhundert (Wolfenbütteler Schriften zur Geschichte des Buchwesens, Bd. 4). Hamburg 1981, S. 53–80, hier S. 53.

17 Robert Darnton, Ein Untergrundbuchhändler in der Provinz. In: Ders., Literaten im Untergrund, S. 111–132, hier S. 122.

18 Paul Robiquet, Théveneau de Morande. Étude sur le XVIIIe siècle. Paris 1882.

19 Zu den für die Geschichte des Buches und der Schriftsteller in der Bibliothèque Nationale relevanten Beständen vgl. Rudolf Harneit, Die handschriftlichen Unterlagen der französischen Buchverwaltung im Ancien Régime (1700–1750). Eine quellenkundliche Einführung für Literaturwissenschaftler. Hamburg 1983, S. 7 ff.

20 Zur Entstehung der *Collection Anisson*, die aus den *Manuscrits français* 22 061–22 193 und den *Nouvelles acquisitions françaises* 319, 558, 1180–83, 1190, 1891, 3344–48, 3351, 4752 und 5617 besteht, vgl. Ernest Coyecque, Inventaire de l'imprimerie et la librairie principalement à Paris. New York 1963 (Reprint der Ausgabe Paris 1900), Bd. I, S. II ff.

21 Vgl. zum Bestand der *Collection Anisson* Coyecque, Inventaire de la Collection Anisson, Bd. I, S. LXXIX: »On chercherait vainement ailleurs que dans la collection Anisson, un recueil aussi complet sur le régime de la

presse, sur les industries et le commerce du livre avant la Révolution; les documents qui la constituent, présentent, à tous les égards, la plus grande variété, actes du pouvoir central, correspondance administrative et personnelle, etc.; originaux, autographes ou non, expéditions authentiques ou simples copies, pièces manuscrites et imprimées.«

22 Als Arbeiten, die auf der Auswertung von d'Hémerys Papieren beruhen, wären u. a. aufzuführen: Hugues de Montbas, Les Fiches de la police des lettres en 1752. In: Revue des deux mondes V (1948), S. 550–571, sowie Robert Darnton, Ein Polizeiinspektor ordnet seine Akten: Die Anatomie der literarischen Republik. In: Ders., Das große Katzenmassaker. Streifzüge durch die französische Kultur vor der Revolution. München/Wien 1989, S. 169–217.

23 Nahezu alle Berichte d'Hémerys sind heute nicht mehr in seiner originalen Handschrift zugänglich, sondern in der Version des Kopisten. Vgl. dazu Marlinda Ruth Bruno, The Journal d'Hémery 1750–1751. An Edition. Vanderbilt University 1977 (unveröff. Dissertation), S. 18.

24 Zum Aufgabenbereich der Polizeikommissare siehe Kap. 1.

25 Insbesondere mit den Untersuchungen von Arlette Farge und David Garrioch sind allerdings in den letzten Jahren erste Versuche der Ausschöpfung dieses Materialbestandes unternommen worden: vgl. Arlette Farge, Vivre dans la rue à Paris au XVIIIe siècle. Paris 1979, und dies., Das brüchige Leben, Berlin 1989; David Garrioch, Neighbourhood and Community in Paris 1740–1790. Cambridge 1986.

26 Zu den Archives de la Bastille vgl. die Bemerkungen Frantz Funck-Brentanos, des wohl besten Kenners der Materie, im *Catalogue des manuscrits de la Bibliothèque de l'Arsenal.* Bd. 9, Paris 1892, S. II f. Zur Relevanz des Bestandes schreibt Paul Chauvet, Compagnons imprimeurs et imprimeries clandestines à Paris sous le règne de Louis XV. In: Revue d'histoire économique et sociale 26 (1939), S. 40–46 und 152–172, hier S. 160: »Toute l'histoire secrète des deux derniers siècles de l'Ancien Régime est inscrite dans ces milliers de cartons et de dossiers.« Zu den Beständen des Bastille-Archivs vgl. auch Gudrun Gersmann, Das Bastille-Archiv, eine Fundgrube zur Erforschung des literarischen Untergrundes im Ancien Régime. In: Bea Lundt/Helma Reimöller (Hg.), Von Aufbruch und Utopie. Perspektiven einer neuen Gesellschaftsgeschichte des Mittelalters. Köln/Weimar 1992, S. 367–380.

27 Vgl. die Schilderung Rétif de la Bretonnes in: Les Nuits révolutionnaires. Paris 1978, S. 58.

28 Relation de la prise de la Bastille, le 14 juillet 1789, par un de ses défenseurs. Abgedruckt in: La Revue rétrospective 4 (1834), S. 291.

29 Funck-Brentano, Catalogue des manuscrits de la Bibliothèque de l'Arsenal, Bd. 9, S. XXXI ff.

30 So verließ etwa der russische Botschaftsattaché Pierre Lubrowski den Schauplatz des Geschehens mit einer ansehnlichen Archiv-Ausbeute. Die von ihm beiseite geschafften Papiere gingen im Jahre 1805 in den Besitz Zar Alexanders I. über und sind heute in der Sankt Petersburger Bibliothek

einzusehen (Duplikate befinden sich in der Bibliothèque de l'Arsenal). Vgl. Jean-Christian Petitfils, La Vie quotidienne à la Bastille du Moyen Age à la Révolution. Paris 1975, S. 8.

31 Funck-Brentano, Catalogue des manuscrits de la Bibliothèque de l'Arsenal, Bd. 9, S. XXXVI.

32 Die Überführung des Bastille-Archivs in die Bibliothèque de l'Arsenal wurde von dem Stadtbibliothekar Ameilhon veranlaßt, der seit 1797 mit der Verwaltung dieser Bibliothek betraut war. Vgl. Frantz Funck-Brentano, Les Archives. In: Ders., La Bastille et ses secrets. Paris 1979, S. 66 -74.

33 Zur Wiederentdeckung des Bastille-Archivs vgl. die Darstellung Friedrich Kircheisens, Die Bastille. Berlin 1927, S. 131.

34 Archives de la Bastille. Documents inédits recueillis et publiés par François Ravaisson (weitergeführt von F. Ravaisson-Mollien), Paris 1866–1904.

35 Beytraege zur Geschichte der Französischen Revolution. Bd. III, 1795, S. 512.

36 Dusaulx, L'Oeuvre des sept jours. In: Berville/Barrière, Mémoires de Linguet et de Dusaulx. Paris 1821, S. 384.

37 Ebd.

38 Funck-Brentano, Catalogue des manuscrits de la Bibliothèque de l'Arsenal, Bd. 9, S. XXXVI.

39 Ebd., S. III.

40 Zur Gesamtzahl der in der Bastille festgehaltenen Schriftsteller, Verleger und Kolporteure vgl. Claude Quétel, De Par le Roy. Essai sur les lettres de cachet. Paris 1981, S. 78. Quétels Angaben scheinen genauer zu sein als die frühen Zählungen etwa Paul Duponts, Histoire de l'imprimerie. 2 Bde., Paris 1854, hier Bd. I, S. 214.

41 Für die Erforschung der Schriftstellergeschichte wurden die Archives de la Bastille in Ansätzen bisher schon genutzt, – allerdings in der Regel entweder zur Vervollständigung einzelner Biographien (erinnert sei in diesem Kontext nur an die Linguet-Biographie von Darline Gay Levy) oder in Form sehr allgemeiner Überblicksartikel (vgl. Frantz Funck-Brentano, Les Gens de lettres à la Bastille. In: La Revue Bleue 2 [1889], S. 48–52).

42 Wenn die Polizei mehrere Personen verhaftete, die am Betrieb einer illegalen Druckerei oder am Aufbau einer *Nouvelles-à-la-main*-Fabrik beteiligt gewesen waren, wurde in der Regel ein Sammeldossier angelegt (Bsp.: Arch. de la Bastille 11 544), das alle den Fall betreffenden Unterlagen etc. enthielt.

43 Zum Umgang mit solchen Quellen vgl. Rudolf M. Dekker, Ego-Documents in the Netherlands 1500–1814. In: Dutch Crossing. A Journal of Low Countries Studies 39 (1989), S. 61–72, hier vor allem S. 62; neuerdings auch Winfried Schulze, Ego-Dokumente: Annäherung an den Menschen in der Geschichte? In: Lundt/Reimöller, Von Aufbruch und Utopie, S. 417–450.

44 Vgl. dazu Funck-Brentano, Catalogue des manuscrits de la Bibliothèque de l'Arsenal, Bd. 9, S. III: »Les dossiers comprenaient outre la procédure de chaque affaire, les documents relatifs à la détention des prisonniers. Il y fallait joindre souvent les papiers saisis sur le prévenu lors de son arrestation et qui étaient demeurés à la Bastille, soit que le prisonnier y fut mort et

que la famille ne les eût réclamés, soit que le prisonnier, à sa sortie, les eût laissés au dépôt ou qu'on eût refusé de les lui rendre.« Auf die Aufnahme dieser privaten Papiere hat Ravaisson bei seiner Quellenedition weitgehend verzichtet, hier muß ein großes Gebiet erst noch erschlossen werden. Zur Zusammensetzung der Bastille-Papiere vgl. auch den Bericht eines Zeitgenossen: »Die erste Lieferung [des berühmten Werkes *La Bastille dévoilée*, G.G.] enthält einen Vorbericht, welcher Nachricht von den Archiven der Bastille giebt, worin man nicht nur Papiere in Betreff der Bastille, des Fort Levêque, Vincennes und anderer Gefängnisse, fand, sondern auch Familien-Papiere, Friedensschlüsse, Kriegesverhandlungen, Manuscripte und gedruckte Werke aus allen Wissenschaften.« Johann Friedrich Reichardt, Vertraute Briefe über Frankreich. Auf einer Reise im Jahre 1792 geschrieben. Berlin 1793, S. 303 f.

45 Zu den in die Bastille eingelieferten Buchhändlern, Autoren, Druckern und Kolporteuren vgl. auch die in der *Histoire de l'édition française* abgedruckte Statistik. (Bd. II, Paris 1984, S. 87).

1. Kapitel
Handlungsspielräume – Handlungsgrenzen: Zensur im Ancien Régime

Vom Druckprivileg zur stillschweigenden Druckerlaubnis: Die Vorzensur

1 Zur Problematik der Begrifflichkeit im Zusammenhang mit dem Zensurreglement des Ancien Régime vgl. vor allem die Einwände von Françoise Weil, Les Livres de permission tacite en France au XVIIIe siècle. In: Gutenberg Jahrbuch LXI (1986), S. 211–227, hier S. 211.

2 Vgl. dazu die von Jacques Peuchet in seinen *Mémoires tirés des archives de la police de Paris pour servir à l'histoire de la morale et de la police, depuis Louis XIV jusqu'à nos jours* (Paris 1838) zitierte Rede eines *Procureur du Roi* über das Übel der *Nouvelles à la main* (Bd. II, S. 109).

3 Über die im Frankreich der Frühen Neuzeit gängige Zensurauffassung informiert immer noch am besten die Untersuchung von Joseph Klaits, Printed Propaganda under Louis XIV. Absolute Monarchy and Public Opinion. Princeton 1976, hier bes. S. 9 ff. Vgl. zur monarchischen Theorie aber auch André Lemaire, Les Lois fondamentales de la monarchie française d'après les théoriciens de l'Ancien Régime. Genf 1975 (Reprint der Ausgabe Paris 1907), S. 327 ff. Wichtig zum gleichen Themenkomplex ferner Edgar Mass, Literatur und Zensur in der frühen Aufklärung. Produktion, Distribution und Rezeption der Lettres Persanes. Frankfurt am Main 1981, S. 6 ff. und G. A. Kelly, From Lèse-Majesté to Lèse-Nation: Treason in

Eighteenth-Century France. In: Journal of the History of Ideas 42 (1981), S. 269–286, hier vor allem S. 271 ff.

4 Klaits, Printed Propaganda under Louis XIV. Absolute Monarchy and Public Opinion, S. 35. Zum Ausschluß der Öffentlichkeit aus der Herrschaftspraxis auch Henri Sée, Les Idées politiques en France au XVIIe siècle. Paris 1923 (Reprint Genf 1978), S. 134 f.

5 Philippe Négrin, La Réforme de la lettre de cachet au XVIIIe siècle. Paris 1906, S. 8.

6 Zur Diskussion um die Pressefreiheit ein Überblick bei Alfred Opitz, Schriftsteller und Gesellschaft in der Literaturtheorie der französischen Enzyklopädisten. Bern/Frankfurt am Main 1975, S. 49.

7 Arrest de la Cour du Parlement, qui condamne deux libelles intitulés le premier Catéchisme du Citoyen, ou Élémens du Droit public français, le second L'Ami des Loix &c. a être lacérés & brûlés au pied du grand escalier du Palais du trente juin mil sept cent soixante-quinze. In: Arch. Nat., AD III 27A.

8 Dazu Mass, Literatur und Zensur in der frühen Aufklärung, S. 19 f.

9 Zur Wirkkraft dieses Mythos vgl. C. F. Zeek, The Great Writers of the Siècle de Louis XIV. How much did they owe to their King? In: The French Review 15 (1941–42), S. 412–420, hier S. 412.

10 Harriet Dorothea MacPherson, Censorship under Louis XIV 1662–1715. Some Aspects of its Influence. New York 1929, S. 22.

11 Daß der Zeitraum zwischen 1729 (Voltaires Rückkehr aus England) und 1743 (Tod des Kardinals Fleury) eine Schlüsselphase in Voltaires Biographie bildete, betont vor allem P. M. Conlon, Voltaire's literary Career from 1728 to 1750. In: Studies on Voltaire 14 (1961), S. 51: »From 1728 to 1740 Voltaire was constantly engaged in a struggle with authority. He was confronted with a form of censorship based on principles which he considered completely foreign to artistic creation and inimical to vitalizing discussion and to intellectual inquiry.« Zu dem gleichen Schluß gelangt Jean Sareil, Voltaire et le Cardinal de Fleury. In: Dix-Huitième Siècle 2 (1970), S. 39–76: »Sous le moindre prétexte, il doit subir des tracasseries infinies qui constituent à la longue une espèce de persécution.«

12 Zur Unterscheidung der verschiedenen Zensurakte vgl. Robert Shackleton, Censure and Censorship. Impediments to Free Publication in the Age of Enlightenment. University of Texas 1975, S. 10: »Censorship is the examination of a text before publication, by someone in authority, with a view to ascertaining its fitness to appear. Censure is the examination of a text after publication, with a view to deciding whether it had been fit to appear.« William Hanley bedient sich in *The Policing of Thought: Censorship in 18 th century France* (in: Studies on Voltaire 183 [1980], S. 265–295, hier S. 266) einer etwas differenzierteren Begrifflichkeit. Unter *Censure préventive* faßt er »the process by which the civil authorities examined and judged works submitted to them in order to obtain permission for legal distribution«, als *Censure répressive* erscheinen in Hanleys Diktion »the measures taken by the civil and religious activities in response to illegal publication«.

13 Frautschi, Styles de roman et styles de censure dans la seconde moitié du dix-huitième siècle français. In: Studies on Voltaire 88 (1972), S. 513–532.
14 L'Interdiction du roman et la librairie 1728–1750. Paris 1986.
15 Hans-Christoph Hobohm, Roman und Zensur zu Beginn der Moderne. Frankfurt am Main/New York 1992.
16 Ihre Dissertation »Von der Zensur zur Pressefreiheit« erscheint demnächst im Centaurus-Verlag.
17 Als frühe Würdigung Malesherbes' sei zitiert: Gaillard, Vie ou éloge historique de M. de Malesherbes. Paris 1805, u. a. S. 60: »Jamais magistrat n'a su, comme lui, traiter d'égal avec les gens de lettres, et ne se montrer supérieur à eux que par l'étendue et la multitude de ses connoissances.« Ähnlich positive Züge verlieh Sainte-Beuve dem Porträt, das er von Malesherbes zeichnete. In: Causeries du lundi. Paris 1946, S. 518.
18 Wichtige Quellentexte zum Verhältnis Malesherbes-Rousseau veröffentlichte Pierre Paul Plan schon 1912 unter dem Titel *Jean-Jacques Rousseau et Malesherbes. Un dossier de la direction de la librairie sous Louis XV* (Paris 1912).
19 Pierre Grosclaude, Malesherbes. Témoin et interprète de son temps. Paris 1961. Im Jahr zuvor war bereits eine frühe Arbeit Grosclaudes erschienen, die an Pierre-Paul Plan anknüpfte: J.-J. Rousseau et Malesherbes. Documents inédits. Paris 1960.
20 Zu nennen wären hier u. a. die Arbeiten von Edward P. Shaw, Problems and Policies of Malesherbes as Directeur de la Librairie in France (1750–1763). New York 1966, und Robert Shackleton, Deux Policiers du XVIIIe siècle. Berryer et d'Hémery. In: Thèmes et figures du siècle des lumières. Mélanges offerts à Roland Mortier. Genf 1980.
21 Madeleine Cerf, La Censure royale à la fin du XVIIIe siècle. In: Communications 9 (1967), S. 2 – 27.
22 Hanley, The Policing of Thought, wie Anm. 12.
23 Vgl. zur Einführung die noch immer lesenswerte Studie Victor Fournels, Les Privilèges et la censure sous l'ancienne monarchie. In: Journal d'instruction publique XXXI (1862), S. 560–566, bes. S. 561 ff. Zu den Texten, die ausnahmsweise nicht der Vorzensur unterlagen, vgl. auch Hanley, The Policing of Thought, S. 267 ff.
24 Henri Falk, der Spezialist der *Privilège*-Forschung, dessen Studie über *Les Privilèges de librairie sous l'Ancien Régime. Étude historique du conflit des droits sur l'oeuvre littéraire* (Genf 1970, Reprint der Ausgabe Paris 1906) noch immer als ein Standardwerk zum Thema zu werten ist, ging davon aus, daß gegen Ende des 17. Jahrhunderts die Druckprivileg-Vergabe ihre definitive Form gefunden hatte: »Époque à laquelle cette procédure était assise et définitive« (S. 74).
25 Vgl. dazu Harneit, Die handschriftlichen Unterlagen der französischen Buchverwaltung im Ancien Régime (1700–1750), S. 31 ff.
26 Vgl. Jean Jacquart, L'Abbé Trublet. Critique et moraliste 1697–1770. Paris 1926, S. 256. Trublet, der mit Maupertius korrespondierte, wurde von diesem schließlich an die Königliche Akademie zu Berlin geholt.

27 Im Falle der Ablehnung eines Manuskriptes konnte der Autor ein zweites Zensorgutachten beantragen. Vgl. dazu Cerf, La Censure royale à la fin du XVIIIe siècle, S. 6.
28 Ebd., S. 35.
29 Zu den *Privilèges*: François Furet, La ›Librairie‹ du royaume de France au 18e siècle. In: Livre et société. Bd. I, Paris 1970, S. 3–32, hier S. 5 ff. Wichtige Anmerkungen und Korrekturvorschläge liefert neuerdings auch Françoise Weil, Contrefaçon et droit de copie avant 1777. In: François Moureau (Hg.), Les Presses grises, S. 87–100, hier bes. S. 89.
30 Zur Darstellung der Konfliktlagen vgl. Henri-Jean Martin, La Librairie française en 1777–1778. In: Dix-Huitième Siècle 11 (1979), S. 87–112, und Darnton, Lesen, Schreiben und Publizieren, S. 163 ff.
31 Zur ökonomischen Legitimation der *Permissions tacites* schrieb Malesherbes: »Il n'était pas juste que le libraire de bonne foi, qui venait de faire sa confession au magistrat, fût privé du gain qu'un fraudeur ferait sur le même livre.« Zit. nach Belin, Le Commerce des livres prohibés à Paris de 1750 à 1789, S. 25.
32 Furet, La ›Librairie‹ du royaume de France au 18e siècle, S. 13 ff.
33 Zur Praxis der *Permissions tacites*: ebd., S. 6 ff. Furets vielbeachtete quantifizierende Studie ist keineswegs einhellig positiv rezensiert worden. Nicole Herrmann-Mascard zum Beispiel, die Autorin des Standardwerkes zur Zensur im Ancien Régime, verwies gegenüber Furets Argumentation mit Nachdruck auf die »importance relative« der *Permissions tacites*. Vgl. Herrmann-Mascard, La Censure des livres à Paris à la fin de l'Ancien Régime, S. 115 ff.
34 Die *Permissions tacites* boten dem Zensor insofern Schutz vor Angriffen, als sein Name nicht gedruckt wurde. Herrmann-Mascard, La Censure des livres à Paris à la fin de l'Ancien Régime, S. 114.
35 Mass, Literatur und Zensur in der frühen Aufklärung, S. 30. Interessante Hinweise zum Thema auch bei Henri Carré, Quelques mots sur la presse clandestine. Poitiers 1893, S. 2 f., und bei Robert Shackleton, Illustrations of the Operation of Censorship in Eighteenth-Century France. In: Barber/Fabian (Hg.), Buch und Buchhandel in Europa im achtzehnten Jahrhundert, S. 187–195, hier bes. S. 189 ff.
36 Als Beispiel für diesen formelhaften, standardisierten Abdruck sei die Approbation des Zensors Duclos zitiert, der 1771 den *Essai sur le caractère, les mœurs et l'esprit des femmes dans les différens siècles* gebilligt hatte: »J'ai lu, par ordre de Monseigneur le Chancelier, un Manuscrit intitulé: Essai sur le caractère, les mœurs et l'esprit des femmes dans les différens siècles, et je n'y ai rien trouvé qui m'ait paru devoir en empêcher l'impression. A Paris, ce 16 Avril 1771. Duclos.« Antoine-Léonard Thomas, Essai sur le caractère, les mœurs et l'esprit des femmes dans les différens siècles. Paris 1772 (Reprint Genf 1987).
37 Vgl. Hans-Günter Funke, Crébillon Fils als Moralist und Gesellschaftskritiker. Heidelberg 1972, S. 55. Zum Werdegang der Zensoren auch Hanley, The Policing of Thought, S. 274 ff.

38 Vgl. auch David T. Pottinger, Censorship in France during the Ancien Régime. In: Boston Public Library Quarterly VI (1954), S. 23–42, 84–102, hier S. 35. Zu leicht abweichenden Ergebnissen kommt nach der Auswertung des *Almanach royal* Herrmann-Mascard, La Censure des livres à Paris à la fin de l'Ancien Régime, S. 42; sie zählt für das Jahr 1789 sogar 178 Zensoren. Die Differenz ändert jedoch nichts am Gesamtbild.

39 Vgl. Hanley, The Policing of Thought, S. 274. Die Dürftigkeit der Entlohnung betont desgleichen Shaw, Problems and Policies of Malesherbes as Directeur de la Librairie in France, S. 98.

40 Maurice Pellisson, Les Hommes de lettres au XVIIIe siècle. Genf 1970 (Reprint von 1911), S. 13 ff.

41 Zit. nach Léon Moulé, Correspondance de Claude Bourgelat, fondateur des écoles vétérinaires. In: Bulletin de la Société centrale de médicine vétérinaire 66 (1912), S. 58–63, 115–117, 216–232, 516–520, hier S. 60. Der Begriff *Cacouacs* war in den 50er Jahren als Schimpfwort für die *Philosophes* geprägt worden.

42 Zit. nach Eugène Asse, Diderot et Voltaire d'après les papiers inédits de la censure. In: Cabinet historique 1882, S. 3–38, hier S. 28. Ähnliche Argumente hatte Moncrif schon 1755 vorgebracht, als er das *Projet d'embellissement de la ville de Paris* des Autors Poncet de la Grave zensieren sollte. Vgl. dazu Edward P. Shaw, Author versus Censor: An Episode in Literary-Censorial Relationships of Eighteenth-Century France. In: Philological Quarterly 34 (1955), S. 438–444, hier bes. 443.

43 Shackleton, Censure and Censorship, S. 12.

44 Zu Moreaus Zensorenlaufbahn vgl. Dieter Gembicki, Histoire et politique à la fin de l'Ancien Régime. Jacob-Nicolas Moreau (1717–1803). Paris 1979, S. 202–209, hier S. 203 f.

45 Zu diesen Täuschungsmanövern Cerf, La Censure royale à la fin du XVIIIe siècle, S. 6; Pottinger, Censorship in France during the Ancien Régime, S. 90.

46 Nach den Erinnerungen Praults; zitiert nach E. J. B. Ratéry, Variétés littéraires. In: Bulletin du Bibliophile 1850, S. 867–881, hier S. 875 f.

47 Sauri hielt sich vom 29. Mai 1775 bis zum 26. Juni 1775 in der Bastille auf. Vgl. Funck-Brentano, Les Lettres de cachet à Paris, S. 397.

48 Arch. Nat., Y 11 441.

49 Ebd., Verhör Sauris vom 17. Juni 1775.

50 Der Zensurfall Helvétius ist in der Literaturgeschichte verschiedentlich breit abgehandelt worden. Zu nennen wären die folgenden Artikel und Monographien: Albert Keim, Helvétius. Sa vie et son œuvre. D'après ses ouvrages, des écrits divers et des documents inédits. Genf 1970 (Reprint der Ausgabe Paris 1907); Didier Ozanam, La Disgrâce d'un premier commis: Tercier et l'affaire de l'esprit (1758–1759). In: Bibliothèque de l'École des Chartes CXIII (1955), S. 140–170; David Warner Smith, Helvétius, A Study in Persecution. Oxford 1965; John Rogister, Le Gouvernement, le Parlement de Paris et l'attaque contre de l'esprit et l'Encyclopédie en 1759. In: Dix-Huitième Siècle 11 (1979), S. 321–354. Immer noch lesenswert: Die Darstellung Sainte-Beuves in den *Causeries du lundi*, Bd. II, S. 521 f.

51 Das Dossier Moriceau de la Mottes ist in der Bibliothèque de l'Arsenal einzusehen: Arch. de la Bastille 12 002. Siehe ferner Commandant Heraults Artikel *Un Révolutionnaire en 1758. Le procès de Moriceau de la Motte*, in: Annales historiques de la Révolution française I (1924), S. 115–134.

52 Smith, Helvétius, a Study in Persecution, S. 17 ff. Ein geradezu haarsträubend falsches – auf der Unkenntnis der einschlägigen Sekundärliteratur beruhendes – Bild des Autors entwirft Elisabeth Böllmann in ihrer Grazer Dissertation *Literaturzensur in Frankreich unter Chrétien-Guillaume de Lamoignon de Malesherbes (1750–1763)* (Graz 1981, S. 106), wenn sie Helvétius als naiven Anfänger beschreibt, der unverschuldet in die Zensuraffäre hineingeraten sei: »Helvétius war mit den Gepflogenheiten des Buchmarktes nicht vertraut und hatte keinerlei Argwohn, sich den notwendigen Formalitäten zu unterwerfen.«

53 Zur Biographie Terciers vgl. die Bemerkungen Ozanams, La Disgrâce d'un premier commis, S. 141 ff.

54 Smith, Helvétius, a Study in Persecution, S. 21. Ähnliche Tricks gegenüber seinen Zensoren versuchte Delisle de Sales, insbesondere bei der Veröffentlichung der *Philosophie de la nature*. Vgl. dazu die ausführliche Darstellung von Pierre Malandain, Delisle de Sales philosophe de la nature (1741–1816). 2 Bde., Oxford 1982, hier Bd. I, S. 153–157.

55 Smith, Helvétius, a Study in Perscecution, S. 24 f.

56 Zur Chronologie der Zensuraffäre vgl. Ozanam, La Disgrâce d'un premier commis, S. 146 ff., und Smith, Helvétius, a Study in Persecution, S. 35 f.

57 Nämlich durch Einschaltung seines Vorgesetzten Bernis. Ebd., S. 152.

58 Ebd.

59 Smith, Helvétius, a Study in Persecution, S. 30.

60 Vgl. Michel Péronnet, Les Assemblées du clergé de France sous le règne de Louis XVI (1775–1788). In: Annales historiques de la Révolution française 34 (1962), S. 8–35, hier S. 13.

61 Rogister, Le Gouvernement, le Parlement de Paris et l'attaque contre De l'esprit et l'Encyclopédie, S. 322 ff. Bei den verbrannten Werken handelte es sich u. a. um Diderots *Lettres sur les aveugles* und den *Lettre sur les sourds et muets*, um Rousseaus *Discours sur l'inégalité* und die ersten sieben Bände der *Encyclopédie*.

62 Smith, Helvétius, a Study in Persecution, S. 48.

63 Ebd., S. 52.

64 Vgl. dazu Ozanam, La Disgrâce d'un premier commis, S. 155.

65 Keim, Helvétius, S. 632 ff.

66 Laut Ozanam wurde Tercier zum Spielball rivalisierender Parteien. Vgl. La Disgrâce d'un premier commis, S. 159 ff.

67 An dem ›Ehrverlust‹ und den zahlreichen Kränkungen, denen Tercier ausgesetzt war, konnten die großzügigen finanziellen Zuwendungen nichts ändern, die Tercier nach der Zwangspensionierung erhielt. Ebd., S. 165. Zu den ›bestraften Zensoren‹ vgl. auch Peter Hampson Ditchfield, Books fatal to their Authors. London 1903, S. 86.

68 Vgl. Augustin-Charles Renouard, Traité des droits d'auteurs, dans la littérature, les sciences et les beaux-arts. Bd. I, Paris 1838, S. 92: »Le gouverne-

ment et les censeurs osaient peu permettre, en même temps qu'ils osaient peu défendre.«

69 Jules Andrieu betont in seiner kleinen Schrift *La Censure et la police des livres en France sous l'Ancien Régime. Une saisie de livres à Agen en 1775.* (Agen 1884, S. 14) die Nachlässigkeit der Zensoren, die sich in vielen Fällen auf einen »comparse quelconque« verlassen hätten, statt das ihnen überantwortete Buch selbst zu prüfen. Solche Einschätzungen treffen auf die Gesamtgruppe der Zensoren allerdings sicher nicht zu.

70 De l'abus de la liberté. S.l.n.d., S. 5.

71 Werner Krauss, Die Literatur der französischen Frühaufklärung. Frankfurt am Main 1971, S. 188.

72 Harneit, Die handschriftlichen Unterlagen der französischen Buchverwaltung im Ancien Régime, S. 32.

73 Vgl. Daniel Roche, Les Républicains des lettres. Gens de culture et lumières au XVIIIe siècle. Paris 1988, S. 33, und ders., Censorship and the Publishing Industry. In: Robert Darnton/Daniel Roche (Hg.), Revolution in Print. Berkeley/Los Angeles/London 1989, S. 3–26, hier S. 13. Roche referiert hier die Ergebnisse von Cathérine Blangonnets Thèse über die königlichen Zensoren in der Ära Malesherbes.

74 Vgl. Frank A. Kafker/Serena L. Kafker, The Encyclopedists as Individuals: a Biographical Dictionary of the Authors of the Encyclopédie. Oxford 1988, S. 31. Es handelte sich um Bouchaud, Brisson, Cahusac, Duclos, La Chapelle, Lavirotte, Le Blond, Liébault, Louis, Malouin, Morand, Robert de Vaugondy und Venel.

75 Einige wenige Bemerkungen zu Court de Gébelins Zensorentätigkeit bei Wallace Kirsop, Cultural Networks in Pre-Revolutionary France: Some Reflexions on the Case of Antoine Court de Gébelin. In: Australian Journal of French Studies 18 (1981), S. 231–247, hier S. 239.

76 Shaw, Problems and Policies of Malesherbes as Directeur de la Librairie, S. 97.

77 Maurice Henriet, Le Vicomte de Toustain-Richebourg, disciple de Thomas. Le Havre 1914, S. 11.

78 Ähnliche Überlappungen konstatiert Jacques Le Brun auch bei den Zensoren der Jahrhundertwende, die gerade in bezug auf die Begutachtung religiöser Schriften zwischen verschiedenen Intentionen hin- und hergerissen waren. Vgl. Le Bruns Aufsatz über *Censure préventive et littérature religieuse en France au début du XVIIIe siècle.* In: Revue d'histoire de l'Église de France 61 (1975), S. 201–225, hier bes. S. 224 f.

79 Vgl. Alfred Nöckler, Crébillon der Jüngere 1707–1777. Leben und Werke. Leipzig 1911, S. 16: »Nie ließ er einen Autor warten, stets war er zuvorkommend.« Konkrete Beispiele werden freilich nicht genannt.

80 Vgl. dazu Frédéric Loliée, Censure et censeurs d'Ancien Régime. In: La Revue Bleue 2 (1901), S. 762–766, hier S. 763.

81 Funke, Crébillon Fils als Moralist und Gesellschaftskritiker, S. 64 ff.

82 Ebd.; vgl. ferner Victor Hallays-Dabot, Histoire de la censure théâtrale en France. Genf 1970 (Reprint von 1862), S. 109 f.

83 Ebd., S. 115 f.

84 Loliée, Censure et censeurs d'Ancien Régime, S. 766: »En exerçant la censure avec la modération la plus extrême, il semble qu'il eût voulu prouver l'inutilité de la fonction.«

85 Vgl. Nina R. Gelbart, ›Frondeur‹ Journalism in the 1770s. Theatre Critics and Radical Politics in the Prerevolutionary French Press. In: Eighteenth-Century Studies 17 (1984), S. 493–514.

86 Ebd., S. 494 f. Die »Esprits frondeurs« protestierten laut Gelbart zunächst gegen die Monopolstellung der Comédie Française, dann weiteten sich ihre Attacken aus: »As they gained momentum and courage from their united action, they forgot their individual grievances and crusaded as civic-minded, virtuous public servants attempting to save their patrie.«

87 Ebd., S. 497.

88 Vgl. Gudrun Gersmann/Christiane Schroeder, Zensur, Zensoren und Zensierte im Ancien Régime. In: Herbert G. Göpfert/Erdmann Weyrauch (Hg.), Unmoralisch an sich ... Zensur im 18. und 19. Jahrhundert. Wiesbaden 1988, S. 119–148, hier S. 139 ff.

89 Vgl. Cerf, La Censure royale à la fin du XVIIIe siècle, S. 18.

90 Aufschlüsse über die Person La Beaumelles bietet der von d'Hémery angefertigte Steckbrief in B.N., nouv. acq. fr. 10 781.

91 Abgesehen von den Ressentiments, die er seit langem dem Kritiker des *Siècle de Louis XIV* gegenüber hegte, fühlte sich Voltaire durch Passagen der *Mémoires* angegriffen, die direkt seine Person betrafen. Ebd., S. 264.

92 La Beaumelles Bastillehaft dauerte vom 6. August 1756 bis zum 1. September 1757; die Freilassung war mit einer Verbannung aus Paris verknüpft. Vgl. Funck-Brentano, Les Lettres de cachet à Paris, S. 335.

93 Die Zensurentscheidungen des Abbé Trublet vermitteln z. T. den Eindruck einer gewissen Parteilichkeit. Das Engagement, von dem La Beaumelle profitierte, legte er in anderen Zensurangelegenheiten nicht an den Tag. Vgl. zum Konflikt Fréron – Enzyklopädisten – Malesherbes – Trublet die Arbeiten von Jacquart, L'Abbé Trublet, S. 266 ff., und ders., La Correpondance de l'Abbé Trublet. Thèse pour le doctorat ès lettres. Paris 1926, S. 58 ff.

94 Jacquart, La Correspondance de l'Abbé Trublet, S. 12: »Je vous renvoie votre livre que personne n'a vu, et dont je ne parlerai à personne.«

95 Siehe dazu den bei Jacquart, L'Abbé Trublet critique et moraliste, S. 250 f., abgedruckten Brief Trublets an Voltaire vom Januar 1739, in dem der Zensor explizit seinen Zensurbegriff erläuterte: »J'ai en horreur les libelles satiriques, Monsieur.«

96 Vgl. den Bericht der *Mémoires secrets* vom 24. Mai 1786, Bd. XXXII, S. 66 f.: »Ce mot du Nouveau Monde dans le titre lui a fait croire qu'il étoit question de Voyages, & en conséquence il a nommé pour Censeur un Géographe, M. Robert de Vaugondy. Celui-ci ne voyant rien de contraire à la doctrine & d'ailleurs n'entendant rien aux matières traitées dans le livre, lui a donné une approbation très flatteuse & plusieurs journalistes n'ayant pas mieux examiné l'ouvrage, ont confirmé ces éloges. Au reste, il étoit peu connu, & l'on conçoit que cette prohibition lui donnera plus de vogue.«

97 Vgl. Kafker, The Encyclopedists as Individuals, S. 332.
98 Mit der Publikation einer Schrift mit dem Titel *De la liberté d'énoncer, d'écrire et d'imprimer la pensée* (von Louis-Félix Guyrement de Kéralio, Freiwilligen-Veteran des 3. Bataillons der 6. Division der Pariser Nationalgarde). Paris 1790.
99 Arch. Nat., V1 553, Brief Densonniers vom 12. November 1789.
100 Arch. Nat., Y 11 434, Verhörprotokoll des Abbé Roy vom 5. Mai 1789.
101 Zur Darstellung der Réveillon-Unruhen: Winfried Schulze, Der 14. Juli 1789. Biographie eines Tages. Stuttgart 1989, S. 65 ff.
102 Arch. Nat., Y 11 434, Bericht vom 3. Mai 1789.
103 Ebd., Verhörprotokoll vom 5. Mai 1789.
104 La Vérité dévoilée ou Mémoire d'une victime de l'aristocratie. Paris s. d., S. 6.
105 Henriet, Le Vicomte de Toustain-Richebourg, S. 11.
106 Vgl. den Bericht über Toustain de Richebourgs Situation in den Akten der *Direction de la librairie*. Arch. Nat., V1 552, 29. September 1789.
107 Ebd., Brief Toustain de Richebourgs vom 25. August 1789.
108 Vgl. Edward P. Shaw, Censorship and Subterfuge in Eighteenth-Century France. In: Charles Williams (Hg.), Literature and History in the Age of Ideas. Ohio State University 1975, S. 287–309, hier S. 289: »At the beginning and end of the book, the privilege or permission had to be indicated, as well as the approval of the censor.«

Buchverbot und Bücherverbrennung: Die Eingriffsmöglichkeiten der Nachzensur

1 Sur ce qu'on appelle les livres licencieux. In: Journal des gens du monde III (1783), S. 351–358, hier S. 351.
2 Dénonciation des inquisiteurs de la pensée. Par. M.J. de Chénier. Paris 1789, S. 41.
3 Félix Rocquain führte die einzelnen Titel im Anhang seines Werkes über den »Esprit révolutionnaire en France« auf (L'Esprit révolutionnaire avant la Révolution 1715–1789. Genf 1971 [Reprint von 1878]); eine ausführliche Aufstellung der verbotene Literatur liefert auch Hippolyte Monin, L'État de Paris en 1789. Paris 1889, S. 115–246.
4 Dazu sehr allgemein Raymond Hes, La Police de la librairie au XVIIIe siècle. Thèse pour le doctorat en droit, Paris 1949, S. 159.
5 Vgl. zum Verfahren Monin, L'État de Paris en 1789, S. 175 f., und Hes, La Police de la libraire au XVIIIe siècle, S. 160.
6 Vgl. Arch. Nat. X1A 8582, f° 82.
7 Vgl. dazu die kenntnisreiche Darstellung von Darline Gay-Levy, The Ideas and Careers of Simon-Nicolas-Henri Linguet. A Study in Eighteenth-Century French Politics. Urbana/Chicago/London 1980, hier bes. S. 178 ff.
8 Einige interessante Details zu Séguiers Karriere und Charakter liefert der

kleine Aufsatz von R. Warlomont, Les Idées modernes de l'avocat général Antoine-Louis Séguier sur la propriété littéraire (1779). In: Journal des Tribunaux 4667 (September 1969), S. 473–477. Séguier war schon mit 29 Jahren an das Amt eines *Avocat général au Parlement de Paris* gekommen, zwei Jahre später wurde er als Nachfolger Fontenelles in die Académie Française gewählt.

9 Vgl. Monin, L'État de Paris en 1789, S. 177.

10 Zur gesellschaftlichen Funktion dieser Buchhinrichtungen vgl. Hermann Rafetseder, Buchhinrichtungen. Öffentliche Schriftenverbrennungen durch Henkershand als Extremfälle der Zensur. In: Göpfert/Weyrauch (Hg.), Unmoralisch an sich ..., S. 89–103, hier bes. S. 91 f. Zum Verlauf der Autodafés auch: Rocquain, L'Esprit révolutionnaire avant la Révolution 1715–1789, S. IX.

11 Vgl. die zahlreichen (nicht immer korrekt dargestellten) Beispiele in Gabriel Peignots *Dictionnaire critique, littéraire et bibliographique des principaux livres condamnés au feu, supprimés ou censurés*. 2 Bde., Paris 1806.

12 Vgl. Belin, Le Commerce des livres prohibés à Paris de 1750 à 1789, S. 114.

13 Melchior Grimm, Paris zündet die Lichter an. Literarische Korrespondenz. München/Leipzig 1977, S. 315.

14 Zit. nach François Villaret, Voltaire et l'avocat général Omer Joly de Fleury. In: La Vie judiciaire 632 (1958), S. 6, 7, 10, hier S. 7.

15 Vgl. Hes, La Police de la librairie au XVIIIe siècle, S. 161.

16 Vgl. Marc Viridet, Documents officiels et contemporains sur quelques-unes des condamnations dont l'Émile et le Contrat Social ont été l'objet en 1762. Genf 1850, S. 8.

17 Zur Darstellung der Zensurgeschichte des *Émile* vgl. Pierre Grosclaude, J.-J. Rousseau et Malesherbes. Documents inédits. Paris 1960, S. 30–46. Zur Reaktion des Erzbischofs von Paris auf die Publikation des *Émile* vgl. ferner die – äußerst parteiische – Darstellung von Père Émile Regnault, Christophe de Beaumont. Archevêque de Paris (1703–1781). Paris 1882, Bd. II, S. 56 ff., und Viridet, Documents officiels et contemporains sur quelques-unes des condamnations dont l'Émile et le Contrat Social ont été l'objet en 1762, S. 62 f.

18 Arch. Nat., M 825, Dossier XXIX. Bericht Joly de Fleurys an Saint-Florentin, 10. Juni 1762. Vgl. auch den bei Peignot, Dictionnaire critique, littéraire et bibliographique, Bd. II, S. 94 f., zitierten Auszug aus dem *Arrêt du parlement*.

19 Grimm, Paris zündet die Lichter an, S. 418.

20 Ausführlich dargestellt wird diese Zensuraffäre in: Anatole Feugère, L'Abbé Raynal (1713–1796). Documents inédits. Angoulême 1922, S. 265–299.

21 Ebd., S. 287.

22 Archives Parlementaires, Bd. XXVI, S. 650 ff.

23 Konrad Engelbert Oelsner, Luzifer oder gereinigte Beiträge zur Geschichte der Französischen Revolution. Kronberg 1977 (Reprint der Ausgabe von 1797), S. 209.

24 Zur Bedeutung des Châtelet im Ancien Régime vgl. Marcel Marion, Dictionnaire des Institutions de la France aux XVIIe et XVIIIe siècles. Paris 1972 (Reprint der Ausgabe Paris 1923), s. v. Châtelet, S. 88: »Durant tout l'ancien régime l'importance du Châtelet fut telle qu'il avait presque le rang d'un Parlement.« Vgl. zu den Kompetenzen des Châtelet auch Charles Desmaze, Le Châtelet de Paris. Son organisation, ses privilèges. Paris 1863, S. 3: »Il était, en effet, chargé de maintenir la sûreté dans la capitale, de prononcer sur de nombreux différends.«

25 Zu dem Hintergrund der Affäre vgl. Malandain, Delisle de Sales philosophe de la nature, Bd. 1, S. 151–206, hier S. 159.

26 Ebd., S. 173 ff. Zu den Motiven des Parlaments von Paris, die er aus dem Kontext der angespannten innenpolitischen Lage heraus analysiert, äußert sich Malandain freilich äußerst unklar.

27 Ebd., S. 179.

28 Ebd., S. 179 ff.

29 Ebd., S. 185.

30 Vgl. dazu die Hinweise von Shackleton, Censure and Censorship, S. 20 f.

31 B.N., Collection Joly de Fleury 1682 (Libraires, Imprimeurs et Censure de livres 1607–1786), f^{2}90.

32 Ebd.

33 Vgl. dazu Hanley, The Policing of Thought, S. 291.

34 Als beispielhaft für die *Mandements* sei kurz aus dem *Mandement de Monseigneur l'Archevêque de Paris, portant condamnation d'un livre qui a pour titre Bélisaire* zitiert, einer aus dem Jahre 1767 stammenden 56seitigen Abrechnung mit Marmontels Roman *Bélisaire*, die mit der totalen Verwerfung des Werkes endet: »A ces causes, le saint nom de Dieu invoqué, & après avoir conféré avec des théologiens pieux & éclairés, nous condamnons l'écrit intitulé Bélisaire, comme contenant des propositions respectivement fausses, captieuses, téméraires, injurieuses à l'autorité de l'Église & à celle des Souverains, scandaleuses, impies, erronnées, respirant l'hérésie.« B.N., ms. fr. 22 099, f° 7.

35 Zur Reaktion auf das Erscheinen des *Bélisaire* vgl. u. a. die (anekdotenhafte) Schilderung von Marius Roustan, Les Philosophes et la société française au XVIIIe siècle. Genf 1970 (Reprint der Ausgabe Paris 1911), S. 10, und Bonhomme, Journal et mémoires de Charles Collé sur les hommes de lettres, Bd. III, S. 127 ff.

36 Vgl. Shackleton, Censure and Censorship, S. 21.

37 Zu den Selektionskriterien des Parlement vgl. Monin, L'État de Paris en 1789, S. 176.

38 Der letzte Pariser Polizeichef, Thiroux de Crosne, floh kurz nach dem Bastillesturm ins Ausland, um der revolutionären Lynchjustiz zu entgehen. Vgl. Jean Tulard, La Police de Paris sous la Révolution. In: Information historique (Mai/Juni 1962), S. 113–117, hier bes. S. 113.

Alltägliche Konfrontationen: Schriftsteller, Kolporteure und Buchhändler im Visier der Polizei

1 Johann Jacob Volkmann, Neueste Reisen durch Frankreich. Leipzig 1787, Bd. I, S. 183.

2 Dazu immer noch informativ die Monographie Pierre Cléments, La Police sous Louis XIV. Paris ^{2}1866, S. 62 f.

3 Ebd.; vgl. auch Louis Thuillat, Gabriel Nicolas de la Reynie. Premier lieutenant général de police de Paris. Thèse pour le Doctorat. Limoges 1930, S. 29 f.

4 Vgl. dazu Mass, Literatur und Zensur in der frühen Aufklärung, S. 19.

5 Zwischen 1750 und 1786 bekleideten sechs Männer nacheinander den Posten des *Lieutenant général de police*: Berryer (Mai 1747 - Oktober 1757), Bertin (Oktober 1757 - November 1759), Sartine (November 1759 - Mai 1774), Le Noir (1774 - Mai 1775), Albert (Mai 1775 - Juni 1776), Lenoir (Juni 1776 - August 1785), Thiroux de Crosne (August 1785 - Juli 1789). Herrmann-Mascard, La Censure des livres à Paris, S. 86.

6 Vgl. Harneit, Die handschriftlichen Unterlagen der französischen Buchverwaltung, S. 20.

7 Vgl. Hanley, The Policing of Thought, S. 285, und bes. Hallays-Dabot, Histoire de la censure théâtrale en France, S. 59 ff.

8 Hallays-Dabot, Histoire de la censure théâtrale, S. 59.

9 Vgl. Frantz Funck-Brentano, Les Nouvellistes. Paris, ^{2}1905, S. 12. Sartine und Lenoir reservierten anscheinend eigens einen Audienztermin für Autoren, Buchhändler und Verleger. Vgl. Marc Chassaigne, La Lieutenance générale de police à Paris. Genf 1975 (Reprint von 1906), S. 111.

10 Zit. nach Jules Evrard, La Législation de la presse au XVIIIe siècle. In: Revue contemporaine 55 (1867), S. 494–512, hier S. 506. Weitere Beispiele finden sich auch bei Edme-Théodore Bourg, Biographie des lieutenans généraux, ministres, directeurs généraux, chargés d'arrondissments, préfets de la police en France et de ses principaux agents. Paris 1829, S. 65 und bes. S. 96. Zu den Denunziationen der Schriftsteller untereinander vgl. auch Pierre Manuel, La Police de Paris dévoilée. Paris, An II, 2 Bde., hier Bd. I, S. 232.

11 Herrmann-Mascard, La Censure des livres à Paris, S. 92–96.

12 Belin, Le Commerce des livres prohibés à Paris de 1750 à 1789, S. 125 ff. Zur Dienstreise d'Hémerys nach Puy-en-Velay vgl. Arch. Nat., Y 11 442.

13 Arch. de la Bastille 12 249. Vgl. auch B.N., ms. fr. 22 097, f° 58, Bericht d'Hémerys an Sartine über die Reise nach Bourget, und f° 58 bis, Bittschreiben des *Premier lieutenant de la prévôté et maréchaussée générale de l'Ile-de-France et inspecteur des brigades des environs de Paris*, de Rulhière, an d'Hémery in Sachen Marais.

14 So die Selbstbezeichnung eines Spitzelkandidaten, der dem Pariser Polizeichef im Sommer 1772 seine Arbeitskraft anbot. Arch. de la Bastille 12 401.

15 Vgl. Farge, Das brüchige Leben, S. 21.

16 Vgl. den Bericht eines Informanten in B.N., ms. fr. 22 100, f° 33.

17 Zum Spitzelwesen vgl. Merciers *Tableau de Paris*, Bd. 1, S. 184, 186 und 189. Die Zahl der für die Polizei tätigen Spione ist im nachhinein schwer zu schätzen, dürfte jedoch geringer gewesen sein, als die zeitgenössischen Polizeikritiker behaupteten. Der Historiker Alan Williams kommt in seiner Studie über die Pariser Polizei, (The Police of Paris. 1718–1789, Baton Rouge/London 1979) S. 111, nach komplizierten Berechnungen zu folgendem Schluß: »We may calculate that the total number of *Mouches*, as the Parisian public called them, could not have exceeded 340 men and women.« Damit wird freilich – wie er eingestehen muß – nur ein Teil der Spitzel erfaßt: »It does not take account of those who sometimes accepted a ticket to the Opera in exchange for information – or those who became increasingly congenial and talkative with each round of drinks an inspector bought.« Ebd.

18 Treffend dazu noch einmal Williams, The Police of Paris, S. 107: »The kind of individuals the police chose for domestic spionage depended naturally enough on the milieu they wished to penetrate.«

19 Vgl. Marlinda Ruth Bruno, Fréron, Police Spy. In: Studies on Voltaire 148 (1976), S. 177–199, hier bes. S. 190.

20 Zu Brissots Spitzeltätigkeit vgl. Darnton, Ein Spion im literarischen Untergrund, S. 52 ff.

21 Vgl. Darnton, The High Enlightenment and the Low Life of Literature, S. 98 ff.

22 Ebd.

23 *Gazette noire par un homme qui n'est pas blanc ou œuvres posthumes du gazetier cuirassé* (Titelblatt).

24 Zu Mouhys Spitzelengagement vgl. Evelyn G. Cruickshanks, Public Opinion in Paris in the 1740's. The Reports of the Chevalier de Mouhy. In: Bulletin of the Institute of Historical Research (London University) XXVII (1954), S. 54–68, hier S. 55 f.

25 Zu de Mouhys Werdegang vgl. die Mouhy-Dossiers in der Bibliothèque de l'Arsenal, hier Arch. de la Bastille 11 498. Zum Geldbedarf eines Schriftstellers in der Zeit vgl. auch Richard Waller, L'Homme de lettres en France et en Angleterre (1700–1730). In: Dix-Huitième Siècle 10 (1978), S. 229–252, hier S. 231.

26 Zu Mouhys Physiognomie vgl. Charles Monselet, Les Oubliés et les Dédaignés. Figures littéraires de la fin du 18e siècle. Alençon 1857. S. 315.

27 Imbert, Nécrologie. In: Mercure, September 1784, S. 122–126.

28 Arch. de la Bastille 10 301, Bericht der Lamarche vom 10. September 1749.

29 Zur Spitzelarbeit des Ehepaars Lamarche vgl. Chauvet, Compagnons imprimeurs et imprimeries clandestines à Paris sous le règne de Louis XV, S. 160 ff.; de Montbas, La Littérature clandestine au XVIIIe siècle, S. 326 f.

30 Arch. de la Bastille 10 302, Informantenbericht vom März 1752, der den Druckergesellen Pigache als potentiellen Spion empfahl: »Pigache est un bon garçon qui a des connaissances.«

31 Arch. de la Bastille 10 301.

32 Ebd.

33 Zur Biographie d'Hémerys vgl. die einschlägigen Passagen bei Darnton, Ein Polizeiinspektor ordnet seine Akten, die Einleitung von Marlinda Ruth Brunos Edition des *Journal d'Hémery* sowie den Artikel von Shackleton, Deux policiers du XVIIIe siècle. Berryer et d'Hémery, S. 251–259.
34 Coyecque verweist zu Recht darauf, daß d'Hémery zwar de facto alle Funktionen eines *Inspecteur de la librairie* ausübte, den Titel selbst aber nie offiziell erhielt. Vgl. dazu Coyecque, Inventaire de la Collection Anisson. Bd. I, S. XII.
35 B.N., nouv. acq. fr. 22 123, f° 12.
36 Dazu Paul Chauvet, Les Ouvriers du livre en France des origines à la Révolution de 1789. Paris 1859, S. 183 f.
37 B.N., nouv. acq. fr. 10 781, f° 113.
38 Zu seinen vielfältigen Dienstverpflichtungen vgl. Arch. de la Bastille 10 028, État des objets relatifs à la librairie dont le sr Goupil doit être chargé sur la démission du sr d'Hémery qui en avait ci-devant.
39 Arch. de la Bastille 12 441, 6. Dezember 1775.
40 Alle Berichte in: Arch. de la Bastille 12 446.
41 B.N., nouv. acq. fr. 1214: »Cet ouvrage, quoique mal écrit, est cependant très dangereux.«
42 Ebd., im Original: »Le particulier dont j'ai eu l'honneur de vous rendre compte au sujet du livre intitulé l'école de l'homme, est une espèce de domestique travesti qui porte l'épée et dont je n'ai pu positivement savoir le nom par les précautions qu'il prend et la méfiance continuelle dans laquelle il est en allant chez la personne où il vend ce livre.«
43 Ebd.: »J'ai l'honneur de vous rendre compte que j'ai enfin arrêté le particulier que je guettais au sujet du livre intitulé l'école de l'homme, qui est le sr Génard, fils d'un marchand de vin, que j'ai conduit à la Bastille.« Vgl. zum Druck der *École de l'homme* auch Arch. de la Bastille 11 810, Verhörprotokoll des François Ratelet, »dit La Roche«, vom 15. März 1752.
44 B.N., nouv. acq. fr. 1214, Bericht d'Hémerys vom 11. Mai 1756.
45 Arch. de la Bastille 12 322, 26. Juni 1767.
46 Arch. de la Bastille 11 544, Bericht Poussots vom 27. Februar 1744.
47 Speziell zu d'Hémerys Einstellung gegenüber den ›üblen Subjekten‹ vgl. Bruno, The Journal d'Hémery, S. 13 ff.
48 Arch. de la Bastille 11 694, 20. Dezember 1748.
49 Arch. de la Bastille 12 392; das Verhör Manourys hatte am 5. Mai 1771 stattgefunden.
50 Arch. Nat., C 208^160–87^, Bericht d'Hémerys vom 26. August 1750.
51 Ebd.
52 Ebd.
53 Ebd., 6. September 1750.
54 B.N., ms. fr. 22 109, f° 49.
55 B.N., ms. fr. 22 092, f° 160: Arrêt du Conseil d'État prononçant la déchéance du libraire Pecquet (Versailles, 8. September 1752).
56 Alle Belege in Arch. de la Bastille 11 690.
57 B.N., ms. fr.22100, f° 63.

58 Im Original: »L'histoire allégorique est abominable. M. d'Hémery fera tout ce qu'il pourra pour en empêcher la distribution et me dira demain matin ce qu'il en saura de l'auteur et de l'imprimeur.« B.N., ms. fr. 22 094, f° 60.
59 Vgl. das *Mémoire de d'Hémery sur ses propres fonctions*, B.N., ms. fr. 22 080, f° 82.
60 Dazu Montbas, Les Fiches de la police des lettres en 1752, S. 554.
61 Vgl. dazu die Darstellung von Hector Fleischmann, Marie-Antoinette libertine. Paris 1911, S. 100–102.
62 Arch. nat., Y 11 442, 28. April 1780.
63 Manuel, La Police de Paris dévoilée, Bd. 1, S. 262 f.
64 Zu Jacquet de La Douays Bastillehaft, die am 30. Oktober 1781 begann, vgl. Arch. de la Bastille 12 453.

2. Kapitel
Zur Anatomie des literarischen Untergrundes

Ein europäisches Netzwerk: Das Geschäft mit »gefährlichen Büchern«

1 Vgl. dazu die Beiträge von Montbas, La Littérature clandestine au XVIIIe siècle, S. 312–330, und Anne Sauvy, Livres contrefaits et livres interdits. In: Histoire de l'Édition française, Bd. II, S. 104–119.
2 So u. a. Ferdinand de Brunetière, La Direction de la librairie sous M. de Malesherbes. In: Revue des deux mondes, 49 (1882), S. 567–612, hier bes. S. 600, und Fournel, Les Privilèges et la censure sous l'Ancien Régime, S. 565: »Il poussa l'indulgence jusqu'à la faiblesse et la modération jusqu'à une sorte de complicité.«
3 Vgl. zur Definition von *Libelle* auch Jousse, Traité de la justice criminelle de France. 4 Bde., Paris 1771. Hier Bd. II, S. 651: »On entend par *Libelle diffamatoire* toute composition par écrit contre l'honneur de quelqu'un, & que l'on répand à cet effet dans le public.«
4 Vgl. Mass, Literatur und Zensur in der frühen Aufklärung, S. 99 f.
5 Abbé Chasles, Timante ou portrait fidèle de la pluspart des écrivains du dix-huitième siècle. Chartres/Paris 1785, S. 23.
6 Vgl. exemplarisch auch die Ergebnisse der Razzien bei Kolporteuren und Buchhändlern: B.N., ms. fr. 22 101, f° 134: November 1773, Razzia bei der Witwe Stockdorff; B.N., ms. fr. 22 075, f° 6: Razzia bei dem Kolporteure Ratillon, 6. Oktober 1752; B.N., ms. fr. 22 098, f° 72: Festnahme des Kolporteurs Guy, 25. Januar 1767.
7 Vgl. dazu neuerdings Robert Darnton, Die verbotenen Bestseller im vorrevolutionären Frankreich. In: Frühneuzeit-Info 2 (1992), S. 7–178, hier bes. S. 9.

8 Als Beispiel: Arch. Nat., Y 11 442, 30. August 1783, Protokoll der Razzia bei Louis Prudhomme.
9 Arch. Nat., Y 11 421, 8. Dezember 1782.
10 Arch. de la Bastille 12 446, die Razzia fand am 23. Februar statt.
11 Vgl. dazu den erhellenden Aufsatz von Rebecca Rogers, Le Livre embastillé. In: Dix-Huitième Siècle 21 (1989), S. 189–202. Rogers weist allerdings explizit auch auf die Grenzen des Materials hin.
12 Alles in: Arch. de la Bastille 10 305.
13 Zum Themenkomplex Zensur und erotische Literatur vgl. neuerdings Jean Marie Goulemot, Gefährliche Bücher. Erotische Literatur, Pornographie, Leser und Zensur im 18. Jahrhundert. Hamburg 1993.
14 Ebd., S. 31.
15 Ebd., S. 29 f.
16 Eine kommentierte deutsche Ausgabe des Romans, die sich auf die ältere maßgebliche Übersetzung Heinrich Conrads stützt, haben vor einigen Jahren Michael Farin und Hans-Ulrich Seifert herausgebracht: Thérèse philosophe. Eine erotische Beichte. München 1990.
17 Ebd., S. 435.
18 Ebd., S. 424.
19 Zu dieser Übersetzung, die nur handschriftlich zirkulierte, ebd., S. 453.
20 Ebd., S. 37.
21 Ebd., S. 44.
22 Vgl. dazu die Darstellung von Sarane Alexandrian, Histoire de la littérature érotique. Paris 1989, S. 148–150.
23 Goulemot, Gefährliche Bücher, S. 59.
24 B.N., ms. fr. 22 123, zit. nach Herrmann-Mascard, La Censure des livres à Paris, S. 97.
25 Manuel, La Police de Paris dévoilée, Bd. I, S. 201: »Un peuple qui veut s'instruire ne se contente pas de la Gazette de France.«
26 Vgl. zum Lesegeschmack der Zeitgenossen auch Henri Carré, Quelques mots sur la presse clandestine. Poitiers 1893, S. 3 f.
27 Ordonnance de Monsieur le lieutenant de police qui fait deffense à toutes personnes de vendre ni distribuer aucuns libelles, sous peine de punition exemplaire.
28 B.N., ms. fr. 22 063, f° 29: Mémoire sur la librairie de Versailles et sur les abus qui s'y commettent.
29 Département de Paris. Extrait du procès-verbal de la séance tenue en la salle des Électeurs par le Conseil-général du Département des commissaires de toutes les autorités constituées du Département, & des Sections de Paris réunis. Du Dimanche 21 juillet 1793. Paris 1793, S. 2 f. (Arch. Nat., AD I 108).
30 So Rychner, Alltag einer Druckerei im Zeitalter der Aufklärung, S. 54.
31 Manuel, La Police de Paris dévoilée, Bd. I, S. 24.
32 Der Verleger Bruyset aus Lyon etwa bemerkte zu den ausländischen Rivalen: »La Hollande, la Suisse, Genève, Neuchâtel, le pays de Liège faisaient gémir leurs presses sur des ouvrages composés en France où ils se consom-

maient au détriment de notre commerce.« Zit. nach Silvio Corsini, L'Édition française hors des frontières du royaume. Les presses lausannoises sous la loupe. In: Revue française d'histoire du livre 62/63 (1989, S. 93–119, hier S. 93.

33 Beschreibung des Fürstenthums Welsch-Neuenburg und Vallengin. Berlin 1783, S. 293.

34 Zit. nach Jeanprêtre, Histoire de la Société Typographique, S. 73.

35 Zit. nach Rychner, Alltag einer Druckerei im Zeitalter der Aufklärung, S. 54 f.

36 Jeanprêtre, Histoire de la Société Typographique, S. 74.

37 Darnton, Die verbotenen Bestseller im vorrevolutionären Frankreich, S. 11.

38 Dazu auch Corsini, Les Presses lausannoises sous la loupe, S. 94.

39 B.N., nouv. acq. fr. 1214, Bericht der Polizei vom 14. Mai 1753.

40 Ebd., Bericht der Polizei vom 1. Juni 1762.

41 Vgl. Mass, Literatur und Zensur in der frühen Aufklärung, S. 142 ff. Als das Werk im Frühjahr 1721 im Buchhandel erschien, wurden als Herausgeber »Pierre Martel, Cologne« und »Pierre Brunel, Amsterdam« genannt. Ein ›Pierre Martel‹ hat in Wirklichkeit jedoch nie existiert, Name und Wohnsitz des Verlegers waren fingiert. Die Erwähnung dieser Scheinfirma fungierte als eine Art Erkennungscode, da sie den Leser auf den provokativen Charakter des betreffenden Werkes hinwies. Vgl. auch Mass, S. 140.

42 Zu Néaulme, der 1754 nach Amsterdam zog und Filialen in Paris, Berlin und Altona eröffnete, vgl. Hans Furstner, Geschichte des niederländischen Buchhandels. Wiesbaden 1985, S. 68 f.

43 Vgl. B.N., ms. 22 101, f° 137: Extrait du catalogue général d'assortiments de J. E. Dufour, imprimeur-libraire françois, à Maastricht. In dem Katalog warb Dufour seine Kunden mit dem Versprechen, man fände bei ihm »une collection choisie des articles les plus intéressants dans tous les genres«.

44 Belin, Le Commerce des livres prohibés à Paris de 1750 à 1789, S. 39 f.; Herrmann-Mascard, La Censure des livres à Paris, S. 99.

45 Biographische Angaben zu Rey finden sich vor allem in dem Aufsatz *Isabella van Eeghens, Daniel Elsevier and Marc-Michel Rey.* In: Quaerendo XII, Nr. 3, Sommer 1982, S. 183–198, hier S. 193 ff.

46 Zum Verhältnis Voltaire – Marc-Michel Rey: Jeroom Vercruysse, Voltaire et Marc-Michel Rey. In: Studies on Voltaire 58 (1967), S. 1707–1763.

47 Zu Boubers vgl. neuerdings den sehr informativen Beitrag von Christian Coppens, Un règlement de l'imprimerie de Jean-Louis de Boubers en 1781. In: Quaerendo XIX, 1 & 2, Winter/Frühling 1989, S. 83–116.

48 Polizeibericht vom 30. Juli 1784, Arch. Nat., Y 11 425.

49 Vercruysse, Voltaire et Marc Michel Rey, S. 1708.

50 Arch. de la Bastille 12 056. Brief vom 3. September 1755: »Mon nom était alors l'abbé Marc d'Harnonville. Je ne veux point être connu de Gosse sous un autre nom.«

51 Ebd.: »Je faisais ses feuilles hebdomadaires, espèce de petit journal, sous le titre de bigarrure.« Vgl. dazu auch Eugène Hatin, Les Gazettes de Hollande et la presse clandestine aux XVIIe et XVIIIe siècles. Paris 1865, S. 205.

52 Vgl. ebd.
53 Zu Durey de Morsans Lebensweg vgl. Jeroom Vercruysse, Joseph Marie Durey de Morsan chroniqueur de Ferney (1769–1772) et l'édition neuchâteloise des Questions sur l'Encyclopédie. In: Studies on Voltaire 230 (1985), S. 323–379.
54 Arch. de la Bastille 12 056, 3. September 1755.
55 Ebd., Brief vom 22. Juni 1755.
56 Vercruysse, Joseph Marie Durey de Morsan chroniqueur de Ferney (1769–1772) et l'édition neuchâteloise des Questions sur l'Encyclopédie, S. 325.
57 Zit. nach É. Laboulaye/G. Guiffrey, La Propriété littéraire au XVIIIe siècle. Paris 1854, S. III.
58 Zu den Geschäften der Gebrüder Cramer vgl. Giles Barber, The Cramers of Geneva and their Trade in Europe between 1755 and 1766. In: Studies on Voltaire 30 (1964), S. 377–413, und Bernard Gagnebin, Voltaire. Lettres inédites à son imprimeur Gabriel Cramer. Genf/Lille 1952, S. VII - XL.
59 Morande, La Gazette noire par un homme qui n'est pas blanc ou oeuvres posthumes du gazetier cuirassé, S. 3 f.: »Dites en France que le Roi ne voit pas clair; que ses ministres ont la berlue; osez avancer que le Roi n'a pas le pouvoir héréditaire de faire des miracles à son sacre, de guérir les écrouelles; soutenez que la Reine n'a pas dansé avec grâce à un bal masqué ou paré; osez dire sourtout que les ministres n'ont pas des yeux d'Argus, des génies d'aigle; parlez mal seulement du chien de Monsieur, du perroquet de madame, & vous courez risque d'être oublietté, ... étranglé, roué.«
60 Zur Druckgeschichte des *Gazetier cuirassé*: Robiquet, Théveneau de Morande, S. 25 ff.
61 Vgl. speziell zu den Verhältnissen in Avignon: René Moulinas, L'imprimerie, la librairie et la presse à Avignon au XVIIIe siècle. Grenoble 1974, S. 37 f.
62 Zu dem Schriftsteller Taupin D'Orval, der wenigstens eines seiner Werke in Avignon hatte drucken lassen, vgl. B.N., nouv. acq. fr. 1214, Polizeibericht vom 1. Oktober 1761.
63 B.N., ms. fr. 22 098, f° 22.
64 Ebd., f° 93.
65 Vgl. Werner Krauss, Über den Anteil der Buchgeschichte an der literarischen Entfaltung der Aufklärung. In: Sinn und Form 1960, Heft 1, S. 32–88 und Heft 2, S. 270–314, hier S. 290.
66 Zu Pierre Rousseau und dem *Journal encyclopédique*: Raymond Birn, The ›Journal Encyclopédique‹ and the ›Old Régime‹. In: Studies on Voltaire XXIV (1963), S. 219–240.
67 Zu einem Konflikt mit Charles Godefroy kam es nur einmal, im Dezember 1762, als der Herzog Rousseaus *Privilège* aufkündigte und dessen Druckutensilien beschlagnahmen ließ. Vorausgegangen war der Versuch Rousseaus, Bouillon zu verlassen und mit seinem Unternehmen in das intellektuell reizvollere Mannheim zu ziehen. Dieser Schritt hätte für das Herzogtum erhebliche finanzielle Einbußen bedeutet. Ebd., S. 233 f.
68 Ebd., S. 232.

69 Zit. nach Fernand Clément, La Société Typographique de Bouillon. In: Annales de l'Institut Archéologique du Luxembourg, Bd. CXII - CXIII, 1981/82, S. 137–189, hier S 142.
70 Ebd., S. 156.
71 Zit. nach Belin, Le Commerce des livres prohibés à Paris de 1750 à 1789, S. 44.
72 Vgl. insbesondere Shaw, Problems and Policies of Malesherbes as Directeur de la Librairie in France, S. 40–46. Zu den ökonomischen Implikationen dieser Regelung, die unter Vergennes verschärft wurde und die Pariser Zunft stärkte: Darnton, Lesen, Schreiben und Publizieren, S. 169 f.
73 Vgl. Herrmann-Mascard, La Censure des livres à Paris, S. 101.
74 Ebd., S. 82 f.
75 Zu den zu diesem Zeitpunkt erhobenen Steuern vgl. J. J. Clamageran, Histoire de l'impôt en France. Paris 1876, Bd. 3, S. 434.
76 Darnton, Lesen, Schreiben und Publizieren, S. 171.

Verbotener Druck in der französischen Provinz

1 B. N., ms. fr. 22 075, f° 21.
2 Zu den Verhältnissen in Rouen vgl. d'Hémerys *Observations sur les libraires et imprimeurs de Rouen* von 1771. B.N., ms. fr. 22 101, f° 27.
3 Bibliothèque Royale, Brüssel, ms. 15 709, f° 35.
4 Zum Druckort Senlis vgl. B.N., nouv. acq. fr. 1214, Polizeibericht vom 26. März 1766: Jean Léonard Larché ließ 900 Exemplare der Schrift *Avis au public* in Senlis drucken. 1752 übernahm der Drucker Rocher die Drucklegung von Génards *École de l'homme* (Arch. de la Bastille 11 810).
5 Zum Druckort Alençon vgl. Arch. Nat. Y 11 442, Verhörprotokoll des Händlers Desauges vom 12. April 1786.
6 Zur Bedeutung der Stadt Bordeaux als Umschlagplatz des geheimen Buchhandels vgl. Louis Desgraves, De Genève à Lisbonne par Bordeaux: un circuit du livre clandestin en 1772–1774. In: Revue française d'histoire du livre V (1975), S. 217–219, hier S. 217 f.
7 Bei dem Drucker und Buchhändler Jean-Baptiste Hyacinthe Le Clerc aus Nancy fand die Buchpolizei Anfang Januar 1767 ein ganzes Sortiment von verbotenen Büchern und Raubdrucken vor. In dem Haus, in dem er wohnte, waren bei der Ankunft der Polizei die Gehilfen Le Clercs an zwei Pressen gleichzeitig mit dem Druck verbotener Werke beschäftigt. B.N., ms. fr. 22 098, f° 78.
8 B.N., ms. fr. 22 101, f° 180: État des opérations qui ont été faites chez les auteurs, imprimeurs, libraires, colporteurs et écrivains arretés ou chez lesquels il a été fait des perquisitions ou des saisies au sujet des libelles qui ont parus depuis la déclaration de décembre 1770 jusqu'à présent.
9 Ebd., f° 27.
10 Zu dieser Polizeiaktion: ebd., f° 33–34.

11 Georges Lepreux, Gallia Typographica ou répertoire biographique et chronologique de tous les imprimeurs de France depuis les origines de l'imprimerie jusqu'à la Révolution. Zum Beispiel Bd. III, Province de Normandie, Paris 1912.
12 Treffend dazu: Darnton, Édition et Sédition, S. 122: »Sur le marché éditorial, les libraires se répartissent en trois cercles – les solides, les moyens, les marginaux –, et les livres prohibés refluent, comme sous l'effet d'une force centrifuge, aux marges du système.«
13 Zur Familie Machuel vgl. neuerdings Jean-Dominique Mellot, Rouen et les ›libraires forains‹ à la fin du XVIIIe siècle: La Veuve Machuel et ses correspondants. In: Bibliothèque de l'École des Chartes 147 (1989), S. 503–538.
14 Zur Familie Machuel auch: Lepreux, Gallia Typographica. Série Départementale, Bd. III, Province de Normandie. Paris 1912, S. 294 f.
15 Vgl. dazu Jean Quéniart, L'Imprimerie et la librairie à Rouen au XVIIIe siècle. Rennes 1969, S. 179.
16 Arch. de la Bastille 12 229.
17 Zu den Hintergründen der Affäre vgl. auch Quéniart, L'Imprimerie et la librairie à Rouen au XVIIIe siècle, S. 221 ff.
18 Arch. de la Bastille 12 229, 13. April 1764.
19 Vgl. dazu noch einmal B.N., ms. fr. 22 101, f° 27: Observations sur les libraires et imprimeurs de Rouen, au sujet des arrêtés et remontrances.
20 Die Straßburger Verhältnisse um die Mitte des 18. Jahrhunderts charakterisiert treffend Wilhelm Stieda, Zur Geschichte des Straßburger Buchdrucks und Buchhandels. In: Archiv für Geschichte des Deutschen Buchhandels V (1880), S. 1 – 145, hier S. 69: »Jetzt war es aber auch üblich geworden, daß viele Kaufleute und andere Privatpersonen mit Umgehung der Buchhändler direct sich Bücher verschrieben, nicht nur für den eigenen Bedarf, sondern um zugleich damit Handel zu treiben.«
21 Nach Roger Chartier, L'Imprimerie en France à la fin de l'Ancien Régime: L'État général des imprimeurs de 1777. In: Revue française d'histoire du livre 3 (1973), S. 253–279, hier S. 278.
22 Zit. nach Brucker, Urkunden über die Verhältnisse des Buchhandels und der Presse in Straßburg im 18. Jahrhundert. In: Archiv für Geschichte des Deutschen Buchhandels VIII (1883), S. 123–163, hier S. 139 ff.
23 Zit. nach Stieda, Zur Geschichte des Straßburger Buchdrucks und Buchhandels, S. 70.
24 Arch. de la Bastille 12 398.
25 Ebd.
26 Ebd. Der Absender des Briefes lieferte Sartine u. a. einen »petit abrégé des principaux livres dont elle cherche à inonder Paris«.
27 Ebd.
28 Ebd., Verhörprotokoll vom 24. November 1771.
29 Ebd., Verhörprotokoll vom 2. Dezember 1771: »Assure que sachant à peine lire le français, elle ne connaissait point les livres qu'on lui demandait.«
30 Ebd.: »Elle est encore si étourdie de son voyage à Paris, qu'il lui faudra plus d'un jour pour se remettre à son aise.«

31 B.N., ms. fr. 22 101, f° 134 und f° 140.
32 Arch. de la Bastille 12 398: »Il est arrivé avant-hier une scène fort tragique à la veuve Stockdorff, l'empoisonneuse de Strasbourg ...«
33 Ebd.; Darstellung der Polizeiaktion in der Bittschrift des Daniel Riss, der sich im übrigen nicht als ›Associé‹ oder ›Commis‹ der Buchhändlerin bezeichnete, sondern als deren Freund und engen Verwandten. Der Version des Riss zufolge hatte zumindest ein Polizeiagent ihm gegenüber Freundlichkeit demonstriert: »Il me prenait à la main disant Riss, je suis fâché pour vous, ne craignez rien, on m'a dit beaucoup de bien de vous, mais il faut faire ce voyage.«
34 B.N., ms. fr. 22 101, f° 230.
35 Libraires françois & étrangers avec lesquels la ve Stochdorph étoit en correspondance et qui lui fournissoient ou à qui elle fournissoit des livres défendus. Ebd., f° 123.
36 Die Buchhändlerin Stockdorff und Daniel Riss verließen die Bastille am 3. August 1773. Vgl. Funck-Brentano, Les Lettres de cachet à Paris, S. 391.
37 Laut Montbas, La Littérature clandestine au XVIIIe siècle, S. 322, soll der Witwe der Pranger dank der Initiative Maupeous erspart geblieben sein. Montbas nennt freilich keinen Beleg für diese Behauptung.
38 Ebd., vgl. den Wortlaut des *Jugement rendu en dernier ressort par Monsieur de Sartine*: »Condamne la veuve Stochdorph (sic!) à être attachée au carcan en place de Grève par l'exécuteur de la haute-justice, & y demeurer depuis midi jusqu'à deux heures, ayant écriteau devant & derrière portant ces mots: marchande libraire faisant à Strasbourg, en récidive, le commerce de livres contraires à la religion, & aux bonnes moeurs; ce fait, bannie pour neuf ans de la ville prévôté & vicomté de Paris, même de la ville de Strasbourg.«
39 Vgl. François Ritter, La Police de l'imprimerie et de la librairie à Strasbourg depuis les origines jusqu'à la Révolution Française. In: Revue des Bibliothèques 32 (1922), S. 161–200, hier bes. S. 190 f. Daß der Fall Stockdorff auch unter dem Aspekt einer Machtprobe einerseits zwischen Paris und Straßburg und andererseits zwischen der Straßburger Buchhändlerzunft und dem Straßburger Magistrat zu sehen ist, wird deutlich in der Darstellung von Ingeborg Streitberger, Der Königliche Prätor von Straßburg 1685–1789. Wiesbaden 1961, S. 251 ff.
40 Arch. de la Bastille 12 398.
41 Ebd.
42 Ebd.
43 Ebd.
44 Arch. de la Bastille 12 229, 25. April 1764.
45 Den ein *Arrest du Conseil D'État du Roi* von 1764 mit einer ganzen Reihe von Sanktionen belegte, vgl. dazu B.N., ms. fr. 22 096, f° 44.
46 B.N., ms. fr. 22 094, f° 58.
47 Dazu informativ der Artikel von David Warner Smith, Helvétius, Voltaire and a French Pirate: Michelin of Provins. In: Australian Journal of French Studies 3 (1970, S. 289–298, hier S. 290 f.

48 Ebd., f° 63.
49 B.N., ms. fr. 22 094, f° 200.
50 Ebd.
51 Smith, Helvétius, Voltaire and a French Pirate: Michelin of Provins, S. 296. Zu Michelins Selbstdarstellung während der Revolution vgl. im Kapitel 6 den Abschnitt über die Bastille-Opfer.
52 Vgl. dazu vor allem die Hinweise bei Michel Vernus: Les Marchands-merciers, pionniers de la diffusion du livre: l'exemple de la Franche-Comté au XVIIIe siècle. In: Le Livre en Franche-Comté. Dole 1984, S. 153–160.
53 Anne Sauvy, Noël Gilles dit la pistole. ›Marchand forain libraire roulant par la France‹. In: Bulletin des Bibliothèques de France, 12e année, n° 5, Mai 1967, S. 177–190. Ab ca. 1773 besaß Gilles allerdings in Montargis zusätzlich ein »magasin de livres«.
54 Ebd., S. 182–187.
55 Zit. nach Pierre Casselle, Recherches sur les marchands d'estampes parisiens d'origine cotentinoise à la fin de l'Ancien Régime. In: Bulletin d'histoire moderne et contemporaine 11 (1978), S. 74–93, hier S. 76.
56 Arch. de la Bastille 12 249.
57 Arch. de la Bastille 12 385.
58 Ebd.
59 Der Name Laisnés sollte in einem Verhörprotokoll vom Januar 1772 erneut in den Archiven der Pariser Polizei auftauchen. Obwohl ihn der Kommissar Chenon zu diesem Zeitpunkt mit allerlei belastendem Material konfrontieren konnte – u. a. mit an Rey in Amsterdam adressierten Briefen, die um die Zusendung von ›Neuheiten‹ kreisten –, war dem Verdächtigen kein Geständnis zu entlocken. Arch. Nat., Y 11 387.
60 Arch. de la Bastille 12 385, 31. Oktober 1767.
61 Ebd., 3. Oktober 1770.
62 Ebd.
63 Arch. de la Bastille 12 392.
64 Vgl. die Darstellung von Toussaint Gautier, Histoire de l'imprimerie en Bretagne. Rennes 1857, S. 58–61.
65 Arch. de la Bastille 12 392: »Précis des opérations faites ... par le s d'Hémery, tant à Caen et Avranches, qu'à St. Malo, Alençon ... chez les libraires et imprimeurs où il a cru devoir se porter, pour y saisir les différents ouvrages relatifs aux affaires actuelles.«
66 Ebd.
67 Ebd.
68 Zu Manourys Kontakten mit der S.T.N. vgl. Darnton, Édition et Sédition, S. 90–104.
69 Zit. nach A. P. Charlons d'Argé, Un Éditeur du XVIIIe siècle. Martin-Hubert Cazin. In: Revue des provinces II (1864), S. 391–400, hier S. 391.
70 B.N., ms. fr. 22 096, f° 111. Vgl. auch Arch. de la Bastille 10 305, 26. September 1769: Beschlagnahmung der bei Cazin konfiszierten Bücher.
71 Ebd.

72 Vgl. dazu die von Guy Biart in seinem Aufsatz über *Pierre Rousseau, chef d'une maison d'édition au siècle des lumières* abgedruckten Quellentexte. In: Jeroom Vercruysse (Hg.), La Communication par l'imprimé au dix-huitième siècle. Actes du 6e Congrès International des Lumières, Brüssel 1983, S. 47–63, hier S. 61.

73 Paul Englisch, Irrgarten der Erotik. Eine Sittengeschichte über das gesamte Gebiet der Welt-Pornographie. Stuttgart 1965 (Reprint von 1931), S. 2–4.

74 Arch. de la Bastille 12 392.

3. Kapitel
Die Hauptstadt des literarischen Untergrundes

Endstation Paris: Die Routen des Bücherschmuggels

1 Vgl. dazu Jeanprêtre, Histoire de la Société Typographique de Neuchâtel, S. 149–151.

2 Ebd., S. 150.

3 Vgl. dazu noch einmal die *Beschreibung des Fürstenthums Welsch-Neuenburg und Vallengin*, S. 2.

4 Zur Organisation der Schmuggelbanden liefert wichtige Hinweise u. a. A. Ferrer, Quelques aspects de la contrebande des livres en Franche-Comté au XVIIIe siècle (à travers les archives comtoises). In: Le Livre en Franche-Comté. Dole 1984, S. 161–179, hier S. 171.

5 Arch. de la Bastille 11 810.

6 B.N., nouv. acq. fr. 1214, 2. März 1752.

7 François Génard, L'École de l'homme ou parallèle des portraits du siècle & des tableaux de l'Écriture Sainte. Ouvrage moral, critique et anecdotique. Londres (sic) 1752, S. 130.

8 Ebd., 10. März 1752. Vgl. auch Arch. de la Bastille 10 302, Informantenbericht, ebenfalls März 1752.

9 Arch. de la Bastille 11 810, Bericht über die Verhaftung und erste Befragung La Roches, 15. März 1752.

10 Ebd., 4. April 1752.

11 Ebd.

12 Zu den Geschäftskontakten Guys vgl. auch die Darstellung von Yves Zacharie Dubosq, Le Livre français et son commerce en Hollande de 1750 à 1780. Paris 1925, S. 131–135.

13 Arch. de la Bastille 12 316 und Arch. de la Bastille 12 582.

14 Vgl. etwa Arch. Nat., Y 11 416, 20. November 1781; zu den Schmuggelversuchen des Händlers Lorme La Tour aus Lüttich: Arch. de la Bastille 11 694.

15 Dazu Piganiol de la Force, Nouveau voyage de France, avec un itinéraire, et des cartes. Bd. I, Paris 1780, S. 4.

16 Vgl. die Aussage Mallets, 29. Juni 1783, Arch. Nat., Y 11 441.
17 Arch. Nat., Y 11 442.
18 Vgl. dazu etwa den Bericht von Campe in seinen *Briefe(n) aus Paris, zur Zeit der Revolution geschrieben*, S. 24 ff.
19 Zu diesem Punkt lassen sich u. a. die folgenden Belege anführen: Bericht über die Festnahme des Louis Levasseur de Rainville am 23. April 1783, Arch. Nat., Y 11 422; Arch. Nat., Y 11 434, 13. Januar 1789: Festnahme des Louis Fardreau und Arch. Nat., Y 11 416: Bericht über die Überprüfung der Insassen eines Einspänners, die wegen ihres verdächtigen Benehmens einer Zollpatrouille aufgefallen waren. 20. November 1781.
20 Vgl. dazu die Aussage Mallets vom 29. Juni 1783. Arch. Nat., Y 11 441.
21 So wird Laguettes Handlungsweise beschrieben im *Arrest du Conseil d'État du Roy, qui prononce des Peines contre un libraire, du 14 Octobre 1750*.
22 Vgl. dazu B.N., ms. fr. 22 109, f° 68.
23 Arch. de la Bastille 12 056, 8. Juni 1755.
24 Ebd., Brief vom 22. Juni 1755.
25 Ebd., Brief vom 8. Juni 1755.
26 Ebd., 1. Juli 1755.
27 Vgl. dazu auch William L. Chew, Das Leben in Frankreich zwischen 1780 und 1815 im Zeugnis amerikanischer Reisender. Tübingen 1986, S. 75 ff.
28 Carré, Quelques mots sur la presse clandestine, S. 10.
29 Theoretisch unterlagen die Kutschen der *grands seigneurs* – sogar die Kutschen der königlichen Familie – zwar dem gleichen Reglement wie alle Kutschen, die nach Paris hineinfuhren. In der Praxis hatte es sich freilich als unmöglich erwiesen, diese Regelung anzuwenden. Vgl. Herrmann-Mascard, La Censure des livres à Paris à la fin de l'Ancien Régime, S. 105, und Belin, Le Commerce des livres prohibés à Paris, S. 63 f.
30 Vgl. etwa Arch. de la Bastille 10 301, Bericht über das Vorgehen des Kolporteurs Mérigot (1748).
31 Vgl. dazu etwa Arch. Nat., Y 11 429, 20. Februar 1786, und B.N., ms. fr. 22 101, f° 29. Vgl. ferner B.N., ms. fr. 22 101, f° 257, 30. November 1771: Festnahme des Kutschers André Trouet, der der Witwe Stockdorff als Kurier gedient hatte.
32 Arch. Nat., Y 11 434.
33 Arch. Nat., Y 11 423, 24. Oktober 1783.
34 Vgl. dazu die Bestimmungen des *Arrest du Conseil d'Estat du Roy, portant Règlement pour les marchandises de Librairie, Estampes, & autres Imprimés, venant de Rouen à Paris* (14 Septembre 1741).
35 Arch. de la Bastille 12 400, Bericht vom 4. Juni 1772.
36 Arch. de la Bastille 10 303.
37 Arch. Nat., Y 11 431, Verhaftungs- und Verhörprotokoll vom 30. April 1787.
38 Michelin aus Provins füllte ein kleines Faß mit den Druckbögen des *De l'esprit* und steckte dieses dann in ein größeres Weinfaß (Arch. de la Bastille 12 084).
39 Arch. Nat., Y 11 442, 8. Dezember 1785.

40 Arch. de la Bastille 12 392, 9. September 1771. Vgl. ergänzend dazu auch B.N., ms. fr. 22 101, f° 97. Weitere Beispiele für weibliche Schmuggeltechniken in Arch. Nat., Y 11 428, 11. August 1785: Festnahme der Marguerite Gillet.
41 Arch. Nat., Y 15 828.
42 Ebd.

Treffpunkte und Umschlagplätze

1 Heinrich Cunow, Politische Kaffeehäuser. Berlin 1925, S. 11.
2 Vgl. Hermann Westerfrölke, Englische Kaffeehäuser als Sammelpunkte der literarischen Welt im Zeitalter von Dryden und Addison. Jena 1924, S. 3; V.-L. Saulnier, La Littérature française du siècle philosophique. Paris 1943, S. 10, besonders aber die Darstellung von Wolfgang Schivelbusch, Das Paradies, der Geschmack und die Vernunft. Eine Geschichte der Genußmittel. Frankfurt am Main/Berlin/Wien 1983, S. 68 ff.
3 Zit. nach Peter Albrecht, Kaffee. Zur Sozialgeschichte eines Getränks. Veröffentlichungen des Braunschweigischen Landesmuseums Nr. 23, Braunschweig 1980, S. 7.
4 Nach der Darstellung von Ulla Heise, Kaffee und Kaffeehaus. Eine Kulturgeschichte. Hildesheim/Zürich/New York 1987, S. 16.
5 Jean Leclant, Le Café et les cafés à Paris (1644–1693). In: Annales E.S.C. 6 (1951), S. 1–14, hier S. 8.
6 Vgl. Georges de Wissant, Cafés et Cabarets. Paris 1928, S. 84.
7 Auf diese Auseinandersetzung spielen Montesquieus *Lettres Persanes* mit der folgenden Passage an:»Le café est très en usage à Paris. Il y a un grand nombre de maisons publiques où on le distribue. Dans quelques-unes de ces maisons, on dit des nouvelles; dans d'autres, on joue aux échecs. Il y en a une où l'on apprête le café de telle manière qu'il donne de l'esprit à ceux qui en prennent; au moins de tous ceux qui en sortent, il n'y a personne qui ne croie qu'il en a quatre fois plus que lorsqu'il y est entré.« Œuvres complètes de Montesquieu. Hg. von Édouard Laboulaye. Bd. I, Paris 1875, S. 141.
8 Joachim Christoph Nemeitz, Séjour de Paris oder getreue Anleitung, welchergestalt Reisende von Condition sich zu verhalten haben, wenn sie ihre Zeit und Geld nützlich und wohl zu Paris anwenden wollen. Frankfurt 1718, S. 90.
9 Vgl. François Fosca, Histoire des cafés de Paris. Paris 1934, S. 14: »Le succès de Procope fut tel que bientôt les cafés se multiplièrent. Au début de la Régence, exactement en 1716, il y en avait environ trois cents. Ce nombre passa à 380 en 1723, à 1800 en 1788, à 4000 en 1807.« Diese Zahlen werden jedoch nicht näher belegt.
10 Paris 1790, S. 60.
11 Johann Georg Heinzmann, Reise nach Paris und Rückkehr durch die Schweiz. Basel 1800, S. 57.

12 Campe, Briefe aus Paris, S. 37.
13 (Zimmermann), Paris wie es war und wie es ist. Ein Versuch über den vormaligen und heutigen Zustand dieser Hauptstadt in Rücksicht der durch die Revolution darin bewirkten Veränderungen. In einer Reihe von Briefen eines reisenden Engländers. Leipzig 1806, 3. Theil, S. 60.
14 Friedrich Schulz, Ueber Paris und die Pariser. Berlin 1791, 241 f. Zu Schulzes Biographie vgl. Thomas Grosser, Reiseziel Frankreich. Deutsche Reiseliteratur vom Barock bis zur Französischen Revolution. Opladen 1989, S. 184–186.
15 Vgl. dazu u. a. die Darstellung Louis-Abel Beffroy de Reignys (genannt Cousin Jacques) in seiner *Histoire de France pendant trois mois.* Paris 1789, S. 18: »Au milieu d'un auditoire nombreux, on voyait un particulier monté sur une table ou sur un banc, s'échauffer en faveur de la Patrie, déployer une éloquence toujours enthousiaste, quelquefois téméraire, mais souvent soutenue par des raisonnemens solides & par des réflexions judicieuses.«
16 Vgl. dazu die *Correspondance d'un habitant de Paris avec ses amis de Suisse et d'Angleterre, sur les événemens de 1789, 1790 et jusqu'au 14 avril 1791.* Paris 1791: »Le caffé de foy devient le foyer principal de ces confédérations patriotiques.«
17 Vgl. dazu Jacques Hillairet, Connaissance du vieux Paris. Paris 1956, Bd. »Rive droite«, S. 196 f.
18 Vgl. die Charakterisierung der einzelnen Cafés im *Tableau du nouveau Palais-Royal.* »A Londres et se trouve à Paris« 1788, S. 29–57.
19 Schulz, Ueber Paris und die Pariser, S. 469.
20 Ebd.
21 Ebd., S. 46–57.
22 *Paris wie es war und wie es ist,* S. 64.
23 Vgl. dazu die Aufzählung Pierre-Antoine La Mésangères, Le Voyageur à Paris. Tableau pittoresque et morale de cette capitale. Paris 1797, S. 37.
24 Wie nachzulesen in den Memoiren von Duclos. In: M. de Lescure, Mémoires biographiques et littéraires. Mémoires de Duclos, Mme Suard, Corancez. Paris 1881, S. 24. Zu Voltaires Anwesenheit im Café Procope vgl. auch Jean-Émile Bayard, Le Quartier Latin hier et aujourd'hui. Paris 1924, S. 37.
25 So das Urteil Isaak Iselins, zit. nach Diezinger, Paris in deutschen Reisebeschreibungen des 18. Jahrhunderts, S. 312.
26 Vgl. Monselet, Les Oubliés et les dédaignés. Bd. I., S. 60.
27 Als typischer Kaffeehausschnorrer wurde beispielsweise der Schriftsteller Baculard d'Arnaud in einer zeitgenössischen Schriftstellerchronik charakterisiert. Vgl. Pascal Buhan, Revue des auteurs vivans, grands et petits. Coup d'oeil sur la république des lettres en France. Lausanne s. d., S. 4.
28 Armand La Pointe, Un Café littéraire au XVIIIe siècle. In: Revue de France 11 (1874), S. 565–571, hier S. 566.
29 B.N., nouv. acq. fr. 10 781, fol.
30 B.N., nouv. acq. fr. 10 782, fol. fol. 4: »C'est un pauvre auteur a qui la tete a tourné, parce que ses pieces ne plaisoient pas au public.«

31 Lapointe, Un Café littéraire au XVIIIe siècle, S. 567.
32 Schulz, Ueber Paris und die Pariser, S. 243.
33 Nicht umsonst zog sich Schulz in ein Kaffeehaus zurück, wenn seine ausgedehnten Streifzüge ihn ermüdet hatten. Ebd., S. 9.
34 Ebd., S. 243.
35 Zur Problematik des Begriffs »plebejische Öffentlichkeit« und seiner Abgrenzung gegen Negt/Kluges »proletarische Öffentlichkeit«: Günther Lottes, Politische Aufklärung und plebejisches Publikum. Zur Theorie und Praxis des englischen Radikalismus im späten 18. Jahrhundert. München/Wien 1979, S. 109 ff.
36 Dazu auch Daniel Roche, Le Peuple de Paris. Paris 1981, S. 256: »Qui s'occupe de la culture du peuple rencontre très tôt le cabaret.«
37 So rechtfertigte sich der Autor Yves-Zacharie de Montfort, der im Café durch seine scharfe Kritik an der Unterdrückung der alten Parlamente aufgefallen war. Arch. de la Bastille 12 392, Verhörprotokoll vom 30. März 1771.
38 Ebd.
39 Vgl. auch Hans Erich Bödeker, Das Kaffeehaus als Institution aufklärerischer Geselligkeit. In: Étienne François (Hg.), Sociabilité et société bourgeoise en France, en Allemagne et en Suisse, 1750–1850. Paris 1986, S. 65–79.
40 Dazu Brennan, Public Drinking and Popular Culture in Eighteenth-Century Paris, S. 269–310; auch Alfred Franklin, La vie privée d'autrefois. Bd. 13, Le Café, le thé & le chocolat. Paris 1893, S. 241.
41 Vgl. dazu u. a. Arch. de la Bastille 10 133, Procès-verbaux rédigés par les commissaires au Châtelet, des patrouilles faites dans les rues de Paris et visites dans les cabarets, Bericht des Kommissars Convers-Desormeaux vom 28. Januar 1775: »L'an 1775 le samedi vingt huit janvier dix heures du soir ... nous nous sommes transportés ... chez différents ... marchands de vin, logeurs, aubergistes ... où se tiennent et retirent ordinairement des vagabonds, gens sans aveu, libertins, rôdeurs de nuit, de mauvaise vie et autres suspects à la sûreté de la dite ville ...«
42 Arch. de la Bastille 11 694.
43 Arch. de la Bastille 10 170. Zu Vanneroux vgl. auch die Bemerkungen bei Funck-Brentano, Les Nouvellistes, S. 251 f.
44 Arch. de la Bastille 12 156; Dossier Guestard.
45 Arch. de la Bastille 11 683.
46 B.N., nouv. acq. fr. 10 783, f° 166.
47 B.N., nouv. acq. fr. 1891, f° 409.
48 B.N., nouv. acq. fr. 10 782, f° 149. Zu Méhégan auch: Funck-Brentano, Les Lettres de cachet à Paris, S. 321.
49 B.N., nouv. acq. fr. 1891, f° 431.
50 B.N., nouv. acq. fr. 1891, f° 501.
51 B.N., nouv. acq. fr. 10 782; vgl. auch den Bericht über die Kaffeehausbesuche des Schriftstellers de la Chamoye, Arch. de la Bastille 12 441, 7. Dezember 1775.

52 Der falsche Mythos des Kaffeehauses wird u. a. beschworen in einem in den 30er Jahren des 19. Jahrhunderts verfaßten Abriß einer Schriftstellergeschichte des 18. Jahrhunderts, der weit interessanter ist in Hinsicht auf die spezifischen Wahrnehmungsweisen des Autors als in Hinsicht auf die berichteten »Fakten«. Kérartry, Les Gens de Lettres d'autrefois, in: Paris ou le livre des Cent-et-un. Bd. 2, Frankfurt 1832, S. 237 f.
53 Arch. de la Bastille 11 846, Polizeibericht vom 18. August 1753; de Julie hatte selbst im Dienst der Pariser Polizei gestanden, bis er mit der Abfassung von *Nouvelles à la main* begann.
54 Arch. de la Bastille 10 170.
55 Arch. de la Bastille 12 390, Bericht vom 4. April 1771.
56 Volkmann, Neueste Reisen durch Frankreich, Bd. I, S. 183.
57 Arch. de la Bastille 12 002; vgl. auch den Aufsatz von Commandant Herault, Un Révolutionnaire en 1758. Le procès de Moriceau de la Motte. In: Annales historiques de la Révolution française I (1924), S. 115–134.
58 Vgl. zur Einschätzung der Rolle der Cabarets Thomas Brennan, Beyond the Barriers: Popular Culture and Parisian Ginguettes. In: Eighteenth-Century Studies 2 (1984/85), S. 153–169, hier bes. S. 162.
59 Schulz, Ueber Paris und die Pariser, passim.
60 Arch. de la Bastille 12 441.
61 Vgl. Arch. de la Bastille 10 133, 2. März 1763: In seinem Bericht über eine nächtliche Patrouille spricht der Kommissar Guyot von 17 Trinkern und einer Prostituierten, die er in einem Cabaret aufgefunden habe. Vgl. generell zu diesem Problem Garrioch, Neighbourhood and Community in Paris, S. 182 f.
62 Vgl. Brennan, Public Drinking and Popular Culture in Eighteenth-Century Culture, S. 269.
63 Ebd., S. 311–313.
64 B.N., ms. fr. 22 096, f° 111.
65 B.N., ms. fr. 22 063.
66 Arch. de la Bastille 12 442.
67 Vgl. Arch. Nat., Y 11 441 und Y 11 442.
68 Zu den Aktivitäten des ›Wiederholungstäters‹ Lefebvre – genannt »der kleine Lefebvre« – vgl. Arch. de la Bastille 12 385 (1765).
69 Arch. Nat. Y 11 429.
70 Arch. de la Bastille 12 249, laut Aussage des Alexis Marais vom 22. September 1765.
71 Vgl. auch Arch. de la Bastille 11 810: Die 1500 Exemplare des Romans *École de l'homme*, die François Génard 1752 in Noyon hatte drucken lassen, wurden auf Schleichwegen nach Paris befördert und zunächst in einem Cabaret in der Rue du Paradis gelagert.
72 Arch. Nat., C 208/160[86].
73 Ebd.
74 B.N., ms. fr. 22 094, f° 62.
75 Arch. de la Bastille 11 544.
76 Arch. de la Bastille 12 392, Verhörprotokoll vom 30. März 1771.

77 Arch. Nat., Y 11 423.
78 Arch. Nat., Y 11 442.
79 Arch. Nat., Y 11 418, Aussage vom 14. September 1781.
80 Zu Desenne vgl. u. a. Cunow, Politische Kaffeehäuser, S. 18 f.
81 Schulz, Ueber Paris und die Pariser, Band I, S. 429.
82 *Palais-royal. Die Hauptstadt der kleinen Welt Paris. Nebst einem Anhange der neuesten Pariser Stadt-Mährchen.* Leipzig 1790 (laut Vorwort die deutsche Übersetzung eines 1787 in Paris erschienenen Werkes), S. 115.
83 Zur Geschichte des Palais-Royal: Willms, Paris – Hauptstadt Europas 1789–1914, S. 17 ff.
84 Mehrere der von der Polizei im Laufe des Jahres 1790 festgenommenen illegalen Kolporteure hatten ihre Ware im Palais-Royal erstanden: vgl. die Verhöre des Jean Louis Igouf (Februar 1790) und des Jacques François Jean (April 1790) in: Arch. de la Préfecture de Police, A^A 81 (Papiers de la Section de la Butte des Moulins).
85 Vgl. den Text des *Arrêt du Conseil d'État du Roi, concernant le commerce de librairie dans les lieux privilégiés* (4. September 1787).
86 Zu den Razzien, die von Chenon 1787/1788 durchgeführt wurden, siehe Arch. Nat., Y 11 431 (Juli – Dezember 1787); Arch. Nat., Y 11 432 (Januar 1788 – Juni 1788); Arch. Nat., Y 11 433 (Juli – Dezember 1788).
87 Und zu Recht hegte, denn von der Schlüsselfunktion des Palais-Royal für die Französische Revolution waren schon die Zeitgenossen überzeugt. Exemplarisch seien nur zwei Urteile zitiert. Camille Desmoulins schrieb in seinem »im ersten Jahr der Freiheit« publizierten *Discours de la lanterne aux Parisiens*: »C'est le Palais Royal qui, depuis six mois, a inondé la France de toutes ces brochures qui ont rendu tout le monde, & le soldat même, philosophe.« (Paris 1789, S. 51). Präziser analysierte die *Correspondance d'un habitant de Paris avec ses amis de Suisse et d'Angleterre, sur les événemens de 1789, 1790 et jusqu'au 4 avril 1791* den Prozeß der Politisierung, den das Palais-Royal ausgelöst hatte: »Il se forma au Palais-Royal des réunions de citoyens, d'oisifs et de rentiers dont Paris abonde. Le caffé de Foy devient le foyer principal de ces confédérations patriotiques« (S. 15).
88 Arch. Nat., Y 11 434 (Januar – Mai 1789).
89 Es handelte sich u. a. um die *Réflexions sur les malheureuses journées passées à Rennes le 25 et 26 janvier* und um das *Détail de ce qui s'est passé à Rennes le 26 janvier 1789*. Ebd.
90 Ein Beispiel: Am 14. März 1789 konfiszierte Chenon bei Gattey, Cussac, Petit und der Witwe Vaufleury insgesamt 46 Exemplare eines Werkes mit dem Titel *Le maréchal de logis des trois ordres*. Für die Händler hatte die Razzia keinerlei Konsequenzen. Ebd.
91 Welcher Redestil im (revolutionären) Palais-Royal gepflegt wurde, geht aus der Denunziation eines gewissen Charles Legrand hervor, der im Mai des Jahres 1790 den Kommissar des Distrikts St. Roch aufsuchte, um von den »propos incendiaires« zu berichten, die er im Palais-Royal bei dem Buchhändler Gattey gehört haben wollte. Ein Unbekannter habe dort gegen Necker gehetzt, dessen Schuld es sei, »que ce royaume était à feu et

à sang et qu'il avait détrôné le souverain«. Arch. de la Préfecture de Police, A^A^ 81.

92 Vgl. Schulz, Ueber Paris und die Pariser, Bd. I, S. 429.

93 Arch. Nat., Y 11 442 (Verhör Le Maîtres vom 7. Juli 1788). Zu Le Maître vgl. den informativen Aufsatz von Jeremy Popkin, Pamphlet Journalism at the End of the Old Regime. In: Eighteenth-Century Studies 22, Nr. 3 (1989), S. 351–367; zur Vorgeschichte Le Maîtres hier bes. S. 351 und 353.

94 Arch. Nat., Y 11 442 (Verhör Rainvilles vom 4. April 1788). Der »Fremde« entpuppte sich bei stärkerem Insistieren des Verhörleiters als Bruder Dennés.

95 Zur Beschreibung der Örtlichkeiten vgl. die Darstellung des Temple im *Almanach du voyageur à Paris*. Paris 1784, S. 581 f.: »Dans cet Enclos sont l'Église, & la grosse Tour flanquée de quatre tourelles aux angles: elle a été bâtie du temps des Templiers; elle contient une Chapelle au rez-de-chaussée, & une salle où se tient le Chapitre Provincial de l'Ordre. Quelques-unes des maisons de cet Enclos sont accompagnées de jardins; d'autres, de peu d'apparence, sont louées à des Marchands & Artisans, qui jouissent de la franchise du lieu.«

96 Arch. de la Bastille 12 403, Bericht vom 30. Mai 1772.

97 So der »Laden« des Händlers Louis Coiffret, der im Januar 1784 von einer polizeilichen Razzia überrascht wurde. Arch. Nat., Y 11 424.

98 Hier war etwa das Geschäft des Händlers Marc Samson zu finden: Arch. Nat., Y 11 423, Polizeibericht vom September 1783.

99 Arch. Nat., Y 11 430.

100 B.N., ms. fr. 22 114, f° 27.

101 Arch. de la Bastille 12 401, undatierter Bericht, verfaßt vermutlich im Juli 1772.

Die geheimen Druckereien: Eine Innenansicht

1 Vgl. dazu die Anmerkungen von Haim Burstin, Le Faubourg Saint-Marcel à l'époque révolutionnaire. Paris 1983, S. 29 ff.; Simon Davies, Paris and the Provinces in Eighteenth-Century Prose Fiction. Oxford 1982, S. 26 ff.; wichtige Literaturhinweise enthält auch die Arbeit von Diezinger, Paris in deutschen Reisebeschreibungen des 18. Jahrhunderts, S. 276–279.

2 Heinzmann, Reise nach Paris, S. 12.

3 Vgl. etwa Antoine-François Momoro, Traité élémentaire de l'imprimerie ou le manuel de l'imprimeur. Paris 1793, S. 16.

4 *Anecdotes Typographiques où l'on voit la description des coutumes, mœurs et usages singuliers des compagnons imprimeurs.* Von Nicolas Contat genannt Le Brun (1762). *La Misère des apprentis imprimeurs.* Von Dufresne (1710). Herausgegeben mit einer Einleitung und Anmerkungen von Giles Barber. Oxford 1980, S. 89–93.

5 Arch. de la Bastille 10 301, Polizeiberichte vom 3. und 5. Oktober 1748.

6 Arch. de la Bastille 11 794.
7 B.N., ms. fr. 22 092, f° 96.
8 Ravaisson, Archives de la Bastille, Bd. XII, S. 448–11. April 1759.
9 B.N., ms. fr. 22 122, f° 35.
10 Arch. de la Bastille 11 794.
11 B.N., ms. fr. 22 092, f° 123.
12 Vgl. dazu Belin, Le Commerce des livres prohibés à Paris de 1750 à 1789, S. 109 f.; Herrmann-Mascard, La Censure des livres à Paris à la fin de l'Ancien Régime, S. 109 f.; Chauvet, Les Ouvriers du livre en France des origines à la Révolution de 1789, S. 410 f., und Pottinger, Censorship in France during the Ancien Régime, S. 91.
13 Arch. Nat., Y 11 442, 7. April 1786.
14 Ebd.
15 Ebd.
16 Arch. de la Bastille 12 257, Polizeibericht vom 28. Dezember 1765.
17 Arch. Nat., Y 11 442, Verhör des Point vom 7. April 1786.
18 Interessante Aufschlüsse über das Konsumverhalten der Drucker finden sich vor allem bei Rychner, Alltag einer Druckerei im Zeitalter der Aufklärung, S. 68 f., und bei Paul Mellottée, Histoire économique de l'imprimerie. Bd. I: L'imprimerie sous l'Ancien Régime 1439–1789. Paris 1905, S. 261.
19 Arch. de la Bastille 11 694.
20 Ebd.
21 Arch. de la Bastille 11 733, 7. Dezember 1750.
22 Arch. de la Bastille 11 982.
23 Arch. de la Bastille 12 257.
24 Ebd., Verhör des Rougelot vom 3. Januar 1766.
25 Arch. Nat., Y 11 442, 7. Februar 1786.
26 Ebd., 17. März 1786.
27 Ebd., 9. Juni 1786.

4. Kapitel
Schreiben und Drucken im Verborgenen

Jugend in der Provinz: Voltaires Erben

1 Vgl. Hans-Jürgen Lüsebrink, Formen und Prozesse kultureller Vermittlung im Frankreich der Aufklärung. In: Gumbrecht/Reichardt/Schleich, Sozialgeschichte der Aufklärung in Frankreich, Bd. 1, S. 55–75, hier S. 62.
2 Nach Robinet, Danton. Mémoire sur sa vie privée. Paris 1865, S. 166.
3 Im Unterschied zu anderen Rousseau-Forschern warnt der Rousseau-Biograph Gérard Walter allerdings vor einer Überbewertung der Begegnung Rousseau – Robespierre: »On doit supposer plutôt que Robespierre a eu

tout simplement l'occasion de voir (dans le sens strict du mot) Rousseau, mêlé à la foule, au hasard d'une promenade aux alentours de la demeure du philosophe, excursion dominicale qui fut assez en vogue chez les Parisiens à un moment donné.« Vgl. Gérard Walter, Robespierre. Paris 1946, S. 24.

4 André Monglond, Le Préromantisme français. Bd. II, Paris 1966, S. 46.

5 Jacques-Pierre Brissot, Réponse de Jacques-Pierre Brissot à tous les libellistes. Paris 1791, S. 6.

6 In seiner Autobiographie charakterisierte er sein schon früh empfundenes Verlangen nach literarischem Ruhm mit den Worten: »J'ai prodigieusement aimé la gloire; c'est l'amour de la gloire qui dès l'âge de neuf ans me faisait travailler la nuit dans mon lit, qui me faisait feuilleter les livres latins et dévorer les histoires. J'avais sans cesse sous les yeux l'image des grands hommes qui s'étaient rendus célèbres par leurs écrits, et j'écrivis.« In: Jacques-Pierre Brissot, Mémoires de Brissot, membre de l'Assemblée Législative et de la Convention Nationale sur ses contemporains, et la Révolution Française. Publiées par son fils, avec des notes et des éclaircissements historiques par M.F. de Montrol. Paris 1830, S. 2.

7 Jacques Lablée, Mémoires d'un homme de lettres. Paris 1825, S. 22.

8 Ebd., S. 54.

9 Ebd.

10 Abbé Dulaurens, Les Abus dans les cérémonies et dans les moeurs. Blois, deuxième année de la Révolution, S. V.

11 Le Pauvre diable. In: Œuvres complètes de Voltaire. Bd. 10, Paris 1877, S. 99 ff.

12 Grimm, Paris zündet die Lichter an, S. 51 f.

13 Zu den Schriftstellern dieser Generation gehörten u. a. André Chénier (1762 geb.), Louis de Fontanes (1757), Charles Théveneau de Morande (1741), Pierre Manuel (1754), Jean-Baptiste Louvet de Couvray (1760), Nicolas Cazalet (1743), François de Neufchâteau (1750), Louis-Sébastien Mercier (1740), Philippe-François-Nazaire Fabre d'Églantine, Sylvain Maréchal (1750), Jean-Antoine Roucher (1745), Joseph Aude (1755), Antoine de Rivarol (1753), Gilbert (1751), Pierre-Ambroise-François Choderlos de Laclos (1741), Michel Dorat-Cubières (1752), Marie-Joseph Chénier (1764).

14 Vgl. exemplarisch Darnton, Die Hochaufklärung und die Niederungen des literarischen Lebens, S. 24 ff.

15 Auf den folgenden Seiten wird ein Typus von ›Untergrundschriftsteller‹ beschrieben, der mir für das späte Ancien Régime repräsentativ zu sein scheint, und den Autoren vom Schlage Manuels, Brissots und Morandes geradezu mustergültig verkörperten. Daß sich die Darstellung vorrangig auf sie konzentriert, während andere ›Untergrundschreiber‹ lediglich am Rande gestreift werden, dürfte angesichts ihrer Bedeutung entschuldbar sein.

16 Vgl. Maurice Dommanget, Sylvain Maréchal. L'Égalitaire. »L'Homme sans Dieu« (1750–1803). Vie et œuvre de l'auteur du Manifeste des Égaux. Paris 1950, S. 16.

17 Léon Béclard, Sébastien Mercier. Sa vie, son œuvre, son temps d'après des documents inédits. Avant la Révolution. Paris 1903, S. 2.

18 A. Albrier, Variétés bibliographiques. Charles Théveneau de Morande. Paris s. d., S. 3.
19 Zu seiner Herkunft vgl. Brissots eigene Darstellung in seiner *Réponse de Jacques-Pierre Brissot à tous les libellistes*, S. 3.
20 John Adolphus, Biographical Memoirs of the French Revolution. Band II, London 1799, S. 12. Seinen eigenen Angaben zufolge wurde Manuel 1754 geboren. Arch. Nat., W 295, N° 246 (Actes du Tribunal Révolutionnaire), Aussage Manuels vom 3. Februar 1786.
21 Vgl. Darnton, Ein Polizeiinspektor ordnet seine Akten, S. 176 ff.
22 Vgl. Darnton, The Literary Revolution of 1789, S. 6.
23 Mornet, Les Origines intellectuelles de la Révolution Française, S. 323.
24 Vgl. hierzu insbesondere Dominique Julia, Staat, Gesellschaft und Reform der Lehrpläne in Frankreich im 18. Jahrhundert. In: Gumbrecht/Reichardt/Schleich, Sozialgeschichte der Aufklärung in Frankreich. Bd. I, S. 117–160; zur Polemik d'Alemberts S. 117 ff.
25 Roger Chartier, Marie-Madeleine Compère und Dominique Julia formulieren in ihrer großangelegten einschlägigen Studie ein zurückhaltendes Fazit: »Il est donc clair que ce sont les milieux les plus populaires du recrutement qui, à la fois, sont les principales victimes des processus de sélection et fournissent les plus brillants des sujets scolaires.« In: Dies., L'Éducation en France du XVIe au XVIIIe siècle. Paris 1976, S. 194.
26 Vgl. dazu auch Lablée, Mémoires d'un homme de lettres, S. 18.
27 Vgl. Paul Dimoff, La Vie et l'œuvre d'André Chénier jusqu'à la Révolution française (1762–1790). Paris 1936, S. 71.
28 J. de Beaufort, Marquis Louis de Fontanes, littérateur et homme politique (1757–1821). In: Les contemporains, S. 1- 16, hier S. 2.
29 Vgl. Jean Lhomer, François de Neufchâteau (1750–1828). Paris/Nancy 1913, S. 2.
30 Vgl. Chartier/Compère/Julia, L'Éducation en France, S. 191.
31 Vgl. Jean Ehrard, Le XVIIIe siècle I. 1720–1750. Paris 1974, S. 20: »On ne s'étonnera de voir s'accroître jusqu'à l'inflation, après 1760 surtout, le nombre des ›gens de lettres‹.« Auch Ehrard rekurriert auf die bereits genannten Ursachen: Zu diesem Zeitpunkt sei eine Generation erwachsen geworden, die a) von den »demographischen Katastrophen« verschont geblieben sei, die b) – zumindest bis 1762 – von dem Aufschwung der Collèges profitiert habe und die c) dem Charisma der großen Vorbilder erlegen sei.
32 Zur Problematik der Schriftstellerstatistiken vgl. Darnton, Lesen, Schreiben und Publizieren. In: Ders., Literaten im Untergrund, S. 149–183, hier bes. S. 150 ff. Darnton macht hier zu Recht auf die gravierenden Mängel der u. a. von Robert Escarpit und David Pottinger repräsentierten quantitativen Autorenforschung aufmerksam: Solange die zeitgenössischen Autoren nur zu einem Bruchteil in die Untersuchung einbezogen werden, dürften die Ergebnisse keinerlei Gemeingültigkeit beanspruchen.
33 Vgl. Darnton, Ein Polizeiinspektor ordnet seine Akten, S. 316, und ders., The Literary Revolution of 1789, S. 3.

34 Vgl. auch Darnton, Die Hochaufklärung und die Niederungen des literarischen Lebens, S. 24 f.
35 La Pétaudière ou observations sur l'état actuel de la littérature. Amsterdam/Paris 1778, S. 24.
36 Abbé Chasles, Timante ou portrait fidèle de la pluspart des écrivains du dix-huitième siècle. Chartres/Paris 1785, S. 22.
37 Dazu Éloise Ellery, Brissot de Warville. A Study in the History of the French Revolution. New York 1970 (Nachdruck der Ausgabe Boston 1915), S. 11.
38 Vgl. dazu noch einmal die *Réponse de Jacques-Pierre Brissot à tous les libellistes*, S. 6. Zum Fall Portelance vgl. B.N., nouv. acq. fr. 10 783.
39 Linguet reflektierte ausführlich über den ungeliebten Beruf des *Avocat*, den er aus rein pragmatischen Beweggründen ergriffen haben will: »Je n'ai jamais estimé le métier d'avocat, et je vais le faire. C'est qu'il faut être quelque chose dans la vie; c'est qu'il y faut gagner de l'argent.« Zit. nach Monselet, Les Oubliés et les dédaignés, S. 10.
40 Vgl. dazu exemplarisch Jean-François de Marmontel, Mémoires d'un père pour servir à l'instruction de ses enfans. Bd. II, Paris 1805, S. 69: »L'attrait de cette société littéraire et philosophique qui me rappeloit dans son sein, furent les causes ... qui me fit renoncer au repos le plus doux, le plus délicieux pour venir à Paris.« Nüchterner dagegen Jean-Baptiste Nougaret, Lettre d'un mendiant au public. S.l.n.d., S. 12: »On m'assura que je serais quelque chose à Paris, je le crus, je fis mon paquet, & je partis sans dire adieu à personne.«
41 »En Périgord ... rien n'est spacieux.« Zit. nach Fortunat Strowski, La Jeunesse de Joseph Joubert. In: Le Correspondant 236 (1918), S. 1032–1042, hier S. 1035.
42 Im Jahre 1785 schrieb Mallet du Pan: »Paris est plein de jeunes gens qui prennent quelque facilité pour du talent, de clercs, commis, avocats, militaires, qui se font auteurs, meurent de faim, mendient même, et font des brochures.« Vgl. Jacques Mallet du Pan, Mémoires et correspondance pour servir à l'histoire de la Révolution française. Bd. I, Paris 1851, S. 130.
43 Arch. de la Bastille 11 841. Brief d'Hémerys an den *Lieutenant de Police*, 18. Oktober 1753. Vgl. zu den Lebensläufen weiterer ›verlorener Söhne‹: Arch. de la Bastille 10 142 und Arch. de la Bastille 10 246.
44 Arch. de la Bastille 11 917. Abbé Jacques d'Estrées befand sich vom 21. Februar 1755 bis zum 14. Dezember 1757 in der Bastille: »Pour avoir fait imprimer des libelles où il faisoit les portraits de différentes personnes de considération.« Funck-Brentano, Les Lettres de cachet à Paris, S. 332. Weitere Dokumente über d'Estrées in der Bibliothèque Nationale, ms. fr. 22 134, f° 62–86.
45 Zur Pariser Stadtgeschichte vgl. Willms, Paris – Hauptstadt Europas 1789–1914, S. 15 ff.
46 Dazu Orest Ranum, Paris in the Age of Absolutism. New York/London/Toronto 1968, S. 259 ff.
47 Die französische Hauptstadt galt im 18. Jahrhundert als beliebtes Reiseziel: Im Jahre 1784 befand ein englischer Paris-Tourist, die Stadt sei so voll von

seinen Landsleuten, daß er gar nicht dazu komme, sein Französisch zu erproben. Vgl. Jeremy Black, The British and the Grand Tour. London/Sydney/Dover 1985, S. 4.

48 Angesichts der überall drohenden Gefahren für Leib und Seele richtete Johann Jacob Volkmann eine eindringliche Mahnung an seine Landsleute, die »ernsthaften Deutschen«, daß sie nicht mit leerem Beutel, »leichtsinnige(n) Grundsätze(n) in der Religion und Moral« und einem »geschwächten Körper« nach Hause zurückkehren sollten. Volkmann, Neueste Reisen durch Frankreich, Bd. I, S. 2.

49 Dazu Haydn Mason, French Writers and their Society 1715–1800. London 1982, S. 52.

50 Zum Kult, der sich um die Größen der Gelehrtenrepublik entwickelte, zahlreiche Hinweise bei John Lough, Encounters between British Travellers and Eighteenth-Century French Writers. In: Studies on Voltaire 245 (1986), S. 1–90.

51 Volkmann, Neueste Reisen durch Frankreich, Bd I., S. 403. Vgl. dazu auch Shaw, Problems and Policies of Malesherbes as Directeur de la Librairie in France, S. 5: »Activities of booksellers and printers were limited by numerous regulations. In 1758, the number permitted to ply their trade in Paris was fixed at thirty-six, and their business had to be established in a carefully described geographical area: the Quartier de l'Université or inside the Palais-Royal.«

Illusion und Realität: Erste Schritte in der Großstadt

1 Voltaire ironisch über den Mythos Paris. In: Candide oder der Optimismus. Düsseldorf [2]1964, S. 78.

2 *La Capitale des gaules ou la Nouvelle Babilonne* lautete der programmatische Titel des Buches, das Fougeret de Montbron 1760 veröffentlichte (als Erscheinungsort wurde Den Haag angegeben).

3 Vgl. dazu exemplarisch die berühmte Passage aus Rousseaus *Confessions*: »Je m'étais figuré une ville aussi belle et grande, de l'aspect le plus imposant, où l'on ne voyait que de superbes rues, des palais de marbre et d'or. En entrant par le faubourg Saint-Marceau, je ne vis que de petites rues sales et puantes, de vilaines maisons noires, l'air de la malpropreté, de la pauvreté, des mendiants, des vieux chapeaux. Tout cela me frappa d'abord à tel point, que tout ce que j'ai vu depuis à Paris de maginificence réelle n'a pu détruire cette première impression, ct qu'il m'en est resté toujours un secret dégoût pour l'habitation de cette capitale.« In: Rousseau, Confessions, S. 48.

4 Zur Beschreibung des Kulturschocks, den Neuankömmlinge erlebten, vgl. auch Davies, Paris and the Provinces in Eighteenth-century Prose Fiction, S. 26 ff.

5 Heinrich Storch, Skizzen, Szenen und Bemerkungen auf einer Reise durch Frankreich. Heidelberg 1787, S. 26.

6 Ebd., S. 28.
7 Schulz, Ueber Paris und die Pariser, S. 10.
8 Ebd., S. 36.
9 A Journal of my journey to Paris in the year 1765 by the Rev. William Cole. Edited from the original Ms. in the British Museum. London 1931, S. 46.
10 Nikolaj Michailowitsch Karamsin, Briefe eines reisenden Russen. München 1966, S. 295. Zu Karamsins Person vgl. u. a. die Ausführungen von Pierre Gaxotte, Paris au XVIIIe siècle. Paris 1982, S. 8 f.
11 So heißt es in den anonym erschienenen *Letters on the French Nation: By a Sicilian Gentleman, residing at Paris, to his friend in his own country containing an useful and impartial critique on that city and the French Nation*. London 1749, S. 12: »This great city is the seat of tumult; and since you desire some descriptions of it, I shall first remark the perpetual noise that reigns there Night and Day.« Vgl. auch den Bericht (Lord) Clarendons, A Tour through Part of France, containing a description of Paris, Cherbourg, and Ermenonville, with a rhapsody, composed at the tomb of Rousseau. In a series of letters. London 1789, S. 79: »So new a scene made me lose almost every idea of reality, and I fansied it to be enchantment, or at least that I was in China, or some such remote country.«
12 Vgl. Jeffry Kaplow, Les Noms des rois. Les pauvres de Paris à la veille de la Révolution. Paris 1974, S. 22, und Roche, Le Peuple de Paris, S. 21 f.
13 Heinzmann, Reise nach Paris, S. 40.
14 Zur Standortwahl der Neuankömmlinge: Kaplow, Les Noms des rois, S. 69: »C'étaient souvent les possibilités de l'emploi qui déterminaient le quartier où ils logeaient, mais certains documents laissent croire qu'ils s'installaient dans les premiers quartiers qu'ils rencontraient en entrant dans la ville – les migrants d'Orléans et autres localités du Sud de Paris au faubourg Saint-Marcel, par exemple.«
15 Dazu Olwen Hufton, The Poor of Eighteenth-Century France 1750–1789. Oxford 1974, S. 99. Einschränkend allerdings: Roche, Le Peuple de Paris, S. 30.
16 Arch. de la Bastille 10 246.
17 Zur geschönten Darstellung des Schriftstellerlebens noch einmal Kérartry, Les Gens de lettres d'autrefois, S. 237 f.
18 Vgl. auszugsweise u. a. den Artikel »Dichter« in Gero v. Wilperts *Sachwörterbuch der Literatur*. Stuttgart ^{5}1969, S. 165 ff.: »Dichter, der Schöpfer von Sprachkunstwerken, Dichtungen, d. h. der Gestalter e. von der Außenwelt abgehobenen, eigenen und in sich geschlossenen Welt aus dem Rohstoff der Sprache durch deren Beseelung und Verdichtung der in ihr enthaltenen künstlerischen Möglichkeiten.«
19 Vgl. zur Wohnfrage im Paris des 18. Jahrhunderts: Roche, Le Peuple de Paris, S. 100–130.
20 Lablée, Mémoires d'un homme de lettres, S. 40 f.
21 B.N., nouv. acq. fr. 10 781.
22 Arch. de la Bastille 12 448.
23 B.N., nouv. acq. fr. 10 781.

24 B.N., nouv. acq. fr. 10 782.

25 Treffend dazu die Beschreibung von La Mésangère, Le Voyageur à Paris, S. 8 f.: »En vain le demanderiez-vous aux premiers étages de la maison qu'il habite: le voisin du quatrième est le seul qui le connaisse.«

26 So Robert Laporte, Au Hameau de Grignon. Charles Collé – Jean-François Marmontel. Thiais 1979, S. 20.

27 Arch. de la Bastille 12 094.

28 Arch. de la Bastille 11 544.

29 Arch. Nat., Y 11 429.

30 »Quand j'étois jeune, j'habitois le 4e étage, j'écrivois des sottises, on m'a enfermé au donjon de Vincennes pour mes Bijoux indiscrets. Ayant acquis fortune et célébrité, je suis descendu au 1er étage où j'habite, où je me confesse d'avoir fait des ouvrages plus dangéreux encore.« Zit. nach Pierre Chevallier, Les Philosophes et le lieutenant de police (1755–1785). In: French Studies XVII (1963), S. 105–120, hier S. 111 f.

31 Zum vagabundierenden Schriftsteller Le Blanc de Villeneuve vgl. B.N., nouv. acq. fr. 1214, Polizeibericht vom 11. Januar 1753.

32 Zum Faubourg Saint-Marcel vgl. Mercier, Tableau de Paris, Bd. I, S. 268 f.: »C'est dans ces habitations éloignées du mouvement central de la ville, que se cachent les hommes ruinés, les misantropes, les alchymistes, les maniaques, les rentiers bornés, & aussi quelques sages studieux.«

33 So nachzulesen bei R. N. D. Desgenettes, Souvenirs de la fin du XVIIIe siècle et du commencement du XIXe ou mémoires de R. D. G., Bd. II, Paris 1836, S. 248.

34 B.N., nouv. acq. fr. 10 782.

35 Zur Infrastruktur der Pariser Stadtviertel vgl. Farge, Das brüchige Leben, S. 19 ff.

36 Arch. de la Bastille 11 544, aus einem Bittgesuch der Marie Anne Allard, Ehefrau des Jacques Hullot, an den Pariser Polizeichef.

37 Rutlidges Biograph Raymond Las Vergnas resümiert das Leben seines Autors wie folgt: »Délaissé par son père, élevé dans l'ennui et la solitude, spolié par Dehérain, joué par Sartine, persécuté par Necker, quatre fois incarcéré, mort en prison, le malheureux chevalier eut constamment à se débattre dans l'angoisse, la gêne, l'injustice, la misère.« Vgl. Raymond Las Vergnas, Le Chevalier Rutlidge, »Gentilhomme Anglais«. 1742–1794. Paris 1932, S. 217. Einige biographische Notizen zu Rutlidge finden sich auch bei Walter Markov, Exkurse zu Jacques Roux. Abhandlungen der deutschen Akademie der Wissenschaften zu Berlin, Jg. 1970, S. 116.

38 Es handelte sich um das *Supplément à la Quinzaine Anglaise ou Mémoires de M. de Provence*. 2 Bde., Paris 1787. Dazu auch: Las Vergnas, Le Chevalier Rutlidge, S. 178.

39 Arch. Nat., Y 11 431, Bericht des Kommissars Chenon vom 1. Juni 1787.

40 Arch. de la Bastille 12 057, Berichte über Etters Lebensweise vom 1. Juli und 19. Juli 1759.

41 Beide präsentierten sich in Briefen jedoch als treusorgende Familienväter, vgl. Arch. de la Bastille 11 575 (Mouhy) und Arch. de la Bastille 11 810 (Génard).

42 So ist der Beschreibung des Reisenden Joseph Spence aus dem Jahre 1741 zu entnehmen: »His house is at Paris in the suburbs of St. Jacques, and so, open to the country air, and the garden laid out in the prettiest manner that ever I saw for a town garden. It was as pretty as it was small, and when he was in the study part of it he was quite retired from the noise of the street or any interruptions from his own family.« Zit. nach Lough, Encounters between British Travellers and Eighteenth-Century French Writers, S. 55.
43 Vgl. Maurice Henriet, Un Amateur d'art au XVIIIe siècle. L'académicien Watelet. In: Gazette des Beaux-Arts 2 (1922), S. 173–194, hier S. 175 ff.
44 Zit. nach Étienne Micard, Un Écrivain académique au XVIIIe siècle. Antoine-Léonard Thomas 1732–1785. Thèse, Paris 1924, S. 29.

Enttäuschungen: Der Alltag des Schriftstellers

1 Abbé Grégoire, Rapport sur les encouragemens, récompenses et pensions à accorder aux savans, aux gens de lettres & aux artistes. Paris, An III, S. 3.
2 Paul Bénichou schreibt dazu in *Le Sacre de l'écrivain 1750–1830. Essai sur l'avènement d'un pouvoir spirituel laïque dans la France moderne* (Paris 1973), S. 27: »Ce qui est hors de doute, c'est que, vers 1760 et jusqu'à la Révolution, l'apologie de l'homme de lettres devient une glorification, que l'on associe sur un ton grandiose à une doctrine générale d'émancipation et de progrès.«
3 Simon-André Tissot, De la santé des gens de lettres, S. 142 f.: »Je ne veux cependant pas qu 'on conclue que je condamne absolument l'usage du vin pour les gens de lettres, mais je voudrois qu'on n'en fît point une boisson journalière & qu'on le regardât comme un remède.«
4 An dieser Stelle seien nur zitiert: (Pesseliers) *Épître à un jeune auteur sur l'abus des talens de l'esprit.* Paris 1750; Delilles *Épître sur l'utilité de la retraite pour les gens de lettres* (1760) und Doigny du Ponceaus *Épître à un homme de lettres célibataire* (1773).
5 Vgl. Louis-Sébastien Mercier, Le Bonheur des gens de lettres. London/Paris 1766, hier u. a. S. 7; Doigny du Ponceau, La Dignité des gens de lettres. Pièce qui a concouru pour le prix de l'Académie Française, en 1773. Paris 1774, hier u. a. S. 5.
6 Dieses Verdikt galt, wie bereits erwähnt, nur für den professionellen Schriftsteller und nicht etwa für den dilettierenden Hofmann, der sich an kunstvollen Epigrammen u. ä. versuchte.
7 Vgl. dazu etwa die Belege bei Henri Lagrave, Le Théâtre et le public à Paris de 1715 à 1750. Paris 1972, S. 555.
8 Vgl. Georges Mongrédien, La Vie littéraire au XVIIIe siècle. Paris 1947, S. 255.
9 Bibl. publique de Neuchâtel, ms. 1138.
10 Rémond de Saint-Sauveur, Agenda des auteurs, ou calpin littéraire à l'usage de ceux qui veulent faire des livres. Au Parnasse 1755, S. 63.

11 Biographie Universelle, Bd. 4, S. 106.
12 Jean-Jacques Garnier, L'Homme de lettres. Paris 1764, S. 4.
13 Ebd., S. 7: »Je définis l'homme de lettres celui dont le principal emploi consiste à cultiver son esprit par l'étude, afin de se rendre meilleur & plus utile à la société.«
14 Cerou, Der Liebhaber, ein Schriftsteller und ein Lackey. Ein Lustspiel. S. l. 1755 (im französischen Original 1740 erschienen), S. 31.
15 Habermas' Thesen dürfen hier als bekannt vorausgesetzt werden, weshalb im einzelnen nicht ausführlicher auf sie eingegangen wird.
16 Mentelle, Lettre à un seigneur étranger sur les ouvrages périodiques de France. S. l. 1757, S. 13.
17 B.N., ms. fr. 22 134, f° 141.
18 So Jean Sgard, Journale und Journalisten im Zeitalter der Aufklärung. In: Gumbrecht/Reichardt/Schleich, Sozialgeschichte der Aufklärung in Frankreich. Bd. II, S. 3 – 33.
19 Vgl. Chartier/Compère/Julia, L'Éducation en France, S. 87.
20 Zu Ransons Rousseau-Lektüre vgl. Robert Darnton, Leser reagieren auf Rousseau: Die Verfertigung der romantischen Empfindsamkeit. In: Ders., Das große Katzenmassaker, S. 245–290, hier bes. S. 269 und 271.
21 Grimm, Paris zündet die Lichter an, S. 398.
22 Ebd., S. 312.
23 Zu den frühen vehementen Vorkämpfern für die Anerkennung der Autorenrechte zählte Pierre Corneille; vgl. dazu die Anmerkungen von Alain Viala, Corneille et les institutions littéraires de son temps. In: Pierre Corneille. Actes du colloque tenu à Rouen 2–6 Octobre 1984. Paris 1985, S. 197–204, hier bes. S. 199.
24 Zit. nach John Lough, Writer and Public in France from the Middle Ages to the Present Day. Oxford 1978, S. 43.
25 Pierre-Jacques Blondel, Mémoire sur les vexations qu'exercent les libraires et imprimeurs. S. l. 1725, hier S. 10: »Il semble que dans les bonnes règles, le libraire est fait pour l'auteur & non pas l'auteur pour le libraire. Celui-ci est un trafiquant qui débite, l'auteur est un homme qui pense & qui invente.«
26 Zur historischen Einordnung des *Mémoire* vgl. das Fazit von Erich Welslau, Imitation und Plagiat in der französischen Literatur von der Renaissance bis zur Revolution. S. l. 1976, S. 137: »Noch nie war von ökonomischen Autorenrechten so deutlich gesprochen worden.«
27 Charles-George Fenouillot de Falbaire de Quingey, Avis aux gens de lettres. Lüttich 1770, S. 1.
28 Ebd., S. 36.
29 Ebd., S. 37: »Pourquoi faut-il que les auteurs aient besoin d'être protégés? Comme l'abeille qui se nourrit du miel qu'elle compose, pourquoi l'homme de lettres ne trouve-t-il pas sa subsistance dans les ouvrages qu'il produit?«
30 Nach der Textedition von Jacques Proust, Diderot. Sur la liberté de la presse. Paris 1964, S. 42.
31 Wie Blondel und Fenouillot argumentierte auch Palissot, der in einem Brief aus dem Jahre 1749 die skrupellosen Strategien der Verleger denunzierte.

Vgl. dazu G. Saintville, Un Chapitre des rapports entre écrivains et libraires au XVIIIe siècle. Palissot auteur. In: Bulletin du Bibliophile 1947, S. 373–387, hier S. 387.

32 Suzanne Tucoo-Chalas Thèse *Charles-Joseph Panckoucke et la librairie française* (Paris/Pau 1975) bietet einen fundierten und sehr detailreichen Überblick über die Aktivitäten des Verlegers Panckoucke. Vgl. auch dies., La Diffusion des Lumières dans la seconde moitié du XVIIIe siècle: Ch.-J. Panckoucke, un libraire éclairé (1760–1799). In: Dix-Huitième Siècle 6 (1974), S. 115–128.

33 Zu Mallets Bastille-Aufenthalt, der vom 30. Juni 1783 bis zum 5. November 1783 dauerte, vgl. Funck-Brentano, Les Lettres de cachet à Paris, S. 411 und La Bastille dévoilée, III, S. 58 f.

34 B.N. ms. fr. 22 046, f° 40: Copie de la déclaration faite et écrite à la Bastille par le n^{e} Mallet. Zu Mirabeaus Neuenburger Verbindungen vgl. das einschlägige Kapitel in Charly Guyots *Pèlerins de Môtiers et Prophètes de 89*. Neuchâtel/Paris 1936, S. 153–186.

35 Lenel, Marmontel. Un Homme de lettres au XVIIIe siècle, S. 57.

36 Arch. de la Bastille 11 917, Brief d'Estrées' vom 13. April 1755. Nach einem ersten Aufenthalt in Vincennes 1746 wurde d'Estrées am 21. Februar 1755 erneut ins Gefängnis transportiert, weil er sich an der Publikation von Schmähschriften beteiligt hatte.

37 Ebd., *Copie de la plainte rendue par M. Jacques d'Estrées entre les mains de Mg. Sartes Levier, avocat au parlement.*

38 Delisle de Sales an die S.T.N., 13. November 1780. Bibl. Publ. de Neuchâtel, ms. 1175, f° 459.

39 Ebd.: »J'ose vous assurer qu'il est le plus piquant soit pour le fonds soit pour la forme.«

40 Bibl. Publique de Neuchâtel, ms. 1165, f° 357.

41 So empörte sich etwa Louvet de Couvray, der Autor der *Aventures du chevalier de Faublas*, über die »corsaires en librairie qui ne vivent que de la dépouille des auteurs«. Zit. nach den *Mémoires de Louvet de Couvray, député à la Convention Nationale*. Paris 1823, S. 25.

42 Bibl. publique de Neuchâtel, ms. 1212, f° 49.

43 Bibl. publique de Neuchâtel, ms. 1162, f° 76–85.

44 Vgl. etwa den Fall des Autors Guey, der eine Offizierswitwe geheiratet und sich dadurch finanziell saniert hatte. B.N., nouv. acq. fr. 10 782.

45 B.N., nouv. acq. fr. 10 781.

46 B.N., nouv. acq. fr. 10 782.

47 Vgl. Darnton, Die Hochaufklärung und die Niederungen des literarischen Lebens, S. 13.

48 Feugère, L'Abbé Raynal et la Révolution Française, S. 309.

49 Maurice Pellisson, Chamfort. Étude sur sa vie. Paris 1895, S. 13 ff.

50 Arch. de la Bastille 12 266, Bericht vom 22. Juli 1765.

51 Ebd., Procès-verbal de perquisition et opposition de scellés sur les papiers de Jean Louis Prieur écrivain pour le public.

52 Ebd.

53 Zur Reputation des Journalisten vgl. Maurice Pellisson, Journalistes et gens de lettres au XVIIIe siècle. In: Mercure de France. Bd. 93, September/Oktober 1911, S. 307–318.
54 Vgl. Jacques Wagner, Marmontel journaliste et le Mercure de France, S. 15 ff. und bes. 274 f.: »Le Mercure devient le signe d'une transformation de la condition de l'homme de lettres au XVIIIe; au lieu de vivre en solitaire, pique-assiette, aux dépens des grands, il conquiert sa liberté et son autonomie, en se regroupant avec ses ›confrères‹ au sein d'un vaste mouvement.«
55 Strowski, La Jeunesse de Joseph Joubert, S. 1035.
56 Nach Alexandre Deleyre, Essai sur la vie de M. Thomas, de l'Académie Française. Paris 1791, S. 13.
57 Adrien Planté, Cazalet. Avocat – poète (1743–1817). Sa vie, son œuvre. Pau 1904, S. 20.
58 Lhomer, François de Neufchâteau (1750–1828), S. 6.
59 M.A. Dureau, Notice sur le chevalier Aude. Auteur dramatique. Paris/Apt 1871, S. 4 f.
60 Ebd., S. 13.
61 Lablée, Mémoires d'un homme de lettres, S. 82 f.
62 Nach de Lescure, Essais de Mémoires sur M. Suard. In: Bibliothèque des Mémoires relatifs à l'histoire de France pendant le 18e siècle, S. 135.
63 Robert Laporte, Au Hameau de Grignon. Charles Collé – Jean-François Marmontel. Thiais 1979, S. 25.
64 J. de Lahondès, Marmontel aux jeux floraux. In: Revue des Pyrénées 18 (1906), S. 507–524, hier S. 516.
65 Maurice Pellisson, Chamfort avant la Révolution. In: La Révolution Française XVIII (1890), S. 167–178, hier S. 178.
66 Henri Carré, La Noblesse de France et l'opinion publique au XVIIIe siècle. Genf 1977 (Reprint der Pariser Ausgabe 1920), S. 231.
67 Funke, Crébillon fils als Moralist und Gesellschaftskritiker, S. 108 f.
68 Charles Asselineau, État des Gens de lettres demandant des pensions (vers 1786). In: Bulletin du Bibliophile 15 (1861), S. 532–543.
69 Die Bitte des Barons de Gonneville um den *Cordon de Saint-Michel* wurde etwa mit den Worten kommentiert: »Voilà au moins une récompense qui ne coûtera rien au trésor!« Ebd., S. 538.
70 Ebd., S. 537.
71 Lenel, Marmontel. Un Homme de lettres au XVIIIe siècle, S. 49.
72 Alexandre Dufaï, Une Vie d'homme de lettres au XVIIIe siècle. (Les Mémoires de Marmontel.) In: Revue contemporaine 8 (1853), S. 423–468, hier S. 441.
73 Pellisson, Chamfort. Étude sur sa vie, S. 30, und ders., Chamfort avant la Révolution, S. 172.
74 Pellisson, Chamfort avant la Révolution, S. 172.
75 Ebd., S. 174.
76 Vgl. Fernand Caussy, Laclos: 1741–1803, d'après des documents originaux. Paris 1905, S. 13.
77 Lhomer, François de Neufchâteau (1750–1828), S. 3.

78 Beaufort, Marquis Louis de Fontanes, littérateur et homme politique (1757–1821), S. 2.
79 Arch. de la Bastille 11 733, Verhör Rességuiers vom 14. Januar 1751.
80 Pellisson, Chamfort. Étude sur sa vie, S. 38.
81 Pellisson, Chamfort avant la Révolution, S. 174.
82 Dommanget, Sylvain Maréchal. L'Égalitaire. »L'Homme sans Dieu« (1750–1803), S. 95.
83 Arch. de la Bastille 11 575.
84 Bibl. de l'Arsenal, ms. 3866: Rapports secrets ou minuttes ordonnées par les ordres du Roy et rendues par M. de Marville au chevalier de Mouhy aux appointemens de 1200 livres par an pour la première année 1742.
85 Ebd.
86 B.N., nouv. acq. fr. 10 782.
87 B.N., nouv. acq. fr. 10 783.
88 Arch. de la Bastille 12 453.
89 B.N., ms. fr. 22 133, f° 40.
90 Arch. de la Bastille 11 917, Briefe vom 10. März, 13. April und 5. Mai 1755.
91 Arch. de la Bastille 12 266, Bericht vom 22. Juli 1765.
92 Vgl. dazu die Darstellung von Funke, Crébillon fils als Moralist und Gesellschaftskritiker, S. 46.
93 Dureau, Notice sur le chevalier Aude, S. 4 f.
94 B.N., nouv. acq. fr. 10 781.
95 B.N., nouv. acq. fr. 10 781.

Idealisten und Pragmatiker

1 In den *Biographical Memoirs of the French Revolution* wird der vorrevolutionäre Manuel auf zwei von insgesamt 23 Seiten erwähnt. Im *Dictionnaire de la Révolution Française* von Boursin und Challamel (Paris 1893) beginnt sein Steckbrief mit den Worten: »Membre de la municipalité, orateur des Jacobins, administrateur de la police, procureur de la Commune de Paris, député de cette ville à la Convention« (S. 463). Über die Gründe einer solchen Ausblendung läßt sich lediglich spekulieren. Zum Teil werden Manuels Biographen ihn nicht für wichtig genug erachtet haben, um die mühselige Kleinarbeit biographischer Recherchen auf sich zu nehmen. Zum Teil mag die Vernachlässigung seiner vorrevolutionären Lebensphase daran liegen, daß die Quellen, die wertvolle Informationen über Manuels Leben vor 1789 liefern, nicht unbedingt zugänglich sind: Die Ausführungen des vorliegenden Textes beziehen sich im wesentlichen auf die in Manuels Dossier in den Archives Nationales enthaltenen Dokumente.
2 So wird die Stadt im *Guide littéraire de la France*, Paris 1964, S. 341, etwas überschwenglich tituliert. Aus Montargis stammen u. a. auch der Publizist und Pamphletschreiber Gatien de Courtilz de Sandras (1644–1712), dessen *Mémoires de M. d'Artagnan* später Alexandre Dumas inspirierten, und die

Mystikerin Mme. Guyon, die sich als Autorin geistlicher Traktate einen Namen machte.

3 Adolphus, Biographical Memoirs of the French Revolution, Bd. II, S. 12.

4 Vgl. die sarkastischen Bemerkungen über den vorrevolutionären Pierre Manuel in dem Revolutionspamphlet *Vie secrète de Pierre Manuel* (Paris s. d.), S. 7.

5 Vgl. A. Kuscinski, Dictionnaire des Conventionnels. Paris 1916, S. 427.

6 Ebd.

7 In einem Polizeiverhör vom 7. Februar 1789 antwortete Manuel auf die Frage, warum er »apprenti libraire« geworden sei: »A répondu qu'il a été dans l'intention, non encore déterminée, de s'ouvrir le chemin d'un établissement dans la librairie.« Arch. Nat., W 295, N° 246.

8 Vgl. dazu Adolphus, Biographical Memoirs of the French Revolution. Bd. II, S. 12.

9 Arch. Nat., W 295, n° 246. Résultats de l'examen des papiers du s Manuel (April 1786).

10 Élie Fréron, L'Année Littéraire. Année M.DCC.LXXXVIII, Bd 1. Paris 1788, S. 309–312 (Reprint Genf 1966). Positiver dagegen die Erwähnung des gleichen Buches in den *Mémoires Secrets Pour Servir A L'Histoire De La République Des Lettres En France, Depuis MDCCLXII, Jusqu'à Nos Jours*, Band 32. London 1788, S. 10: »30 Avril 1786. Le coup – d'œil philosophique sur le regne de Saint Louis est traité dans le genre de l'histoire universelle de Voltaire. Il est divisé en chapitres courts & rapides; il est hardi, satyrique, plaisant; les anecdotes y sont accumulées & présentées sous le jour le plus piquant.«

11 Ebd., Année 1789, S. 49–74, hier bes. S. 66. Der Rezensent schließt mit der zynischen Bemerkung: »Pour faire lire avec intérêt un Ouvrage comme celui-ci, où toute la vie de chacun de nos grands hommes est réduite à quatre ou cinq pages, il faudroit avoir la précision du Génie & la plume de Montesquieu; mais une plume comme celle-là n'est point taillée pour des compilations« (S. 73 f.).

12 Zum Leben solcher obskurer Autoren vgl. u. a. die Schriftstellerporträts im *Petit dictionnaire des grands hommes de la Révolution*. Paris 1790.

13 Arch. Nat., W 295, n° 246. Résultats de l'examen des papiers du s Manuel (April 1786).

14 Ebd.

15 Ebd.

16 Vgl. zur öffentlichen Resonanz der Affäre insbesondere die Darstellungen von Frantz Funck-Brentano, L'Affaire du collier. Paris 1901, und L. Seubert, L'Intrigue du collier. Épisode du règne de Louis XVI (1785–1786). Paris 1864.

17 Funck-Brentano, L'Affaire du collier, S. 289.

18 Arch. Nat., W 295, n° 246.

19 Lettre d'un garde du Roi, pour servir de suite aux mémoires sur Cagliostro. London 1786.

20 Vgl. dazu die *Mémoires Secrets Pour Servir A L'Histoire De La République*

Des Lettres En France, Bd. 31. London 1788, S. 96: »11 Février 1786. Le Recueil des pieces concernant le procès du Cardinal, qui se vendoit publiquement, n'est plus ostensible depuis quelques jours; il a donné lieu, ainsi que la Lettre du Garde du corps, à des courses & à des plaintes de la Maison de Rohan, qui ont fait sévir même contre plusieurs Libraires, entr'autres contre les Sieurs de Saulges pere & fils, dont l'un est en fuite & l'autre a été conduit à l'hôtel de la force.«

21 Die Verhörprotokolle vom 7., 11. und 16. Februar und vom 11. und 28. März sind teilweise unter der bereits zitierten W-Signatur der Archives Nationales einzusehen und teilweise in den *Minutes de la Bastille*, Arch. Nat., Y 11 442.

22 Dazu ist in den *Mémoires Secrets Pour Servir A L'Histoire De La République Des Lettres En France* folgendes nachzulesen: »22 Janvier 1786. Quoique le Mémoire pour servir à l'histoire du Comte de Cagliostro, ne soit qu'un amas indigeste de fables, d'obscénités & de mystifications absurdes, le goût du merveilleux a donné beaucoup de vogue à cette rapsodie: on en est à la seconde édition, enrichie d'une introduction, où l'on révèle de prétendues anecdotes qui n'ont pas l'air moins faux, & où l'on le travestit en danseur d'opéra, sous le nom de Belmonte, & en Colonel ensuite.« Band 31, S. 55.

23 Arch. Nat. Y 11 442, Verhör Manuels vom 11. März 1786.

24 Grangé leugnete zunächst, das betreffende Werk gedruckt und dafür Geld erhalten zu haben (Arch. Nat., W 295, n° 246; Verhör vom 16. Juli). Bei der direkten Konfrontation mit Manuel am 17. März gestand er seine Beteiligung ein, präsentierte sich selbst freilich als unschuldig Getäuschter: »Reconnaissant le s Manuel pour être honnête homme et qui avoit beaucoup d'esprit; il n'a pu penser qu'il voulut le surprendre que le s Manuel avait même assuré que l'ouvrage avait été lu en société; et qu'il lui avait été dit qu'il n'y avait pas de quoi fouetter un chat que le s Manuel pour fortifier de plus en plus la confiance qu'il avait en lui; lui avait dit que la distribution n'en serait pas clandestine.« (Arch. Nat., Y 11 442).

25 In dieser Hinsicht variieren die Quellenangaben. Mal ist von 1000 Exemplaren die Rede, mal von 2000. Da die Zahl 2000 jedoch nur einmal auftaucht – im Verhör Manuels vom 11. März 1786 (Arch. Nat. Y 11 442) –, dagegen sonst durchgänig von 1000 Exemplaren gesprochen wird, ist anzunehmen, daß es sich tatsächlich um eine Auflage von 1000 Stück gehandelt hat.

26 Arch. Nat., W 295, n° 246.

27 Arch. de la Bastille 12 229, Verhör vom 24. Juni 1764.

28 Arch. Nat., Y 11 442.

29 Ebd.

30 Arch. Nat., Y 11 424, 5. März 1784.

31 Arch. Nat., Y 15 829, Verhör vom 10. Januar 1764.

32 Arch. de la Bastille 11 544.

33 Ebd.

34 Arch. Nat., Y 11 442. Verhör Nepveus vom 7. Mai 1784.

35 Arch. de la Bastille 11 846.

36 Réplique de Charles Théveneau Morande, à Jacques Piere Brissot, sur les erreurs, les oublis, les infidélités de sa réponse. Paris 1791, S. 19.
37 Zit. nach Kurt Schnelle, Aufklärung und klerikale Reaktion. Der Prozeß gegen den Abbé Henri-Joseph Laurens. Berlin (Ost) 1963, S. 234.
38 Arch. Nat., Y 11 441.
39 Vgl. dazu Funck-Brentano, L'Affaire du collier, S. 1.
40 Les Amours de Charlot et Toinette. S. l., 1779: »Une Reine jeune & fringante,/ Dont l'époux très-auguste étoit mauvais fouteur,/Faisoit, de tems en tems, en femme très-prudente,/Diversion à sa douleur,/En mettant à profit la petite industrie/D'un esprit las d'attendre d'un Con mal foutu . . .«
41 Vgl. den *Lettre à l'occasion de la détention de S.E.M. le Cardinal de Rohan à la Bastille*. S. l. 1785, S. 3: »Toute l'Europe a les yeux tournés vers la France et vers ces murs malheureux.«

Frühe Journalisten: *Nouvellistes* und *Nouvelles à la main*

1 Vgl. zur Geschichte der *Nouvelles à la main* in Frankreich Cécile Douxchamps-Lefevre, Un magazine de la cour de France au début du règne de Louis XVI. In: Revue Historique 271 (1984), S. 95–107, hier S. 96.
2 Zur Entwicklung der *Nouvelles à la main* vgl. Hatin, Les Gazettes de Hollande et la presse clandestine aux XVIIe et XVIIIe siècles, S. 20 ff.
3 Arch. de la Bastille 12 440.
4 Arch. de la Bastille 11 846.
5 Vgl. René de Livois, Histoire de la presse française. Lausanne 1965, Bd. I, S. 47 ff. Zu den Treffpunkten der *Nouvellistes* auch Louis Madelin, Journalisme pittoresque. In: Grande Revue (1905), S. 415–424, hier bes. S. 418 ff., und Victor Fournel, Les Origines du journalisme. Le nouvelliste au XVIIe siècle. In: Livre et Image I (1893), S. 275–287, hier bes. S. 278 ff.
6 Vgl. Paul Bayle/Jacques Herblay, Journalisme clandestin au XVIIIe siècle. In: La Nouvelle Revue 37 (1905), S. 213–220 und 395–413.
7 Dazu: Frantz Funck-Brentano, Figaro et ses devanciers. Paris 1909, S. 257–299; Bellanger, C./Godechot, J./Guiral, P./Terrou, F.: Histoire générale de la presse française. Bd. I, Paris 1969, S. 183 ff.
8 Zum Quellenwert der *Mémoires* bemerkte schon Funck-Brentano in *Figaro et ses devanciers*, S. 290: »Les Mémoires secrets sont, pour l'étude de l'Ancien Régime, une source des plus importantes et des plus vivantes.« Ebenso urteilen Bayle/Herblay, Journalisme clandestin, S. 412.
9 Arch. de la Bastille 12 094.
10 Ebd.
11 Ebd.
12 Vgl. Funck-Brentano, Les Lettres de cachet à Paris, S. 349.
13 Vgl. dazu die Hinweise von de Boislisle, Lettres de M. de Marville, Lieutenant Général de Police, au Ministre Maurepas, Bd. I, S. XXIX – XXXIII.

14 Arch. de la Bastille 11 544. Bericht an Maurepas; vgl. auch den Bericht des Inspektors Poussot vom 11. November 1743.
15 Ebd., Bericht an Maurepas.
16 Ebd., Bericht Poussots vom 25. November 1743.
17 Ebd., Bericht vom 11. November 1743.
18 Ebd., Bericht vom 12. November 1743.
19 Ebd.
20 Ebd., État des nouvellistes contrebandiers arrestés le 24 Novembre 1743 en vertu d'ordres du roy du 14 du dt mois.
21 Ebd., Bericht de Rochebrunes vom 25. November 1743.
22 Ebd., undatiert.
23 Ebd., undatiert.
24 Ebd., Verhörprotokoll vom 7. März 1744.
25 Ebd., undatierter Brief.
26 Ebd., Bericht Poussots vom 27. Februar 1744.
27 Ebd., Verhörprotokoll vom 27. April 1744.
28 Ebd.
29 Ebd., 9. Juli 1745.
30 Vgl. dazu die Eintragungen über Sarrazin im Archiv der Préfecture de Police, A[A] 7: Notes sur les prisonniers de la Bastille 1725 à 1756.
31 B.N., nouv. acq. fr. 1214, Bericht vom 8. Juli 1751.
32 Arch. de la Bastille 11 544, 15. Februar 1745.
33 Arch. de la Bastille 11 846, Aussage de Julies vom 13. August 1753.
34 Zum Charakter und Lebensweg de Julies vgl. auch das Kapitel über *Les Petites Nouvelles* in: Funck-Brentano, Figaro et ses devanciers, S. 185–200.
35 Arch. de la Bastille 11 544, 27. Februar 1744.

Untergrunddrucker

1 Auch Malesherbes war sich des Problems der Druckergesellen sehr bewußt und rekurrierte darauf in seinem *Mémoire sur la Librairie et la liberté de la presse*. Vgl. dazu Chauvet, Les Ouvriers du livre en France des origines à la Révolution de 1789, S. 417 f.
2 B.N., ms. fr. 22 122, f° 134.
3 Nach Chauvet, Compagnons imprimeurs et imprimeries clandestines à Paris sous le règne de Louis XV, S. 170 f.
4 Ebd., S. 166 f.
5 Faucou, Mémoire sur les vexations qu'exercent les libraires & imprimeurs de Paris, S. 60.
6 Ebd., S. 67.
7 Darnton, Arbeiter proben den Aufstand, S. 95.
8 Ebd., S. 96.
9 Nach Rychner, Alltag einer Druckerei im Zeitalter der Aufklärung, S. 67.
10 W. Hasper, Kurzes Practisches Handbuch der Buchdruckerkunst in Frank-

reich. Aus dem Französischen des M. Brun übersetzt, und mit Zusätzen, Anmerkungen und Zeichnungen begleitet. Karlsruhe/Baden 1828, S. 211.
11 Dazu u. a. Louis Radiguer, Maîtres imprimeurs et ouvriers typographes (1470–1903). Paris 1903, S. 100.
12 Dazu Hes, La police de la librairie au XVIIIe siècle, S. 35.
13 *Ein Lübbener im revolutionären Paris 1789/90.* Brief des Buchdruckers Friedrich Driemel an den Pronotar Erdmann. Sonderdruck aus dem Lübbener Kreisblatt Nr. 56 bis 59, Mai 1933, hier S. 11.
14 So Darnton, Arbeiter proben den Aufstand, S. 96.
15 *Anecdotes typographiques*, S. 42.
16 Ebd., S. 94. Die von Darnton neu interpretierte Geschichte vom »großen Katzenmassaker« stammt ebenfalls aus den *Anecdotes typographiques.*
17 Mellottée, Histoire économique de l'imprimerie, S. 262.
18 B.N., ms. fr. 22 092, f° 125.
19 B.N., ms. fr. 22 092, f° 96.
20 Ebd.
21 Ravaisson, Archives de la Bastille, Bd. 12, S. 453.
22 Arch. de la Bastille 12 084, undatiert.
23 Ebd.
24 Ebd.
25 Arch. de la Bastille 11 794, Brief vom 20. November 1752.
26 Ebd.
27 Ebd.
28 Vgl. dazu Ravaisson, Archives de la Bastille, Bd. 16, S. 498.
29 Vgl. etwa Arch. de la Bastille 12 084.
30 Arch. Nat., Y 11 441, Protokoll der Festnahme vom 27. Juni 1783.
31 Arch. Nat., Y 11 442, Verhör vom 22. März 1786.
32 B.N., ms. fr. 22 092, f° 96.
33 Darnton, Eine Druckerei jenseits der Grenze, S. 134.
34 Arch. Nat. Y 11 442, Verhör vom 24. März 1786.
35 So etwa Walther Oschilewski, Der Buchdrucker. O. O. 1935, S. 54.
36 Beispiele in: Arch. de la Bastille 12 257; B.N., ms. fr. 22 092, f° 125.
37 Beispiel aus: Arch. de la Bastille 11 694, Dezember 1749.
38 Arch. Nat., Y 15 829, Verhör vom 10. Januar 1764.
39 Arch. Nat., Y 11 442.
40 Ebd.
41 B.N., ms. fr. 22 096, f° 91.

Buchhändler und Kolporteure

1 Arch. Nat., Y 11 423, Dienstanweisung Lenoirs an Chenon, 30. August 1783.
2 B.N., ms. fr. 22 106, f° 221.
3 Ebd.
4 Ebd.

5 Vgl. die Aufstellung von Anne Sauvy, La Fortune d'André-François Le Breton, imprimeur libraire de l'Encyclopédie. In: Revue française d'histoire du livre 6 (1973), S. 207–234. S. 79 f.
6 Arch. de la Bastille 12 400, Bericht vom 4. Juni 1772.
7 Arch. de la Bastille 12 385, Bericht d'Hémerys vom 29. August 1770.
8 Arch. de la Bastille 12 400, Bericht vom 20. Juni 1772.
9 Arch. Nat., Y 11 424, 13. Januar 1784.
10 Ebd., 16. Januar 1784.
11 Arch. Nat., Y 11 422.
12 B.N., ms. fr. 22 116, f° 31.
13 Ebd.
14 Arch. Nat., Y 11 423.
15 B.N., ms. fr. 22 046, f° 40.
16 Arch. Nat., Y 11 442, 11. Februar 1786.
17 Vgl. etwa Besogne an Personne, 20. Februar 1764, Arch. de la Bastille 12 229.
18 Arch. de la Bastille 12 441, Verhör vom 7. Dezember 1775.
19 Arch. de la Bastille 12 446, Verhör der Manichelle vom 27. Januar 1775.
20 Arch. Nat., Y 11 431, 16. Januar 1787.
21 Arch. Nat., Y 11 442, Verhör vom 29. Januar 1788.
22 Arch. Nat., Y 11 423, 2. September 1783.
23 Arch. de la Bastille 12 383, 20. Juli 1770.
24 Vgl. dazu den Brief der Witwe Machuel aus Rouen an Lefebvre aus Versailles, Februar 1772, Arch. de la Bastille 12 400.
25 Ebd., undatiert.
26 Ebd.
27 Arch. de la Bastille 12 446, 3. Juli 1773.
28 Ebd., 21. Juli 1773.
29 Arch. Nat., Y 11 424, 13. Januar 1784.
30 Arch. Nat., Y 11 421, 27. Dezember 1782.
31 Arch. de la Bastille 12 446.
32 Arch. Nat., Y 11 423, 28. September 1783.
33 Arch. Nat., Y 11 442, 3. Februar 1786.
34 Ebd., Brief vom 29. September 1772.
35 Ebd., Briefe vom 22. April 1773 und 24. Juli 1773.
36 Arch. de la Bastille 12 229.
37 Ebd.
38 Arch. Nat., Y 11 425, 30. Juli 1784.
39 Arch. de la Bastille 12 229, Bericht d'Hémerys vom 14. März 1764.
40 Ebd., undatiert.
41 Arch. Nat., Y 11 441, 3. Juli 1783.
42 Ebd., 29. Januar 1788.
43 Dazu Étienne Dupont, La Bastille des mers. Les Exilés de l'ordre du Roi au Mont Saint-Michel (1685–1789). Paris 1920, S. 63.
44 B.N., ms. fr. 22 116, f° 9.
45 Ebd.
46 Ebd.

47 Ebd., f° 354.
48 B.N., ms. fr. 22 114, Bericht vom 5. März 1771.
49 Mercier, Schilderung von Paris, S. 73.
50 B.N., ms. fr. 22 097, f° 57.
51 Arch. de la Bastille 12 446, Verhör der Manichelle vom 27. Januar 1775.
52 Vgl. u. a. die Darstellung von Pierre Manuel, Lettre adressée à un censeur royal sur la liberté de la presse. Paris s. d., S. 12.
53 Campe, Briefe aus Paris zur Zeit der Revolution geschrieben, S. 44.
54 Ebd., S. 38 ff.
55 Wichtig dazu die Hinweise von Albert Soboul, Classes populaires et rousseauisme sous la Révolution. In: Annales historiques de la Révolution française 34 (1962), S. 421–438.
56 Campe, Briefe aus Paris zur Zeit der Revolution geschrieben, S. 46.
57 Arch. Nat., Y 11 442, Verhör Nepveus vom 7. Mai 1784.

Die Listen der Ängstlichen

1 Pierre Manuel beschrieb ihn beispielsweise als Ungeheuer, dessen »hundert Augen sich niemals schließen«. La Police de Paris dévoilée, S. 80.
2 Zitiert aus einem Brief, der im März 1775 an den *Lieutenant de police* adressiert wurde. Arch. de la Bastille 12 445.
3 Zu den Amtsfunktionen des *Lieutenant général* vgl. Quétel, De Par le Roy, S. 107 ff.; Hugues de Montbas, La Police parisienne sous Louis XVI. Paris 1949, S. 70 ff. Sehr ausführlich ist auch die Studie Jacques Michels, Du Paris de Louis XV à la marine de Louis XVI. L'œuvre de Monsieur de Sartine. Bd. I: La Vie à la capitale. Paris 1983, S. 33 f.
4 Zur publizistischen Verdammung der *Lieutenants généraux* Lenoir und Sartine im Vorfeld der Französischen Revolution vgl. u. a. die einschlägigen Passagen bei Henri Diné, Un Intendant de Poitiers sous Louis XVI. Boula de Nanteuil (1746–1816). Bd. I, Paris 1962, S. 35 ff., und Jacques Michel, Du Paris de Louis XV à la marine de Louis XVI, Bd. I, S. 10.
5 Vgl. Michel, Du Paris de Louis XIV à la marine de Louis XVI, S. 35. Zum Ablauf der Kommunikation zwischen dem *lieutenant général* und seinem Kollegen vgl. ferner: Armand de Boislisle, Lettres de M. de Marville, lieutenant général de police, au Ministre Maurepas (1742–1747). Paris 1896, Bd. I, S. LXXXI, und Paul d'Estrée, Journal inédit du lieutenant général de police Feydeau de Marville. Paris 1897, S. 1 ff.
6 Vgl. dazu Suzanne Pillorget, Claude-Henri Feydeau de Marville. Lieutenant général de police 1740–1747. Paris 1978, S. 77 f. und René-Marie Rampelberg, Le Ministre de la maison du Roi 1783–1788. Baron de Breteuil. Paris 1975, S. 162 f.
7 Vgl. dazu die Studie von Jean-Lucien Gay, L'Administration de la capitale entre 1770 et 1789. La tutelle de la Royauté et ses limites. In: Paris et Ile-de-France. Mémoires publiés par la Fédération des sociétés historiques et archéologiques de Paris et de l'Ile de France. Bd. VIII (1956) – Bd. XII (1961), hier Bd. VIII, S. 382.

8 Zur Funktion der *Commissaires*, die auch richterliche und notarielle Befugnisse besaßen, vgl. Jacques Peuchet, Collection des lois, ordonnances et règlements de police. Depuis le 13e siècle jusqu'à l'année 1818. Paris 1818, Bd. III, S. XXVff.
9 Vgl. Chassaigne, La Lieutenance générale de police de Paris, S. 164 ff. Zur Kritik der Zeitgenossen an der Arbeit der *Commissaires* vgl. auch J. L. Carra, Mémoires historiques et authentiques sur la Bastille, dans une suite de près de trois cents emprisonnements. 3 Bde., Paris 1789, hier Bd. III, S. 21.
10 So Peuchet, Mémoires tirés des archives de la police de Paris. Bd. II, S. 128.
11 So berichtet von Robert Darnton, Les Papiers du Marquis de Sade et la prise de la Bastille. In: Annales historiques de la Révolution française 42 (1970), S. 2.
12 Zur Doppelfunktion des Kommissars als ›Sozialarbeiter‹ und ›Moralrichter‹ vgl. insbesondere die Anmerkungen von Steven Kaplan, Note sur les commissaires de police de Paris. In: Revue d'histoire moderne et contemporaine 28 (1981), S. 669–689, hier S. 679.
13 Vgl. Farge, Das brüchige Leben, S. 19.
14 Vgl. dazu die Aussage des Buchhändlers Desauges, Arch. Nat., Y 11442, 3. Februar 1786.
15 Arch. de la Bastille 12 441, 28. Dezember 1775.
16 B.N., nouv. acq. fr. 1891, f° 425.
17 Arch. Nat., Y 15 820, Polizeibericht vom 6. Januar 1760.
18 Arch. Nat., Y 15 824, 26. März 1762.
19 Arch. de la Bastille 11 846, Verhör vom 18. August 1753. Weitere Beispiele in Arch. Nat., Y 11 421, Aussage des Kolporteurs Nicolas Pinet vom 24. Oktober 1782; Arch. Nat., Y 11 441, Aussage des Händlers Mallet, Juni 1783.
20 Arch. Nat., Y 11 442, 9. Juni 1786.
21 Arch. Nat. Y 11 429.
22 De Lescure, Correspondance secrète inédite sur Louis XVI, Marie-Antoinette, la cour et la ville, Bd. II, S. 1: »On recherche avec la plus grande sévérité tous ceux qui peuvent avoir eu quelque part à cette affaire. Les écrivains un peu hardis sont dans les transes, et les nouvellistes d'un certain genre n'osent rien écrire en ce moment.«
23 Arch. Nat., Y 11 442, 11. April 1788.
24 Ebd., 21. März 1783.
25 B.N., nouv. acq. fr. 1214, Polizeibericht vom 16. November 1752.
26 Ebd., Bericht vom 25. April 1752.
27 Anne Gédéon Laffitte de Pelleport, Le Diable dans un bénitier. Paris s. d., Titelseite.
28 Nach Jean Sgard (Hg.), Dictionnaire des journalistes. Grenoble 1976, Art. Dulaurens, S. 134.
29 Arch. Nat., Y 11 430, Verhör des Vezier vom 1. Oktober 1787.
30 B.N., ms. fr. 22 101, f° 94.
31 Vgl. Gagnebin, Voltaire. Lettres inédites à son imprimeur Gabriel Cramer, S. XXXIV.
32 B.N., nouv. acq. fr. 10 781.

5. Kapitel
Sanktionen

Gefängniserfahrungen

1 So der Schriftsteller Fougeret de Montbron über seine Festnahme. Zit. nach J. H. Broome, ›L'homme au cœur velu‹: the turbulent career of Fougeret de Monbron. In: Studies on Voltaire XXIII (1963), S. 179–196, hier S. 197.
2 Die Festnahme des Abbé Le Beau du Bignon erfolgte im März 1775 aufgrund einer Beschwerde des Bischofs von Saint-Omer. Arch. de la Bastille 12 445.
3 B.N., ms. fr. 22 094, f° 61.
4 Arch. Nat. C 208: Bericht d'Hémerys vom 29. August 1750.
5 Ebd., Anweisung Berryers an de Rochebrune vom 27. August 1750.
6 Arch. de la Bastille 12 322, 8. Juli 1767.
7 B.N., ms. fr. 22 101, f° 43.
8 Zum Beispiel 1746 bei der Festnahme des *Nouvelliste* Sarrazin: Arch. de la Bastille 11 544.
9 Weitere diesbezügliche Beispiele in: Arch. de la Bastille 11 990, Bericht über die Festnahme des Polizeikritikers Cadot de Condé am 21. Februar 1758.
10 So wird das Vorgehen der Polizei in dem 1787 verfaßten *Mémoire à consulter et consultation pour le comte de Kersalaun, contre le commissaire Chenon Père, défendeur* geschildert. Arch. de la Bastille 12 460.
11 Ebd. Der mit La Chalotais verwandte Parlamentsrat Kersalaun verbrachte den September 1787 in der Bastille.
12 Andere Quellen betonen dagegen die außerordentliche Höflichkeit des Kommissars, der zur Verhaftung erschienen war. Vgl. neben Kircheisen, Die Bastille, S. 56, als Bericht eines Betroffenen Pierre-Thomas Du Fossé, Mémoires. Publiés en entier, pour la première fois avec une introduction et des notes par F. Bouquet. Genf 1976 (Reprint), S. 277 f. Beispiele für einen ›höflichen‹ Umgang der Polizei mit ihren Gefangenen auch in: Arch. de la Bastille 11 971: Verhaftung des Kolporteurs Ormancey im Jahre 1757.
13 B.N., nouv. acq. fr. 1214, Bericht vom 12. Februar 1755.
14 Zu de la Morlières Biographie vgl. d'Hémerys Steckbrief in der *Historique des Auteurs*. B.N., nouv. acq. fr. 10 782.
15 Vgl. zur Biographie des Chevalier de la Morlière die Hinweise bei Émile Henriot, Les Livres du second rayon. Paris 1948, S. 204–224. Speziell zu seinen Claqueur-Aktivitäten S. 207 f.
16 Vgl. auch den Hinweis auf de la Morlière in Diderots *Le Neveu de Rameau*, S. 55: »Ce Chevalier de la Morlière, qui retape son chapeau sur son oreille, qui porte la tête au vent, qui vous regarde le passant par-dessus l'épaule, qui fait battre une longue épée sur sa cuisse, qui a l'insulte toute

prête pour celui qui n'en porte point, et qui semble adresser un défi à tout venant.«

17 Bericht d'Hémerys, B. N., ms. fr. 22 106.

18 Arch. de la Bastille 11 733, Bericht de Rochebrunes vom 28. Dezember 1750.

19 B.N., ms. fr. 22 114, f° 31. Note de police sur 3 individus suspects.

20 B.N., ms. fr. 22 075, f° 4.

21 Ebd., f° 6 und 7.

22 Arch. Nat., Y 15 823, Bericht de Rochebrunes vom 25. September 1761.

23 Arch. Nat., Y 15 824.

24 Arch. de la Bastille 12 445, Bericht vom 2. März 1775.

25 Arch. de la Bastille 11 544.

26 Unter dem Oberbegriff Gefängnis werden hier die unterschiedlichen Einsperrungsmodi (*Maison de force, Prison d'État, Couvent* etc.) zusammengefaßt.

27 Zur Vehörpraxis vgl. André Chassaigne, Des Lettres de cachet sous l'Ancien Régime. Thèse pour le doctorat, Paris 1903, S. 82.

28 Pierre Manuel wurde beispielsweise am 3., 7., 11. und 16. Februar und dann wiederum am 11. und 18. März 1786 von der Polizei in der Bastille vernommen. Arch. Nat., Y 11 442.

29 Vgl. zur Darstellung der Verhörsituation Friedrich Kircheisen, Die Bastille. Berlin 1927, S. 60 ff. Laut Kircheisen genossen Frauen dieses Privileg »aber nur, wenn es sich nicht um ein schweres Verbrechen handelte, das die Entfaltung eines großen richterlichen Apparates erforderte«.

30 Dazu Chassaigne, Des Lettres de cachet sous l'Ancien Régime, S. 83.

31 Arch. de la Bastille 12 257, Verhörprotokoll vom 3. Januar 1766.

32 Vgl. auch den Wortlaut des Auftrags, den Chenon im Januar 1781 von Lenoir erhielt: »Monsieur Chenon est prié de la part de M. Le Lieutenant général de police de demander à M. Hallot dans son nouvel interrogatoire l'auteur de la brochure/l'imprimeur/le nombre d'exemplaires tirés/le nombre (des exemplaires) donnés ou vendus/ce qui en reste.« Arch. Nat., Y 11 506.

33 Arch. Nat., Y 11 442. Undatiert. Nepveu wurde vom 5. bis 22. Mai 1784 in der Bastille festgehalten und dann nach Bicêtre transportiert. Vgl. Funck-Brentano, Les Lettres de cachet à Paris, S. 412 f.

34 Arch. Nat., Y 11 441.

35 Arch. de la Bastille 12 392, 25. September 1771.

36 Vgl. u. a. Arch. de la Bastille 10 304 (1766, Verhör des Kopisten Louis Fermel); Arch. Nat., W 295 (Verhör des Druckers Grangé und des Buchhändlers Desauges 1786).

37 Was sich wenig später als Lüge herausstellte: Vgl. B.N., ms. fr. 22 101, f° 132, Bericht vom 30. November 1771.

38 Arch. Nat., Y 11 422, 18. Januar 1783.

39 Arch. Nat., C 208.

40 Arch. de la Bastille 12 441.

41 Arch. de la Bastille 11 794, Verhör vom 17. Oktober 1752.

42 Arch. de la Bastille 12 401, Verhör Mirassons vom 25. August 1772.
43 Arch. de la Bastille 12 446, Verhör der Manichelle vom 27. Januar 1775.
44 Ebd.
45 Arch. Nat., Y 11 423, 28. September 1783.
46 B.N., ms. fr. 22 092, f° 109.
47 Arch. Nat., C 208$^{160/86}$, Verhör Dufours vom 8. Juni 1751.
48 Alle zitierten Verhörprotokolle aus Arch. Nat., W 295, N° 246.
49 Arch. Nat., Y 11 441.
50 Arch. de la Bastille 12 385, Bericht d'Hémerys vom 29. August 1770.
51 Ebd.
52 Ebd., Verhör Lefebvres vom 2. und 4. Oktober 1770.
53 B.N., ms. fr. 22 092, f° 109.
54 Arch. de la Bastille 11 690. Verhör vom 4. Juli 1749.
55 Arch. de la Bastille 12 229, Verhör des Jean Baptiste Vieilh vom 23. Juni 1764.
56 Quétel, De Par le Roy, S. 181: »Une bonne quarantaine de maisons de force au total, à la fin du XVIIIe siècle.«
57 Informativ dazu: Paul Bonnefon, Diderot prisonnier à Vincennes. In: Revue d'histoire littéraire de la France 6 (1899), S. 200–224.
58 Vgl. François Lelorrain, Au Donjon de Vincennes. In: Feuilles d'histoire du 17 au 20e siècle 5 (1911), S. 430–432.
59 Ebd.
60 B.N., ms. fr. 22 109, f° 32. Vgl. auch Broome, ›L'homme au cœur velu‹, S. 197 f.
61 Vgl. Frantz Funck-Brentano, La Bastille des comédiens. Le For l'Évêque. Paris ^{7}1910, S. 240 ff.
62 B.N., nouv. acq. fr. 10 781, und Arch. Nat., C 208.
63 Arch. de la Préfecture de Police A^{A}7.
64 B.N., nouv. acq. fr. 1214. Polizeinotiz vom 24. März 1766.
65 Vgl. Léon Bizard/Jane Chapon, Histoire de la prison Saint-Lazare. Du moyen-âge à nous jours. Paris 1925, S. 94; Auguste Paer (Hg.), 1784–1884. Centenaire du mariage de Figaro de Beaumarchais. Brüssel 1884, S. XXVIII ff.
66 Vgl. Abbé Pierre Coste, Les Détenus de Saint-Lazare. In: Revue des études historiques 12 (1926), S. 275–290, hier S. 286.
67 Paer, 1784–1884. Centenaire du mariage de Figaro de Caron de Beaumarchais, S. 111.
68 Der Version von Bizard/Chapon zufoge hatte sich Beaumarchais wie jeder Neuankömmling der demütigenden Prozedur einer körperlichen Bestrafung unterwerfen müssen (S. 95). Dazu kritisch jedoch: Coste, Les détenus de Saint-Lazare, S. 288 f.
69 Zit. nach Quétel, De Par le Roy, S. 183.
70 Vgl. Paul Bru, Histoire de Bicêtre. Hospice – Prison – Asile. D'après des documents historiques. Paris 1890, S. 25 ff.
71 Arch. Nat., Y 11 442. Verhör vom 7. Mai 1784.
72 Arch. Nat., Y 11 441. Verhör vom 8. Dezember 1785.

73 Vgl. Bru, Histoire de Bicêtre, S. 365.
74 Dazu vgl. Funck-Brentano, Figaro et ses devanciers, S. 330.
75 Dupont, La Bastille des mers, S. 58 ff.
76 Ebd., S. 46.
77 Ebd., S. 62.
78 Ebd., S. 70.
79 Ebd., hier bes. S. 81–84.
80 Wraxall, A Tour through the Western, Southern, and Interior Provinces of France, in the Years 1775, and 1776. London [3]1807, S. 19 f.
81 Anhand verschiedener Dokumente weist Dupont, La Bastille des mers, S. 76 ff., schlüssig nach, daß die Berichte etwa über das Martyrium Dubourgs weitgehend romantischen Phantasien entsprangen. Vgl. bes. S. 76 f.
82 Zur Baugeschichte vgl. Quétel, De Par le Roy, S. 30 ff., und Kircheisen, Die Bastille, S. 18 ff.
83 Das Wort Bastille leitete sich von den *Bastides* und *Bastidas* ab, wie während des Hundertjährigen Krieges auf altfranzösisch und altprovenzalisch Belagerungstürme und neubefestigte Städte genannt wurden. Vgl. Frantz Funck-Brentano, La Bastille et ses secrets. Paris 1979, S. 75.
84 Bemerkungen eines Reisenden durch Deutschland, Frankreich, England und Holland in Briefen an seine Freunde. Bd. I, Altenburg 1775, S. 315 f.
85 Eine Kurzbiographie von Nemeitz liefert Hans-Wolf Jäger, Zum Frankreichbild deutscher Reisender im 18. Jahrhundert. In: Gerhard Sauder/Jochen Schlobach (Hg.), Aufklärungen. Frankreich und Deutschland im 18. Jahrhundert. Heidelberg 1986, S. 203–219, hier S. 206.
86 Nemeitz, Séjour de Paris, S. 309.
87 Leonhard Christoph Sturms durch einen grossen Theil von Teutschland und den Niederlanden biß nach Pariß gemachete Architectonische Reise-Anmerckungen. Augsburg 1719, S. 71.
88 Manchmal wurden in der Bastille sogar höfische Feste gefeiert: Vgl. dazu Alf. Bonnardot, Collection historique des bibliophiles parisiens. Les rues & églises de Paris vers 1500. Une fête à la Bastille et le supplice de Biron. Paris 1876, S. 53–107.
89 Fernand Bournon, La Bastille. Histoire et description des bâtiments administratifs. Paris 1893, S. 117; Quétel, De Par le Roy, S. 30.
90 Zur durchschnittlichen Verweildauer in der Bastille sowie zur sozialen Herkunft der Bastille-Gefangenen vgl. Monique Cottret, La Bastille à prendre. Histoire et mythe de la forteresse royale. Paris 1986, S. 54.
91 Quétel, De Par le Roy, S. 33 und 68.
92 Charles Louandre, Une Prison d'État sous Louis XIV. In: Revue des deux mondes IV (1874), S. 197–222, hier S. 201.
93 Chassaigne, Des Lettres de cachet sous l'Ancien Régime, S. 107; Georges Cain, La Bastille. Paris 1916, S. 2.
94 Dazu B.N., ms. fr. 22 105, f° 66.
95 So behauptete etwa Louis-Abel Beffroy de Reigny in seiner in hoher Auflage gedruckten *Histoire de France pendant trois mois*, S. 82: »On disoit que cette Forteresse regorgeoit de prisonniers.«

96 Victor Fournel, Les Hommes du 14 juillet. Gardes-Françaises et vainqueurs de la Bastille. Paris 1890, S. 128.
97 »Dans ce Palais de la vengeance/Combien d'infortunés ... sont tombés, hélas! sans défense/Abandonnés de l'Univers!/Là, sous de ténébreux abymes/ce monstre enchaînoit ses victimes/et sourioit à leurs tourmens:/Tels dans leur caverne profonde/Les Cyclopes, effroi du monde/Dévoroient des hommes vivans.« In: Recueil de Pièces Intéressantes sur la Bastille. Paris 1790.
98 Die unterirdischen Verliese wurden um die Mitte des 18. Jahrhunderts nur noch sporadisch benutzt, um pflichtvergessene Schließer zu bestrafen; die sogenannten Todeszellen »existierten ... nur in der kollektiven Phantasie«. Vgl. Lüsebrink/Reichardt, Die Bastille. Zur Symbolgeschichte von Herrschaft und Freiheit, S. 41; Funck-Brentano, La Bastille et ses secrets, S. 105, und Cottret, La Bastille à prendre, S. 31.
99 Kircheisen, Die Bastille, S. 42.
100 Arch. de la Bastille 11 846. Charles de Julie hielt sich vom 12. August bis zum 27. Juli 1755 in der Bastille auf. Vgl. Funck-Brentano, Les Lettres de cachet à Paris, S. 330.
101 Vgl. die Bemerkungen eines Betroffenen: »Il faut d'abord se persuader que tout ce que l'on a écrit sur la Bastille n'offre pas en proportion légale la moitié des horreurs & des cruautés qui s'exercent dans les différentes maisons de force, comme ... Saint-Lazare, Bicêtre, Charenton &c.« In: Mémoires sur les maisons de force du Royaume de France. Par. M. le Vicomte de ******. Amsterdam 1784, S. 4.
102 Vgl. die Darstellung bei Quétel, De Par le Roy, S. 182 f.
103 Louis Sébastien Mercier, Mein Bild von Paris. Leipzig 1976 (Auswahl aus der Amsterdamer Ausgabe von 1788), S. 188.

In der Bastille

1 Arch. de la Bastille 12 517, f° 18, Lettres des lieutenants de police Lenoir et Thiroux de Crosne au gouvernement de la Bastille 1781–89.
2 Zit. nach Monin, L'État de Paris en 1789. Paris 1889, S. 379.
3 Vgl. Kircheisen, Die Bastille, S. 22.
4 Zum Text eines Schweigegelöbnisses, das die Gefangenen bei ihrer Entlassung unterzeichneten, vgl. Arch. de la Bastille 12 581: »Étant en liberté je promets selon l'ordre du roy de ne donner n'y écrire aucune nouvelle à qui que ce soit ni parents ni amis des prisonniers avec lesquels j'ai été enfermé à la Bastille.«
5 Arch. de la Bastille 12 569. Zur Kurzbiographie Charay de Belvaizes vgl. Funck-Brentano, Les Lettres de cachet à Paris, S. 361.
6 Zur Genese und Entwicklung der Anti-Bastille-Publizistik vgl. insbesondere neuerdings die begriffsgeschichtlichen Studien von Rolf Reichardt und Hans-Jürgen Lüsebrink.

7 Vgl. Lüsebrink/Reichardt, Die Bastille. Zur Symbolgeschichte von Freiheit und Herrschaft, S. 18.
8 Grimm, Paris zündet die Lichter an, S. 115.
9 Linguet, Mémoires sur la Bastille et la détention de l'auteur dans ce château royal, depuis le 27 septembre 1780 jusqu'au 19 mai 1782. London 1783.
10 Auf dem Höhepunkt seines revolutionären Ruhms korrespondierte Latude später sogar mit Thomas Jefferson. Bibl. hist. de la Ville de Paris, Papiers Latude, ms. 717, f° 20.
11 Schulze, Ueber Paris und die Pariser, S. 323.
12 Eine gut lesbare, aber insgesamt zu oberflächliche Studie zur Innenwelt der Bastille liegt vor mit dem Buch von Petitfils, La Vie quotidienne à la Bastille du moyen âge à la Révolution, das auch einige Seiten für die *Gens de lettres à la Bastille* reserviert. Die älteste Publikation zum Thema Schriftsteller in der Bastille bildet – wenn man Pierre Manuels *La Police de Paris dévoilée* und andere revolutionäre Enthüllungswerke nicht einrechnet – Delorts dreibändige, 1829 erstmalig gedruckte *Histoire de la détention des philosophes et des gens de lettres à la Bastille et à Vincennes*, deren Erkenntniswert allerdings begrenzt ist.
13 Vgl. Fournel, Les Hommes du 14 juillet. Paris 1890.
14 Edmond Biré, La Bastille sous Louis XVI. In: Ders., Légendes révolutionnaires. Paris 1893, S. 55–107.
15 Zu erwähnen wären Bords Monographie *La Conspiration Révolutionnaire de 1789. Les Complices – les victimes* (Paris 1909) und sein Aufsatz *Les Prisonniers enfermés à la Bastille sous Louis XVI.* In: Revue de la Révolution, 1883.
16 Unter Funck-Brentanos zahlreichen, zum Teil bereits genannten Bastille-Studien seien besonders hervorgehoben: Die Bastille in der Legende und nach historischen Dokumenten. Breslau 1899; Les Lettres de cachet. In: Revue des deux mondes V (1892), S. 821–853; Les Gens de lettres à la Bastille. In: La Revue Bleue 2 (1889), S. 48–52, und Légendes et archives de la Bastille, Paris s. d.
17 Funck-Brentano, Les Gens de lettres à la Bastille, S. 52.
18 Zur Präsenz der Höllen- und Purgatoriumsbilder in der Bastille-Literatur vgl. Victor Brombert, The Bastille and the Poetry of Prison Literature. In: The American Society of Honor Magazine 39/2 (1968), S. 73–85, hier bes. S. 82 f.
19 Arch. de la Bastille 12 322, Brief an d'Hémery vom 13. Juli 1767.
20 Maurice Tourneux (Hg.), Mémoires de Marmontel. Bd. II, Paris 1891, S. 133 ff. Zur Bestätigung von Marmontels Aussagen vgl. Bournon, La Bastille, S. 147 f. Weitere Dokumente über Marmontels Bastille-Internierung sind abgedruckt in: Delort, Histoire de la détention des philosophes et des gens de lettres à la Bastille et à Vincennes, Bd. II, S. 289–309.
21 Petitfils, La Vie quotidienne à la Bastille, S. 90 f.
22 Roger de Monthuchet, der sich vom 10. November 1753 bis zum 2. September 1754 in der Bastille aufhielt, bat seine Mutter um die

Zusendung verschiedener persönlicher Dinge, u. a. eines silbernen Trinkbechers und eines Paars wollener Strümpfe. B.N., ms. fr. 22 105, f° 69.

23 Arch. de la Bastille 12 455. De Sade war am 29. Februar 1748 von Vincennes in die Bastille überführt worden.

24 Ebd.

25 Arch. de la Bastille 11 990, Brief vom 8. März 1758.

26 Cottret, La Bastille à prendre, S. 32 ff.

27 Die sich – den kritischen Kommentaren eines Bastille-Häftlings zufolge – allerdings in einem desolaten Zustand befunden haben müssen. Arch. de la Bastille 11 917.

28 Ebd. Bei seiner Festnahme im Jahre 1755 war der Abbé d'Estrées für die Pariser Polizei kein Unbekannter mehr. Wenige Jahre zuvor hatte er im Turm von Vincennes gesessen, 1755 wurde er zusammen mit Fréron in der Bastille interniert.

29 Arch. de la Bastille 12 517, f° 163. Pierre-André-Charles Duvau de Chavaigne, »Aide-maréchal des logis des armées et ancien aide-de-camp du prince de Condé«, hielt sich vom 24. Dezember 1776 bis zum 17. Januar 1787 in der Bastille auf: »Pour affaires de famille, propos contre le roi et querelle avec le comte de Maurepas.« Funck-Brentano, Les Lettres de cachet à Paris, S. 400.

30 Arch. de la Bastille 12 351. Außerdem bat er u. a. um die folgenden historischen und religiösen Werke: La Vie des Saints (2 Bde.), Élévation à Dieu sur tous les mystères de la religion chrétienne, ouvrage posthume de M. Bossuet, La Vie de s^r Charles Borromée (3 Bde.), Instruction sur les mystères et pratiques pour tous les jours de l'année (8 Bde.) und La Nouvelle histoire générale de la France.

31 Arch. de la Bastille 12 455.

32 Arch. de la Bastille 12 322, Briefe vom November 1767 und Juni 1769.

33 Arch. de la Bastille 12 446, 9. Februar 1775.

34 Zu den »von oben« verordneten Restriktionen: Petitfils, La Vie quotidienne à la Bastille, S. 93 f.

35 Arch. de la Bastille 11 846.

36 Arch. de la Bastille 12 388.

37 Funck-Brentano, La Bastille et ses secrets, S. 158, und ders., Les Gens de lettres à la Bastille, S. 50. Es ist verbürgt, daß La Beaumelle während seiner zwei Aufenthalte in der Bastille (24. April 1753–12. Oktober 1753 und 6. August 1756–1. September 1757) große Freiheiten genoß. Seine Manuskripte und mehrere hundert Bücher wurden ihm in die Bastille gebracht, er korrespondierte mit Freunden und Verwandten, empfing Besucher und durfte im Garten der Bastille spazierengehen. Um so mehr verwundert, daß seine Biographen ihn als bedauernswerten Bastille-Märtyrer schilderten, der in Ermangelung von Papier und Feder seine Verse mit Hilfe einer Nadelspitze auf Zinnteller gekratzt haben soll – diese Darstellung zeugt einmal mehr von der Wirkungskraft des Bastille-Mythos. Vgl. dazu Funck-Brentano, La Bastille et ses secrets, S. 158.

38 Zitiert nach Jean-Marie Goulemots Chronologie. In: Ders. (Hg.), D.-A.-F. de Sade, Les infortunes de la vertu. Paris 1969, S. 14.

39 Vgl. zu den Beschwerden über den Zustand der Bastille-Zellen Arch. de la Bastille 12 392, Brief des Bastille-Gefangenen Dumont vom 17. Oktober 1771.
40 Arch. de la Bastille 11 794, 20. November 1752.
41 Arch. de la Bastille 12 392, 8. Juni 1771.
42 Ebd., 5. Juli 1771.
43 Arch. de la Bastille 11 498, 15. Mai 1741.
44 Arch. de la Bastille 11 794, 12. Dezember 1752.
45 Arch. de la Bastille 12 057, 9. September 1759.
46 Ebd.
47 Arch. de la Bastille 11 794, undatiert.
48 Arch. de la Bastille 12 454.
49 Arch. Nat., C 208, undatierter Brief.
50 Arch. de la Bastille 11 917.
51 Ebd.
52 Ebd.
53 Arch. de la Bastille 12 454, undatiert.
54 Arch. de la Bastille 12 440, 29. Juli 1774.
55 Ebd., undatiert.
56 Arch. de la Bastille 12 454.
57 Mémoires de Brissot, membre de l'Assemblée Législative et de la Convention Nationale, sur ses contemporains, et la Révolution Française, Bd. I, S. 9. Vgl. auch François-Primo, La Jeunesse de J. P. Brissot, S. 186 ff.
58 Arch. de la Bastille 12 517, undatiert.
59 Ebd., undatierter Brief De Crosnes an Delaunay aus den 80er Jahren.
60 Ebd., Brief Lenoirs an Delaunay vom 21. August 1784.
61 Wie quälend die Ungewißheit über das Schicksal vermißter Familienmitglieder sein konnte, kam in den Briefen an den Pariser Polizeichef immer wieder zum Ausdruck. Von der Not der Familien sprach mit großer Eindringlichkeit ein Bittsteller, der 1749 an d'Argenson appellierte, um Aufklärung über zwei Verschollene zu erlangen. Arch. de la Bastille 11 690, undatiert.
62 Pelleport und de Sade sahen ihre Ehefrauen regelmäßig. Arch. de la Bastille 12 517 (undatiert) und Arch. de la Bastille 12 454.
63 Zitiert nach Walter Lennig, Marquis de Sade in Selbstzeugnissen und Bilddokumenten. Hamburg 1965, S. 66 ff.
64 Arch. Nat., Y 11 442.
65 Die zusammen mit ihrem Mann im Februar 1750 wegen des Vertriebs verbotener Bücher in die Bastille transportierte Marie-Élisabeth Morin schilderte in Bittbriefen an den Polizeichef mit ungelenker Hand und bedenklicher Orthographie die »penes et ... mauts quel souffre dans les prisons de la Bastille«. Arch. de la Bastille 11 730.
66 B.N., ms. fr. 22 105, f° 88.
67 Arch. de la Bastille 12 454.
68 Arch. de la Bastille 12 388.
69 Arch. de la Bastille 11 730.

70 Arch. de la Bastille 11 917.
71 Arch. de la Bastille 12 398.
72 Arch. de la Bastille 12 392, 20. September 1771.
73 Arch. de la Bastille 12 056, 11. September 1759.
74 Arch. de la Bastille 12 094.
75 Arch. de la Bastille 11 917.
76 Arch. de la Bastille 12 388.
77 Arch. de la Bastille 11 810, u. a. Brief Génards vom 14. Dezember 1752.
78 Dazu auch Quétel, De Par le Roy, S. 173 ff.
79 Karl Witte behauptet zum Beispiel in dem kleinen Aufsatz, den er der Bastille widmete (in: Daheim 23 [1899], S. 366 f.), diese sei mehr ein »fideles Gefängnis« gewesen denn eine »Hölle der Lebenden«.
80 In gleicher Weise argumentiert Arthur Wilson, A bicentenary of the Enlightenment. Diderot in prison. In: Queens Quarterly 56 (1949/1950), S. 522–533, hier S. 529.
81 Brief vom 5. März 1745. Arch. de la Bastille 11 575.
82 B.N., nouv. acq. fr. 10 782.
83 Ebd.
84 Arch. de la Bastille 11 810, Brief Génards an seine Frau vom 12. März 1760.
85 Arch. de la Bastille 12 211.
86 Zit. nach Delort, Histoire de la détention des philosophes et des gens de lettres, Bd. III, S. 3.
87 Arch. de la Bastille 11 498, Brief Mouhys (wahrscheinlich) an Maurepas vom 15. Mai 1741.
88 Der wegen seines satirischen Romans *Voyage d'Amathonte* im Dezember 1750 verhaftete Schriftsteller Clément-Jérôme-Ignace de Rességuier wurde nach einer zweimonatigen Bastille-Haft zunächst in das Gefängnis Pierre-en-Cize transportiert und Ende Oktober 1752 unter der Bedingung freigelassen, aus Frankreich auszureisen. Arch. de la Bastille 11 733. Vgl. auch ergänzend die Darstellung von Honoré Bonhomme, La Marquise de Pompadour et le chevalier de Rességuier. In: Revue Britannique 3 (1875), S. 359–401. Zu weiteren Verbannungsbeispielen vgl. Arch. de la Bastille 11 690, 11 544.
89 So plädierte der Polizeiinspektor Meusnier in einem Bericht an den Polizeichef d'Argenson 1754 mit dem Argument für die Exilierung des *Nouvelliste* Willemin de Coin nach Metz, wenn dieser in Paris bliebe, würde er sogleich zu seinen alten »Intrigen« zurückkehren, da er nichts anderes »zum Leben« habe. Arch. de la Bastille 11 846.
90 Zur prekären Situation eines ›Verbannten‹ an seinem ›Verbannungsort‹ vgl. den Bericht des nach Verdun verschickten Selmé an den Pariser Polizeichef vom 19. März. 1745: »Il n'a pu trouver aucun employ dans cette ville ce qui le met hors d'état d'y subsister non plus que sa femme et ses enfans.« Arch. de la Bastille 11 544.
91 B.N., nouv. acq. fr. 1214, Brief d'Hémerys vom 1. Oktober 1761.
92 »Quand on me gardera ici autant d'années que la corneille en vit, la

longueur de mes souffrances ne corrigera pas les jeunes auteurs qui ne connoissent pas des freins.« Arch. de la Bastille 11 917.

93 So das Ergebnis der Untersuchung von François-Xavier Emmanuelli, ›Ordres du Roi‹ et lettres de cachet en Provence à la fin de l'Ancien Régime. Contribution à l'histoire du climat social et politique. In: Revue historique 252 (1974), S. 357–392.

94 Vgl. Funck-Brentano, La Bastille d'après ses archives. In: Revue historique 42 (1890), S. 291 ff.

95 Vgl. dazu das Fazit von Chevalier, Les Philosophes et le lieutenant de police, S. 116: »L'attitude du pouvoir royal et de ses agents à l'égard des philosophes est, sous le règne de ... Louis XVI, pleine de compréhension et d'indulgence.«

96 B.N., nouv. acq. fr. 22 070.

97 Zu Morellets Bastille-Haft vgl. Daniel Delafarge, L'Affaire de l'abbé Morellet en 1760. Thèse complémentaire présentée pour le Doctorat ès lettres à la Faculté des lettres de l'Université de Paris. Paris 1912, bes. S. 25 ff., und als ältere Darstellung: Mommerqué, Détention à la Bastille de Marmontel et Morellet (1760). In: Bulletin de la Société de l'histoire de France. Bd. II (1835), S. 344–358. Paris 1836, S. 354 ff.

98 Morellet, Pensées libres sur la liberté de la presse, à l'occasion d'un rapport du représentant Chénier à la Convention Nationale. Du 12 Floréal 1795, S. 3.

99 Vgl. etwa einen Brief Linguets an den Kommissar Chenon, in dem Linguet sich selbst als »Opfer« beschrieb. Arch. Nat., Y 11 442.

100 Zit. nach Paul Gaulot, Pamphlets d'il y a cent ans. In: Le Monde moderne 3 (1896), S. 55–64, hier S. 56.

Kleine Fluchten: Schriftsteller im Exil

1 Beaumarchais, zit. nach Élisabeth Quillen, L'Angleterre et l'Amérique dans la vie et la poésie d'André Chénier. Bern/Frankfurt am Main 1982, S. 34.

2 Vgl. die Schilderung von Feugère, L'Abbé Raynal et la Révolution Française, hier S. 312 f.

3 Zur Biographie des Abbé Dulaurens u. a. Delort, Histoire de la détention des philosophes et des gens de lettres à la Bastille et à Vincennes, Bd. III, S. 1 - 36; Henriot, Les Livres du second rayon, S. 268–278; Sgard, Dictionnaire des Journalistes, S. 230.

4 Vgl. dazu Vercruysse, Voltaire et Marc Michel Rey, S. 1746 f.

5 Zit. nach Schnelle, Aufklärung und klerikale Reaktion, S. 47.

6 Zit. nach Johann Goldfriedrich, Geschichte des deutschen Buchhandels vom Beginn der klassischen Literaturperiode bis zum Beginn der Fremdherrschaft (1740–1804). Bd. III, Leipzig 1909, S. 499.

7 Schnelle, Aufklärung und klerikale Reaktion, S. 81 f. Etwas unterschiedliche Angaben bei Goldfriedrich, Geschichte des deutschen Buchhandels, Band III, S. 501.

8 Zusammengefaßt nach dem mehr als summarischen Abriß von Arthur Richel, Zeitungen, Zeitschriften, Bibliotheken und Leseinstitute. In: H. Voelcker (Hg.), Die Stadt Goethes. Frankfurt am Main im XVIII. Jahrhundert. Frankfurt am Main 1932, S. 247 ff.

9 Ludwig Christian Kehr, Rabatt habe ich nie gegeben. Aus der Selbstbiographie von Ludwig Christian Kehr, Buchhändler in Kreuznach anno 1834. Windeck-Altwindeck 1980, S. 21–28.

10 Chevrier, zit. nach Schnelle, Aufklärung und klerikale Reaktion, S. 91.

11 Ebd., S. 92.

12 Ebd., S. 192.

13 Nach Emil Pauls, Zur Geschichte der Censur am Niederrhein bis zum Frühjahr 1816. In: Beiträge zur Geschichte des Niederrheins 15 (1900), S. 36–117, hier bes. S. 98–103. Einige Bemerkungen zur politischen Linie des Blattes finden sich auch bei Joseph Hansen, Quellen zur Geschichte des Rheinlandes im Zeitalter der französischen Revolution. Erster Band 1780–1791. Bonn 1931, S. 27 und 1051.

14 Vgl. J. P. Belin, Un Éditeur français à Kehl au XVIIIe siècle. Beaumarchais et l'édition des œuvres de Voltaire. In: La Revue rhénane 6 (1923), S. 364–368. Vgl. außerdem die komprimierte Darstellung von Jürgen Voß, Voltaire und der Badische Hof (1758–1789). In: Peter Brockmeier et. al. (Hg.), Voltaire und Deutschland. Stuttgart 1979, S. 41–54, S. 48–50.

15 Belin, Un Éditeur français à Kehl, S. 368. Der Fortgang der Drucklegung wurde zum Beispiel dadurch behindert, daß dem Herausgeber die Arbeiter davonliefen, daß die Druckfahnen zum Korrigieren erst umständlich nach Lille geschickt werden mußten und daß die Verhandlungen mit Karl Friedrich von Baden über die Erteilung einer Drucklizenz sich hinauszögerten.

16 Dazu einige Bemerkungen bei Karl d'Ester, Der Neuwieder. Ein vergessener Vorkämpfer für die Freiheit des deutschen Rheins. Neuwied 1930, S. 14 f. Mettra, der in den 90er Jahren nach Leipzig übersiedelte, wo er eine Buchhandlung eröffnete, beschrieb den Werdegang der Société Typographique in einem Rechtfertigungsbrief an die kaiserliche Bücherkommission vom Juni 1796. Vgl. zum genauen Text des Briefes Martin Fontius, Mettra und seine Korrespondenzen. In: Romanische Forschungen 76 (1964), S. 405–421, hier S. 420.

17 Biographische Hinweise auf Imbert im *Dictionnaire des Journalistes*, S. 193.

18 Dazu Arch. Nat., Y 11 425, Bericht einer Hausdurchsuchung bei Imbert de Boudeaux am 30. Juli 1781.

19 Zu dieser Thematik immer noch lesenswert: Eugène Hatin, Histoire politique et littéraire de la presse en France. Genf 1967 (Reprint), Bd. III, S. 296 ff.: »Bayle avait montré aux esprits curieux de liberté et de discussions le chemin de la Hollande, et cette petite république était bientôt devenue le refuge de tous les libres penseurs, de tous les hommes qui faisaient ombrage au pouvoir.«

20 Hatin, Les Gazettes de Hollande et la presse clandestine aux XVIIe et XVIIIe siècles, S. 105.

21 Vgl. die Belegstellen, die Jeroom Vercruysse in seinem Buch *Voltaire et la Hollande* aufführt, bes. S. 142 f.: »Lorsque les Hollandais s'aperçurent de ce nouveau besoin de l'espèce humaine (la lecture), ils devinrent les facteurs de nos pensées, comme ils l'étaient de nos vins et de nos sels; et tel libraire d'Amsterdam, qui ne savait pas lire, gagna un million, parce qu'il y avait quelques Français qui se mêlaient d'écrire.« (Voltaire an Friedrich II., 20. Juli 1740).

22 Arch. de la Bastille 12 056, Brief Durey de Morsans vom 3. September 1755.

23 Vgl. dazu Darnton, Ein Spion im literarischen Untergrund, S. 46.

24 Vgl. François-Primo, La Jeunesse de J.-P. Brissot, S. 157.

25 Zit. nach de Beaufort, Marquis Louis de Fontanes, littérateur et homme politique, S. 3.

26 Réplique de Charles Théveneau Morande à Jacques Pierre Brissot, S. 17.

27 Robiquet, Théveneau de Morande, S. 25–46.

28 So Anton Bettelheim, Beaumarchais. Eine Biographie. Frankfurt am Main 1896, S. 281.

29 Vgl. die Darstellung von de Loménie, Beaumarchais et son temps, hier Bd. I, S. 376; ausführlich neuerdings auch: Gunnar und Mavis von Proschwitz, Beaumarchais et le Courrier de l'Europe. 2 Bde., Oxford 1990. Hier Bd. I, S. 7.

30 Vgl. dazu vor allem Hélène Maspero-Clerc, Une Gazette anglo-française pendant la guerre d'Amérique: Le Courrier de l'Europe (1776–1788). In: Annales historiques de la Révolution française 48 (1976), S. 572–594; zur Person Swintons vor allem S. 572–575.

31 Vgl. dazu den kenntnisreichen Artikel von Gunnar von Proschwitz, Vergennes, Beaumarchais et le Courrier de l'Europe. In: Revue d'histoire diplomatique 101 (1987), S. 351–370.

32 Vgl. auch Gunnar von Proschwitz, Beaumarchais et l'Angleterre. In: Revue d'histoire littéraire de la France 68 (1968), S. 501–511, S. 507. Beaumarchais äußerte sich zu seinen Londoner Landsleuten mit verächtlichen Kommentaren: »Il n'y a que trop de mauvais français à Londres« schrieb er in einem Brief an Vergennes vom 3. April 1777. Ebd.

33 Hatin, Histoire politique et littéraire de la presse en France, Bd. III, S. 425. Die Tätigkeit Morandes als Redakteur des *Courrier de l'Europe* läßt sich neuerdings dank der von Gunnar und Mavis von Proschwitz gesammelten Dokumente präzise erhellen. Auf die Zeit der Emigration rekurrierte Morande im übrigen noch einmal kurz in seinem Verhör von 1792. Siehe dazu Arch. Nat., W 251 n° 27, Protokoll vom 10. September 1792.

34 Vgl. die Hinweise bei Gunnar und Mavis von Proschwitz, Beaumarchais et le Courrier de l'Europe. Bd. I, S. 31 und 116.

35 So die Darstellung von Manuel in: *La Police dévoilée*, Bd. II, S. 28.

36 Zur Biographie Lafitte de Pelleports vgl. auch *La Bastille dévoilée*, 3. Lieferung, S. 67–70.

37 Laffitte de Pelleport, Le Diable dans un bénitier, S. 5.

38 Ebd., S. 10 f.

39 Arch. de la Bastille 12 454.

40 Brissot im übrigen wegen des ungerechtfertigten Verdachts, er habe den *Diable dans un bénitier* publiziert. Vgl. dazu François-Primo, La Jeunesse de Brissot, S. 187.
41 Arch. Nat., Y 11 441, Polizeiprotokoll vom 10. Dezember 1785.
42 Ebd.
43 Ebd., Verhör Finis in der Bastille vom 8. Dezember 1785.
44 Arch. de la Bastille 10 301.

6. Kapitel
Literarischer Untergrund und Revolution

Veränderungen: Der Kampf um die Pressefreiheit

1 Aus einem Gedicht Schubarts mit dem Titel *Auf eine Bastilletrümmer von der Kerkertüre Voltaires, die dem Verfasser von Paris geschickt wurde.* Zit. nach Emil Horner (Hg.), Vor dem Untergang des alten Reiches. 1756–1795. Leipzig 1930, S. 113.
2 Zit. nach Gustav Landauer, Briefe aus der Französischen Revolution. Bd. I, Frankfurt am Main 1919, S. 148.
3 Desmoulins, Discours de la lanterne aux Parisiens, S. 9.
4 Zur Diskussion über die Abschaffung der *Lettres de cachet* vgl. Négrin, La Réforme de la lettre de cachet au XVIIIe siècle, S. 93–100, und H. Begouen, Un Rapport inédit de Mirabeau sur le régime des prisons. In: Revue d'économie politique I (1887), S. 491–512.
5 F. C. Green bemerkte dazu treffend: »From one point of view the history of eighteenth-century France may be regarded as the account of a long and bitter struggle for the freedom to write.« F. C. Green, The Censorship. In: Eighteenth-Century France. Six Essays. London/Toronto 1929, S. 201.
6 Zum gesamten Kontext: Günter Haber, Strafgerichtliche Öffentlichkeit und öffentlicher Ankläger in der französischen Aufklärung mit einem Ausblick auf die Gesetzgebung der Konstituante. Berlin 1979, S. 186 ff.
7 Arch. Nat. V^{1} 550, Brief Servans vom 21. August 1788.
8 Zur Kontroverse um die Einschätzung der königlichen Verordnung vom 5. Juli 1788: Keith Michael Baker, Introduction. In: Ders. (Hg.), The French Revolution and the Creation of Modern Political Culture. Vol. I: The Political Culture of the Old Regime. Oxford/New York 1987.
9 So Séguier Anfang 1789 in einer seiner Buchanklagen, zit. nach Monin, L'État de Paris en 1789, S. 241.
10 Ebd., S. 231.
11 Zum Gesamtkomplex immer noch maßgeblich das grundlegende Werk Alma Söderhjelms, Le Régime de la presse pendant la Révolution française. Bd. I, Genf 1971 (Reprint der Ausgabe Helsingfors 1900–1901), S. 42 ff. Vgl.

zur Einführung auch die überblickshafte Darstellung von Jürgen Wilke, Dievorrevolutionäre Publizistik. Wege, Orte, Personen. In: Hans Maier/ Eberhard Schmitt (Hg.), Wie eine Revolution entsteht. Die Französische Revolution als Kommunikationsereignis. München/Wien/Zürich/Paderborn 1988, S. 23–41, hier bes. S. 32 f.

12 Dazu vor allem Sigmar-Jürgen Samwer, Die französische Erklärung der Menschen- und Bürgerrechte von 1789/91. Hamburg 1970, S. 6 ff.

13 Zu den Affären Mirabeau und Brissot sei verwiesen auf Gustave Le Poittevin, La Liberté de la presse depuis la Révolution 1789–1815. Genf 1975 (Nachdruck der Ausgabe Paris 1901), S. 12 f., und Maurice Tourneux, Le Régime de la presse de 1789 à l'an VIII. In: La Révolution Française XXV (1893), S. 193–213, hier bes. S. 194 ff.

14 Edmond Seligman, La Justice en France pendant la Révolution. Bd. I (1789–1792, Paris 1901, S. 187 ff.

15 So sprach etwa der Verfasser des *Extrait d'une lettre de Valenciennes, du 8 février 1790, adressée à M. Nicodème, député à l'Assemblée Nationale* (Paris 1790) davon, daß in einer einzigen Nacht 2000 Exemplare eines einzigen Textes gedruckt worden seien (S. 1).

16 Ein zeitgenössischer Beobachter beschrieb diese Entwicklung als einen »gouffre de typographie ouvert par la révolution«. Vgl. die *Correspondance d'un habitant de Paris avec ses amis de Suisse et d'Angleterre.* Paris 1791, S. iij. Vgl. zur Pamphletproduktion in der unmittelbaren Vorphase der Revolution auch die kritischen Anmerkungen Ralph W. Greenlaws, der in seiner Studie über *Pamphlet literature in France during the period of the aristocratic revolt (1787–1789)*, erschienen im *Journal of Modern History* 29 (1957), S. 349–354, auf die Notwendigkeit aufmerksam gemacht hat, die »Broschürenkrise« in ihrer genauen Chronologie zu untersuchen.

17 Zur Explosion des Zeitschriftenmarktes vgl. Anatole de la Forge, La Liberté de la presse pendant la Révolution Française. In: La Révolution Française 1 (1881), S. 41–52, bes. S. 43 f.

18 Neményi, Journale und Journalisten der französischen Revolutionszeit, S. 3.

19 Vgl. dazu die Diskussion in Koselleck/Reichardt, Die Französische Revolution als Bruch des gesellschaftlichen Bewußtseins.

20 Vgl. Bellanger, Histoire générale de la presse, S. 434.

21 Vgl. dazu Peter-Michael Spangenberg, Opinion publique und ordre naturel. Ein Aspekt aus der Pressegeschichte in der Französischen Revolution (1788–1792). In: Zs. f. Literaturwiss. u. Linguistik 11 (1981), S. 15–25, hier S. 18: »Die Appellstruktur dieser Titel war ... geeignet, den Gruppen, die durch diese Bezeichnungen implizit vorausgesetzt wurden, eine Identität zu verschaffen, gerade dadurch, daß die Zeitungen ihnen Formulierungen von Bedürfnislagen vorgaben, mit denen sie sich identifizieren konnten.«

22 Informativ auch die Darstellung von René de Livois, Histoire de la presse française. Bd. I: Des Origines à 1881, Lausanne 1961, S. 75 ff., und Jules Evrard, La Législation de la presse pendant la Révolution Française. In: Revue contemporaine 62 (1868), S. 35–67.

23 Dazu vor allem Rétat, Die Zeitungen des Jahres 1789: einige zusammenfassende Perspektiven. In: Koselleck/Reichardt, Die Französische Revolution als Bruch des gesellschaftlichen Bewußtseins, S. 153–166, hier S. 162.
24 Barbet, De la liberté de la presse sous un gouvernement monarchique. Paris s. d., S. 12.
25 Vgl. dazu Eckhart Hellmuth, Zur Diskussion um die Presse- und Meinungsfreiheit in England, Frankreich und Preußen im Zeitalter der Französischen Revolution. In: Günter Birtsch (Hg.), Grund- und Freiheitsrechte im Wandel von Gesellschaft und Geschichte. Göttingen 1981, S. 205–226, hier S. 222 ff.
26 Zit. nach der deutschen Übersetzung der *Déclaration* aus Marcel Gauchet, Die Erklärung der Menschenrechte. Die Debatte um die bürgerlichen Freiheiten 1789. Hamburg 1991, S. 11.
27 Révolutions de Paris, Nr. XV. Maissemy hatte mit diesem Schreiben auf Beschuldigungen des Blattes reagiert, er bekleide noch immer den Posten eines *Directeur de la librairie*.
28 Ebd.
29 Zur Beurteilung der *Déclaration* vgl. u. a. Le Poittevin, Liberté de la presse, S. 15, und L. Derome, Les Journaux et les journalistes. III. – La Presse révolutionnaire. 1789, 1799 (An VIII). In: Revue de France 3 (1872), S. 287–309 und 471–490, hier S. 290.
30 Söderhjelm, Le Régime de la presse, S. 154 f.
31 Vgl. Tourneux, Le Régime de la presse, S. 196.
32 Ebd.
33 Ebd., S. 197.
34 Raymond Manévy, La Révolution et la liberté de la presse. Paris 1965, S. 18.
35 Requête des nouveaux imprimeurs et libraires, contre les ennemis de la liberté, et les injustes persécutions qu'ils éprouvent journellement, à la Nation. Paris s. d., S. 1 f.
36 Vgl. dazu Fritz Nies, Das System der literarischen Gattungen. Kontinuitäten, Brüche, Schwerpunktzonen (1789–99). In: Koselleck/Reichardt, Die Französische Revolution als Bruch des gesellschaftlichen Bewußtseins, S. 243–257, hier S. 245.
37 Millin, Lettre aux Représentants de la Commune de Paris, sur les dangers de la défense qu'ils ont faite de publier des estampes & des écrits burinés, sans l'approbation du censeur qu'ils ont nommé. Paris 1789, S. 4.
38 Mentelle, Lettre d'un auteur citoyen à la Commune de Paris. Paris s. d. (1789), S. 2. Zur Auseinandersetzung mit diesem Text vgl. auch Söderhjelm, Régime de la presse, Bd. I, S. 158 f.
39 Zit. nach Söderhjelm, Le Régime de la presse pendant la Révolution française, Bd. I, S. 106.
40 Abbé Barruel, Le Patriote véridique, ou Discours sur les vraies causes de la Révolution actuelle. Paris 1789, S. 30.
41 Vgl. Manévy, La Révolution et la liberté de la presse, S. 18 und L. Cardenal, La Liberté de la presse sous la Constituante. In: Cahiers de la presse 1939, S. 52–80, hier S. 63.

42 Nachdem schon in den Vormonaten von verschiedenen Seiten die Ausarbeitung eines Pressegesetzes postuliert worden war. Vgl. Cardenal, La Liberté de la presse sous la Constituante, S. 65.
43 Vgl. die Darstellung von Murray Forsyth, Reason and Revolution. The political thought of the abbé Sieyès. New York 1987, S. 208 ff., und Paul Bastid, Sieyès et sa pensée. Paris 1970, S. 94 ff.
44 Bastid, Sieyès et sa pensée, S. 95.
45 Ebd. Zur Reaktion auf das von Sieyès präsentierte *Projet* vgl. auch Evrard, La Législation de la presse pendant la Révolution française, S. 46 f.
46 Vgl. dazu am besten die übersichtliche Darstellung von Jacques Godechot, Les Institutions de la France sous la Révolution et l'Empire. Paris 1951, S. 61 ff.
47 Cardenal, La Liberté de la presse sous la Constituante, S. 69.
48 De la Forge, La Liberté de la presse pendant la Révolution française, S. 48 f.
49 Speziell zu der Auseinandersetzung um den *Orateur du peuple*: Le Poittevin, La Liberté de la presse depuis la Révolution, S. 24.
50 Ebd., S. 80. Ebenso Godechot, Les Institutions de la France sous la Révolution et l'Empire, S. 62.
51 Evrard, Législation de la presse, S. 54.
52 Söderhjelm, Le Régime de la presse, Bd. II, S. 221, und Derome, Les Journaux et les journalistes, S. 291.
53 Söderhjelm, Le Régime de la presse, S. 222.
54 Manévy, La Révolution et la liberté de la presse, S. 51 ff.
55 Vgl. Bellanger, Histoire générale de la presse française, S. 504.
56 Ebd., S. 508 ff.
57 Zum Neuanfang der Presse nach dem 9. Thermidor vgl. den zwar schon älteren, aber noch immer lesenswerten Artikel von Arthur Desjardins, La Liberté de la presse sous le directoire. In: Le Correspondant CLXXXIX (1897), S. 609–644.

Alter Untergrund – neuer Untergrund? Das Pariser Druckgewerbe in der Revolution

1 Zit. nach Jean-Claude Bonnet (Hg.), La Carmagnole des muses. L'homme de lettres et l'artiste dans la Révolution. Paris 1988, S. 307.
2 Treffend das Fazit von Renouard, Traité des droits d'auteurs, S. 299: »La Révolution française, en proclamant la liberté de la presse, et en supprimant les corporations, détruisait les bases sur lesquelles l'ancienne législation sur la librairie s'était appuyée, et abolissait cette législation toute entière.«
3 Zum gesamten Fragenkomplex ausführlicher neuerdings Carla Hesse, Publishing and Cultural Politics in Revolutionary Paris, 1789–1810. Berkeley/Los Angeles 1991.
4 Dazu Philippe Minard, Travail et travailleurs dans les imprimeries sous la Révolution: permanences et mutations. In: Barbier et. al. (Hg.), Livre et Révolution, S. 47–62, hier S. 57.

5 Conseil des Anciens. Séance du 16 Floréal, an V. Rapport fait par Brival, au nom d'une commission spéciale, composée des citoyens Voicquy, Rabaud-Pommier et Brival sur une résolution du 11 pluviôse, relative à l'imprimerie de la République, S. 8. Vgl. auch Carla Hesse, Economic Upheavals in Publishing. In: Darnton/Roche (Hg.), Revolution in Print, S. 69–97, hier S. 92.

6 Lise Andries, Les Imprimeurs-libraires parisiens et la liberté de la presse (1789–1795). In: Dix-Huitième Siècle 21 (1989), S. 247–261, hier S. 248.

7 Arch. Nat., V^1 552.

8 Ebd.

9 Arch. Nat., V^1 552.

10 Mémoire présenté à l'Assemblée Nationale, au nom des imprimeurs-libraires, propriétaires des privilèges des diverses liturgies de France. Paris 1790, S. 8.

11 So die These von Hesse, Enlightenment, Epistemology and the Laws of Authorship in Revolutionary France, S. 118: »Hoping to gain the ear of the assembly, publishers thus linked the economic issue of literary property and its protection to the political questions of sedition, libel, and authorial accountability.«

12 Vgl. die *Déclaration de l'établissement d'une imprimerie, rue d'Argenteuil, par Noel-Martin Du Maha, ancien compagnon imprimeur, qui fait hommage d'une brochure intitulée Adresse à l'Assemblée Nationale ... par M. de Romainville, commandant de la Garde Nationale de Buer.* Nach Tuetey, Répertoire général des sources manuscrites de l'histoire de Paris, Bd. 2, S. 110.

13 Arch. Nat., V^1 552.

14 In: Club typographique et philantrophique. Feuille hebdomadaire dédiée à MM les contribuables. Fraternité, union pour la paix. N° IX, du mardi, 28 décembre 1790.

15 Vgl. den Bericht des Kommissars des Distrikts Saint-Roch vom 1. August 1790. Arch. de la Préfecture de Police, A^A 81, Section de la Butte des Moulins, pièce 195.

16 Ebd., Bericht vom Februar 1790.

17 Zit. nach Tuetey, Répertoire général des sources manuscrites de l'histoire de Paris, Bd. 2, S. 206.

18 Arch. de la Préfecture de Police, A^A 81, Section de la Butte des Moulins, Bericht vom 7. August 1790, pièce 198.

19 Ebd., Bericht vom Februar 1790.

20 Ebd., Bericht vom 1. August 1790

21 So bemerkte schon der – revolutionskritische – Parisreisende Rehberg zu den Broschüren und ›fliegenden Blättern‹, die von den Kolporteuren verkauft wurden: »Vielleicht erzeugt der Hunger eben so viele davon als der Haß. Sie führen mehrentheils die Aufschrift *Vie privée*, und dergleichen sind fast von allen angesehenen Personen herausgekommen.« Vgl. August Wilhelm Rehberg, Untersuchungen über die Französische Revolution nebst kritischen Nachrichten von den merkwürdigsten Schriften welche darüber in Frankreich erschienen sind. 1. Theil, Hannover/Osnabrück 1793, S. 282 f.

22 Antoine de Baecque, Le Commerce du libelle interdit à Paris (1790–1791). In: Dix-Huitième Siècle 21 (1989), S. 233–246, hier S. 239: »Sans doute est-ce là la grande nouveauté révolutionnaire: dans le domaine politique, le pamphlet prend la place du livre. Correspondant mieux au rythme haletant de l'actualité, trouvant un débouché commercial élargi, l'écriture et la forme pamphlétaires connaissent un succès sans précédent.« Die von de Baecque skizzierte Entwicklung zeichnete sich jedoch schon etwa im Umfeld der Halsbandaffäre ab.
23 Arch. de la préfecture de Police, Section de la Butte des Moulins, A^{A} 81, pièce 194. Bericht vom 31. Juli 1790.
24 Ebd., pièce 187. Bericht vom 22. Juli 1790.
25 Zit. nach Tuetey, Répertoire général des sources manuscrites de l'histoire de Paris. Bd. 2, S. 202.
26 Arch. de la Préfecture de Police, A^{A} 134, Section des Postes, pièce 26. Bericht vom 2. Juni 1791.
27 Arch. Nat., V ^{1} 553.
28 Auf die Defizite, die in bezug auf die Erforschung des revolutionären Journalismus derzeit noch existieren, verweist insbesondere Rétat, Die Zeitungen des Jahres 1789, S. 161 f.: »Eine ›Reservearmee‹ stürzt sich auf das Tätigkeitsfeld, das durch das Zurücktreten und dann das Verschwinden der Zensur und der Privilegien plötzlich weit geöffnet wird. Diese Verhältnisse sind noch näher zu beschreiben, wenigstens sollte eine Mikrosoziologie der Journalisten erarbeitet und mit der verglichen werden, die Jean Sgard für die klassische Presse zusammengestellt hat.«
29 Arch. Nat., Y 10 001.
30 Ebd., Verhörprotokoll vom 4. September 1789.
31 Ebd.
32 Ebd.
33 Arch. Nat., Y 10 506.
34 Vgl. Paul Delalain, L'Imprimerie et la librairie à Paris de 1789 à 1813. Paris s. d., S. XXV und bes. XXX: »Ce qui nuit encore aux recherches des véritables noms d'imprimeurs et de libraires surtout pendant les années 1790 à 1795, c'est qu'à cet époque, malgré la proclamation de la liberté de la presse, la publication d'un livre, d'une brochure d'actualité, à plus forte raison d'une raison, exposait à des poursuites et à des dangers qu'on s'efforçait de retarder et de détourner.«
35 Vgl. Robiquet, Théveneau de Morande, S. 239 ff.
36 Ebd., S. 252.
37 Arch. Nat., Y 11 429.
38 Zit. nach Pierre Caron, Foulhioux. In: La Révolution Française LXXXIV, Nr. 1, Januar – Februar – März 1931, S. 255–264, hier S. 256 f.
39 Ebd. Vgl. zu Foulhioux auch dessen Erwähnung in Manuels *La Police de Paris dévoilée*, S. 217 ff.
40 Funck-Brentano, Figaro et ses devanciers, S. 332.
41 Ebd., S. 333 ff.
42 So die treffende Formulierung in der *Correspondance d'un habitant de Paris avec ses amis de Suisse et d'Angleterre*, S. iij.

Später Ruhm: Die Selbstinszenierungen der Bastille-Opfer

1 Die im September 1789 publizierte Schrift *Le Comte de Lorges, prisonnier à la Bastille pendant trente-deux ans, enfermé en 1757 du tems de Damiens & mis en liberté le 14 juillet 1789* erneuerte und verschärfte die Vorwürfe gegen die Polizeiadministration, die schon in der vorrevoltionären Publizistik geäußert worden waren: »On me conduit devant un tribunal de sang. Sartines siégeoit sur les lys & m'interrogeoit« (S. 8).

2 Dazu Jean Mistler, Le 14 juillet. Paris 1963, S. 127, und Lüsebrink/Reichardt, Die Bastille. Zur Symbolgeschichte von Herrschaft und Freiheit, S. 123 ff.

3 Zur Geschichte des Bastille-Nachbaus vgl. G. Rémy, Histoire de la Bastille et de la rue Saint-Antoine avant 1789. Paris [10]1889, Vorwort, S. XV f.: »Subissant l'influence générale, M. Colibert, architecte de talent, ancien élève de Violet le Duc et auteur de plusieurs travaux remarquables, notamment la restauration de la tour Ouest de la cathédrale d'Amiens, entreprit l'étude d'un projet tout à la fois grandiose et ingénieux; il ne s'agissait rien moins que de faire revivre d'une façon tangible le vieux quartier de la porte Saint-Antoine. Pour compléter l'histoire de la Bastille, composée d'écrits et de peintures n'évoquant qu'imparfaitement et d'une façon toute abstraite ce vieux coin de Paris, M. Colibert voulut faire du réel en reconstituant intégralement la prison et ses abords, non pas en trompe-l'oeil mais en matériaux durables, avec les dimensions qu'ils avaient effectivement, l'aspect et les positions respectives de ces souvenirs historiques étant scrupuleusement restitués.«

4 Maurice d'Auteville, Le Ralliement. La Bastille. Légende – Histoire. Conférences données aux réunions des membres de l'Action Française, groupe de Bergerac, les 25 novembre 1911 et 10 mars 1912. Bergerac 1912, S. 35–140, hier S. 41.

5 So Victorien Sardou im Vorwort zu Frantz Funck-Brentanos Buch *Die Bastille in der Legende und nach historischen Dokumenten*, S. 7.

6 Eugène Bonnemère, 1789. La Prise de la Bastille. 14 juillet – 4 août. Paris 1881, S. 154–158.

7 Lüsebrink/Reichardt, Die Bastille. Zur Symbolgeschichte von Herrschaft und Freiheit, S. 245–253. Zum Thema III. Republik und Revolution – speziell zur Funktion der Hundertjahrfeier – vgl. auch Brenda Nelms, The Third Republic and the Centennial of 1789. New York/London 1987.

8 Nachdem Gefangene wie de Sade aus Sicherheitsgründen in andere Gefängnisse transportiert worden waren, befanden sich in der Bastille am 14. Juli nur noch sieben Gefangene, darunter vier Falschmünzer, der wegen sittlicher Vergehen eingesperrte Comte de Solages und zwei Geistesgestörte. Vgl. Lüsebrink/Reichardt, Die Bastille. Zur Symbolgeschichte von Herrschaft und Freiheit, S. 55.

9 Vgl. die Darstellung von Fournel, Les Hommes du 14 juillet, S. 137. Vgl. in einem generellen Zusammenhang auch die interessanten Thesen von Paul

Sérieux/Lucien Liébert, La Bastille, asile d'aliénés et asile de sûreté. In: Aesculape I (1911), S. 217–223.

10 Vgl. den *Moniteur* vom 24. Juli 1789, Nr. 23, S. 194.

11 Vgl. zu Pelisserys Bastille-Aufenthalt, der vom 3. Juni 1777 bis zum 24. Juli 1788 dauerte, Arch. de la Bastille 12 450. Pelisserys Enthüllungen erschienen unter dem appellativen Titel *Lettres de M. de Pelissery, prisonnier onze ans et deux mois à la Bastille et treize mois à Charenton que les sieurs Le Noir, Necker, Delaunay, de Crosne, alliés & consorts faisoient passer pour fou, pour que le Roi ne lui rendit plus sa liberté.* Paris 1792, hier S. 9. Zu Pelisserys Erfahrungen während der Bastille-Haft hier v. a. S. 24 ff.

12 Zu Parein: Lüsebrink/Reichardt, Die Bastille. Zur Symbolgeschichte von Herrschaft und Freiheit, S. 114 ff.

13 Vgl. Max Dietz, Geschichte des musikalischen Dramas in Frankreich während der Revolution bis zum Directorium (1787–1795) in künstlerischer, sittlicher und politischer Beziehung. Hildesheim/New York 1970 (Reprint der Ausgabe Leipzig 1893), S. 191. Die Dichotomie *Ohnmacht der Tugend* vs. *Herrschaft des Lasters* durchzog auch andere Werke Pareins, so die Enthüllungsschrift *Les Crimes des parlemens, ou les horreurs des prisons judiciaires dévoilées* (Paris 1791). Dort charakterisierte Parein sich als unermüdlichen Reformer, der – wie »Daniel aus der Löwengrube« – dem »Pesthauch« der Kerker des Grand Châtelet entkommen sei und seither nichts anderes intendiert habe, als mit »feurigen Schriften« die Franzosen über den »wahren Charakter« des Parlaments von Paris aufzuklären (S. 2 und 5).

14 Fauchet, La France heureuse par la Constitution. Paris 1792, S. 7.

15 Le Four d'or trouvé dans les décombres de la Bastille, et suite de la liste des prisonniers de cette forteresse ... composé par Charles Mallat, natif du Château de Thors en Saintonge, Garde-Française, arreté par le sieur d'Hémeri (sic!), inspecteur de la police, pour avoir fait quelques vers manuscrits contre la Marquise de P... & entr'autres l'ode du Four d'or, S. 8.

16 Vgl. Mallats Steckbrief in B.N., nouv. acq. fr. 10 782: »Mallat, Charles. Age: 30; demeure: rue du bout du monde; pays: de Chareau en Saintogne; signalement: taille de cinq pieds six pouves, grand, bienfait, brun et belle physionomie. Histoire: c'est un jeune homme qui est à Paris depuis 1748 ... Il a ... de l'esprit ... Il fait de mauvais vers et est auteur de ceux qui sont cy joint et qu'il voulait vendre 2 louis d'or à la Villemin pour les faire imprimer; elle me l'a dénoncé et il a été arrêté en conséquence et conduit à la Bastille.«

17 Vgl. Funck-Brentano, Les Lettres de cachet à Paris, S. 329.

18 Vgl. Carra, Mémoires historiques et authentiques sur la Bastille, hier Bd. III, S. 197.

19 Ebd., S. 157.

20 Johann Friedrich Unger, Vertraute Briefe über Frankreich. Auf einer Reise im Jahre 1792 geschrieben. II. Teil. Berlin 1792, S. 303.

21 Ein Gegenbeispiel ist der Pamphletschreiber Anne Gédéon Laffitte de Pelleport, der am 14. Juli 1789 als Verteidiger des Bastille-Majors de Losme

in Aktion trat. Einem Bericht des *Moniteur* zufolge intervenierte Laffitte de Pelleport in dem Moment, als die aufgebrachte Volksmenge de Losme zur Place de Grève schleppte: »Tout-à-coup un jeune homme se précipite dans ses bras: Arrêtez, s'écrie-t-il, arrêtez, vous allez immoler le meilleur des hommes; j'ai été cinq ans à la Bastille, où il fut mon consolateur, mon ami, mon père.« Moniteur vom 24. Juli 1789, Nr. 23, S. 193.

22 Vgl. B.N., nouv. acq. fr. 1214.

23 Arch. Nat., Y 11 441.

24 Grouber de Groubentall, Mémoire à Messieurs les Membres de l'Assemblée Nationale, composant le Comité des Pensions. Paris 1790, S. 1 f.

25 Ebd., S. 6.

26 Ebd., S. 8.

27 Ebd., S. 18.

28 Ebd., S. 19.

29 Vgl. Funck-Brentano, Les Lettres de cachet à Paris, S. 253 und 375.

30 Mémoires d'un prisonnier de la Bastille, par Louis Michelin, père, de l'Académie des Apathistes de Florence, imprimeur et libraire de la ville & du district de Provins. Provins 1791, S. 4.

31 Ebd., S. 5.

32 Ebd.

33 Ebd.

34 Vgl. Funck-Brentano, Les Lettres de cachet à Paris, S. 379.

35 Le Prévôt de Beaumont, Le Prisonnier d'État ou tableau historique de la captivité de J. C. G. Le Prévôt de Beaumont, durant vingt-deux ans deux mois, écrit par lui-même. Paris 1791.

36 Le Prévôt, Dénonciation, pétition et rogation du sieur Le Prévôt de Beaumont. Paris 1791, und ders., Dénonciation et pétition du sieur Le Prévôt de Beaumont. Paris 1791.

37 Ders., Le Prisonnier d'État, S. 14.

38 Dénonciation et pétition du sieur Le Prévôt de Beaumont, S. 7. Vgl. aber auch die Darstellung des *Rapport de la commission des lettres-de-cachet, sur la pétition de J.-C.-G. Leprévôt, détenu par lettre-de-cachet, en diverses prisons, pendant 22 ans, pour avoir voulu révéler un commerce secret des bleds, connu depuis sous la dénomination de pacte de famine.*

39 Zur Rezeptionsgeschichte der zwei anderen ›Vorzeigemärtyrer‹ – Latudes und des ›Mannes mit der Maske‹ – vgl. Lüsebrink/Reichardt, Die Bastille. Zur Symbolgeschichte von Herrschaft und Freiheit, S. 222–230.

40 Zur Heldenkarriere Le Prévôts vgl. Emond Biré, Le Pacte de famine. In: Ders., Légendes révolutionnaires. Paris 1839, S. 1–53, und Gustave Bord, Le Pacte de famine. Histoire – légende. Paris 1887, S. 167 ff.

41 Vgl. Biré, Le Pacte de famine, S. 4.

42 Als weitere Beispiele von Petitionen, die an die Nationalversammlung adressiert waren und sich durch die Wiederholung bestimmter Topoi und Argumentationsmuster auszeichnen, seien angeführt: De Profundis de cinquante mille victimes des abus du pouvoir confié, ou motion de justice et d'humanité en faveur des captifs qui forment la classe la plus malheureu-

se du bon peuple français, présenté à Nosseigneurs de l 'Assemblée Nationale par M. Lemaistre de Saint-Péravy, ancien conseiller au Parlement. Paris s. d.; Charles-Alexandre de Créquy, Une grande victime du despotisme à ses concitoyens. S. l. 1793, und ders., Pétition et pièces présentées à l'Assemblée Nationale, par l'infortuné Charles de Bourbon-Montmorency, connu sous le nom d'Alexandre de Créquy, détenu 46 ans en différentes prisons et forteresses, par lesquelles il dévoile à la Nation le comble des horreurs, de la tyrannie et du despotisme, sous les règnes de Louis XV et de Louis XVI. Paris s. d.

43 Vgl. dazu A. Douarche, Les Victimes des lettres de cachet devant les tribunaux de la Révolution. In: Grande Revue 35 (1905), S. 20–41, hier S. 20 ff.; speziell zu Le Prévôt S. 39 f., allerdings ohne Quellenbelege.

Gescheiterte Hoffnungen: Der Fall Pierre Manuel. Ein Ausblick

1 Die (satirische) Broschüre *Liste des Sans-culottes de Paris* (Paris 1791) enthält die Namen zahlreicher Schriftsteller und Journalisten, die mit anspielungsreichen Wohnortangaben versehen werden. Feydel wird zum Beispiel der »Rue des mauvaises paroles« zugeordnet, Fréron der »Rue aille-du-pain«, de Rutlidge der »Rue du grand hurleur« etc.

2 Rességuier, Lettre de M. le Bailli de Rességuier, à M. l'abbé de Beausset, Comte de Saint-Victor. Montfort 1789, S. 3.

3 Robiquet, Théveneau de Morande, S. 253.

4 Ebd., S. 284 f.

5 Zu Devérités Karriere vgl. Henri Stein, Le Conventionnel Devérité fabricant de papiers, imprimeur et libraire. In: Revue des Bibliothèques 41 (1931), S. 320–330, hier S. 326.

6 Vgl. die Artikel in Adolphus, Biographical Memoirs of the French Revolution. Bd. II, S. 12–23; Kuscinski, Dictionnaire des Conventionnels, S. 427 f.; J. F. Robinet, Dictionnaire historique et biographique de la Révolution et de l'Empire 1789–1815; Nendeln/Liechtenstein 1975 (Reprint), S. 493 f.; Samuel F. Scott/Barry Rothaus (Hg.), Historical Dictionary of the French Revolution. 1789–1799. Westport/London 1985, Bd. I, S. 628–630; Boursin/Challamel, Dictionnaire de la Révolution Française, S. 463. Eine erste biographische Skizze zu Manuel habe ich in dem von Winfried Schulze herausgegebenen Band *Aufklärung, Politisierung und Revolution* (Pfaffenweiler 1991) unter dem Titel »Literarischer Untergrund und Revolution – die Karriere des Pierre Manuel« veröffentlicht (S. 9 – 33).

7 Pierre Manuel, Lettres originales de Mirabeau, écrites du donjon de Vincennes. 4 Bde., Paris/Straßburg/London 1792, hier Bd. I., S. 4. Vgl. auch die melodramatisch angereicherte Version in A. Arnould/Alboize du Pujol/A. Maquet, Histoire de la Bastille depuis sa fondation jusqu'à sa destruction 1789. Bd. VI, Paris 1844, S. 277 ff.

8 Vgl. zur Überprüfung die von Joseph Durieux erstellte *Vainqueur*-Statistik in: Ders., Les Vainqueurs de la Bastille. Paris 1911.

9 Révolutions de Paris, Nr. XVIII, S. 47: »Liste des Administrateurs de la Commune et de leur différens Bureaux. Bureau de police. M. Bailly, maire; M. Duport de Tertre, lieutenant de maire. Conseillers-administrateurs, MM. Manuel, Defresne, Lescène-des-Maisons, Fenouillot du Closel, Thorillon, Futtet, Penchet.« Vgl. auch Moniteur, Bd. II, Nr. 96, S. 235 (26. November 1789).

10 Vgl. zur Selbstdefinition der neuen Polizeiadministratoren *Moniteur* II, Nr. 127, S. 485: »Une fois pour toutes, le public peut être convaincu que, des sept administrateurs de police qui ont reçu sa conviance, je peux affirmer qu'il n'en est pas un qui ne soit pénétré de respect pour les droits des hommes, qui ne regarde sa place que comme un heureux moyen de prouver à la capitale qu'on peut la gouverner par d'autres moyens que des espions, des ordres arbitraires, des enlèvements, des cachots et des chaînes.«

11 Manuels Aktivitäten sind minutiös dokumentiert in der monumentalen Geschichte des Jakobinerclubs, die Alphonse Aulard veröffentlichte. Vgl. Aulard, La Société des Jacobins. Recueil de documents pour l'histoire du Club des Jacobins de Paris. 6 Bde., Paris 1889–1897.

12 Vgl. Aulard, Les Orateurs de la Révolution. Paris 1907, S. 149: »Si sa parole sentait le collège, sa personne, sa voix, son geste criaient la souffrance et la foi.«

13 Vgl. Manuel, La Police de Paris dévoilée, S. 23: »Un gouvernement qui enchaîne ses écrivains, dénonce lui-même ses fautes et ses vices.«

14 Wobei er sich der Gefährlichkeit dieser Konzeption durchaus bewußt blieb: vgl. Manuel, Lettre adressée à un censeur royal sur la liberté de la presse, S. 9: »Je ne me dissimule pas, Monsieur, que toutes ces brochures qui naissent et meurent comme des moucherons, peuvent servir la malice & la calomnie. Mais après tout, ce ne sont pas des pamphlets qui fixent les réputations.«

15 Moniteur XIV, Nr. 338, S. 628 f.: »La liberté de la presse doit être illimitée sans doute. Mais la liberté de la presse n'est autre chose que la parole écrite sur le papier, et je soutiens qu'il n'est pas plus permis d'insulter par des écrits que par des paroles. Il faudra donc que la Convention s'occupe de faire une loi à cet égard.«

16 Vgl. die einschlägigen Passagen über seine Bastille-Haft u. a. in den *Lettres de Pierre Manuel, l'un des administrateurs de 1789, sur la Révolution, recueillies par un ami de la Constitution*. Paris, l'an troisième de la liberté, S. 36: »J'ai voulu revoir cette chambre où j'ai tant souffert, lorsque pressant de mes mains une tête brulante de l'œil je suivais l'aiguille lente du tems.«

17 Aulard, La Société des Jacobins, Bd. III, S. 335.

18 Ebd.

19 Sur la police dévoilée de Pierre Manuel. Paris 1791, S. 2: »De ce moment Pierre Manuel se crut un génie, il pria instamment sa soeur de répandre qu'il n'étoit à la Bastille que comme homme-de-lettres.«

20 Réplique de Charles Théveneau de Morande, à Jacques Pierre Brissot, S. 20: »Si Manuel, si Brissot eussent fait le Gazetier cuirassé, les malheureux, au

lieu de dire loyalement, comme je le fais, que ce fut un enfant de la colère, le prôneraient comme le précurseur de la Révolution, et ils s'en feraient des titres de gloire. Ils diraient que ç'a été le premier pétard que l'on ait osé attacher aux barrières de l'ancien gouvernement, et que sans eux les Français seraient toujours dans l'esclavage.«

21 Robiquet, Théveneau de Morande, S. 244.

22 Vie secrète de Pierre Manuel, S. 8. Im gleichen Ton gehalten war auch das (anonym publizierte) *Véritable testament de Pierre Manuel – cidevant procureur de la Commune et député à la Convention Nationale, écrit la veille de sa mort, dans la prison de la Conciergerie.* Paris s.d, S. 2: »C'est un homme qui a l'estomac bon & le cœur mauvais.« Als weiteres – im Stil der Zeit verfaßtes – Pamphlet gegen Manuel wäre eine Schrift mit dem Titel *Mariage de Manuel avec Mme Élisabeth, sœur de Louis Capet, en récompense des bons services qu'il lui a promis* (Paris s. d.) zu nennen, die die Zweifel an Manuels Charakter in die Form rhetorischer Fragen kleidete: »Qui l'eût cru que Manuel eût été assez intriguant pour devenir de galopin, procureur de la Commune de Paris? Qui l'eût cru que Manuel fut devenu représentant du peuple?« (S. 3 f.).

23 Mme de Staël, Considérations sur les principaux événements de la Révolution Française, depuis son origine jusques et compris le 8 juillet 1815. 3 Bde., Brüssel/Lüttich/Amsterdam/Mons 1818, hier Bd. II, S. 62.

24 Vgl. Aulard, Les Orateurs de la Révolution, Bd. II, S. 149; Fritz Braesch, La Commune du dix août. Étude sur l'histoire de Paris du 20 juin au 2 décembre 1792. Paris 1911, S. 304.

25 Boursin/Challamel, Dictionnaire de la Révolution Française, S. 463.

26 Vgl. David P. Jordan, The King's Trial. The French Revolution vs. Louis XVI. Berkeley/Los Angeles/London 1979, S. 80.

27 Vgl. zur Charakterisierung Manuels: Braesch, La Commune du dix août, S. 896: »Assurément il y avait, parmi les membres de la Commune, quelques athées, entre autres Manuel, qui saisissait chaque occasion de tourner la religion en ridicule, comme il le fit, par exemple, lors du baptême civil du jeune Voltaire Villette.«

28 Vgl. dazu Pierre Caron, Les Massacres de septembre. Paris 1935, S. 313 ff.

29 Ebd., S. 314.

30 Vgl. Moniteur XIV, Nr. 319 (14. November 1792): »Une idée me tourmente ... la liberté serait-elle meilleure à espérer qu'à posséder? ... Nous avons remporté des victoires; il faut les assurer par des vertus. Les sceptres du monde sont en nos mains; qu'ils ne tombent pas! Les rois sont là pour les ramasser, et les peuples les perdraient sans retour.«

31 Opinion de P. Manuel, qui n'aime pas les rois. Zit. nach L. F. Jauffret, Histoire impartiale du procès de Louis XVI., ci-devant Roi des Français. 8 Bde., Paris 1792, hier Bd. I, S. 300 f.

32 Ebd., Bd. 8, S. 140.

33 Zum Prozeß gegen Manuel vgl. seine Akte in den Arch. Nat., W 295, N° 246.

34 Ebd., Anklageschrift vom 23. Brumaire.

35 Ebd.

36 Zit. nach Émile Campardon, Le Tribunal révolutionnaire de Paris. 2 Bde., Paris 1866, hier Bd. I, S. 185.

37 Vgl. dazu Linguets Äußerungen anläßlich seines Erscheinens vor dem Revolutionstribunal. Arch. Nat., W 397, N° 421. Zum Tod Linguets auch Gay Levy, The Ideas and Careers of Simon-Nicolas-Henri Linguet, S. 328 ff.

38 Arch. Nat., C 193/160: »Que ne l'avait été la Bastille sous le règne du despotisme le plus affreux.«

Quellen- und Literaturverzeichnis

Ungedruckte Quellen

Bibliothèque de l'Arsenal, Paris

Ms. 3866, f° 37–62. Rapports secrets ou minuttes ordonnées par les ordres du Roy et rendues par M. de Marville au chevalier de Mouhy aux appointemens de 1200 livres par an pour la première année 1742.

I. Amtsbereich des Lieutenant général de police

Archives de la Bastille 10 028. Papiers de l'inspecteur Goupil, chargé de la librairie 1768–1777.
Archives de la Bastille 10 133. Procès-verbaux rédigés par les commissaires au Châtelet des patrouilles faites dans les rues de Paris, et visites dans les cabarets, billards et lieux suspects, par les inspecteurs, commissaires et exempts. Années 1760–1775.
Archives de la Bastille 10 142. Registre où Sarraire, inspecteur dans le quartier du Palais-Royal, a consigné ses rapports au lieutenant de police. 1761–1770.
Archives de la Bastille 10 170. Gazetins de police et nouvelles à la main, sans date. Rapports rédigés par l'exempt Vanneroux, pour le Lieutenant de Police, sur les propos tenus dans les différents cafés de Paris.
Archives de la Bastille 10 246. Notes, rapports et papiers de l'inspecteur de police Meusnier, chargé de la partie des mœurs. Surveillance des prêtres (1733–1757).
Archives de la Bastille 10 301. Surveillance de la librairie et de la presse, par le lieutenant général de police: censure, permis d'imprimer, perquisitions, saisie de brochures prohibées, correspondance du Lieutenant général de police. Années 1748, 1749.
Archives de la Bastille 10 302. Surveillance de la librairie. Années 1750, 1751, 1752.
Archives de la Bastille 10 303. Surveillance de la librairie. Années 1753–1789.

Archives de la Bastille 10 305. Le pilon de la Bastille. Différents états de livres envoyés à la Bastille pour être mis au pilon. États des années 1749, 1765, 1770, 1777, 1781, 1783, 1785. États de livres envoyés pour y être gardés sous clef, mais non destinés au pilon. Inventaires des livres trouvés au dépôt de la Bastille dressés en 1789–1790 par les soins des commissaires nommés pour le classement des archives de la Bastille.

II. Dossiers und biographische Dokumente

Archives de la Bastille 11 498. Année 1741.
Archives de la Bastille 11 544. Nouvellistes de contrebande. Dossiers d'un certain nombre de rédacteurs, copistes et distributeurs de nouvelles à la main, arrêtés pendant les années 1743, 1744, 1745, 1746.
Archives de la Bastille 11 575. Année 1745.
Archives de la Bastille 11 582. Affaire du *Tanastès,* satire allégorique des amours du Roi avec Mme de Châteauroux, et autres histoires de la cour, composée par Marie-Madeleine Bonafon.
Archives de la Bastille 11 683. Année 1749.
Archives de la Bastille 11 690. Affaire des 14 pour les vers contre le Roi.
Archives de la Bastille 11 694. Imprimeurs d'ouvrages contre les mœurs (1749).
Archives de la Bastille 11 730. Livres prohibés.
Archives de la Bastille 11 733. Pamphlets contre le Roi et contre la Marquise de Pompadour.
Archives de la Bastille 11 794. Année 1752.
Archives de la Bastille 11 810. Satires et libelles.
Archives de la Bastille 11 841. Année 1753.
Archives de la Bastille 11 846. Nouvellistes.
Archives de la Bastille 11 917. Libelles.
Archives de la Bastille 11 971. Année 1757.
Archives de la Bastille 11 982. Imprimeries clandestines.
Archives de la Bastille 11 990. Année 1758.
Archives de la Bastille 12 002. Année 1758.
Archives de la Bastille 12 048. Année 1759.

Archives de la Bastille 12 056. Auteur d'ouvrages licencieux, de mémoires sur le gouvernement et de projets de finance.
Archives de la Bastille 12 057. Pamphlétaire.
Archives de la Bastille 12 084. Année 1760.
Archives de la Bastille 12 094. Année 1760.
Archives de la Bastille 12 109. Année 1761.
Archives de la Bastille 12 131. Année 1761.
Archives de la Bastille 12 152. Année 1752.
Archives de la Bastille 12 156. Année 1762.
Archives de la Bastille 12 163. Année 1762.
Archives de la Bastille 12 211. Année 1764.
Archives de la Bastille 12 226. Jeu et escroqueries.
Archives de la Bastille 12 229. Librairie.
Archives de la Bastille 12 249. Année 1765.
Archives de la Bastille 12 257. Année 1765.
Archives de la Bastille 12 266. Correspondance avec le Roi de Prusse.
Archives de la Bastille 12 316. Année 1767.
Archives de la Bastille 12 322. Affaires de librairie.
Archives de la Bastille 12 351. Dénonciation du pacte de famine. Le Prévôt de Beaumont. Documents relatifs à la détention de Le Prévôt.
Archives de la Bastille 12 382. Année 1769.
Archives de la Bastille 12 385. Année 1770.
Archives de la Bastille 12 388. Année 1771.
Archives de la Bastille 12 390. Année 1771.
Archives de la Bastille 12 392. Année 1771.
Archives de la Bastille 12 398. Librairie.
Archives de la Bastille 12 399. Malversations, et attaques contre le parlement Maupeou.
Archives de la Bastille 12 400. Année 1772.
Archives de la Bastille 12 401. Année 1772.
Archives de la Bastille 12 403. Délits de librairie contre le parlement Maupeou.
Archives de la Bastille 12 440. Nouvelles à la main.
Archives de la Bastille 12 441. Année 1775.
Archives de la Bastille 12 442. Année 1775.
Archives de la Bastille 12 445. Pamphlets.
Archives de la Bastille 12 446. Pamphlets.

Archives de la Bastille 12 448. Année 1776.
Archives de la Bastille 12 450. Librairie.
Archives de la Bastille 12 453. Années 1782 et 1783.
Archives de la Bastille 12 454. Années 1784 et 1785.
Archives de la Bastille 12 455. Débauche.
Archives de la Bastille 12 460. Année 1786.

III. Verwaltung der Bastille, des Gefängnisses von Vincennes und einiger anderer Gefängnisse

Archives de la Bastille 12 517. Lettres des lieutenants de police Lenoir et Thiroux de Crosne au gouvernement de la Bastille 1781–1789.
Archives de la Bastille 12 569. Tableaux des prisonniers, 1761–1762, 1766.

Archives Nationales, Paris

AD I 108. Procès de Charlotte Corday – de Marie-Antoinette – des Girondins etc.
$C^{160/86-87}$.
$C^{193/160}$.
V^1 552. Librairie. Juin – Octobre 1789.
V^1 553. Librairie.
W 251, No 27. Dossiers d'affaires non suivies ou aboutissant à des mises en liberté.
W 295, No 246. Affaires jugées, 6 Avril 1793–12 Thermidor an II.
X^1A 8582.
Y 10 001. Chambre criminelle. Pièces d'instruction déposées au greffe. 1760–1791.
Y 10 506. Affaire Rutlidge et autres.
Y 10 508. Procès contre divers imprimeurs, auteurs, colporteurs et distributeurs.
Y 11 387. Office de Chenon, Janvier – Mai 1772.
Y 11 416. Office de Chenon, 1781.
Y 11 417. Office de Chenon, 1781.
Y 11 418. Office de Chenon, 1781.

Y 11 421. Office de Chenon, Juillet - Décembre 1782.
Y 11 422. Office de Chenon, Janvier - Juin 1783.
Y 11 423. Office de Chenon, Juillet - Décembre 1783.
Y 11 424. Office de Chenon, 1784.
Y 11 425. Office de Chenon, Mai - Octobre 1784.
Y 11 426. Chenon, Novembre - Décembre 1784.
Y 11 428. Office de Chenon, 1785.
Y 11 429. Office de Chenon, Janvier 1786.
Y 11 430. Officc de Chenon, 1787.
Y 11 431. Office de Chenon, Juillet - Décembre 1787.
Y 11 432. Office de Chenon, Janvier - Juin 1788.
Y 11 433. Office de Chenon, Juin - Décembre 1788.
Y 11 434. Office de Chenon, Janvier - Mai 1789.
Y 11 441. Minutes d'archives de la Bastille 1769-1789.
Y 11 442. Minutes d'archives de la Bastille 1769-1789.
Y 15 820. Office de Rochebrune, Janvier - Juillet 1760.
Y 15 823. Office de Rochebrune, Juillet 1761.
Y 15 824. Office de Rochebrune, Janvier - Septembre 1762.
Y 15 828. Office de Rochebrune, 1763.

Bibliothèque Nationale, Paris

B. N., nouv. acq. fr. 1214. Copies de lettres relatives à la police de la librairie provenant de M. d'Hémery (1750-1770).
B. N., nouv. acq. fr. 1891. Personnes qui ont été détenues à la Bastille depuis l'année 1660 jusques et compris l'année 1754 pour composition, impression ou distribution de livres défendus.
B. N., nouv. acq. fr. 3344. Librairie sous Malesherbes.
B. N., nouv. acq. fr. 10 781. Historique des auteurs.
B. N., nouv. acq. fr. 10 782. Historique des auteurs.
B. N., nouv. acq. fr. 10 783. Historique des auteurs.
B. N., nouv. acq. fr. 22 070. Librairie, Libraires et Imprimeurs.
B. N., nouv. acq. fr. 22 123. Librairie 1766-1774.
B. N., collection Joly de Fleury 1682. Libraires, imprimeurs et censure de livres 1607-1786.
B. N., ms. fr. 22 046. Bureau de la Librairie.
B. N., ms. fr. 22 063. Règlements généraux de la librairie (1728-

1799), f° 29. Mémoire sur la librairie de Versailles et sur les abus qui s'y commettent.
B. N., ms. fr. 22 075. Contrefaçons.
B. N., ms. fr. 22 080. Inspecteurs de la Librairie.
B. N., ms. fr. 22 092. Librairie. Libelles diffamatoires et autres livres prohibés 1742–1754.
B. N., ms. fr. 22 094. Librairie. Libelles diffamatoires et livres prohibés 1759–1762.
B. N., ms. fr. 22 096. Librairie. Libelles diffamatoires et autres livres prohibés 1763–1764.
B. N., ms. fr. 22 097. Libelles diffamatoires et livres prohibés 1761–1766.
B. N., ms. fr. 22 098. Librairie. Libelles diffamatoires et autres livres prohibés 1766–1767.
B. N., ms. fr. 22 099. Libelles diffamatoires et livres prohibés 1668–1769.
B. N., ms. fr. 22 100. Libelles diffamatoires et livres prohibés 1668–1769.
B. N., ms. fr. 22 101. Libelles diffamatoires et livres prohibés 1771–1776.
B. N., ms. fr. 22 105. Libraires et imprimeurs de Paris. Détentions à la Bastille.
B. N., ms. fr. 22 106.
B. N., ms. fr. 22 109. Anecdotes, querelles et pièces fugitives 1709–1786.
B. N., ms. fr. 22 114. Note de police sur 3 individus suspects.
B. N., ms. fr. 22 116.
B. N., ms. fr. 22 122.
B. N., ms. fr. 22 123.
B. N., ms. fr. 22 133. Gazettes, petites affiches, almanachs, journaux etc. sous de Malesherbes 1736–1760.
B. N., ms. fr. 22 134. Gazettes, petites affiches, almanachs, journaux etc. sous de Malesherbes 1740–1760.

Bibliothèque Historique de la Ville de Paris, Paris

Ms. fr. C.P. 5178. La Police de Paris en 1770. Mémoire inédit composé sur l'ordre de Mr de Sartines pour l'Impératrice Marie Thérèse par J.B.Ch. Le Maire, Conseiller du Roi, Commissaire au Châtelet.
Ms. fr. 717 (Rés. 19) Papiers Latude.

Archives de la Préfecture de Police, Paris

A^{A} 7. Notes sur les prisonniers de la Bastille 1725–1756.
A^{A} 81. Section de la Butte des Moulins.
A^{A} 134. Section du Contrat Social 1790–1792.

Bibliothèque Publique, Neuchâtel

Ms. 1175, f° 459, 461, 463. Delisle de Sales.
Ms. 1175, f° 124. Abbé Lesenne.
Ms. 1162, f° 76–85. Abbé Jean Baptiste Gabriel Grozier.
Ms. 1212, f° 49–83. Barnabé Firmian de Rozoi.
Ms. 1165, f° 353, 355, 357. D'Hautraie.
Ms. 1173, f° 314–355. Laus de Boissy.

Bibliothèque Royale, Brüssel

Ms. 15 709, f° 35, 312, 329, 417. Recueil de mémoires, notices, rapports, lettres, pièces de vers du célèbre avocat Linguet.

Gedruckte zeitgenössische Literatur

Anonym erschienene Schriften

Les Amours de Charlot et Toinette. S. l. 1779.
Arrest de la Cour du Parlement qui condamne deux libelles intitulés le premier Catéchisme du Citoyen, ou Élémens du Droit

Public français, le second l'Ami des Loix &c. à être lacérés & brulés . . . Paris s. d.
Mémoires sur les maisons de force du royaume de France. Amsterdam 1784.
(CHARPENTIER?): La Bastille dévoilée, ou recueil de pièces authentiques pour servir à son histoire. 9 Lieferungen in 3 Bänden, Paris 1789/90.
Sur ce qu'on appelle les livres licencieux. In: Journal des gens du monde III (1783), S. 351–358.
Letters on the French Nation: By a Sicilian Gentleman, residing at Paris, to his friend in his own country containing an useful and impartial critique on that city and the French Nation. London 1749.
Bemerkungen eines Reisenden durch Deutschland, Frankreich, England und Holland in Briefen an seine Freunde. Altenburg 1775.
La Pétaudière ou observations sur l'état actuel de la littérature. Amsterdam/Paris 1778.
Beschreibung des Fürstenthums Welsch-Neuenburg und Vallengin. Berlin 1783.
Almanach du voyageur à Paris. Paris 1784.
Lettre à l'occasion de la détention de S.E.M. le Cardinal de Rohan à la Bastille. S. l. 1785.
Lettre d'un garde du Roi, pour servir de suite aux mémoires sur Cagliostro. London 1786.
La Passion, la mort et la résurrection du peuple. Jerusalem 1789.
Le Comte de Lorges, prisonnier à la Bastille pendant trente-deux ans, enfermé en 1757 du tems de Damiens & mis en liberté le 14 juillet 1789. Paris 1789.
Correspondance d'un habitant de Paris avec ses amis de Suisse et d'Angleterre, sur les événemens de 1789, 1790 et jusqu'au 4 avril 1791. Paris 1791.
Requête des nouveaux imprimeurs et libraires, contre les ennemis de la liberté, et les injustes persécutions qu'ils éprouvent journellement, à la Nation. Paris s.d.
Liste des Sans-culottes de Paris. Paris 1791.
Sur la police dévoilée de Pierre Manuel. Paris 1791.
Beytraege zur Geschichte der Französischen Revolution. Bd. III, 1795.
Palais-Royal. Die Hauptstadt der kleinen Welt Paris. Nebst ei-

nem Anhange der neuesten Pariser Stadt-Mährchen. Leipzig 1790.
Extrait d'une lettre de Valenciennes,du 8 février 1790, adressée à M. Nicodème, député à l'Assemblée Nationale. Paris 1790.
Mémoire présenté à l'Assemblée Nationale, au nom des imprimeurs-libraires, propriétaires des privileges des diveres liturgies de France. Paris 1790.
Vie secrète de Pierre Manuel. Paris s.d.
De l'abus de la liberté. S.l. n. d.
Le Four d'or trouvé dans les décombres de la Bastille. S.l. n. d.
Les Adieux des fédérés du 14 juillet 1790. Paris s. d.
Mariage de Manuel avec Mme Élisabeth, sœur de Louis Capet. Paris s. d.
Véritable testament de Pierre Manuel. Paris s. d.

Zeitgenössische Autoren

ADOLPHUS, John: Biographical Memoirs of the French Revolution. Bd. II, London 1799.
BARBET: De la liberté de la presse sous un gouvernement monarchique. Paris s.d.
BARRUEL, Abbé: Le Patriote véridique, ou Discours sur les vraies causes de la Révolution actuelle. Paris 1789.
BEFFROY DE REIGNY, Louis-Abel (Cousin Jacques): Histoire de France pendant trois mois. Paris 1789.
BLONDEL, Pierre-Jacques: Mémoire sur les vexations qu'exercent les libraires et imprimeurs de Paris. S. l. 1725.
BRISSOT, Jacques-Pierre: Réponse de Jacques-Pierre Brissot à tous les libellistes. Paris 1791.
BRISSOT, Jacques-Pierre: Réplique de J. P. Brissot à Charles Théveneau de Morande. Paris 1791.
BRISSOT, Jacques-Pierre: Mémoires de Brissot, membre de l'Assemblée Législative et de la Convention Nationale sur ses contemporains, et la Révolution française. Paris 1830.
BROSSELARD, Emmanuel: Gedicht zum Jahrestag des Bastillesturms. In: Recueil de pièces intéressantes sur la Bastille. Paris 1790.
BUHAN, Pascal: Revue des auteurs vivans, grands et petits. Coup d'œil sur la république des lettres en France. Lausanne s. d.

CAMPE, Joachim Heinrich: Briefe aus Paris zur Zeit der Revolution geschrieben. Braunschweig, 3. Aufl., 1790.
CARRA, J. L.: Mémoires historiques et authentiques sur la Bastille, dans une suite de près de trois cents emprisonnements. Paris, 3 Bde., 1789.
CEROU: Der Liebhaber, ein Schriftsteller und ein Lackey. Ein Lustspiel. S. l. 1755 (Original von 1740).
CHAMFORT, Sébastien: L'Homme de lettres. Discours philosophique en vers. Amsterdam/Paris 1766.
CHASLES, Abbé: Timante ou portrait fidèle de la pluspart des écrivains du dix-huitième siècle. Chartres/Paris 1785.
CHÉNIER, André: Élégies. Paris s. d.
CHÉNIER, Marie-Joseph: Dénonciation des inquisiteurs de la pensée. Paris 1789.
CLARENDON (Lord): A Tour through Part of France, containing a description of Paris, Cherbourg, and Ermenonville, with a rhapsody, composed at the tomb of Rousseau. In a series of letters. London 1789.
CRÉQUY, Charles-Alexandre de: Une grande victime du despotisme à ses concitoyens. S.l. 1793.
CRÉQUY, Charles-Alexandre de: Pétition et pièces présentées à l'Assemblée Nationale. Paris s. d.
DANTON, Georges: Mémoire sur sa vie privée (par le Docteur Robinet). Paris 1865.
DELEYRE, Alexandre: Essai sur la vie de M. Thomas, de l'Académie Françoise. Paris 1791.
DELILLE: Épître sur l'utilité de la retraite pour les gens de lettres. Ouvrage présenté à l'Académie Française en 1760. Paris 1760.
DESMOULINS, Camille: Discours de la lanterne aux Parisiens. Paris 1789.
DIDEROT, Denis: Le Neveu de Rameau. Paris s. d.
DOIGNY DU PONCEAU: Épître à un homme de lettres célibataire. Pièce qui a concouru pour le prix de l'Académie Française, en 1773. Paris 1773.
Doigny du Ponceau: La Dignité des gens de lettres. Pièce qui a concouru pour le prix de l'Académie Française, en 1774. Paris 1774.
(DRIEMEL, Friedrich): Ein Lübbener im revolutionären Paris 1789/90. Brief des Buchdruckers Friedrich Driemel an den Pro-

notar Erdmann. Sonderdruck aus dem Lübbener Kreisblatt Nr. 56 bis 59, Mai 1933.

Du Chesne: Code de la police ou analyse des règlemens sur cette matière. Paris 1757.

Du Fossé, Pierre-Thomas: Mémoires. Publiés en entier, pour la première fois avec une introduction et des notes par F. Bouquet. Genf 1976 (Reprint).

Dulaurens, Abbé: Les Abus dans les cérémonies et dans les moeurs par Mr L******, auteur du compère Mathieu. Blois, deuxième année de la Révolution.

Dusaulx: L'Œuvre des sept jours. In: Berville/Barrière: Mémoires de Linguet et de Dusaulx. Paris 1821.

Fauchet: La France heureuse par la Constitution. Paris 1792.

Fenouillot de Falbaire de Quingey: Avis aux gens de lettres. Lüttich 1770.

Flue, Louis de: Relation de la prise de la Bastille, le 14 juillet 1789, par un de ses défenseurs. In: La Revue rétrospective 4 (1834), S. 291.

Fougeret de Montbron: La Capitale des Gaules ou la nouvelle Babilonne. Den Haag 1760.

Fréron, Élie: L'Année Littéraire. Bd. I, Paris 1788 (Reprint Genf 1966).

Garnier: L'Homme de lettres. Paris 1764.

Génard, François: L'École de l'homme ou parallèle des portraits du siècle & des tableaux de l'Écriture Sainte. Ouvrage moral, critique et anecdotique. London 1752.

Grégoire, Abbé: Rapport sur les encouragemens, récompenses et pensions à accorder aux savans, aux gens de lettres & aux artistes. Paris, An III de la République.

Grimm, Melchior: Paris zündet die Lichter an. Literarische Korrespondenz. München/Leipzig 1977 (Neuausgabe).

Grouber de Groubentall, Marc-Antoine: Mémoire à Messieurs les Membres de l'Assemblée Nationale, composant le Comité des Pensions. Paris 1790.

Heinzmann: Meine Frühstunden in Paris. Beobachtungen, Anmerkungen und Wünsche, Frankreich und die Revolution betreffend. Nebst Fragment einer kleinen Schweizer-Reise. Basel 1800.

Imbert: Nécrologie (Chevalier de Mouhy). In: Mercure, September 1784, S. 122–126.

JAUFFRET, L.F.: Histoire impartiale du procès de Louis XVI., ci-devant Roi des Français. 8 Bde., Paris 1792.

JOUSSE: Traité de la justice criminelle de France. 4 Bde., Paris 1771.

KARAMSIN, Nikolaj Michailowitsch: Briefe eines reisenden Russen. München 1966 (Neuausgabe).

KEHR, Ludwig Christian: Rabatt habe ich nie gegeben. Aus der Selbstbiographie von Ludwig Christian Kehr, Buchhändler in Kreuznach anno 1834. Windeck-Altenwindeck 1980.

KÉRALIO, Louis-Félix Guyrement de: De la liberté d'énoncer, d'écrire et d'imprimer la pensée. Paris 1790.

LAFFITTE DE PELLEPORT, Anne-Gédéon: Le Diable dans un bénitier. Paris s.d.

LA MÉSANGÈRE, Pierre-Antoine: Le Voyageur à Paris. Tableau pittoresque et morale de cette capitale. Paris 1797.

LABLÉE, Jacques: Mémoires d'un homme de lettres. Paris 1825.

LE PRÉVÔT DE BEAUMONT: Le Prisonnier d'État ou tableau historique de la captivité de J.C.G. le Prévôt de Beaumont, durant vingt-deux ans deux mois, écrit par lui-même. Paris 1791.

LE PRÉVÔT DE BEAUMONT: Dénonciation, pétition et rogation du sieur Le Prévôt de Beaumont. Paris 1791.

LEMAISTRE DE SAINT-PÉRAVY: De Profundis de cinquante mille victimes des abus du pouvoir confié. Paris s. d.

LESCÈNE-DESMAISONS, Jacques: Histoire politique de la Révolution en France ou correspondance entre Lord D****** et Lord T******. Bd. I, London 1789.

LINGUET, Simon-Nicolas-Henri: Mémoires sur la Bastille et la détention de l'auteur dans ce château royal, depuis le 27 septembre 1780 jusqu'au 19 mai 1782. London 1783.

MALLAT, Charles: Le Four d'or trouvé dans les décombres de la Bastille. Paris s. d.

MALLET DU PAN, Jacques: Mémoires et correspondance pour servir à l'histoire de la Révolution française. Bd. I, Paris 1851.

MANUEL, Pierre: Lettres originales de Mirabeau, écrites du donjon de Vincennes. 4 Bde., Straßburg/Paris/London 1792.

MANUEL, Pierre: La Police de Paris dévoilée. Paris An II.

MANUEL, Pierre: Les Lettres de Pierre Manuel, l'un des administrateurs de 1789, sur la Révolution. Paris An III de la liberté.

MANUEL, Pierre: Lettre adressée à un censeur royal sur la liberté de la presse. Paris s. d. (1789).

(MARMONTEL) TOURNEUX, Maurice (Hg.): Mémoires de Marmontel. Paris 1891.

MARMONTEL, Jean-François de: Mémoires d'un père pour servir à l'instruction de ses enfans. Bd. II, Paris 1805.

MENTELLE, Edme: Lettre à un seigneur étranger sur les ouvrages périodiques en France. Par M. l'abbé D.C. d'H******. S.l. 1757.

MENTELLE, Edme: Lettre d'un auteur citoyen à la Commune de Paris. Paris 1789.

MERCIER, Louis-Sébastien: Mein Bild von Paris. Leipzig 1976 (Neuausgabe).

MERCIER, Louis-Sébastien: Le Bonheur des gens de lettres. London/Paris 1766.

MERCIER, Louis-Sébastien: Le Tableau de Paris. Amsterdam 1783.

MICHELIN, Louis: Mémoires d'un prisonnier de la Bastille. Provins 1791.

MILLIN: Lettre aux Représentants de la Commune de Paris, sur les dangers de la défense qu'ils ont faite de publier des estampes & des écrits burinés, sans l'approbation du censeur qu'ils ont nommé. Paris 1789.

MOMORO, Antoine-François: Traité élémentaire de l'imprimerie ou le manuel de l'imprimeur. Paris 1793.

MORANDE, Charles Théveneau de: La Gazette noire par un homme qui n'est pas blanc ou œuvres posthumes du gazetier cuirassé. S.l. 1784.

MORANDE, Charles Théveneau de: Réplique de Charles Théveneau Morande, à Jacques Pierre Brissot, sur les erreurs, les oublis, les infidélités de sa réponse. Paris 1791.

MORELLET, André: Pensées libres sur la liberté de la presse, à l'occasion d'un rapport du représentant Chénier, à la Convention Nationale. Paris 1795.

NEMEITZ, Joachim Chrisoph (Pseudon.: Timentes): Séjour de Paris, oder getreue Anleitung, welchergestalt Reisende von Condition sich zu verhalten haben, wenn sie ihre Zeit und Geld nützlich und wohl zu Paris anwenden wollen. Frankfurt am Main 1718.

NOUGARET, Jean-Baptiste: Lettre d'un mendiant au public. S.l.n.d.

OELSNER, Konrad Engelbert: Luzifer oder gereinigte Beiträge zur Geschichte der Französischen Revolution. Kronberg 1977 (Reprint).
PAREIN, Pierre-Mathieu: Les Crimes des parlemens, ou les horreurs des prisons judiciaires dévoilées. Paris 1791.
PESSELIER: Épître à un jeune auteur sur l'abus des talens de l'esprit. Paris 1750.
PÉLISSERY, Roch-Antoine: Lettres de M. de Pélissery, prisonnier onze ans et deux mois à la Bastille et treize mois à Charenton. Paris 1792.
PIGANIOL DE LA FORCE: Nouveau voyage de France, avec un itinéraire, et des cartes. Bd. I, Paris 1780.
REHBERG, August Wilhelm: Untersuchungen über die Französische Revolution nebst kritischen Nachrichten von den merkwürdigsten Schriften welche darüber in Frankreich erschienen sind. 1. Theil, Hannover/Osnabrück 1793.
REICHARDT, Johann Friedrich: Vertraute Briefe über Frankreich. Auf einer Reise im Jahre 1792 geschrieben. Berlin 1793.
RÉMOND DE SAINT-SAUVEUR: Agenda des auteurs, ou calpin littéraire à l'usage de ceux qui veulent faire des livres. Ouvrage didactique pour le dix-huitième siècle. »Au Parnasse« 1755.
RESSÉGUIER, Charles-Jérôme-Ignace de: Lettre de M. le Bailli de Rességuier, à M. l'abbé de Beausset, Comte de Saint-Victor. Montfort 1789.
RÉTIF DE LA BRETONNE, Nicolas: Les nuits révolutionnaires. Paris 1978 (Neuausgabe).
RIVAROL: Petit dictionnaire des grands hommes de la Révolution. Par un citoyen actif, ci-devant rien. »Au Palais-Royal« 1790.
ROY, Abbé Jean: La Vérité dévoilée ou Mémoire d'une victime de l'aristocratie. Paris s. d.
SABATIER, André H.: Conseils d'un vieil auteur à un jeune, ou l'art de parvenir dans la république des lettres. London/Paris 1758.
SCHULZ, Friedrich: Ueber Paris und die Pariser. Berlin 1791.
STAËL, Germaine de: Considérations sur les principaux événements de la Révolution Française, depuis son origine jusques et compris le 8 juillet 1815. 3 Bde., Brüssel/Lüttich/Amsterdam/Mons 1818.
STORCH, Heinrich: Skizzen, Szenen und Bemerkungen auf einer Reise durch Frankreich. Heidelberg 1787.

STURM, Leonhard: Leonhard Christoph Sturms durch einen grossen Theil von Teutschland und den Niederlanden biß nach Pariß gemacheten Architectonischen Reise-Anmerckungen. Augsburg 1719.

THOMAS, Antoine-Léonard: Essai sur le caractère, les mœurs et l'esprit des femmes dans les différens siècles. Paris 1772 (Reprint Genf 1987).

TISSOT, Simon-André: De la santé des gens de lettres. Lausanne 1769.

UNGER, Johann Friedrich: Vertraute Briefe über Frankreich. Auf einer Reise im Jahre 1792 geschrieben. II. Teil, Berlin 1792.

VOLKMANN, Johann Jacob: Neueste Reisen durch Frankreich. Bd. I, Leipzig 1787.

VOLTAIRE: Le Pauvre diable. In: Œuvres complètes. Bd. 10, Paris 1877, S. 99 ff.

VOLTAIRE: Correspondance. Bd. I, Paris 1963.

VOLTAIRE: Candide oder der Optimismus. Düsseldorf, 2. Aufl., 1964.

WRAXALL: A Tour through the Western, Southern, and Interior Provinces of France, in the Years 1775, and 1776. London, 3. Aufl., 1807.

Sekundärliteratur

ALBRECHT, Peter: Kaffee. Zur Sozialgeschichte eines Getränks. Veröffentlichungen des Braunschweigischen Landesmuseums. Braunschweig 1980.

ALBRIER, Albert: Variétés bibliographiques. Charles Théveneau de Morande. Paris s. d.

ALEXANDRIAN, Sarane: Histoire de la littérature érotique. Paris 1989.

ANDRIES, Lise: La Librairie parisienne, 1789–1795. In: Dix-Huitième Siècle 21 (1989), S. 247–261.

ANDRIEU, Jules: La Censure et la police des livres en France sous l'Ancien Régime. Une saisie de livres à Agen en 1775. Agen 1884.

ARNOULD, A./ALBOIZE DU PUJOL/MAQUET, A.: Histoire de la Bastille depuis sa fondation jusqu'à sa destruction 1789. Paris 1844.

ASSE, Eugène: Diderot et Voltaire d'après les papiers inédits de la censure. In: Cabinet historique 1882, S. 3–38.
ASSELINEAU, Charles: État des gens de lettres demandant des pensions (vers 1786). In: Bulletin du Bibliophile 15 (1861), S. 532–543.
AULARD, Alphonse: La Société des Jacobins. Recueil de documents pour l'histoire du Club des Jacobins de Paris. 6 Bde., Paris 1889–1897.
AULARD, Alphonse: Les Orateurs de la Révolution. Paris 1907.
AUTEVILLE, Maurice d': Le Ralliement. La Bastille. Légende – Histoire. Conférences données aux réunions des membres de l'Action Française, groupe de Bergerac, les 25 novembre 1911 et 10 mars 1912. Bergerac 1912, S. 35–140.
BAECQUE, Antoine de: Le Commerce du libelle interdit à Paris (1790–1791). In: Dix-Huitième Siècle 21 (1989), S. 233–246.
BAKER, Keith Michael: Introduction. In: Ders. (Hg.): The French Revolution and the Creation of Modern Political Culture, Bd. I: The Political Culture of the Old Regime. Oxford/New York 1987.
BARBER, Giles: The Cramers of Geneva and their Trade in Europe between 1755 and 1766. In: Studies on Voltaire 30 (1964), S. 377–413.
BARBER, Giles (Hg.): Anecdotes typographiques où l'on voit la description des coutumes, mœurs et usages singuliers des compagnons imprimeurs. By Nicolas Contat dit Le Brun (1762). La Misère des apprentis imprimeurs. By Dufresne (1710). Oxford 1980.
BASTID, Paul: Sieyès et sa pensée. Paris 1970.
BAYARD, Jean-Émile: Le Quartier Latin hier et aujourd'hui. Paris 1924.
BAYLE, Paul/HERBLAY, Jacques: Journalisme clandestin au XVIIIe siècle. In: La Nouvelle Revue 37 (1905), S. 213–220, 395–413.
BEAUFORT, J. de: Marquis Louis de Fontanes, littérateur et homme politique (1757–1821). In: Les contemporains, S. 1–6.
BÉCLARD, Léon: Sébastien Mercier. Sa vie, son œuvre, son temps d'après des documents inédits. Avant la Révolution. Paris 1903.
BEGOUEN, H.: Un rapport inédit de Mirabeau sur le régime des prisons. In: Revue d'économie politique I (1887), S. 491–512.
BELIN, Jean Paul: Le Commerce des livres prohibés à Paris de 1750 à 1789. Paris 1913.

BELIN, Jean Paul: Un Éditeur français à Kehl au XVIIIe siècle. Beaumarchais et l'édition des œuvres de Voltaire. In: La Revue rhénane 6 (1923), S. 364–368.

BELLANGER, Claude/GODECHOT, J./GUIRAL, Pierre/TERROU, Fernand: Histoire générale de la Presse française. Bd. 1: Des origines à 1814, Bd. 2: De 1815 à 1871, Paris 1969.

BÉNICHOU, Paul: Le Sacre de l'écrivain 1750–1830. Essai sur l'avènement d'un pouvoir spirituel laïque dans la France moderne. Paris 1973.

BETTELHEIM, Anton: Beaumarchais. Eine Biographie. Frankfurt am Main 1886.

BIART, Guy: Pierre Rousseau, chef d'une maison d'édition au siècle des lumières. In: Jeroom VERCRUYSSE (Hg.): La Communication par l'imprimé au dix-huitième siècle. Actes du 6e Congrès International des Lumières. Brüssel 1983, S. 47–63.

BIRN, Raymond: The ›journal encyclopédique‹ and the ›old régime‹. In: Studies on Voltaire XXIV (1963), S. 219–240.

BIRÉ, Edmond: Le Pacte de famine. In: Ders.: Légendes révolutionnaires. Paris 1893, S. 1–53.

BIRÉ, Edmond: La Bastille sous Louis XVI. In: Ders.: Légendes révolutionnaires. Paris 1893, S. 55–107.

BIZARD, Léon/CHAPON, Jane: Histoire de la prison Saint-Lazare. Du moyen-âge à nos jours. Paris 1925.

BLACK, Jeremy: The British and the Grand Tour. London/Sydney/Dover 1985.

BÖDEKER, Hans Erich: Das Kaffeehaus als Institution aufklärerischer Geselligkeit. In: Étienne FRANÇOIS (Hg.): Sociabilité et société bourgeoise en France, en Allemagne et en Suisse, 1750–1850. Paris 1986, S. 65–79.

BOISLISLE, Armand de: Lettres de M. de Marville, lieutenant général de police au Ministre Maurepas (1742–1747). Paris 1896.

BÖLLMANN, Elisabeth: Literaturzensur in Frankreich unter Chrétien-Guillaume de Lamoignon de Malesherbes (1750–1763). Diss., Graz 1981.

BONHOMME, Honoré: La Marquise de Pompadour et le chevalier de Rességuier. In: Revue britannique 3 (1875), S. 359–401.

BONNARDOT, Alf.: Collection historique des bibliophiles parisiens. Les rues & églises de Paris vers 1500. Une fête à la Bastille et le supplice de Biron. Paris 1876.

BONNASSIEUX, P.: Note sur l'ancienne police de Paris. In: Bulletin de la Société de l'histoire de Paris et de l'Ile de France 20 (1894), S. 187–192.
BONNEFON, Paul: Diderot prisonnier à Vincennes. In: Revue d'histoire littéraire de la France 6 (1899), S. 200–224.
BONNEMÈRE, Eugène: 1789. La Prise de la Bastille. 14 juillet – 4 août. Paris 1881.
BONNET, Jean-Claude (Hg.): La Carmagnole des muses. L'homme de lettres et l'artiste dans la Révolution. Paris 1988.
BORD, Gustave: Les Prisonniers enfermés à la Bastille sous Louis XVI. In: Revue de la Révolution I und II (1883).
BORD, Gustave: Le Pacte de famine. Histoire- légende. Paris 1887.
BORD, Gustave: La Conspiration révolutionnaire de 1789. Les Complices – les victimes. Paris 1909.
BOURG, Edme-Théodore: Biographie des lieutenans généraux, ministres, directeurs généraux, chargés d'arrondissements, préfets de la police en France et de ses principaux agents. Paris 1829.
BOURNON, Fernand: La Bastille. Histoire et description des bâtiments administratifs. Paris 1893.
BOURSIN, E./CHALLAMEL, J.B.M.A.: Dictionnaire de la Révolution Française. Paris 1893.
BRAESCH, Fritz: La Commune du dix août. Étude sur l'histoire de Paris du 20 juin au 2 décembre 1792. Paris 1911.
BRENNAN, Thomas: Public Drinking and Popular Culture in Eighteenth-Century Paris. Princeton 1988.
BRENNAN, Thomas: Beyond the Barriers: Popular Culture and Parisian Ginguettes. In: Eighteenth-Century Studies 2 (1984/85), S. 153–169.
BROMBERT, Victor: The Bastille and the Poetry of Prison Literature. In: The American Society of Honor Magazine 39, Nr. 2, 1968, S. 73–85.
BROOME, J.H.: ›L'homme au cœur velu‹: the Turbulent Career of Fougeret de Monbron. In: Studies on Voltaire 23 (1963), S. 179–196.
BRU, Paul: Histoire de Bicêtre. Hospice – prison – asile. D'après des documents historiques. Paris 1890.
BRUCKER: Urkunden über die Verhältnisse des Buchhandels und der Presse in Straßburg im 18. Jahrhundert. In: Archiv für Geschichte des Deutschen Buchhandels VIII (1883), S. 123–163.

BRUNETIÈRE, Ferdinand: La direction de la librairie sous M. de Malesherbes. In: Revue des deux mondes 49 (1882), S. 567–612.
BRUNO, Marlinda Ruth: Fréron, Police Spy. In: Studies on Voltaire 148 (1976), S. 177–199.
BRUNO, Marlinda Ruth: The Journal d'Hémery 1750–1751. An Edition. Vanderbilt University 1977 (Ph.D.).
BURSTIN, Haim: Le Faubourg Saint-Marcel à l'époque révolutionnaire. Paris 1983.
CAIN, Georges: La Bastille. Paris 1916.
CAMPARDON, Émile: Le Tribunal révolutionnaire de Paris. 2 Bde., Paris 1866.
CARDENAL, L. de: La Liberté de la presse sous la Constituante. In: Cahiers de la presse 1939, S. 52–80.
CARON, Pierre: Foulhioux. In: La Révolution française LXXXIV, Nr. 1, Januar - Februar - März 1931, S. 255–264.
CARON, Pierre: Les Massacres de septembre. Paris 1935.
CARRÉ, Henri: Quelques mots sur la presse clandestine. Poitiers 1893.
CARRÉ, Henri: La Noblesse de France et l'opinion publique au XVIIIe siècle. Genf 1977 (Reprint von 1920).
CASSELLE, Pierre: Recherches sur les marchands d'estampes parisiens d'origine contentinoise à la fin de l'Ancien Régime. In: Bulletin d'histoire moderne et contemporaine 11 (1978), S. 74–93.
CAUSSY, Fernand: Laclos: 1741–1803, d'après des documents originaux. Paris 1905.
CAUSSY, Fernand: Voltaire et l'affaire des lettres philosophiques. In: La Revue Bleue X (1908), S. 25- 28, 56–59.
CENSER, Jack Richard: Prelude to Power. The Parisian Radical Press 1789–1791. Baltimore/London 1976.
CERF, Madeleine: La Censure royale à la fin du XVIIIe siècle. In: Communications 9 (1967), S. 2 – 27.
CHARLONS D'ARGÉ, A.P.: Un Éditeur du XVIIIe siècle. Martin-Hubert Cazin. In: Revue des provinces II (1864), S. 391–400.
CHARTIER, Roger: L'Imprimerie en France à la fin de l'Ancien Régime: L'État général des imprimeurs de 1777. In: Revue Française d'histoire du livre 3 (1973), S. 253–279.
CHARTIER, Roger/COMPÈRE, Marie-Madeleine/JULIA, Dominique: L'Éducation en France du XVI au XVIIIe siècles. Paris 1976.

CHARTIER, Roger/MARTIN, Henri-Jean (Hg.): Histoire de l'Édition française. Bd. II, Paris 1984.
CHASSAIGNE, André: Des Lettres de cachet sous l'Ancien Régime. Thèse pour le doctorat. Paris 1903.
CHASSAIGNE, Marc: La Lieutenance générale de police de Paris. Genf 1975 (Reprint von 1906).
CHASSAIGNE, Marc: L'Organisation de la famille et les lettres de cachet. In: Revue des études historiques 70 (1904), S. 561–576 und 71 (1905), S. 60–73.
CHAUVET, Paul: Compagnons imprimeurs et imprimeries clandestines à Paris sous le règne de Louis XV. In: Revue d'histoire économique et sociale 26 (1939), S. 40–46,151–172.
CHAUVET, Paul: Les Ouvriers du livre en France des origines à la Révolution de 1789. Paris 1959.
CHEVALLIER, Pierre: Les Philosophes et le lieutenant de police (1755–1785). In: French Studies XVII (1963), S. 105–120.
CLAMAGERAN, J.J.: Histoire de l'impôt en France. Bd. III, Paris 1876.
CLANCY, Patricia/LYNCH, Lawrence: Artikel ›Mouhy‹. In: Jean SGARD (Hg.): Dictionnaire des journalistes. Grenoble 1976, S. 288 f.
CLÉMENT, Pierre: La Police sous Louis XIV. 2. Aufl., Paris 1866.
CLÉMENT, Fernand: La Société Typographique de Bouillon. In: Annales de l'Institut Archéologique du Luxembourg. Bd. CXII, 1981/82, S. 137–189.
CONLON, P.M.: Voltaire's Literary Career from 1728 to 1750. Genf 1961.
COPPENS, Christian: Un Règlement de l'imprimerie de Jean-Louis de Boubers en 1781. In: Quaerendo XIX, 1/1, 1989, S. 83–116.
CORSINI, Silvio: L'Édition française hors des frontières du royaume. Les Presses lausannoises sous la loupe. In: Revue française d'histoire du livre 62/63 (1989), S. 93–119.
COSTE, Abbé Pierre: Les Détenus de Saint-Lazare. In: Revue des études historiques 12 (1926), S. 275–290.
COTTRET, Monique: La Bastille à prendre. Histoire et mythe de la forteresse royale. Paris 1986.
COYECQUE, Ernest: Inventaire de l'imprimerie et la librairie principalement à Paris. Paris 1900.

CROCKER, Lester G.: Recent Interpretations of the French Enlightenment. In: Charles B. OSBURN: The present State of French Studies: A Collection of Research Reviews. Metuchen 1971, S. 331–369.

CRUICKSHANKS, Evelyn G.: Public Opinion in Paris in the 1740's. The Reports of the Chevalier de Mouhy. In: Bulletin of the Institute of Historical Research (London Univ.) XXVII (1954), S. 54–68.

CUNOW, Heinrich: Politische Kaffeehäuser. Berlin 1925.

DARDIER, Charles: Court de Gébelin. Notice sur sa vie et ses écrits. Nîmes 1890.

DARNTON, Robert: The Grub Street Style of Revolution: J.-P. Brissot, Police Spy. In: The Journal of Modern History 40 (1968), S. 301–327.

DARNTON, Robert: The High Enlightenment and the Low Life of Literature in Prerevolutionary France. In: Past and Present 51 (Mai 1971), S. 81–115.

DARNTON, Robert: Neue Aspekte zur Geschichte der *Encyclopédie*. In: Hans-Ulrich GUMBRECHT/Rolf REICHARDT/Thomas SCHLEICH (Hg.), Sozialgeschichte der Aufklärung in Frankreich. 2 Bde., München/Wien 1981, Bd. 2, S. 34–65.

DARNTON, Robert: Ein Untergrundbuchhändler in der Provinz. In: Ders.: Literaten im Untergrund. Lesen, Schreiben und Publizieren im vorrevolutionären Frankreich. Frankfurt am Main 1988, S. 111–133.

DARNTON, Robert: Ein Spion im literarischen Untergrund. In: Ders.: Literaten im Untergrund, S. 45–68.

DARNTON, Robert: Leser reagieren auf Rousseau: Die Verfertigung der romantischen Empfindsamkeit. In: Ders.: Das große Katzenmassaker. Streifzüge durch die französische Kultur vor der Revolution. München/Wien 1989, S. 245–290.

DARNTON, Robert: In Search of the Enlightenment: Recent Attempts to create a Social History of Ideas. In: The Journal of Modern History 43 (1971), S. 113–132.

DARNTON, Robert: The World of the Underground Booksellers in the Old Regime. In: Ernst HINRICHS/Eberhard SCHMITT/Rudolf VIERHAUS: Vom Ancien Régime zur Französischen Revolution. Göttingen 1978, S. 439–478.

DARNTON, Robert: The Business of Enlightenment. A Publishing History of the *Encyclopédie* 1775–1800. Cambridge Mass./London 1979 [dt.: Glänzende Geschäfte. Die Verbreitung von Diderots *Encylcopédie* oder: Wie verkauft man Wissen mit Gewinn? Berlin 1993].

DARNTON, Robert: Die Hochaufklärung und die Niederungen des literarischen Lebens. In: Ders.: Literaten im Untergrund, S. 11–43.

DARNTON, Robert: Ein Polizeiinspektor ordnet seine Akten: Die Anatomie der literarischen Republik. In: Ders.: Das große Katzenmassaker, S. 169–217.

DARNTON, Robert: Édition et sédition. L'univers de la littérature clandestine au XVIIIe siècle. Paris 1991

DARNTON, Robert: Lesen, Schreiben und Publizieren. In: Ders.: Literaten im Untergrund, S. 149–183.

DARNTON, Robert: Die verbotenen Bestseller im vorrevolutionären Frankreich. In: Frühneuzeit-Info 2(1992), S. 7–18.

DAVIES, Simon: Paris and the Provinces in Eighteenth-Century Prose Fiction. Oxford 1982 (Studies on Voltaire).

DAWSON, Robert L.: Baculard d'Arnaud: life and prose fiction. Oxfordshire 1976 (Studies on Voltaire Bd. 141).

DEKKER, Rudolf M.: Ego-Documents in the Netherlands 1500–1814. In: Dutch Crossing 39 (1989), S. 61–72.

DELAFARGE, Daniel: L'Affaire de l'abbé Morellet en 1760. Paris 1912.

DELALAIN, Paul: L'imprimerie et la librairie à Paris de 1789 à 1813. Paris s. d.

DELORT, Joseph: Histoire de la détention des philosophes et des gens de lettres à la Bastille et à Vincennes. 3 Bde., Paris 1829.

DEROME, L.: Les Journaux et les journalistes. III – La Presse révolutionnaire. 1789, 1799 (An VIII). In: Revue de France 3(1872), S. 287–309, 471–490.

DESGENETTES, R.N.D.: Souvenirs de la fin du XVIIIe siècle et du commencement du XIXe ou mémoires de R. D. G. Bd. II, Paris 1836.

DESGRAVES, Louis: De Genève à Lisbonne par Bordeaux: un circuit du livre clandestin 1772–1774. In: Revue française d'histoire du livre V (1975), S. 217–219.

DESJARDINS, Arthur: La Liberté de la presse sous le directoire. In: Le Correspondant CLXXXIX (1897), S. 609–644.

DESMAZE, Charles: Le Châtelet de Paris. Son organisation, ses privilèges. Paris 1863.

DEYON, Pierre: Le Temps des prisons. Essai sur l'histoire de la délinquance et les origines du système pénitentiaire. Paris 1975.

DIETZ, Max: Geschichte des musikalischen Dramas in Frankreich während der Revolution bis zum Directorium (1787–1795) in künstlerischer, sittlicher und politischer Beziehung. Hildesheim/New York 1970 (Reprint von 1893).

DIEZINGER, Sabine: Paris in deutschen Reisebeschreibungen des 18. Jahrhunderts (bis 1789). In: Francia 14 (1986), S. 263–329.

DINÉ, Henri: Un Intendant de Poitiers sous Louis XVI. Boula de Nanteuil (1746–1816). Bd. I, Paris 1962.

DITCHFIELD, Peter Hampson: Books fatal to their Authors. London 1903.

DOMMANGET, Maurice: Sylvain Maréchal. L'Égalitaire. L'Homme sans Dieu (1750–1803). Vie et œuvre de l'auteur du manifeste des Égaux. Paris 1950.

DOUARCHE, A.: Les Victimes des lettres de cachet devant les tribunaux de la Révolution. In: Grande Revue 35 (1905), S. 20–41.

DOUXCHAMPS-LEFEVRE, Cécile: Un Magazine de la cour de France au début du règne de Louis XVI. In: Revue Historique 271 (1984), S. 95–107.

DUBOSQ, Yves Zacharie: Le Livre français et son commerce en Hollande de 1750 à 1780. Paris 1925.

DUFAÏ, Alexandre: Une Vie d'homme de lettres au XVIIIe siècle. (Les Mémoires de Marmontel). In: Revue contemporaine 8 (1853), S. 423–468.

DUPONT, Étienne: La Bastille des mers. Les exilés de l'ordre du Roi au Mont Saint-Michel (1685–1789). Paris 1920.

DUPONT, Paul: Histoire de l'imprimerie. 2 Bde., Paris 1854.

DUREAU, M.A.: Notice sur le chevalier Aude. Auteur dramatique. Paris/Apt 1871.

DURIEUX, Joseph: Les Vainqueurs de la Bastille. Paris 1911.

EEGHEN, Isabella van: Daniel Elsevier and Marc-Michel Rey. In: Quaerendo XII, 3, 1982, S. 183–198.

EHRARD, Jean: Le XVIIIe siècle. I. 1720–1750. Paris 1974.

ELLERY, Éloise: Brissot de Warville. A Study in the History of the French Revolution. Boston 1915 (Reprint New York 1970).

EMMANUELLI, François-Xavier: Ordres du Roi et lettres de cachet en Provence à la fin de l'Ancien Régime: Contribution à l'histoire du climat social et politique. In: Revue historique 252 (1974), S. 357–392.

ENGLISCH, Paul: Irrgarten der Erotik. Eine Sittengeschichte über das gesamte Gebiet der Welt-Pornographie. Stuttgart 1965 (Reprint von 1931).

ESTER, Karl d': Der Neuwieder. Ein vergessener Vorkämpfer für die Freiheit des deutschen Rheins. Neuwied 1930.

ESTRÉE, Paul d': Un Journaliste policier. Le Chevalier de Mouhy. In: Revue d'histoire littéraire de la France IV (1897), S. 195–238.

ESTRÉE, Paul d': Journal inédit du lieutenant général de police Feydeau de Marville. Paris 1897.

EVRARD, Jules: La Législation de la presse au XVIIIe siècle. In: Revue contemporaine 55 (1867), S. 494–512.

EVRARD, Jules: La Législation de la presse pendant la Révolution Française. In: Revue contemporaine 62 (1868), S. 35–67.

FABER, Frédéric: La Carrière dramatique de Philippe-François-Nazaire Fabre d'Églantine. Membre de la Convention Nationale. S.l.n.d.

FALK, Henri: Les Privilèges de librairie sous l'Ancien Régime. Étude historique du conflit des droits sur l'oeuvre littéraire. Genf 1970 (Reprint von 1906).

FARGE, Arlette: Vivre dans la rue à Paris au XVIIIe siècle. Paris 1979.

FARGE, Arlette: Das brüchige Leben. Verführung und Aufruhr im Paris des 18. Jahrhunderts. Berlin 1989.

FARIN, Michael/SEIFERT, Hans-Ulrich: Thérèse philosophe. Eine erotische Beichte. München 1990.

FAUCOU, Lucien (Hg.): Mémoire sur les vexations qu'exercent les libraires & imprimeurs de Paris. Paris 1879.

FEBVRE, Lucien/MARTIN, Henri-Jean: L'Apparition du livre. Paris 1958.

FERRER, A.: Quelques aspects de la contrebande des livres en Franche-Comté au XVIIIe siècle (à travers les archives comtoises). In: Le Livre en Franche-Comté. Dole 1984, S. 161–179.

FEUGERE, Anatole: L'Abbé Raynal et la Révolution Française. In: Annales Révolutionnaires 6 (1913), S. 309–344.

FEUGERE, Anatole: L'Abbé Raynal (1713–1796). Documents inédits. Angoulême 1922.

FLEISCHMANN, Hector: Marie-Antoinette libertine. Paris 1911.

FONTIUS, Martin: Mettra und seine Korrespondenzen. In: Romanische Forschungen 76 (1964), S. 405–421.
FORSYTH, Murray: Reason and Revolution. The Political Thought of the abbé Sieyès. New York 1987.
FOSCA, François: Histoire des cafés de Paris. Paris 1934.
FOURNEL, Victor: Les Privilèges et la censure sous l'ancienne monarchie. In: Journal d'instruction publique XXXI (1862), S. 560–566
FOURNEL, Victor: Les Origines du journalisme. Le nouvelliste au XVIIe siècle. In: Livre et image I (1893), S. 275–287.
FOURNEL, Victor: Les Hommes du 14 juillet. Gardes-Françaises et vainqueurs de la Bastille. Paris 1890.
FRANKLIN, Alfred: La Vie privée d'autrefois. Bd. 13, Le Café, le thé & le chocolat. Paris 1893.
FRANÇOIS-PRIMO, Jean: La Jeunesse de J. P. Brissot. Paris 1932.
FRAUTSCHI, Richard L.: Styles de roman et styles de censure dans la seconde moitié du dix-huitième siècle français. In: Studies on Voltaire 88 (1972), S. 513–532.
FUNCK-BRENTANO, Frantz: La Bastille d'après ses archives. In: Revue historique 42 (1890).
FUNCK-BRENTANO, Frantz: Les Lettres de cachet. In: Revue des deux mondes V (1892), S. 821–853.
FUNCK-BRENTANO, Frantz: Catalogue des manuscrits de la Bibliothèque de l'Arsenal. Bd. 9, Paris 1892.
FUNCK-BRENTANO, Frantz: Die Bastille in der Legende und nach historischen Dokumenten. Mit einer Vorrede von Victorien Sardou. Breslau 1899.
FUNCK-BRENTANO, Frantz: L'Affaire du collier d'après de nouveaux documents. Paris 1901.
FUNCK-BRENTANO, Frantz: Les Lettres de cachet à Paris. Étude suivie d'une liste des prisonniers de la Bastille (1659–1789). Paris 1903.
FUNCK-BRENTANO, Frantz: Les Nouvellistes. Paris, 2. Aufl., 1905.
FUNCK-BRENTANO, Frantz: Figaro et ses devanciers. Paris 1909.
FUNCK-BRENTANO, Frantz: La Bastille des comédiens. Le For l'Évêque. Paris, 7. Aufl., 1910.
FUNCK-BRANTANO, Frantz: Légendes et archives de la Bastille. Paris s. d.
FUNCK-BRENTANO, Frantz: La Bastille et ses secrets. Paris 1979, S. 66–74.

FUNKE, Hans-Günter: Crébillon Fils als Moralist und Gesellschaftskritiker. Heidelberg 1972.
FURET, François: La ›Librairie‹ du royaume de France au 18e siècle. In: Livre et société. Bd. I, Paris 1970, S. 3–32.
FURSTNER, Hans: Geschichte des niederländischen Buchhandels. Wiesbaden 1985.
GAGNEBIN, Bernard: Voltaire. Lettres inédites à son imprimeur Gabriel Cramer. Genf/Lille 1952.
GAILLARD, A.: Vie et éloge historique de Malesherbes. Paris 1805.
GARRIOCH, David: Neighbourhood and Community in Paris 1740–1790. Cambridge 1986.
GAUCHET, Marcel: Die Erklärung der Menschenrechte. Die Debatte um die bürgerlichen Freiheiten 1789. Hamburg 1991.
GAULOT, Paul: Pamphlets d'il y a cent ans. In: Le Monde Moderne 3 (1896), S. 55–64.
GAUTIER, Toussaint: Histoire de l'imprimerie en Bretagne. Rennes 1857.
GAXOTTE, Pierre: Paris au XVIIIe siècle. Paris 1982.
GAY, Jean-Lucien: L'Administration de la capitale entre 1770 et 1789. La Tutelle de la Royauté et ses limites. In: Mémoires publ. par la Fédération des sociétés hist. et archéolog. de Paris et de l'Ile de Fr. VIII (1956) – XII (1961).
GAY, Peter: Voltaire's Politics. The Poet as Realist. Princeton/New Jersey 1959.
GAY-LEVY, Darline: The Ideas and Careers of Simon-Nicolas-Henri Linguet. A Study in Eighteenth-Century French Politics. Urbana/Chicago/London 1980.
GELBART, Nina: ›Frondeur‹ Journalism in the 1770s. Theatre Critics and Radical Politics in the Prerevolutionary French Press. In: Eighteenth-Century Studies 17 (1984), S. 493–514.
GEMBICKI, Dieter: Histoire et politique à la fin de l'Ancien Régime. Jacob-Nicolas Moreau (1717–1803). Paris 1979.
GERSMANN, Gudrun/SCHROEDER, Christiane: Zensur, Zensoren und Zensierte im Ancien Régime. In: Herbert G. GÖPFERT/Erdmann WEYRAUCH (Hg.): Unmoralisch an sich ... Zensur im 18. und 19. Jahrhundert. Wiesbaden 1988, S. 119–148.
GERSMANN, Gudrun: Literarischer Untergrund und Revolution – die Karriere des Pierre Manuel. In: Winfried SCHULZE (Hg.): Aufklärung, Politisierung und Revolution. Pfaffenweiler 1991, S. 9–33.

GERSMANN, Gudrun: Das Bastille-Archiv, eine Fundgrube zur Erforschung des literarischen Untergrundes im Ancien Régime. In: Bea LUNDT/Helma REIMÖLLER (Hg.): Von Aufbruch und Utopie. Perspektiven einer neuen Gesellschaftsgeschichte des Mittelalters. Köln/Weimar 1992, S. 367–380.
GODECHOT, Jacques: Les Institutions de la France sous la Révolution et l'Empire. Paris 1951.
GOLDFRIEDRICH, Johann: Geschichte des deutschen Buchhandels vom Beginn der klassischen Literaturperiode bis zum Beginn der Fremdherrschaft (1740–1804). Leipzig 1909.
GOULEMOT, Jean-Marie (Hg.): D.-A.-F. de Sade, les infortunes de la vertu. Paris 1969.
GOULEMOT, Jean-Marie: Gefährliche Bücher. Erotische Literatur, Pornographie, Leser und Zensur im 18. Jahrhundert. Hamburg 1993.
GREEN, F.C.: The Chevalier de Mouhy, an Eighteenth-Century French Novelist. In: Modern Philology 3 (1925), S. 225–237.
GREEN, F.C.: The Censorship. In: Ders.: Eighteenth-Century France. Six Essays. London/Toronto 1929.
GREENLAW, Ralph W.: Pamphlet Literature in France during the Period of the Aristocratic Revolt (1787–1789). In: The Journal of Modern History 29 (1957), S. 349–354.
GROSCLAUDE, Pierre: Malesherbes. Témoin et interprète de son temps. Paris 1961.
GROSCLAUDE, Pierre: J. J. Rousseau et Malesherbes. Documents inédits. Paris 1960.
GROSSER, Thomas: Reiseziel Frankreich. Deutsche Reiseliteratur vom Barock bis zur Französischen Revolution. Opladen 1989.
GUMBRECHT, Hans-Ulrich/REICHARDT, Rolf/SCHLEICH,Thomas (Hg.): Sozialgeschichte der Aufklärung in Frankreich. 2 Bde., München/Wien 1981.
GUYOT, Charly: Pèlerins de Môtiers et prophètes de 89. Neuchâtel/Paris 1936.
HABER, Günter: Strafgerichtliche Öffentlichkeit und öffentlicher Ankläger in der französischen Aufklärung mit einem Ausblick auf die Gesetzgebung der Konstituante. Berlin 1979.
HALLAYS-DABOT, Victor: Histoire de la censure théâtrale en France. Genf 1970 (Reprint von 1862).
HANLEY, William: The Policing of Thought. Censorship in 18th Century France. In: Studies on Voltaire 183 (1980), S. 265–295.

HANSEN, Josef: Quellen zur Geschichte des Rheinlandes im Zeitalter der Französischen Revolution. I. Bd., 1780–1791. Bonn 1931.

HARNEIT, Rudolf: Die handschriftlichen Unterlagen der französischen Buchverwaltung im Ancien Régime (1700–1750). Hamburg 1983.

HASPER, W.: Kurzes Practisches Handbuch der Buchdruckerkunst in Frankreich. Karlsruhe/Baden 1828.

HATIN, Eugène: Les Gazettes de Hollande et la presse clandestine aux XVIIe et XVIIIe siècles. Paris 1865.

HATIN, Eugène: Histoire politique et littéraire de la presse en France. Bd. III, Genf 1967 (Reprint).

HEISE, Ulla: Kaffee und Kaffeehaus. Eine Kulturgeschichte. Hildesheim/Zürich/New York 1987.

HELLMUTH, Eckhart: Zur Diskussion um die Presse- und Meinungsfreiheit in England, Frankreich und Preußen im Zeitalter der Französischen Revolution. In: Günther BIRTSCH (Hg.): Grund- u. Freiheitsrechte im Wandel. Göttingen 1981, S. 205–226.

HENRIET, Maurice: Un Amateur d'art au XVIIIe siècle. L'Académicien Watelet. In: Gazette des Beaux-Arts 2 (1922), S. 173–194.

HENRIET, Maurice: Le Vicomte de Toustain-Richebourg – Disciple de Thomas. Le Havre 1914.

HERAULT (Commandant HERAULT): Un Révolutionnaire en 1758. Le procès de Moriceau de la Motte. In: Annales historiques de la Révolution française I (1924), S. 115–134.

HERRMANN-MASCARD, Nicole: La Censure des livres à Paris à la fin de l'Ancien Régime (1750–1789). Paris 1968.

HES, Raymond: La Police de la librairie au XVIIIe siècle. Thèse pour le doctorat en droit. Paris 1949.

HESSE, Carla: Economic Upheavals in Publishing. In: Robert DARNTON/Daniel ROCHE (Hg.): Revolution in Print. The Press in France 1775–1800. Berkeley/London 1989, S. 69–97.

HILLAIRET, Jacques: Connaissance du vieux Paris. Paris 1956.

HENRIOT, Émile: Les Livres du second rayon. Paris 1948.

HOBOHM, Hans-Christoph: Roman und Zensur zu Beginn der Moderne. Frankfurt am Main/New York 1992.

HORNER, Emil (Hg.): Vor dem Untergang des alten Reiches. 1756–1795. Leipzig 1930.

HUFTON, Olwen: The Poor of Eighteenth-Century France 1750–1789. Oxford 1974.
JACQUART, Jean: L'abbé Trublet. Critique et moraliste 1697–1770. Paris 1970.
JACQUART, Jean: La Correspondance de l'abbé Trublet. Thèse pour le doctorat ès lettres. Paris 1926.
JÄGER, Hans-Wolf: Zum Frankreichbild deutscher Reisender im 18. Jahrhundert. In: Gerhard SAUDER/Jochen SCHLOBACH (Hg.): Aufklärungen. Frankreich und Deutschland im 18. Jahrhundert. Heidelberg 1986.
JEANPRÊTRE, Jean: Histoire de la Société Typographique. In: Musée Neuchâtelois 1949, S. 70–79, 115–120, 148–153.
JORDAN, David P.: The King's Trial. The French Revolution vs. Louis XVI. Berkeley/Los Angeles/London 1979.
KAFKER, Frank A. und Serena L.: The Encyclopedists as Individuals: a Biographical Dictionary of the Authors of the *Encyclopédie*. Oxford 1988.
KAPLAN, Steven: Note sur les commissaires de police de Paris. In: Revue d'histoire moderne et contemporaine 28 (1981), S. 669–689.
KAPLOW, Jeffry: Les Noms des rois. Les Pauvres de Paris à la veille de la Révolution. Paris 1974.
KEIM, Albert: Helvétius. Sa vie et son œuvre. D'après ses ouvrages, des écrits divers et des documents inédits. Genf 1970 (Reprint von 1907).
KELLY, George A.: From Lèse-majesté to Lèse-Nation: Treason in Eighteenth-Century France. In: Journal of the History of Ideas 42 (1981), S. 269–286.
KIRCHEISEN, Friedrich: Die Bastille. Berlin 1927.
KIRSOP, Wallace: Cultural Networks in Pre-Revolutionary France: Some Reflexions on the Case of Antoine Court de Gébelin. In: Australian Journal of French Studies 18 (1981), S. 231–247.
KLAITS, Joseph: Printed Propaganda under Louis XIV. Absolute Monarchy and Public Opinion. Princeton 1976.
KRAUSS, Werner: L'Étude des écrivains obscurs du siècle des lumières. In: Studies on Voltaire XXVI (1963), S. 1019–1024.
KRAUSS, Werner: Über den Anteil der Buchgeschichte an der literarischen Entfaltung der Aufklärung. In: Sinn und Form, Heft 1, S. 32–88 und Heft 2, S. 270–314 (1960).

Krauss, Werner: Die Literatur der französischen Frühaufklärung. Frankfurt am Main 1971.
Kuscinski, A.: Dictionnaire des Conventionnels. Paris 1916.
Kérartry: Les Gens de lettres d'autrefois. In: Paris, ou le livre des cent et un. Frankfurt 1832, S. 235–250.
Laboulaye, Éd./Guiffrey, G.: La Propriété littéraire au XVIIIe siècle. Recueil de pièces et de documents. Paris 1859.
Laboulaye, Éd. (Hg.): Œuvres complètes de Montesquieu. Bd. I, Paris 1875.
La Forge, Anatole de: La Liberté de la presse pendant la Révolution Française. In: La Révolution Française 1 (1881), S. 41–52.
Lagrave, Henri: Le Théâtre et le public à Paris de 1715–1750. Paris 1972.
Lahondès, J.: Marmontel aux jeux floraux. In: Revue des Pyrénées 18 (1906), S. 507–524.
Landauer, Gustav: Briefe aus der Französischen Revolution. Bd. I, Frankfurt am Main 1919.
La Pointe, Armand: Un Café littéraire au XVIIIe siècle. In: Revue de France 11 (1874), S. 565–571.
Laporte, Robert: Au Hameau de Grignon. Charles Collé – Jean-François Marmontel. Thiais 1979.
Las Vergnas, Raymond: Le Chevalier Rutlidge, »Gentilhomme Anglais«. 1742–1794. Paris 1932.
Le Brun, Jacques: Censure préventive et littérature religieuse en France au début du XVIIIe siècle. In: Revue d'histoire de l'église de France 61 (1975), S. 201–225.
Le Poittevin, Gustave: La Liberté de la presse depuis la Révolution 1789–1815. Genf 1975 (Reprint von 1901).
Leclant, Jean: Le Café et les cafés à Paris (1644–1693). In: Annales E.S.C. 6 (1951), S. 1–14.
Lelorrain, François: Au donjon de Vincennes. In: Feuilles d'histoire du 17 au 20ième siècles 5 (1911), S. 430–432.
Lemaire, André: Les Lois fondamentales de la monarchie française d'après les théoriciens de l'Ancien Régime. Paris 1907 (Reprint Genf 1975).
Lenel, S.: Marmontel, Un Homme de lettres au XVIIIe siècle.
Lennig, Walter: Marquis de Sade in Selbstzeugnissen und Bilddokumenten. Hamburg 1965.

LEPREUX, Georges: Gallia Typographica. Série départementale, Bd. III, Province de Normandie. Paris 1912.

LESCURE, M. de: Mémoires biographiques et littéraires. Mémoires de Duclos, Mme Suard, Corancez. Paris 1881.

LESCURE, M. de: Correspondance secrète inédite sur Louis XVI, Marie-Antoinette, la cour et la ville, de 1777 à 1792. Paris s.d.

LIVOIS, René de: Histoire de la presse française. Bd. I, Des Origines à 1881. Lausanne 1961.

LHOMER, Jean: François de Neufchâteau (1750–1828). Paris/Nancy 1913.

LOLIÉE, Frédéric: Censure et censeurs d'Ancien Régime. In: La Revue Bleue 2 (1901), S. 762–766.

LOMÉNIE, Louis de: Beaumarchais et son temps. Études sur la société en France au XVIIIe siècle. 2 Bde., Paris 1858.

LOPE, Hans-Joachim: Französische Literaturgeschichte. Heidelberg 1978.

LOTTES, Günther: Politische Aufklärung und plebejisches Publikum. Zur Theorie und Praxis des englischen Radikalismus im späten 18. Jahrhundert. München/Wien 1979.

LOUANDRE, Charles: Une Prison d'État sous Louis XIV. In: Revue des deux mondes IV (1874), S. 197–222.

LOUGH, John: Encounters between British Travellers and Eighteenth-Century French Writers. In: Studies on Voltaire 245 (1986), S. 1–90.

LOUGH, John: Writer and Public in France from the Middle Ages to the Present Day. Oxford 1978.

LOUVET DE COUVRAY: Mémoires de Louvet de Couvray, député à la Convention Nationale, avec une notice sur sa vie, des notes et des éclaircissements historiques. Paris 1823.

LÜSEBRINK, Hans-Jürgen/REICHARDT, Rolf: Die Bastille. Zur Symbolgeschichte von Herrschaft und Freiheit. Frankfurt am Main 1990.

MACPHERSON, Harriet Dorothea: Censorship under Louis XIV 1661–1715. Some Aspects of its Influence. New York 1929.

MADELIN, Louis: Journalisme pittoresque. In: Grande Revue (1905), S. 415–424.

MALANDAIN, Pierre: Delisle de Sales philosophe de la nature (1741–1816). 2 Bde., Oxford 1982 (Studies on Voltaire 203 und 204).

MANÉVY, Raymond: La Révolution et la liberté de la presse. Paris 1965.
MARION, Marcel: Dictionnaire des institutions de la France aux XVIIe et XVIIIe siècles. Paris 1972 (Reprint von 1923).
MARKOV, Walter: Exkurse zu Jacques Roux. Abhandlungen der deutschen Akademie der Wissenschaften zu Berlin. Berlin 1970.
MARTIN, Henri-Jean: La Librairie française en 1777–1778. In: Dix-Huitième siècle 11 (1979), S. 87–112.
MASON, Haydn: French Writers and their Society 1715–1800. London 1982.
MASPERO-CLERC, Hélène: Une gazette anglo-française pendant la guerre d'Amérique: le Courier de l'Europe (1776–1788). In: Annales historiques de la Révolution française 48 (1976), S. 572–594.
MASS, Edgar: Literatur und Zensur in der frühen Aufklärung. Produktion, Distribution und Rezeption der *Lettres Persanes.* Frankfurt am Main 1981.
MELLOT, Jean-Dominique: Rouen et les ›libraires forains‹ à la fin du XVIIIe siècle: La veuve Machuel et ses correspondants (1768–1773). In: Bibliothèque de l'École des Chartes 147 (1989), S. 503–538.
MELLOTTÉE, Paul: Histoire économique de l'imprimerie. Paris 1905.
MERLAND, Marie-Anne: La Fortune d'André Le Breton. In: Revue française d'histoire du livre 48, Nr. 2, 1979, S. 61–90.
MICARD, Étienne: Un Écrivain académique au XVIIIe siècle. Antoine-Léonard Thomas 1732–1785. Thèse. Paris 1924.
MICHEL, Jacques: Du Paris de Louis XV à la marine de Louis XVI. L'œuvre de Monsieur de Sartine. 2 Bde., Paris 1983.
MINARD, Philippe: Travail et travailleurs dans les imprimeries sous la Révolution: permanences et mutations. In: BARBIER (Hg.), Livre et Révolution, S. 47–62.
MISTLER, Jean: Le 14 juillet. Paris 1963.
MOHSEN FAMY, Jean: Voltaire et Paris. Oxford 1981 (Studies on Voltaire, Bd. 195).
MOMMERQUÉ: Détention à la Bastille de Marmontel et Morellet (1760). In: Bulletin de la Société de l'Histoire de France 2 (1835), S. 344–358.
MONGLOND, André: Le Préromantisme français. Bd. II, Paris 1966.

MONGRÉDIEN, Georges: La Vie littéraire au XVIIIe siècle. Paris 1947.
MONIN, Hyppolite: L'État de Paris en 1789. Paris 1889.
MONSELET, Charles: Les Oubliés et les dédaignés. Figures littéraires de la fin du 18e siècle. Alençon 1857.
MONTBAS, Hugues de: Les Fiches de la police des lettres en 1752. In: Revue des deux mondes V (1948), S. 550–571.
MONTBAS, Hugues de: La Police parisienne sous Louis XVI. Paris 1949.
MONTBAS, Hugues de: La Littérature clandestine au XVIIIe siècle. In: La Revue des deux mondes (Juli/August) 1952, S. 312–333.
MORNET, Daniel: Les Origines intellectuelles de la Révolution Française 1715–1787. Paris, 6. Aufl., 1967.
MOULINAS, René: L'Imprimerie, la librairie et la presse à Avignon au XVIIIe siècle. Grenoble 1974.
MOULÉ, Léon: Correspondance de Claude Bourgelat, fondateur des écoles vétérinaires. In: Bulletin de la société centrale de médicine vétérinaire 65 (1911), S. 167–172, 342–347, 387–396, 548–553 und 66 (1912), S. 58–63 etc.
NELMS, Brenda: The Third Republic and the Centennial of 1789. New York/London 1987.
NEMÉNYI, Ambros: Journale und Journalisten der französischen Revolutionszeit. In: Sammlung gemeinverständlicher wissenschaftlicher Vorträge. Berlin 1880.
NIES, Fritz: Das System der literarischen Gattungen. Kontinuitäten, Brüche, Schwerpunktzonen (1789–99). In: Reinhart KOSELLECK/Rolf REICHARDT (Hg.): Die Französische Revolution als Bruch des gesellschaftlichen Bewußtseins, S. 243–257.
NÖCKLER, Alfred: Crébillon der Jüngere 1707–1777. Leben und Werke. Leipzig 1911.
NÉGRIN, Philippe: La Réforme de la lettre de cachet au XVIIIe siècle. Paris 1906.
OMONT, H.: Inventaire sommaire des archives de la chambre syndicale de la librairie et imprimerie de Paris. Paris 1886.
OPITZ, Alfred: Schriftsteller und Gesellschaft in der Literaturtheorie der französischen Enzyklopädisten. Bern/Frankfurt am Main 1975.
OSCHILEWSKI, Walther: Der Buchdrucker. O.O. 1935.
OZANAM, Didier: La Disgrâce d'un premier commis: Tercier et

l'affaire de l'Esprit (1758–1759). In: Bibliothèque de l'école des Chartes CXIII (1955), S. 140–170.
PAER, Auguste (Hg.): 1784–1884. Centenaire du mariage de Figaro de Beaumarchais. Brüssel 1884.
PAULS, Emil: Zur Geschichte der Censur am Niederrhein bis zum Frühjahr 1816. In: Beiträge zur Geschichte des Niederrheins 15 (1900), S. 36–117.
PEIGNOT, Gabriel: Dictionnaire critique, littéraire et bibliographique des principaux livres condamnés au feu, supprimés ou censurés. 2 Bde., Paris 1806.
PELLISSON, Maurice: Chamfort avant la Révolution. In: La Révolution Française XVIII (1890), S. 167–178.
PELLISSON, Maurice: Chamfort. Étude sur sa vie. Paris 1895.
PELLISSON, Maurice: Les Hommes de lettres au XVIIIe siècle. Paris 1911 (Reprint Genf 1970).
PELLISSON, Maurice: Journalistes et gens de lettres au XVIIIe siècle. In: Mercure de France 93 (September/Oktober) 1911, S. 307–318.
PÉRONNET, Michel: Les Assemblées du clergé de France sous le règne de Louis XVI (1775–1788). In: Annales historiques de la Révolution française 34 (1962), S. 8 - 35.
PETITFILS, Jean-Christian: La Vie quotidienne à la Bastille du Moyen Age à la Révolution. Paris 1975.
PEUCHET, Jacques: Collection des lois, ordonnances et règlements de police. Depuis le 13e siècle jusqu'à l'année 1818. Paris 1818.
PEUCHET, Jacques: Mémoires tirés des archives de la police de Paris pour servir à l'histoire de la morale et de la police depuis Louis XIV jusqu'à nos jours. 3 Bde., Paris 1838.
PICARD, Roger: Les Salons littéraires et la société française 1610–1789. New York 1943.
PILLORGET, Suzanne: Claude-Henri Feydeau de Marville. Lieutenant de police de Paris 1740–1747. Paris 1978.
PLAN, Pierre-Paul: Jean-Jacques Rousseau et Malesherbes. Un Dossier de la direction de la librairie sous Louis XV. Paris 1912.
PLANTÉ, Adrien: Cazalet. Avocat - poète - (1743–1817). Sa vie, son œuvre. Pau 1904.
POPKIN, Jeremy D.: Pamphlet Journalism at the End of the Old Regime. In: Eighteenth-Century Studies 22, 3 (1989), S. 351–367.
POTTINGER, David T.: Censorship in France during the Ancien

Régime. In: Boston Public Library Quarterly VI (1954), S. 23–42, 84–101.
Proschwitz, Gunnar und Mavis von: Beaumarchais et le Courier de l'Europe. 2 Bde., Oxford 1990 (Studies on Voltaire).
Proschwitz, Gunnar von: Beaumarchais et l'Angleterre. In: Revue d'histoire littéraire de la France 68 (1968), S. 501–511.
Proschwitz, Gunnar von: Vergennes, Beaumarchais et le Courier de l'Europe. In: Revue d'histoire diplomatique 101 (1987), S. 351–370.
Proust, Jacques(Hg.): (Denis Diderot) Sur la liberté de la presse. Paris 1964.
Quéniart, Jean: L'Imprimerie et la librairie à Rouen au XVIIIe siècle. Rennes 1969.
Quétel, Claude: De Par le Roy. Essai sur les lettres de cachet. Paris 1981.
Quillen, Élisabeth: L'Angleterre et l'Amérique dans la vie et la poésie d'André Chénier. Bern/Frankfurt am Main 1982.
Radiguer, Louis: Maîtres imprimeurs et ouvriers typographes (1470–1903). Paris 1903.
Rafetseder, Hermann: Buchhinrichtungen. Öffentliche Schriftenverbrennungen durch Henkershand als Extremfälle der Zensur. In: Göpfert/Weyrauch (Hg.): Unmoralisch an sich ..., S. 89–103.
Rampelberg, René-Marie: Le Ministre de la maison du Roi 1783–1788. Baron de Breteuil. Paris 1975.
Ranum, Orest: Paris in the Age of Absolutism. New York/London/Toronto 1968.
Ratéry, E.G.B.: Variétés littéraires. In: Bulletin du Bibliophile 1850, S. 867–881.
Ravaisson, François: Archives de la Bastille. Documents inédits recueillis et publiés par François Ravaisson. Paris 1866–1904.
Regnault, Père Émile: Christophe de Beaumont. Archevêque de Paris (1703–1781). 2 Bde., Paris 1882.
Reichardt, Rolf: Zu einer Sozialgeschichte der Französischen Aufklärung. Ein Essay. In: Francia 5 (1977), S. 231–249.
Rémy, G.: Histoire de la Bastille et de la rue Saint-Antoine avant 1789. Paris, 10. Aufl., 1889.
Renouard, Augustin Charles: Traité des droits d'auteur dans la littérature, les sciences et les beaux-arts. Paris 1838–1839.

RÉTAT, Pierre: Die Zeitungen des Jahres 1789: einige zusammenfassende Perspektiven. In: KOSELLECK/REICHARDT (Hg.): Die Französische Revolution als Bruch des gesellschaftlichen Bewußtseins, S. 153–166.
REUSS, Rod.: Correspondance du prêteur royal de Strasbourg, M. de Gérard et de Marc-Antoine-Jacques Rochon de Chabannes. In: Revue d'Alsace XIII (1899), S. 259–277.
RICHEL, Arthur: Zeitungen, Zeitschriften, Bibliotheken und Leseinstitute. In: H. VOELCKER (Hg.): Die Stadt Goethes. Frankfurt am Main im XVIII. Jahrhundert. Frankfurt am Main 1932.
RITTER, François: La Police de l'imprimerie et de la librairie à Strasbourg depuis les origines jusqu'à la Révolution Française. In: Revue des Bibliothèques 32 (1922), S. 161–200.
ROBINET, J.F.: Dictionnaire historique et biographique de la Révolution et de l'Empire 1789–1815. Nendeln/Liechtenstein 1975 (Reprint).
ROBIQUET, Paul: Théveneau de Morande. Étude sur le XVIIIe siècle. Paris 1882.
ROCHE, Daniel: Le Peuple de Paris. Paris 1981.
ROCHE, Daniel: Les Républicains des lettres. Gens de culture et lumières au XVIIIe siècle. Paris 1988.
ROCHE, Daniel: Censorhip and the publishing industry. In: DARNTON/ROCHE (Hg.): Revolution in Print, S. 3–26.
ROCQUAIN, Félix: L'Esprit révolutionnaire avant la Révolution 1715–1789. Genf 1971 (Reprint von 1878).
ROGERS, Rebecca: Le Livre embastillé. In: Dix-Huitième Siècle 21 (1989), S. 189–202.
ROGISTER, John: Le Gouvernement, le Parlement de Paris et l'attaque contre le livre de l'esprit et l'Encyclopédie en 1759. In: Dix-Huitième Siècle 11 (1979), S. 321–354.
ROUSTAN, Marius: Les Philosophes et la société française au XVIIIe siècle. Genf 1970 (Reprint von 1911).
RYCHNER, Jacques: Alltag einer Druckerei im Zeitalter der Aufklärung. In: Giles BARBER/Bernhard FABIAN (Hg.): Buch und Buchhandel in Europa im achtzehnten Jahrhundert (Wolfenbütteler Schriften zur Geschichte des Buchwesens, Bd. 4). Hamburg 1981, S. 53–80.
SAINTE-BEUVE, C.A.: Causeries du lundi. Paris 1946.
SAINTVILLE, G.: Un Chapitre des rapports entre écrivains et

libraires au XVIIIe siècle. Palissot auteur. In: Bulletin du Bibliophile 1947, S. 373–387.

SAMWER, Sigmar-Jürgen: Die französische Erklärung der Menschen- und Bürgerrechte von 1789/91. Hamburg 1970.

SAREIL, Jean: Voltaire et le Cardinal de Fleury. In: Dix-Huitième Siècle 2 (1970), S. 39–76.

SAULNIER, V.-L.: La Littérature française du siècle philosophique. Paris 1943.

SAUVY, Anne: La Fortune d'André-François Le Breton, imprimeur-libraire de l'Encyclopédie. In: Revue française d'histoire du livre 6 (1973), S. 207–234.

SAUVY, Anne: Noel Gille dit La Pistole, marchand forain libraire roulant par la France. In: Bulletin des Bibliothèques de France 5 (1967), S. 177–191.

SAUVY, Anne: Livres contrefaits et livres interdits. In: Histoire de l'Édition française, Bd. II, S. 104–119.

SCHIVELBUSCH, Wolfgang: Das Paradies, der Geschmack und die Vernunft. Eine Geschichte der Genußmittel. Frankfurt am Main/Berlin/Wien 1983.

SCHNELLE, Kurt: Aufklärung und klerikale Reaktion. Der Prozeß gegen den Abbé Henri-Joseph Laurens. Berlin (Ost) 1963.

SCHULZE, Winfried: Der 14. Juli 1789. Biographie eines Tages. Stuttgart 1989.

SCHULZE, Winfried: Ego-Dokumente: Annäherung an den Menschen in der Geschichte? In: LUNDT/REIMÖLLER (Hg.): Von Aufbruch und Utopie, S. 417–450.

SCOTT, Samuel F./ROTHAUS, Barry (Hg.): Historical Dictionary of the French Revolution. 1789–1799. Westport/London 1985.

SÉE, Henri: Les Idées politiques en France au XVIIIe siècle. Paris 1923 (Reprint Genf 1978).

SELIGMAN, Edmond: La Justice en France pendant la Révolution. Bd. I (1789–1792), Paris 1901.

SÉRIEUX, Paul/LIÉBERT, Lucien: La Bastille, asile d'aliénés et asile de sûreté. In: Aesculape I (1911), S. 217–223.

SEUBERT, L.: L'Intrigue du collier. Épisode du règne de Louis XVI (1785–1786). Paris 1864.

SGARD, Jean: Journale und Journalisten im Zeitalter der Aufklärung. In: GUMBRECHT/REICHARDT/SCHLEICH (Hg.): Sozialgeschichte der Aufklärung, Bd. II, S. 3 – 33.

SGARD, Jean (Hg.): Dictionnaire des Journalistes. Grenoble 1976 (und Supplementbände 1984/1985/1987).
SHACKLETON, Robert: Censure and Censorship. Impediments to Free Publication in the Age of Enlightenment. University of Texas 1975.
SHACKLETON, Robert: Illustrations of the Operation of Censorship in Eighteenth-Century-France. In: BARBER/FABIAN (Hg.): Buch und Buchhandel in Europa im achtzehnten Jahrhundert, S. 187–195.
SHACKLETON, Robert: Deux Policiers du XVIIIe siècle. Berryer et d'Hémery. In: Thèmes et Figures du Siècle des Lumières. Mélanges offerts à Roland Mortier. Genf 1980, S. 251–259.
SHAW, Edward P.: Problems and Policies of Malesherbes as Directeur de la Librairie in France (1750–1763). New York 1966.
SHAW, Edward P.: Censorship and Subterfuge in Eighteenth-Century France. In: Charles WILLIAMS (Hg.): Literature and History in the Age of Ideas. Ohio State University 1975, S. 287–309.
SHAW, Edward: Author versus Censor: An Episode in Literary-Censorial Relationships of Eighteenth-Century-France. In: Philological Quarterly 34 (1955), S. 438–444.
SMITH, David Warner: Helvétius. A Study in Persecution. Oxford 1965.
SMITH, David Warner: Helvétius, Voltaire and a French Pirate: Michelin of Provins. In: Australian Journal of French Studies 3 (1970), S. 289–298.
SOBOUL, Albert: Classes populaires et rousseauisme sous la Révolution. In: Annales historiques de la Révolution française 34 (1962), S. 421–438.
SÖDERHJELM, Alma: Le Régime de la presse pendant la Révolution Française. 2 Bde., Genf 1971 (Reprint von 1900/1901).
SPANGENBERG, Peter-Michael: Opinion publique und ordre naturel. Ein Aspekt aus der Pressegeschichte in der Französischen Revolution (1788–1792). In: Zeitschrift für Literaturwissenschaft und Linguistik 11 (1981), S. 15–25.
STEIN, Henri: Le Conventionnel Devérité fabricant de papiers, imprimeur et libraire. In: Revue des Bibliothèques 41 (1931), S. 320 -330.
STIEDA, Wilhelm: Zur Geschichte des Straßburger Buchdrucks

und Buchhandels. In: Archiv für Geschichte des Deutschen Buchhandels V (1880), S. 1–145.

STREITBERGER, Ingeborg: Der königliche Prätor von Straßburg 1685–1789. Freie Stadt im absoluten Staat. Wiesbaden 1961.

STROWSKI, Fortunat: La Jeunesse de Joseph Joubert. In: Le Correspondant 236 (1918), S. 1032–1042.

TAPIÉ, Victor: La France de Louis XIII et de Richelieu. Paris 1967.

THUILLAT, Louis: Gabriel Nicolas de la Reynie. Premier lieutenant général de police. Thèse pour le doctorat. Limoges 1930.

TOURNEUX, Maurice: Le Régime de la presse de 1789 à l'an VIII. In: La Révolution Française XXV (1893), S. 193–213.

TUCOO-CHALA, Suzanne: La Diffusion des lumières dans la seconde moitié du XVIIIe siècle: Charles.-J. Panckoucke, un libraire éclairé (1760–1799). In: Dix-Huitième Siècle 6 (1974), S. 115–128.

TUCOO-CHALA, Suzanne: Charles-Joseph Panckoucke et la librairie française. Paris/Pau 1975.

TULARD, Jean: La Police de Paris sous la Révolution. In: Information historique (Mai/Juni 1962), S. 113–117.

VERCRUYSSE, Jeroom: Voltaire et la Hollande. Genf 1966 (Studies on Voltaire 45).

VERCRUYSSE, Jeroom: Voltaire et Marc-Michel Rey. In: Studies on Voltaire 58 (1967), S. 1707–1763.

VERCRUYSSE, Jeroom: Joseph Marie Durey de Morsan chroniqueur de Ferney (1769–1772) et l'édition neuchâteloise des Questions sur l'Encyclopédie. In: Studies on Voltaire 230 (1985), S. 323–379.

VERNUS, Michel: Colporteurs et marchands merciers dans le Jura au XVIIIe siècle. In: Nouvelle Revue Franc-Comtoise, 72/73 (1980), S. 210–221.

VIALA, Alain: Corneille et les institutions littéraires de son temps. In: Pierre Corneille. Actes du colloque tenu à Rouen 2–6 octobre 1984. Paris 1985, S. 197–204.

VIRIDET, Marc: Documents officiels et contemporains sur quelques-unes des condamnations dont *l'Émile* et le *Contrat Social* ont été l'objet en 1762. Genf 1850.

VOSS, Jürgen: Voltaire und der Badische Hof (1758–1789). In: Peter BROCKMEIER et al. (Hg.): Voltaire und Deutschland. Stuttgart 1979, S. 41–54.

WAGNER, Jacques: Marmontel journaliste et le Mercure de France. Grenoble 1975.
WALLER, Richard: L'Homme de lettres en France et en Angleterre (1700–1730). In: Dix-Huitième siècle 10 (1978), S. 229–252.
WALTER, Gérard: Robespierre. Paris 1946.
WARLOMONT, R.: Les Idées modernes de l'avocat général Antoine-Louis Séguier sur la propriété littéraire (1779). In: Journal des Tribunaux 4667 (9/1969), S. 473–477.
WEIL, Françoise: Contrefaçon et droit de copie avant 1777. In: François MOUREAU (Hg.): Les Presses grises. La contrefaçon du livre (XVIe–XIXe siècles). Paris 1988, S. 87–100.
WEIL, Françoise: Les Livres de permission tacite en France au XVIIIe siècle. In: Gutenberg Jahrbuch LXI (1986), S. 211–227.
WEIL, Françoise: L'Interdiction du roman et la librairie 1728–1750. Paris 1986.
WELSLAU, Erich: Imitation und Plagiat in der französischen Literatur von der Renaissance bis zur Revolution. S.l. 1976.
WESTERFRÖLKE, Hermann: Englische Kaffeehäuser als Sammelpunkte der literarischen Welt im Zeitalter von Dryden und Addison. Jena 1924.
WILKE, Jürgen: Die vorrevolutionäre Publizistik. Wege, Orte, Personen. In: Hans MAIER/Eberhard SCHMITT (Hg.): Wie eine Revolution entsteht. Die Französische Revolution als Kommunikationsereignis. München/Wien/Zürich/Paderborn 1988, S. 23–41.
WILLIAMS, Alan: The Police of Paris. 1718–1789. Baton Rouge/London 1979.
WILLMS, Johannes: Paris – Hauptstadt Europas 1789–1914. München 1988.
WILPERT, Gero: Sachwörterbuch der Literatur. Stuttgart, 5. Aufl., 1969.
WILSON, Arthur M.: Diderot – The Testing Years. 1713–1759. New York 1957.
WILSON, Arthur: A Bicentenary of the Enlightenment. Diderot in Prison. In: Queens Quarterly 56 (1949/50), S. 522–533.
WISSANT, Georges de: Cafés et cabarets. Paris 1928.
WITTE, Karl: Zur Geschichte der Bastille. In: Daheim 23 (1899), S. 366–367.

Zeek, C.F.: The Great Writers of the Siècle de Louis XIV. How much did they owe to their King? In: The French Review 15 (1941–42), S. 412–420.

Register*

* Im Register werden die Namen aller im Haupttext genannten Personen sowie die Titel der dort behandelten ›verfolgten Bücher‹ aufgeführt. Hinweise auf weitere Untergrundakteure finden sich in den Anmerkungen.